대학생의 실천인성을 위한

인성과 대학생활

대학생의 실천인성을 위한

인성과 대학생활

장상필·이규은 공저

동문사

머리말

우리나라에 인성교육진흥법이 시행되기 시작한 지도 어느덧 십 년이 다가오고 있다. 인성교육진흥법이 시행되면서 대학에서도 인성교육에 대한 중요성이 부각되고 많은 대학에서 교양이나 교직과목으로 인성교육을 실시하기 시작하였다. 이러한 변화에 맞춰 우리 대학에서도 교양강좌로 〈인성과 삶〉이라는 강좌를 개설하여 운영한 지 벌써 십 년이 다가오고 있다. 강좌를 개설한 초기에는 마땅한 교재도 없을 뿐만 아니라 선험적인 강좌 운영이라는 점에서 많은 어려움이 있었다. 그동안 교재를 개발하여 운영하면서 운영결과에 대한 문제점을 보완하기 위해 교재를 세 차례 개정하는 과정을 거쳤다. 하지만, 개정판을 낼 때마다 원고 집필을 마치고 나면 부족함과 아쉬움이 남는 것은 어쩔 수 없는 일이었다. 또 다른 발전을 위해 이번에 네 번째 개정과정으로 본 교재를 발간하게 되었다.

이 책은 1부와 2부를 합하여 총 12장으로 구성되어 있다. 제1부는 '인성과 인성교육'으로 '인성의 기초 이해'와 '인성교육과 실천인성'이라는 관점으로 구분하여 두 개의 장으로 편성하였다.

제1부에서는 인성교육에 대한 기초적인 이해와 인성교육의 8대 핵심가치, 그리고 인성교육의 원리와 지도방향에 대해 기술하였다.

제2부에서는 '인성과 생활'이라는 제목 아래 대학 생활에서뿐만 아니라 앞으로 다가오는 미래사회에 나아가서도 바른 인성의 측면에서 실천하기를 바라는 생활내용을 중심으로 제3장에서부터 제12장까지 10개의 장으로 편성하여 기술하였다. 제2부의 내용을 구체적으로 살펴보면 제3장에서는 '행복을 추구하는 생활'로 삶의 궁극적인 목적을 인지하고 행복한 삶을 위해 실천해야 할 것들이 무엇인지에 대해 기술하였고, 제4장에서는 '꿈을 향한 생활'로 대학생활에서 자신의 꿈을 갖고 키워나가기 위한 노력에 대해 바른 인식을 가질 수 있도록 하였으며, 제5장에서는 '배움이 있는 생활'을 실어 대학생활

에서 실천해야 할 학습의 방향과 기법에 대해 기술하였다. 제6장에서는 '더불어 사는 생활'로 공동체 생활에서 적응하기 위한 실천 방안에 대해 기술하였으며, 제7장에서는 '도전하는 생활', 제8장에서는 '사랑이 넘치는 생활', 제9장에서는 '성찰이 있는 생활'을 기술하여 다른 사람들과의 사회적 관계 속에서 원만한 관계를 유지 발전시켜 나감으로써 자신의 역량을 발휘하는 가운데 공존할 수 있는 생활 역량에 대해 기술하였다. 제10장에서는 '숨과 쉼이 있는 생활'을 주제로 여가와 관련된 내용을 기술하였으며, 제11장에서는 '품격 있는 생활'로 품격 있는 몸가짐과 태도, 봉사활동의 생활화를 통해 삶의 품격을 높일 수 있는 방안에 대해 기술하였다. 마지막 장인 제12장에서는 '죽음을 기억하는 생활'을 실어 죽음에 대비하는 삶의 방식을 깨닫고 진실한 인간의 모습을 되찾기 위한 활동에 동참할 것을 요구하였다.

앞에서도 언급한 바와 같이 좀 더 발전적인 교재를 집필하고자 하는 시도로 집필을 시작하였지만 결국 마지막 원고를 마무리하고 보니 아쉬움이 남는다. 부족하고 모자란 부분이 많지만 인성교육을 가르치고 배우는 교수님과 학생들에게 작으나마 도움이 된다면 큰 영광이겠다. 앞으로 부족한 부분은 지속적으로 수정하고 보완하는 과정을 실천하도록 하겠다.

끝으로 이 책이 출간되기까지 도움을 주신 여러분들께 감사의 마음을 전한다. 그리고 이 책의 출간을 흔쾌히 허락해 주신 도서출판 동문사 이중수 사장님과 유재영 상무님, 그리고 편집부 직원 여러분께 깊은 감사의 마음을 전한다.

2023년 8월

장상필 · 이규은 씀

차 례

Part 01

인성과 인성교육[1)]

1) 제1부의 내용은 이규은·장상필(2020). 인성과 대학생활. 경기: 어우리. pp. 11-80의 내용을 재구성한 것임

Chapter 01

인성의 기초 이해

1. 인성의 개념과 중요성

인성이란?

인성은 추상적이고 포괄적인 의미를 가지고 있어서 한 마디로 정의하기가 쉽지 않다. 흔히 인성이라고 하면 인간의 보편적인 본성으로 개인의 특성과 됨됨이와 같은 개인의 고유한 성품을 의미한다.

희랍의 철학자 헤라클레이토스(Heraclitus)는 "인성은 곧 운명이다."라고 말하였다. 인생은 우리들 속에 나침반을 필요로 하는 하나의 도덕적이고 정신적인 여정이며, 좋은 인생을 살기 위해서는 혹은 자신의 운명을 좋은 방향으로 개척해 나가기 위해서는 반드시 올바른 성품을 가져야 한다는 것을 강조한 말이다. 이처럼 인성은 개개인의 운명을 바꿀 수 있는 정도의 위력을 가지며, 나아가 사회 전체의 운명을 결정짓기도 한다(정창우, 2016). 이처럼 중요한 인성(人性)은 그 개념 자체가 매우 포괄적이기 때문에 학자에 따라 인성을 인격(character), 성격(personality), 도덕(morality), 인간 본성, 인간 본연의 인간다움 등 다양하게 정의하고 있다. 다양한 인성에 대한 정의는 '인간이 지향하고 성취해야 하는 인간다운 면모, 성질, 자질, 품성'이라는 의미가 부분적 또는 전체적으로 내포되어 있다(강선보 외, 2008).

인성의 사전적 개념은 '사람의 성품(性品)'으로 정의된다. 여기에는 인간의 '성격'이라는 측면과 인간의 '품격'이라는 측면의 내용이 포괄되어 있다. 인성이라는 개념에는 인간의 성격과 관련된 개념으로 '인간의 본질이나 본성'이라는 개념과 인간의 품격과 관련된 개념으로 '각 개인이 가지는 사고와 태도 또는 행동 특성'이라는 개념이 포괄되어 있다. 즉, 인성을 인간의 성격으로 보기도 하고, 성격 그 이상의 품격으로 보기도 한다. 인성을 성격으로 본다면 심리학적인 측면의 접근이 필요하고, 품격으로 본다면 철학적 측면의 접근이 인성을 규정하는 데 도움이 될 것이다. 이러한 정의를 구체적으로 살펴보기 위해 '사람의 성격(性格)'이라는 측면과 '각 개인이 가지는 사고와 태도 또는 행동 특성'과 같은 '품격(品格)'이라는 측면의 정의로 구분해 보면 다음과 같다.

첫째, '사람의 성격'이라고 하는 개념에서의 인성(人性)은 그 사람의 '성질(性質)'의 개념을 포괄한다. 성질은 인간에 대한 선천적 기질(氣質)의 개념으로 사람이 태어날 때부터 지닌 본바탕을 의미한다. 그러므로 한 사람의 인성이 어떠하다고 하는 것은 그 사람 마음의 바탕이 어떠하다는 것을 의미한다. 즉, 인성은 그 사람의 '마음'이 어떠하다는 요소로 구성되어 있다. 마음은 지(知), 정(情), 의(意)의 세 요소로 구성되어 있다. 지(知)는 사물을 인식하고, 이해하고, 판단하는 마음의 작용을 말하고, 정(情)은 감성적 마음으로 느끼는 것을 의미하며, 의(意)는 무엇을 하겠다고 속으로 결심하는 마음의 작용이다. 결국 마음이란 지(知), 정(情), 의(意)에 의한 정신작용의 총체로, 옳고 그름을 판단하고 실천할 수 있는 능력이라고 할 수 있다.

둘째, '각 개인이 가지는 사고와 태도 또는 행동 특성'이라고 하는 의미에서의 인성은 '사람의 품격(品格)'을 의미한다. 품격은 후천적으로 얻어진 것으로 사람의 행동이나 말씨에서 드러나는 태도나 됨됨이로 사람됨의 모습을 말한다. 그러므로 한 사람의 인성이 어떠하다고 하는 것은 그 사람의 사람됨의 모습이 어떠하다는 말을 의미하는 것으로 본다. 즉, 인성의 개념은 '사람됨'이라는 요소로 구성되어 있다고 보는 것이다. 사람됨의 모습은 사람다운 사람에게서 찾아볼 수 있다. 사람다운 사람이란 마음이 통합된 사람으로 가치를 추구하고 실현하며 살아가는 사람이다. 이러한 사람은 개인적 차원에서는 자아를 실현하고, 사회적 차원에서는 도덕적 삶을 실천하는 사람이다. 인성을 구성하는 '마음'과 '사람됨'은 서로 간에 밀접하게 관련되어 있다. 지(知), 정(情), 의(意)가 조화롭게 발달되어 있지 않은 사람에게서 자아실현이나 도덕적인 삶의 모습을 찾아보기란 어렵기 때문이다. 인성을 '각 개인이 가지는 사고와 태도 또는 행동 특성'으로 정의한 개념을 보면, 인성은 개인이 속한 사회의 도덕, 규범, 가치, 관습적으로 인정되는 행동적 특성이다. 따라서 이러한 관점에서 인성은 '개인이 속한 사회의 도덕, 규범, 가치, 관습적으로 인정되는 행동적 특성을 지닌 사람'으로 이것은 바로 교육적인 방법을 통해서 형성이 가능한 것이다.

인성교육진흥법에서는 인성을 자신의 내면을 바르고 건전하게 가꾸고 타인·공동체·자연과 더불어 살아가는 데 필요한 인간다운 성품과 역량이라고 정의하고 있다(인성교육진흥법, 2015). 인간의 본성은 성(性)이라고 하는 선천적·유전적인 영향도 받지만, 품(品)이라고 하는 후천적인 영향을 더 많이 받는다고 본다. 즉, 교육을 통해 영향을 미칠 수 있다고 생각하는 인성교육의 개념으로 보고, 성(性)보다는 품(品)이라는 부분이 교육적 방법을 통해 바람직한 방향으로 변화시키고 발전시켜 나갈 수 있다고 보는 것이다.

인성(人性)이란 사람다움으로 인간의 성품을 말한다. 성품(性品)이란 '사람의 성질과 품격'으로 성질은 '마음의 바탕'이고 품격은 '사람됨의 모습'이다. 따라서 인성이라고 하면 '그 사람의 바탕이나 사람의 됨됨이'라고 정의할 수 있다.

'성격(性格)'이나 '성품(性品)'은 영어의 'personality'와 가장 유사하다. 이 표현은 도덕성과 관련하여 중립적인 심리적 개인차를 나타내는 표현이다. 그런데 우리가 '인성교육'이라는 표현에서 말하는 '인성'이란 모종의 도덕적 품성을 나타내며, 이것은 영어 표현인 'character'와 유사해진다. 미국의 '인성교육' 혹은 '인격교육'으로 번역되는 'character education'에서의 'character' 역시 모종의 도덕적 자질을 의미한다. 그런 의미에서 미국의 'character education'을 도덕교육에서는 도덕적 성격을 내포하는 '인격'이라는 용어를 사용하여 '인격교육'이라고 번역해 왔다(추병완, 1995; 박장호, 1998; 이명준 외, 2011). 인성(人性)을 도덕적 자질이 포함된 개인의 사고, 태도, 행동 특성의 의미를 고려한다면 적절한 영어 표현은 'character'라고 할 것이다(이명준 외, 2011).

인성은 한자 '사람 인(人)'과 '성품 성(性)'이 합해져서 된 말이다. 여기서 '성(性)'은 영어로 'sex'의 개념인데 우리가 흔히 생각하는 '섹스'의 개념이 아니라 '만들어지는 과정'을 나타내는 말로 '꼴'의 개념을 지니고 있다. 따라서 '남성(男性)'은 '남자가 되어 가는' 또는 '남자의 꼴(性)'이 된 사람이라고 한다. 그러므로 인성이라고 하는 말도 어원적으로 풀이하면 '사람이 되는 과정' 또는 '사람 꼴'의 의미를 지니고 있다. 인성에 대해 박완순 · 이정근(2012)은 성(性)이란 '되어가는 꼴'로 어떤 사물의 완성된 모습을 의미하며, 인성(人性)이란 '정신체계의 틀을 갖춘 어른으로 만드는 과정'이라고 설명하고 있다. 따라서 부모로서, 선생님으로서, 조직의 장으로서, 이 사회의 어른으로서 갖춰야 할 인성이 있다. 이러한 인성을 그 사람의 정신체계로 보고 그것을 일곱 가지의 기본 틀로 제시하였는데, 구체적인 틀의 내용은 인간의 일생, 나를 알기, 타인 알기, 조직의 특성, 조직문화, 인성행동, 어른의 인성덕목 등이다(박완순 · 이정근, 2012). 이러한 인성은 하루아침에 얻어지는 것이 아니라 그 사람의 삶을 통해 다른 사람과 차별되는 것으로 부단한 자기성찰과 연마를 통해 축적되는 삶의 흔적이다.

지금까지 언급된 내용을 정리하여 인성의 개념을 정의한다면, 인성은 보다 안정적이고 변화하지 않는 측면의 개인 기능과 유동적이고 변화하는 측면의 과정을 모두 포함하는 개념이다. 즉, 타고난 기질적 특성뿐만 아니라 후천적으로 획득 가능한 특성을 포함한 개념으로 의도적인 학습이나 반복연습 및 피드백을 통해 습득할 수 있는 심성, 특히 교육을 통해 학생들에게 함양시켜 줄 수 있는 바람직한 성품을 말한다(지은림 외, 2013). 따라서 인성은 개인의 심성, 성격 및 인격을 포괄적으로 통합하는 개념으로 인간이 개인적으로 갖추어야 할 바람직한 심성과 사회적으로 갖추어야 할 가치 있는 인격 및 행동 특성이라고 정의할 수 있다(박성미 외, 2012). 그러므로 인성은 개인의 독특한 특성을 바탕으로 길러지는 그 사람의 사람됨으로 선천적인 것을 포함하면서도 후천적인 경험과 사회적 역할에 의해 형성되고 변화되는 다소 안정적인 도덕적 성향이다.

왜 인성교육을 중시하는가?

최근 들어 가정에서의 교육은 물론이거니와 학교나 사회교육에서 조차 인성교육을 중요시하면서 강조하고 있다. 이러한 현상이 나타나게 된 것은 우리 사회의 변화와 무관하지 않다. 오늘날 우리가 살아가고 있는 사회는 과거 그 어느 때보다도 배워야 하는 지식의 양과 기술이 폭발적으로 증가하여 이를 배우고 익히는 데 많은 정열을 쏟지 않으면 안 된다. 그러다 보니 학습을 위한 대부분의 활동이 인간교육보다는 지식과 기술 중심의 교육에 할애하게 되고, 인간교육을 경시하게 되었다. 뿐만 아니라 제한된 산업구조 속에서 제한된 일자리로 인한 경쟁이 심해지고 경쟁에서 살아남기 위해서는 출세를 위한 불가피한 승리를 선택해야만 하는 상황이다. 이러한 경쟁 속에서 인간교육은 소홀해질 수밖에 없다.

교육방법의 측면에서도 인성교육을 경시하게 된 원인이 있다. 교육을 통해 지식전달 위주의 내용을 강조하다 보니 경험이나 체험처럼 협동을 통한 상호작용은 경시되고 이를 통한 인성교육 또한 관심에서 멀어질 수밖에 없게 되었다.

인성교육은 학습자가 생태적으로 지니고 있는 본성 또는 심성을 실현하도록 촉진하는 활동 또는 과정이라고 할 수 있다. 인간의 본성에는 정서적인 측면도 있고 인지적인 측면도 있기에 결국 인성교육에서는 정서 및 인지의 측면 모두를 포괄하는 것이어야 한다. 그러한 교육을 위해서는 무엇보다도 먼저 넓게는 인간의 본성, 좁게는 자기 자신의 본성에 대한 정확한 인식과 확신을 가질 수 있도록 해야 한다(한국교육학회, 2001). 사는 것이 아니고 바로 사는 것이 중요한 문제이다. 바로 사는 것은 행동에 옮기기도 어렵지만 그 정의도 간단하지 않다. 무엇을 제일 중요하게 생각하며 살고 있는가에 따라 달라지기 때문이다.

인성교육은 도덕교육의 측면에서도 매우 중요하다. 일반적으로 도덕교육은 '도덕성의 형성과 발달을 지향하는 교육' 혹은 '도덕적 인간을 배양하는 교육'으로 정의한다. 이렇게 볼 때 인성교육을 도덕교육과 동일한 것으로 간주할 수는 없지만 적어도 오늘날 우리 사회가 요청하고 있는 인성교육은 도덕적 인간을 배양하는 것이라고 할 수 있다. 그럼에도 불구하고 오늘날 우리의 인성교육은 방향 정립이 확실하게 되어 있지 않으며, 아우르는 영역을 매우 광범위하게 설정하고 있다. 도덕적 인간을 기르기 위한 교육이 인성교육의 핵심이라고 한다면 인성교육은 도덕교육을 근간으로 하는 것이다. 즉, 인성교육이란 곧 바람직한 인격을 갖춘 삶의 자세와 태도를 기르고자 하는 도덕교육의 핵심이라고 할 수 있다(정창우, 2016). 인성교육을 중시하는 이유 중에는 바로 이러한 도덕교육과의 연계성 문제도 관련되어 있다. 바른 인성의 소유자가 곧 도덕적인 사람이라고 인식하기 때문이다.

2. 인성교육의 지향점과 인성교육진흥법

인성교육의 목적과 인격체의 요소

인성교육은 사람의 됨됨이를 갖추도록 하는 것으로 사람이 사회생활을 하기 위해 반드시 지켜야 할 최소한의 예의와 범절에 관한 인간 도리를 가르치는 일이다. 따라서 인성교육은 더불어 사는 사회 속에서 갖추어야 할 전인적 인격 형성을 목적으로 한다.

전인적 인격 형성을 위해서는 인격체로서 지녀야 할 네 가지 요소, 즉 건강, 감성, 이성, 의지를 갖추어야 한다. 네 가지 요소 중 첫 번째 건강은 몸과 마음이 모두 튼튼한 상태로 육체와 정신이 아무 탈 없이 정상적으로 활동하는 상태를 말한다. 건강에 대해 세계보건기구(WHO)에서는 "건강은 질병이나 단지 허약한 상태가 아닐 뿐만 아니라 육체적·정신적 및 사회적인 완전한 안녕 상태를 말한다."라고 정의하고 있다. 이는 건강은 육체적인 건강뿐만 아니라 정신적으로나 사회적으로도 안녕한 상태를 유지할 때 건강하다고 말할 수 있다는 것을 의미한다. 일상생활에서 건강의 중요성은 아무리 강조해도 지나침이 없다. 건강은 한 번 해치면 되찾기가 어렵기 때문이다. 따라서 올바른 인성을 갖추는 것은 신체적으로 단지 질병이 없고 허약하지 않은 상태가 아니라, 정신적·육체적·사회적으로 완전한 건강상태에 있을 때 가능하다는 것이다. 건강의 조화가 깨질 때 전인적 인격체로서의 올바른 인성을 지닌다는 일은 어려운 일이다. 건강은 조화로운 삶을 의미하며, 생명의 조화를 이루는 밑거름이 된다.

두 번째 요소인 감성은 5관(五官)을 통해 외계로부터 자극을 받고 그에 반응하는 정도나 강도(強度)를 나타내는 감성으로 인간의 욕구나 본능을 가리키는 말이다. 감성을 영어로 'emotion'이라고 표현하는 것에서 알 수 있듯이 이는 'e+motion'으로 움직임(motion)을 일으키는 에너지를 뜻한다. 감성은 모두 관념에서 비롯된 것으로 이성에 의해 억제될 수 있으며 인간의 삶에서 체험하는 감성은 모두 그 사람의 인격 속에 있는 관념이나 정의에서 비롯된다.

세 번째 요소인 이성은 인간이 '옳고 그름을 판단해 내는 능력'으로 그 사람의 사고 패턴과 관련이 있다. 중요한 것은 인간에게 있어서 이성은 사고를 바탕으로 이루어지며 사고는 모두 관념에서 비롯된다는 점이다. 따라서 인간의 이성이나 사고는 일부 감성을 거치지 않고 관념에서 직접적으로 오는 것도 있기는 하지만, 대부분은 감성을 통해 이성이나 사고로 연계된다는 점에서 감성이 인간 사고에 중요한 역할을 한다.

네 번째 요소인 의지는 '무언가를 하려는 마음의 작용'으로 '특정한 의도에 따라 목적을 추구하는 행동이나 그와 관련된 작용'을 말한다. 인간의 의지는 이성과 감성의 복합체로, 항상 목표를 지향하여 행동하기 때문에 목표에 대한 명확한 인식을 전제로 한다. 의지는 행위를 통해 실현되며 상황에 따라 사회적・자연적 환경에 대한 저항을 극복해야만 실현이 가능해진다. 인류 문명에 있어서 의지가 인간에게 미친 영향은 대단하다. 인간에게 의지라는 것이 없었다고 한다면, 아마 지금쯤 인간이라는 종은 멸종되어 흔적조차 남아 있지 않았을 것이다. 그만큼 인류의 역사는 인간의 의지에 의해 변화되고 발전되어 왔다. 하지만 의지가 인간에게 그렇게 쉽게 성공이라는 결과를 가져다주지는 않는다. 의지에 따른 명확한 목표의 설정과 함께 목표를 성취하기 위한 꾸준한 노력이 뒤따르지 않고서는 성취가 불가능하다. '작심삼일(作心三日)'이란 말이 괜히 있는 것은 아니다. 그만큼 인간의 의지를 관통하기 위한 노력도 중요하다는 의미이다. '건강한 몸에 건강한 정신'이라는 말의 의미도 의지와 관련 있다.

인격체로서 지녀야 할 네 가지 요소에서 살펴본 것처럼 훌륭한 인성을 지닌 인격체는 반드시 성인이나 뛰어난 학식을 지닌 사람들만이 아니다. 훌륭한 인성을 갖추기 위해서는 이를 위한 부단한 노력과 함께 인격을 갈고 닦기 위한 실천이 선행되어야 한다. 자신의 능력과 수준에 맞는 목표를 세워 실천하고, 인내심을 기르며, 예절과 배려의 정신을 실천하는 일이 중요하다. 인격 형성을 위한 노력을 '도야(陶冶)'라는 말을 사용하여 표현한다. 이는 '훌륭한 인격을 갖추려고 몸과 마음을 닦고 기른다.'는 의미로 흔히 '인격을 도야하다'라는 말로 사용된다. 이때 '도(陶)'는 '질그릇'을 나타내는 말로, '진흙으로 도자기를 구워내는 일'을 의미하며, '야(冶)'는 '대장장이'를 나타내는 말로 '쇠를 제련하는 일'을 의미한다. 결국 '인격의 도야'란 '흙으로 질그릇을 만들고 쇠를 제련하는 것'처럼 어려운 일이고 보람된 일이라는 뜻이다.

이와 같이 올바른 인성을 갖추기 위한 노력은 쉬운 일이 아니다. 우리가 인성교육을 하는 것도 같은 이치로 전인적 인격체로서 인간으로 살아가는 데 필요한 인성을 함양하는 일이다. 그러한 인성교육의 목적에 대해 한국교육학회(2001)에서는 인성교육의 목적을 다음과 같이 요약하여 제시하고 있다.

첫째, 인성교육의 목적은 자기 자신을 바르고 정확하게 이해하도록 하는 일이다. 자기 자신을 올바르게 이해하고 있는 사람은 가장 합리적이고 현실적인 행동을 선택하고 실행한다.

둘째, 자기 자신을 존중하고 수용하도록 하는 일이 인성교육의 목적이다. 자기 자신을 수용하는 일은 이기적인 품성과는 전혀 다른 관점이다. 자기 존중이 없으면 자기를 비하하거나 학대하게 되고 반사회적인 행동으로 표출하게 된다.

셋째, 인성교육은 자기 자신의 일시적인 감정행동을 통제하고 조절할 수 있는 능력을 함양시키고자 하는 것이다. 바람직한 인성의 소유자는 자신의 본능적인 행동이나 감정을 생산적·창조적인 방식으로 승화시켜 표현할 줄 안다.

넷째, 자기 자신뿐만 아니라 타인에 대한 공감적 이해와 존중의 자세를 함양하는 일이 인성교육의 목적이다. 공감이란 타인의 감정을 공유하는 것으로 상대방의 입장을 이해하면서도 결코 자신을 잃지 않는 것이다.

이 밖에도 인성교육과 관련하여 최 산(2016)은 인성교육이 추구해야 할 목적으로 자신의 내면을 바르고 건전하게 가꾸는 일, 타인과 공동체와 더불어 사는 데 필요한 인간다운 성품과 역량을 기르는 일, 자연과 더불어 사는 데 필요한 인간다운 성품과 역량을 기르는 일 등을 제시하고 있다.

올바른 인성의 함양을 위해서는 자신보다는 상대에 대한 배려와 존중이 전제되어야 한다. 그러기 위해서는 무엇보다도 자신을 객관적으로 볼 수 있는 안목을 가지는 일이 중요하며, 말이나 행동으로 다른 사람의 감정을 상하지 않도록 하는 일이 중요하다. 또한 아무리 어려운 상황에 처한다고 해도 자신이 처한 현실을 더 나은 상태로 개선하고 극복하고자 하는 노력이 필요하다.

대학에서의 인성교육

옛날부터 우리나라는 '동쪽에 있는 예의 바른 나라'라고 하여 '동방예의지국(東方禮儀之國)'이라 불리어 왔다. 이는 우리나라가 인간의 가장 기본적인 도리를 중시하여 가정과 학교, 그리고 사회에서 인간의 됨됨이를 가르치고 실천하는 일을 소중히 여겨왔기 때문이다. 가정에서는 올바른 인성교육을 위해 어려서부터 어른들을 보고 배울 수 있도록 솔선수범하는 일에 앞장섰고, 부모의 본보기를 통해 기본예절과 인간의 도리를 익히도록 해 왔다. 또한 자녀의 성장과정에서 사회생활의 경험을 중시하여 비슷한 나이 또래의 아이들과 서로 조화를 이루어 생활할 수 있도록 관계 형성의 기회도 만들어 주고, 자신의 행동이 타인에게 어떤 감정을 유발하는지에 대해서도 직접 배우고 느끼도록 하는 일에 주저하지 않았다. 자녀의 성장기에는 정체성이 확립되기 이전의 미성숙한 존재로 보아 성인들의 직접적인 조언이나 가르침을 받을 수 있도록 하는 데 주력하였다. 자녀의 잘못된 행동에 대해서는 부모나 선생님의 따끔한 가르침이 뒤따랐고 올바른 행동에 대해서는 아낌없는 칭찬과 격려가 인성교육의 바탕이 되어 왔다.

그러나 오늘날 우리 사회는 다양한 원인에 의해 많은 가정이 해체되고 기능을 상실하면서 복잡한 사회문제의 근원이 되고 있다. 또한 그동안의 인성교육에도 불구하고 급격한 변화와 함께 정보화, 세계화, 개방화로 인하여 각종 범죄를 비롯한 일탈 행위가 일상화되고 있고, 가치관의 혼란은 또 다른 사회문제의 원인이 되고 있다. 특히 대부분의 사회문제가 물질만능주의나 집단이기주의에 배경을 두고 있다는 점에서 더불어 사는 우리 사회의 위협적 요인이 되고 있으며 이러한 문제들은 인성교육의 부재에 그 원인이 있다. 뿐만 아니라 부모의 입장에서는 치열해지는 입시전쟁에서 자녀의 인성보다는 자녀가 학교에서 받아오는 성적표에 더 많은 관심을 갖게 되었으며, 이로 인해 좋은 성적으로 대학에 들어왔다고 하더라도 인성에 대해서는 확신할 수 없다는 점에서 자녀의 인성에 대한 잘못된 인식을 뿌리 뽑지 않으면 안 되는 상황에 이르게 되었다. 따라서 대학생이 된 자녀는 물론이거니와 부모가 된 어른들도 모두 자신의 인성을 뒤돌아보지 않으면 안 되는 위기상황에 놓이게 되었다.

대학교육의 책무 중 하나인 '전인적 인격체의 완성'이라는 관점에서 보면, 오늘날의 이러한 인성에 대한 몰인식과 지나친 이기적 가치 추구는 공교육기관의 마지막 단계인 대학에서도 소홀히 할 수 없는 교육이 되었다. 대학생들에게도 인성교육을 강화하지 않으면 다양한 사회적 문제를 야기한다는 점에서 반드시 수행되어야 할 대학교육의 과제가 되었다. 뿐만 아니라 변화하는 사회 속에서 대학에서의 인성교육이 다음과 같은 점에 중점을 두어 실행하지 않고서는 미래사회를 살아나갈 젊은이들에게 사회 적응력과 변화에 대한 대처능력이나 더불어 사는 사회에 대한 조화로운 인간관계 형성에 문제가 발생한다는 점에서 유념해야 할 중요한 문제이다. 대학교육에서 인성교육이 필요한 이유로 다음과 같은 점을 들 수 있다.

첫째, 인성교육은 대학생활에 효율적으로 적응하기 위해 필요하다. 인성교육은 타인에 대한 배려와 존중을 기본으로 한다. 입시중심의 학교교육을 경험한 학생들은 대학에서도 타인에 대한 배려보다는 이기적이고 자기중심적인 사고의 틀에서 벗어나지 못하는 경향이 있다. 하지만 인성교육의 타인에 대한 배려와 존중의 정신은 대학생활에 대한 적응력을 높여준다. 따라서 대학에서의 인성교육은 매우 중요하다. 대학생활에서의 인성교육은 단순히 자신만을 생각하는 이기적인 것이 아니라, 남을 생각하고 배려하는 이타적인 사고를 익히도록 하고, 그것이 행동을 통해 실천되도록 한다. 일상생활에서의 예의범절을 배웠다면 당연한 일이지만, 대학에서의 인성교육은 예의범절을 행동화하도록 한다는 점에서 더욱 중요하다.

둘째, 대학에서의 인성교육은 성인으로서 지녀야 할 감정을 통제하고 조절하는 능력을 향상시켜 집단 내에서의 소통에 도움을 준다. 인성교육은 다른 사람과 함께 더불어 살아가는 것과 관련하여 서로 배려하고 공유하면서 나눔의 기쁨을 알 수 있도록 하는 교육이다. 특히 요즈음처럼 첨단화된 다양한 매체로 인하여 구성원 간의 대화가 단절되고, 여러 가지 대중매체에 무의식적으로 노출되어 다양한 문제가 발생하는 상황에서 개인의 감정을 조절해 나갈 수 있는 능력을 기르는 일은 매우 중요하다. 대중매체에 의한 개인정보의 노출은 개인의 감정을 자극하여 사회문제화되기 때문이다. 대학에서의 인성교육은 이러한 개인의 감정을 통제하고 조절하는 능력을 향상시켜 주며 이를 통해 집단 내에서의 다양한 소통방식을 익힐 수 있도록 한다.

셋째, 인성교육은 다양한 교양의 함양을 통해 대학생들에게 미래사회에 대한 자신감과 풍부한 삶을 살 수 있도록 도와준다. 대학에서의 교육은 학생들이 속한 전공지식만을 배우는 것이 아니다. 대학교육을 통해 미래를 살아가는 데 필요한 다양한 소양과 함께 변화하는 사회 속에서 자신만의 충만한 삶을 살아가는 방법을 익히고 다양한 문제사태에 대한 적응력과 결단력, 문제해결능력 등을 배우게 된다. 이러한 지혜와 문제해결능력은 인성교육을 통해 가능하다.

넷째, 변화하는 사회에서 요구하는 인재가 되기 위한 인성을 갖추기 위해 필요하다. 사회 변화는 그 시대에 필요한 인재를 요구한다. 즉, 시대에 따라 인재의 조건이나 요구가 달라진다. 인재의 조건은 전문적인 측면의 요구도 있지만 인성적 측면의 요구도 있다. 대학에서의 인성교육은 이러한 사회 변화에 따라 달라지는 인재의 요구나 조건에 맞춰 시대가 요구하는 인재를 양성하기 위해 반드시 필요하다.

다섯째, 인성교육은 열린 사고와 개방적인 태도를 지닐 수 있도록 하는 데 도움이 된다. 사회생활은 사람과 사람의 관계 속에서 이루어지며, 이러한 관계는 다양한 사람들과의 갈등을 만들어 낸다. 이러한 갈등상황에서 문제사태를 바르게 인식하고 해결해 나가기 위해서는 무엇보다도 개방적인 사고가 필요하다. 문제사태에 따른 갈등과 문제 상황에서 자기중심적인 사고보다는 개방적인 사고로 대처하는 것이 필요하다. 인성교육은 이러한 개방적인 태도와 열린 사고를 갖도록 하는 데 도움을 준다. 우리는 흔히 이기적인 사람을 가리켜 '자기밖에 모르는 사람'이라고 말한다. 이 말은 사고함에 있어서 항상 자기중심적이어서 주변의 다른 사람을 둘러보거나 배려하지 못한다는 의미이다. 하지만 대학에서의 인성교육은 이러한 자기중심적 시각에서 벗어나 열린 사고와 개방적 태도를 지닐 수 있게 한다.

여섯째, 대학에서의 인성교육은 졸업 후 취업과 진로를 준비하고 직장생활에 적응하기 위해 필요하다. 최근 취업에 대비하는 준비생들을 보면 전문적인 전공지식보다는 인성이나 교양에 중점을 두고 자료를 준비하고 대처하는 것을 볼 수 있다. 이는 회사의 취업면접에서 전공보다는 인성을 평가하는 부분이 실질적으로 늘어나고 있기 때문이다. 회사에서 직원을 채용함에 있어서 그 사람의 전문적인 능력보다는 '인간 됨됨이'에 더 큰 비중을 두고 있다. 즉, 인성에 중점을 두고 있는데 이는 사람이 사회생활을 원만하게 하기 위해서는 집단 구성원으로서 지켜야 할 최소한의 예의와 범절, 도리를 실천해야 하는데 이것이 그 사람의 인성과 밀접한 관련이 있다.

기업에서의 인성교육

기업에서는 기업의 성장과 경쟁력 확보를 위한 인재 양성이 가장 중요한 업무 중 하나이다. 따라서 인재의 양성을 위해 기업에서는 해마다 많은 예산과 노력을 투입하고 있다. 기업에서 인재를 양성함에 있어서 가장 중요시 하고 있는 역량 중의 하나는 인성이다. 바른 인성은 인재를 양성함에 있어서 큰 비용을 들이지 않고도 좋은 성과를 거둘 수 있는 인재의 기본역량이기 때문이다. 기업에서 인성을 중요시하는 까닭은 이 밖에도 다음과 같은 점을 들 수 있다.

첫째, 바른 인성은 고객 감동을 실천하는 원동력이 된다. 기업은 고객 감동의 경영방침을 실현하고자 많은 연구와 노력을 한다. 그런데 바른 인성을 지닌 사람은 인간의 감성을 소통할 수 있는 능력이 뛰어나 누구보다도 고객을 감동시킬 수 있는 역량을 발휘하게 된다. 고객을 향한 고객 만족과 행복 캠페인이 기업의 생존과 발전을 위한 가장 중요한 업무 중 하나라고 볼 때

바른 인성을 지닌 인재의 선발은 기업의 입장에서는 필수적이라고 할 수 있다.

『칭찬은 고래도 춤추게 한다』의 저자인 켄 블랜차드(Ken Blanchard)가 "제품과 기술에서의 경쟁력은 1~2년을 넘기기 어렵다. 하지만 직원 상호 간의 인간적인 맺음, 고객과의 끈끈한 관계는 쉽게 흉내 낼 성질이 아니다."라고 지적한 말이나, "경쟁력과 실력이 있는 사람은 많지만, 인성을 겸비한 사람은 적다."라고 말한 휴렛팩커드(Hewlett-Packard)를 이끌었던 여성 CEO 칼리 피오리나(Carly Fiorina)의 말은 이러한 바른 인성을 지닌 인재의 필요성을 강조하고 있다.

둘째, 인성과 영업을 중시하는 회사경영의 방침 때문이다. 모든 기업이 이익 산출을 목적으로 하기 때문에 어떠한 기업도 영업과 완전히 분리될 수는 없다. 기업의 모든 분야가 고객을 중심으로 생각하고, 고객을 중심으로 영업을 활성화하도록 되어 있다. 이러한 상황에서 인성은 영업능력과 무관하지 않다. 인성을 내 것으로 만들면 영업 능력도 자동으로 생기고 향상되어 세상에서 가장 하고 싶은 일로 바뀌게 된다. 과거 우리나라의 많은 기업들이 IMF 시절에도 기업에서 영업 사원만은 줄이지 않았다고 한다. 인성을 바탕으로 영업을 중시하는 기업에서는 바른 인성을 지닌 사람에게 취업과 진급의 기회도 오기 마련이다.

셋째, 원만한 노사관계 유지에 도움이 된다. 인성이 바른 사람과의 대화는 원만한 노사관계의 유지와 해결에 도움이 된다. 사람이 모여 사는 곳에는 항상 문제가 있게 마련이고, 원만한 노사관계는 상호 간의 믿음과 양보, 대화를 통한 소통이 관건이다. 그러므로 이를 해결하기 위한 협상이나 중재에 있어서 어려서부터 토론과 인성교육을 경험해 본 사람과의 대화는 누구보다도 수월하게 해결될 수 있다. 토론과 인성교육에 대한 경험이 부족한 사람일수록 대화나 양보보다는 강압이나 투쟁성이 강해질 수밖에 없다. 바른 인성을 소유한 사람들과의 대화는 강압보다는 양보와 배려로 화합이라는 노사관계를 만들어 내는 데 도움이 된다.

넷째, 바른 인성을 소유한 사람은 종업원이라는 인식보다는 동반자라는 인식으로 기업활동에 참여한다. 직장생활을 하면서 아무리 작은 역할을 맡았다고 할지라도 바른 인성을 소유한 사람은 주인의식이 강하다. 즉, 단순히 돈을 목적으로 한 취업이 아니라 기업운영의 동반자라는 생각으로 강한 책임의식을 갖는다. 누구나 신입사원은 자신의 능력을 인정받지 못했다고 생각하게 된다. 이는 마치 좋은 제품도 사용해 보지 않으면 효능이나 성능을 모르는 것과 같다. 하지만 한 달 정도의 시험기간을 거치면 제대로 인성 훈련을 한 사람이라면 직종에 상관없이 2~3년 이상의 경력자와 같은 능력을 발휘한다. 이런 사람은 입사 당시 책정된 기본 급여보다 더 올려 주면서 붙잡지 않을 회사는 없을 것이다.

다섯째, 바른 인성은 국제경쟁력 확보에도 도움이 된다. 외국에 출장을 가서도 인성은 중요하다. 물론 외국 파트너 회사의 직원들이 한국을 방문하였을 때도 마찬가지다. 전 직원이 미소를 지으며 활기찬 모습으로 일하거나 스쳐 지나가면서 미소와 함께 가볍게 고개를 숙여 인사를 한다면 좋은 인상을 심어주게 될 것이다. 그러한 인상이 '한국사랑'이라는 이미지로 바뀌어 마음속에 오래 남게 된다면 그것이 곧 국제경쟁력을 높이는 데 도움이 될 것이다.

여섯째, 바른 인성은 컨버전스(convergence, 융합) 과정에서도 능력을 발휘한다. 인성은 마치 모양이 제각기 다른 그릇에 담기는 물과 같아서 맞닥뜨리는 상황에 쉽게 적응하고 변화하는 특성을 지니고 있다. 따라서 바른 인성을 지닌 사람이라면 어떠한 어려움에도 잘 적응하고 이겨내는 힘을 가지게 된다. 하지만 우리 사회는 아직까지 기존의 연공서열이나 위계질서를 중시하는 문화가 주류를 이루고 있어 융합을 방해하고 있다. 이러한 문화는 과학기술 활동에 상당히 부정적인 영향을 끼친다. 다른 분야의 전공자들과의 협업이 잘 이루어지지 않고 분업이 일반화된다거나 소통이 이루어지지 않아 각자의 길로 가는 어려움을 만나게 된다. 어쩌면 융합을 활성화하기 위해서는 과학자들에게 첨단의 지식이나 기술보다 먼저, 소통의 원천인 인성교육이 절대적으로 필요한 시대가 오게 될 것이다.

인성교육진흥법

청소년들의 바람직한 성장을 돕고 우리 사회의 윤리의식을 높이고자 인성교육진흥법이 제정되었다. 인성교육진흥법은 우리나라에서 인성교육을 의무로 규정한 세계 최초의 인성교육 제도화에 관한 법령이다. 2014년 12월 국회를 통과하여 2015년 7월부터 시행되기 시작하였으며 이 법령의 시행령에서는 '건전하고 올바른 인성을 갖춘 시민 육성'을 목적으로 전국 유치원과 초·중·고에서 시행하도록 하고 있다. 인성교육에 관한 구체적인 내용은 범정부 차원의 인성교육진흥위원회를 구성하여 운영하도록 하고 있으며, 인성교육진흥법 시행령에는 5년마다 인성교육 종합계획의 수립, 국가·지방자치단체의 예산 지원 의무화, 현직 교원을 대상으로 하는 연간 4시간 이상의 연수 의무화, 교·사대에 인성 관련 과목의 필수 개설·이수, 인성교육 전문인력 양성기관 지정 등의 내용이 담겨 있다.

인성교육진흥법에 명시된 인성교육의 정의를 보면 '자신의 내면을 바르고 건전하게 가꾸며 타인, 공동체, 자연과 더불어 살아가는 데 필요한 인간다운 성품과 역량을 기르는 것을 목적으로 하는 교육'이라고 정의하고 있다. 뿐만 아니라 인성교육진흥법을 제정한 목적에 대해서도 '건전하고 올바른 인성을 갖춘 시민을 육성하여 국가사회의 발전에 이바지함'이라고 규정하고 있다.

인성교육진흥법에서는 인성교육의 핵심가치로 '예(禮), 효(孝), 정직, 책임, 존중, 배려, 소통, 협동'의 8개 요소를 제시하고 있다. 이에 대해 인성교육이 '학생들의 합리적인 비판적 사고를 기르는 등 건강한 사고력을 육성해야 함에도 불구하고 특정 가치를 주입시키는 교육이 될 수 있다는 일부 우려의 목소리가 있다. 인성교육진흥법의 제정은 인성의 함양에 필요한 교육시간이나 제도를 의무화·제도화했다는 점에서 의의가 있다고 할 수 있다. 하지만 인성은 영어 표현의 '캐릭터(character)'에 해당되는데, 이는 합리적이고 비판적인 사고 능력을 배양시키도록 도와주는 것이지, 인성교육진흥법에서 제시한 것처럼 교육내용을 정형화시켜 인성의 가치를 여덟 가지로 정해 놓고 한쪽으로 몰아가는 것과 같은 교육은 바람직하지 않다는 지적이다. 즉, 인성교육이 교육대상자를 중심으로 하는 교화로 보아서는 안 된다는 것이다. 즉, 인성교육을 통해 특정 가치를 주입하는 것은 우리 사회의 순종형 인간상, 정형화된 가치관의 인간으로 만들어질 가능성이 있다는 우려이다. 이러한 점에서 오늘날처럼 다양화된 사회에서 특정 가치를 가진 획일적인 인간을 길러낸다는 것은 시대착오적인 발상이라고 주장하는 이들도 있다.

하지만 인성교육을 다른 측면에서 이해할 필요가 있다. 우리 사회가 인성교육의 획일화와 같은 문제점이 있음에도 불구하고 인성교육진흥법을 제정한 데에는 나름의 이유가 있다. 우리 사회의 윤리가 무너지고 도덕이 자리를 잡지 못하면서 인륜의 윤리가 방치되고 있는 오늘날의 사회적 상황에서 인간으로서의 삶을 지키기 위한 최소한의 윤리의식을 갖도록 하자는 것이 이 법을 도입한 취지이다. 그런 의미에서 우리 사회에 적응해 살아가기 위한 최소한의 인성요소로 여덟 가지 요소를 선정하여 기본적인 인간으로서의 삶의 의식, 윤리의식을 지니도록 한다는 데 그 의미가 있는 것이다. 이러한 여덟 가지의 기초·기본 윤리를 바탕으로 점진적으로 확대·발전시켜 다양한 윤리와 가치관을 형성해 나가도록 하자는 것이다. 여덟 가지의 핵심요소는 하나의 가치나 교화와 같은 교육을 위해 선정된 인성요소가 아니라, 인간의 삶에서 가장 기초·기본이 되는 요소라는 것이다. 따라서 기초·기본적인 여덟 가지 요소를 바탕으로 더 발전적인 개인의 가치를 지닐 수 있도록 발전시키는 교육도 인성교육의 몫이다. 따라서 진정한 인성교육은 공교육의 정상화에서부터 시작되어야 한다. 공교육의 내용에는 인성교육 기초·기본 교육뿐만 아니라 발전적인 인성내용도 포함되어 있기 때문이다. 공교육에는 우리나라 교육목적에서 지향하고 있는 모든 가치가 다 녹아들어 있기 때문에 공교육의 정상화는 인성교육의 완성도를 높일 수 있는 가장 좋은 방법이다. 가장 큰 문제는 그러한 공교육이 입시나 실적 중심의 교육에 밀려 학교현장에서 배제되어 실질적인 공교육이 이루어지지 않고 있다는 점이다.

인성교육은 합리적인 가치관의 정립을 통해 사회 발전에 기여할 수 있도록 하고, 개인의 행복을 위해 자신의 내면을 가꾸고 타인이나 공동체와 더불어 살아갈 수 있는 역량을 기르는 데 중점을 두어야 한다. 인성교육진흥법에서는 이러한 점을 고려하여 국가와 지방자치단체는 인성교육진흥법에 따라 인성교육에 관한 장기적이고 체계적인 정책을 수립해 시행하는 한편, 학생의 발달단계와 학교상황에 적합한 인성교육 시책을 마련하도록 명시하고 있다. 인성교육진흥법에서 규정하고 있는 관련 용어의 정의는 다음과 같다.

첫째, '인성교육'이란 자신의 내면을 바르고 건전하게 가꾸고 타인・공동체・자연과 더불어 살아가는 데 필요한 인간다운 성품과 역량을 기르는 것을 목적으로 하는 교육을 말한다.

둘째, '핵심가치・덕목'이란 인성교육의 목표가 되는 것으로 예(禮), 효(孝), 정직, 책임, 존중, 배려, 소통, 협동 등의 마음가짐이나 사람됨과 관련되는 핵심적인 가치 또는 덕목을 말한다.

셋째, '핵심역량'이란 핵심가치・덕목을 적극적이고 능동적으로 실천 또는 실행하는 데 필요한 지식과 공감・소통하는 의사소통능력이나 갈등해결능력 등이 통합된 능력을 말한다.

이 밖에도 인성교육진흥법에서는 국가 등의 책무에 대해서도 규정하고 있는데 이와 관련한 구체적인 내용은 다음과 같다.

첫째, 국가와 지방자치단체는 인성을 갖춘 국민을 육성하기 위하여 인성교육에 관한 장기적이고 체계적인 정책을 수립하여 시행하여야 한다.

둘째, 국가와 지방자치단체는 학생의 발달단계 및 단위 학교의 상황과 여건에 적합한 인성교육 진흥에 필요한 시책을 마련하여야 한다.

셋째, 국가와 지방자치단체는 학교를 중심으로 인성교육 활동을 전개하고, 인성친화적인 교육환경을 조성할 수 있도록 가정과 지역사회의 유기적인 연계망을 구축하도록 노력하여야 한다.

넷째, 국가와 지방자치단체는 학교 인성교육의 진흥을 위하여 범국민적 참여의 필요성을 홍보하도록 노력하여야 한다.

다섯째, 국민은 국가 및 지방자치단체가 추진하는 인성교육에 관한 정책에 적극적으로 협력하여야 한다.

인성교육진흥법에서는 인성교육의 기본 방향으로 첫째, 가정과 학교, 사회에서 모두 장려되는 인성교육, 둘째, 인간의 전인적 발달을 고려한 장기적 차원의 계획, 셋째, 다양한 사회적 기반을 활용한 전국적 시행 등의 세 가지를 설정하였다. 인성교육과 관련된 구체적인 사항은 기본 방향에 따라 수립하되, 교육부 장관과 교육감은 종합계획 또는 시행계획의 수립·시행 및 평가를 위하여 필요한 경우 관계 중앙행정기관의 장, 지방자치단체의 장 및 교육감 등에게 협조를 요청할 수 있도록 규정하고 있다. 또한 인성교육진흥법에서는 인성교육 관련 심의를 위해 인성교육진흥위원회를 둘 것을 규정하고 있다. 인성교육진흥위원회가 심의하는 사항에는 인성교육 정책의 추진방향이나 종합계획 수립 관련 사항, 인성교육 실적 점검 및 평가, 인성교육 지원 협력이나 조정에 관한 사항 등이다. 위원회는 위원장을 포함해 20명 이내의 위원으로 구성하고, 위원은 교육부 차관과 문화체육관광부 차관, 보건복지부 차관, 여성가족부 차관, 국회의장이 추천하는 사람 3명, 인성교육에 관해 학식이나 경험이 풍부한 사람 중에서 교육부 장관이 임명하되 공무원이 아닌 사람이 과반수가 되게 구성하도록 하고 있다. 위원장은 위원 중에서 공무원이 아닌 사람이 맡아 운영하도록 하고 있고, 교육부 장관과 교육감은 일 년마다 인성교육 활동에 대한 평가를 시행하도록 의무화하고 있다. 교사는 인성교육 관련 연수를 일정 시간 이수해야 하며 사범대학이나 교육대학 등 교원양성기관 역시 인성교육 과목을 필수로 개설해 운영하도록 하고 있다.

이러한 인성교육진흥법의 제정이 효과를 나타내기 위해서는 우리 사회 청소년들이 훌륭한 사회성과 바른 인성을 갖도록 하는 데 실질적인 도움이 될 수 있도록 하는 실질적인 운영이 중요하다. 법령의 제정보다 더 중요한 것은 실질적인 운영이다. 참된 인성교육을 통해 청소년들이 균형 잡힌 세계관과 국가관으로 올바르고 건강한 민주시민으로 성장할 수 있도록 돕는 일이 무엇보다 중요하다. 장차 미래사회의 주역이 될 청소년들에게 사회구성원으로서 참된 인성을 실천할 수 있도록 건전한 윤리의식을 심어주고, 인간다운 품성과 역량을 길러 성숙된 민주시민으로서의 자질을 향상시켜 주며, 우리 사회가 청소년들의 세계화와 글로벌화에 부응하면서 삶의 주체로서 살아갈 수 있도록 돕는 일은 우리 사회 구성원인 기성세대들의 당연한 책무이다.

3. 인성의 구성요소와 덕목

인성의 구성요소

인성의 구성요소에 대한 학자들의 주장은 다양하다. 김낙구(1997)는 인성교육을 좁은 의미와 넓은 의미로 구분하여 좁은 의미에서는 도덕논리교육의 한 부분으로, 넓은 의미에서는 도덕적·논리적 인간을 육성하는 전반적인 교육으로 보았다. 조용태 등(2016)은 인성교육을 세 가지 측면의 요소로 구분하여 첫째, 마음의 발달을 위한 정서교육 측면, 둘째, 자아실현을 위한 가치교육 측면, 셋째, 더불어 살기 위한 도덕교육 측면으로 구분하였다.

매킨타이어(McIntyre, 2007)는 인성을 습관, 성향, 태도로 구성되는 '덕의 무대'라고 하는 덕 윤리의 바탕을 개념으로 설명하고 있으며, 조연순 등(1998)은 인성교육의 구성요소로 협동정신이나 책임감 같은 민주시민의식, 효(孝)나 타인에 대한 배려 같은 타인존중의식, 자아수용이나 자아통제 같은 자기존중의식 등을 인성의 구성요소로 보고 이를 기르는 일이 인성교육이라고 주장하고 있다. 또한 인성의 구성요소를 개인에게 필요한 성품과 역량으로 보아 자신의 내면을 바르고 건전하게 가꾸고 타인, 공동체, 자연과 더불어 살아가는 데 필요한 인간다운 성품과 역량을 길러주는 일을 인성교육이라고 정의하기도 한다(김동일 외, 2015). 하지만 미국의 인성교육(character education)에서는 인성(character)을 그다지 면밀하게 구분하지 않는다. 인성 개념을 그냥 일상어의 어의로 받아들이는 경향이 있다. 미국의 인성교육을 주도한 리코나(T. Lickona)

의 유명한 저술 『Education for Character(1991)』에서도 인성은 '모종의 일관된 내적 상태'라고만 규정하고 있다. 다만, 좋은 인성은 도덕적 지식, 도덕적 감정, 도덕적 행동으로 구성된다고 주장하여 인성의 도덕적 성격이 무엇인지를 명확히 제시하고 있다(이명준 외, 2011).

〈표 1-1〉 리코나의 좋은 인성의 구성요소

좋은 인성의 요소	세부 요소
도덕적 지식(moral knowing)	• 도덕적 앎(awareness), 도덕적 가치에 대한 지식 • 다른 관점 이해하기, 도덕적 추론, 의사결정 • 자기 지식(self-knowledge)
도덕적 감정(moral feeling)	• 의식(옳은 것을 알고 의무감 갖기), 자기존중, 공감 • 선을 사랑하기, 자기통제, 겸손
도덕적 행동(moral action)	• 능력(행동으로 이행하는 능력), 의지, 습관

출처: 이명준 외(2011). 교과교육과 창의적 체험활동을 통한 인성교육 활성화 방안 연구. 한국교육과정평가원, p. 18.

인간다운 삶을 위해 인간이 지녀야 할 요소로 인성과 더불어 중요한 인간의 역량을 규명하기 위해 진행된 프로젝트로 데세코 프로젝트(DeSeCo Project: Definition and Selection of Competency)가 있다. 데세코(DeSeCo) 프로젝트는 21세기 사회에서 개인의 성공적 삶과 사회의 발전에 요구되는 핵심역량을 알아보기 위해 OECD에서 개발한 핵심역량 개발 프로젝트이다. 이 프로젝트에는 12개 국가가 참여하여 1997년부터 2003년까지 7년간에 걸쳐 시행되었는데, 연구 결과로 인간의 생애에 있어서 갖추어야 할 핵심역량에 대한 개념적이고 이론적인 기초를 마련하게 되었다. 데세코(DeSeCo) 프로젝트에서 정의하고 있는 생애 핵심역량은 생활장면을 통틀어 중요하다고 여겨지는 능력으로, 성공적인 삶과 순기능적인 사회에 기여하는 능력을 의미한다.

데세코(DeSeCo) 프로젝트에서는 역량의 발현을 필요로 하는 특정한 상황과 개인이 보유하는 심리·사회적 특성이 유능한 성취 또는 효과적인 행동을 가능하도록 복잡한 시스템을 구성한다고 보고 있다. 데세코(DeSeCo)에서 제시한 생애 핵심역량은 다음과 같은 세 가지 범주의 9개 역량으로 구분하여 제시하고 있는데, 이는 인간다운 삶을 위해 인간이 지녀야 할 관계적 범위의 인성적 요소라고 할 수 있다.

〈표 1-2〉 DeSeCo 프로젝트 핵심역량 구성요소

범주	강조점	관계적 범위	역량
자율적 행동능력	• 자신의 생애를 관리하고 확대된 사회적 맥락 속에서 자리매김하며 자율적으로 생활할 수 있어야 한다는 점을 강조	개인	• 전체적 조망 속에서 행동하는 능력 • 생애계획을 수립하고 실천하는 능력 • 권리, 이익, 한계, 요구를 주장하는 능력
사회적 상호작용 능력	• 다원화되고 상호 의존성이 높아지는 사회에서 다른 사람들과 관계를 맺는 것이 필수적이므로 이질적인 집단 속에서 상호작용할 수 있는 것은 매우 중요하다는 점을 강조	대인 관계	• 타인과 원만한 관계 맺기 능력 • 협력하는 능력 • 갈등 관리 및 해결 능력
지적도구 활용능력	• 개인이 사회적·물리적 환경과 효과적으로 상호작용하기 위하여 다양한 도구를 효과적으로 사용할 수 있어야 한다는 점을 강조	사회적 관계	• 상호 교감하며 언어, 상징, 텍스트를 사용하는 능력 • 상호 교감하며 지식과 정보를 사용하는 능력 • 상호 교감하며 기술을 사용하는 능력

인성교육의 덕목

인성교육을 위해서는 사회현실을 반영한 덕 목록이 필요하다. 교육내용으로 어떤 덕의 가치를 추구할 것인가와 관련되기 때문이다. 일반적으로 덕 목록은 사회적 성격을 지니고 있기 때문에 시대에 따라 또는 구성원들의 특성에 따라 내용에 있어서 차이와 변화를 보인다.

덕 목록을 추출하는 방식은 연역적 방식과 귀납적 방식이 있다. 연역적 방식은 인간의 본성 또는 자연권의 절대성 등 도덕적 원리를 기반으로 하여 이로부터 추론되는 덕목을 제시하는 방식이다. 플라톤(Plato)이 인간 영혼의 구성요소로 이성, 정념, 본능으로 구분하고 각각의 역할을 통해 4주덕을 도출하는 것이나, 칸트(Kant)가 정언명법을 정립하고 이로부터 약속 지키기, 황금률 등의 가치를 도출하는 것 등이 여기에 해당된다. 그러나 이러한 방식은 덕목이 갖는 생활기반적, 사회기반적, 더 근본적으로 경험기반적 성격을 벗어난 것이다. 그래서 덕 윤리학자들은 대부분 상식적 도덕성에 대한 성찰을 통해 덕목을 추출하거나, 우리의 생활영역을 구분한 후 덕목을 추출한다(이명준 외, 2011).

우리가 흔히 말하는 개인이 '인격적으로 성숙되었다'라는 말은 '그 사회가 요구하는 덕 목록을 갖추었다'라는 의미이다. 즉, 그 사회가 요구하는 바람직한 인간의 성품과 역량을 지녔다는 뜻이다. 이와 같이 인성의 덕목은 그 사회의 변화상을 반영하여 요구한다. 일찍이 호머(Homer)의 서사시 영웅담에서는 주요 덕목으로 용기, 우애, 자부심, 계책(cunning)을 중시하였고, 소크라테스(Socrates)나 플라톤이 활동했던 시기에는 정의, 용기, 절제, 지혜가 주요 덕목으로 등장하였다. 하지만 오늘날과 같은 민주주의 사회에서는 민주시민으로서 지녀야 할 다양한 시민적 자질을 인성교육의 덕목으로 요구한다. 이러한 민주시민의 자질과 관련된 덕목은 다음과 같은 세 가지 유형으로 구분된다.

첫째, 민주시민으로서의 시민적 덕목이다. 시민적 덕목은 민주사회 구성원의 일원으로서 지녀야 할 기본적 자질로 스스로에 대한 이해와 관계를 잘 지켜나가고 자신의 내면적 성찰과 통찰을 통해 타인과의 관계를 잘 유지・발전시킬 수 있는 능력을 말한다. 일반적으로 시민적 덕목으로는 공감능력, 공동체 의식, 협동심 등이 있다.

둘째, 개인의 이성적 판단에 기초한 지적 덕목이다. 지적 덕목은 개인의 지적 능력에 기초한 합리적 사고와 의사결정과 관련된 덕목이다. 따라서 논리적 추론능력과 이성적 판단, 합리적 사고력, 실천적 지혜, 문제해결능력 등이 지적 덕목에 해당된다.

셋째, 실천적 태도와 관련된 도덕적 덕목이다. 도덕적 요소를 말할 때 흔히 용기, 절제, 지혜, 효(孝), 예(禮), 정직 등과 같은 것들을 말하지만, 도덕적 요소에서 가장 중요한 것은 이와 같은 요소들이 실생활에서 실천되도록 하는 일이다. 이와 같이 일상생활에서의 실천적 태도와 관련된 덕목을 도덕적 덕목이라고 하며, 이러한 도덕적 덕목에는 도덕적 판단 능력, 도덕적 동기화, 대인관계능력, 의사소통능력 등이 있다.

최근 덕 목록과 관련하여 긍정심리학자(positive psychologists)들은 '성격 강점(character strength)'이라는 말을 사용하여 인성교육의 덕목을 6개의 영역으로 구분하여 제시하고 있는데, 긍정심리학에서 제시한 인성교육 덕목은 다음과 같다.

〈표 1-3〉 긍정심리학에서 제시한 인성교육 덕목

영역	성격 강점	세부 요소
지혜와 지식 (wisdom and knowledge)	창의성 호기심 개방성 학구열과 관점	• 독창성, 발명-재간 • 흥미, 새로운 것 추구, 경험지향성 • 판단력, 비판적 사고 • 지혜
용기 (courage)	용기 끈기 통합성 생명력	• 용맹 • 끈기, 근면 • 진정성, 정직 • 열망, 열중, 정렬, 에너지
인간성 (humanity)	사랑과 친절 사회적 지능	• 후함, 배려, 양육, 공감, 이타적 사랑, 흔쾌함 • 정서지능, 인간지능
정의 (justice)	시민성 공정성	• 충성, 팀워크 • 사회 책임
절제 (temperance)	용서, 자비, 겸손, 신중함, 자기조절	• 자기통제
초월 (transcendence)	미와 탁월성의 평가 감사와 희망 유머 영성	• 두려움, 놀라움, 우러러봄 • 미래지향성, 낙관주의 • 농담(playfulness) • 종교성, 신앙, 목적

출처: 이명준 외(2011). 교과교육과 창의적 체험활동을 통한 인성교육 활성화 방안 연구. 한국교육과정평가원, p. 24.

한편 미국의 초중등교육법에서는 인성교육을 권고하는 'No Child No Behind Act'를 발표하여 인성교육을 강화하고 있는데, 여기에는 6개의 주요 덕목을 중심으로 인성을 지도하도록 하고 있다. 이 법에서 제시하고 있는 6개의 주요 덕목으로는 진실성(trust-worthiness), 존중(respect), 책임(responsibility), 공정성(justice), 배려(caring), 시민성(citizenship)이다. 이와 같은 미국 인성교육 덕목의 장점은 인성교육이 강조하고 있는 타인에 대한 배려와 상호 존중이라는 내용을 포함하면서 민주시민으로 지녀야 할 책임과 함께 시민성, 진실성을 강조하고 있다는 점이다. 미국 인성교육의 주요 여섯 가지 덕목과 관련된 구체적인 내용은 다음과 같다.

〈표 1-4〉 미국 인성교육의 주요 덕목 '여섯 가지 기둥(6pillars)'

주요 덕목	하위덕목	포함요소
진실성 (trust-worthiness)	① 정직하기 ② 속이거나 훔치지 말기 ③ 믿을만하기-약속 지키기 ④ 옳은 일을 할 수 있는 용기 갖기 ⑤ 좋은 평판 다지기 ⑥ 충성-가족, 친구, 국가에 대해	용기 충성
존중 (respect)	① 타인을 존중하기(황금률에 따라) ② 차이를 관용하고 수용하기 ③ 예의를 갖추고 나쁜 말을 쓰지 말기 ④ 다른 사람의 감정을 고려할 것 ⑤ 위협하거나 때리거나 상처 입히지 말기 ⑥ 화냄, 모욕, 반대에 평화롭게 대처할 것	관용 인내
책임 (responsibility)	① 할 일을 할 것 ② 미리 계획할 것 ③ 끈기 있게 해볼 것 ④ 항상 최선을 다할 것 ⑤ 자기통제 ⑥ 자기수양 ⑦ 결과를 생각하고 행동할 것 ⑧ 책임 있는 말과 행동, 태도를 가질 것 ⑨ 좋은 모범이 될 것	인내 절제 신중함

주요 덕목	하위덕목	포함요소
공정성 (justice)	① 규칙대로 놀기 ② 차례를 지키고 공유할 것 ③ 열린 마음과 경청하기 ④ 다른 사람을 이용하지 말 것 ⑤ 다른 사람을 마구 비난하지 말 것 ⑥ 모든 사람을 공정하게 대할 것	수용성 진실성
배려 (caring)	① 친절할 것 ② 공감을 갖고 배려를 보여줄 것 ③ 감사를 표할 것 ④ 용서할 것 ⑤ 도움이 필요한 사람을 도울 것	민감성 온정
시민성 (citizenship)	① 학교와 지역사회의 개선을 위해 동참할 것 ② 협력 ③ 지역사회의 일에 참여할 것 ④ 사회 소식에 관심을 갖고 투표할 것 ⑤ 좋은 이웃이 될 것 ⑥ 법과 규칙을 지킬 것 ⑦ 권위를 존중할 것 ⑧ 환경을 보호할 것 ⑨ 자원봉사를 할 것	자연사랑

출처: 이명준 외(2011). 교과교육과 창의적 체험활동을 통한 인성교육 활성화 방안 연구. 한국교육과정평가원, p. 26.

우리나라에서도 인성교육의 덕목에 대해 다양한 의견이 있다. 이는 인성교육의 덕목이 시대의 변화와 요구에 따라 달라지고, 덕목의 대상이 개인이냐 또는 집단이냐에 따라 서로 다른 특성을 보이기 때문이다. 이명준 등(2011)은 인성교육의 덕목으로 존중, 배려, 책임, 신뢰성, 정의, 공정성, 시민성으로 할 것을 제안하였고, 강선보 등(2008)은 관계성, 도덕성, 전일성, 영성, 생명성, 창의성, 민주시민성으로 인성교육 덕목을 선정할 것을 주장하기도 하였다.

2014년 12월 교육부에서는 인성교육을 강화하기 위한 일환으로 의무교육으로 규정하는 인성교육진흥법을 제정하였는데, 이는 인성교육을 의무화한 세계 최초의 법이 되었다. 인성교육진흥법은 건전하고 올바른 인성을 갖춘 시민 육성을 목적으로 하고 있으며, 이 법에서는 인성교육을 '자신의 내면을 바르고 건전하게 가꾸며 타인, 공동체, 자연과 더불어 사는 데 필요한 인간다운 성품과 역량을 기르는 것을 목적으로 하는 교육'이라고 정의하고 있다. 뿐만 아니라 인성교육에서 지도되어야 할 덕목으로 8개의 덕목을 '핵심가치·덕목'이라는 명목으로 제시하고 있다.

인성교육진흥법 제2조 제2항에 "핵심가치·덕목이란 인성교육의 목표가 되는 것으로 예(禮), 효(孝), 정직, 책임, 존중, 배려, 소통, 협동 등의 마음가짐이나 사람됨과 관련되는 핵심적인 가치 또는 덕목을 말한다."라고 제시하고 있어 특정 가치가 사람됨에 필요한 가치라는 것을 정의하고 있다. 말하자면 바람직한 인간이 가져야 할 마음, 행동을 통틀어 일컫는 것이 인성이고 이러한 인성은 가정, 학교, 사회 어디서나 길러지고 닦아져야 할 것이라는 것이다. 그런데 우리 사회는 언제부터인가 공부가 모든 일의 중심이 되고 효나 예는 뒤로 물러서는 느낌을 받는다. 집에서도 부모님이 아무리 바빠도 자녀에게 '너는 공부나 해라' 하는 식으로 의무와 책임을 면제해 주거나 덮어주는 경향이 있다. 하지만 아무리 바빠도 반드시 지켜야 하는 덕목이 있다. 참된 인간다움을 지닌 사람으로 육성하기 위해서는 반드시 지켜야 할 덕목을 가르치고 배우는 일에 게을리해서는 안 된다(최 산, 2016).

〈표 1-5〉 **인성교육진흥법에서 제시한 인성교육 8대 덕목**

주요 덕목	개념	포함요소
예(禮)	• 사회생활이나 사람 사이의 관계에서 존경의 뜻을 표하기 위해 나타내는 말투나 몸가짐	• 호의, 폐 끼치지 않기, 조화, 질서
효(孝)	• 어버이를 공경하고 잘 섬김	• 봉양, 도리, 섬김, 보은
정직	• 성품이나 마음 따위가 곧고 바름	• 수용, 진실, 공정, 신용
책임	• 맡아서 행해야 할 의무나 임무	• 성실, 절제, 인내, 끈기, 역할충실
존중	• 높이어 중하게 여김	• 자기이해, 공경, 관용, 인권존중
배려	• 여러 가지로 마음을 써서 보살피고 도와줌	• 자기애, 친절, 호의, 인류애, 양보

주요 덕목	개념	포함요소
소통	• 의견이나 의사 따위가 막힘없이 잘 통함	• 공감, 경청, 자기표현, 관계 맺기
협동	• 특정한 목적을 달성하기 위하여 서로 마음과 힘을 합하여 도움	• 협동, 책무, 나눔, 공동체

4. 건전한 인성을 지닌 사람들의 특성

급변하는 사회변화 속에서 우리 사회는 인성교육보다는 지식중심의 교육에 중점을 두어 전인적 인간 성장이라는 인간의 균형적 발달을 저해해 왔다. 뿐만 아니라 급격한 경제성장은 물질만능주의를 초래하여 정신적 가치보다는 물질을 우선시하는 생활모습으로 변모시켰다. 또한 빠르게 변화하는 과학의 발전은 정보의 양을 확대시켰으며, 이로 인해 성장기 청소년들이 학습해야 할 학습량은 과거보다 엄청나게 증가하였다. 하지만 학교에서 청소년들을 대상으로 하는 인성교육은 뒷전으로 밀려 지식교육보다 인성교육을 소홀히 하였다. 이러한 결과로 무한 경쟁 속에서 살아남기 위해 청소년들은 이기적인 생각이 만연하게 되었고, 타인에 대한 배려보다는 타인을 이기려는 마음이 앞섰으며, 학교에서도 인성보다는 지식 전달이 우선시하는 교육환경으로 변화하였다.

최근 들어 이러한 문제점을 해결하기 위해 인성교육이 강조되기 시작하였으나, 대부분의 인성교육이 덕목중심의 교육을 실시하고 있어 효율적인 성과를 거두지 못하고 있다. 덕목중심의 인성교육은 생활 속에서 지속적으로 실천되지 못하는 문제점이 있다. 따라서 효율적인 인성교육을 위해서는 생활 속에서 이루어지는 인문소양교육 중심의 교육으로 학습자들로부터 정서적인 감화와 공감을 얻어내는 일이 중요하다. 감화와 공감이 생활에서의 실천력을 높일 수 있기 때문이다. 인성도 미래사회에 갖추어야 할 기본적인 요소로 인식하고 단순히 도덕적인 덕목중심의 활동을 넘어 통합적이고 복합적인 참여와 체험을 통해 실천인성을 학습할 수 있도록 해야 한다. 즉, 학습자들이 실천인성을 통해 올바르고 건전한 인성을 실천화·습관화할 수 있도록 해야 한다. 이를 위해 인성교육진흥법에서는 건전하게 가꾸고 인간다운 성품과 역량을 기르기 위한 덕목으로 여덟 가지를 제시하여 우리 사회가 미래를 살아갈 청소년들에게 요구하는 최소한의 가치를 제시하였다.

좋은 인성은 단순한 도덕적인 덕목을 넘어 미래사회에 꼭 갖춰야 할 요소인 만큼 존중과 배려, 참여와 실천 등 체험중심의 실천인성이 실현되어야 한다. 인성교육은 도덕교육보다 훨씬 더 포괄적이고 심층적인 측면을 지니고 있다. 인성은 겉으로 나타난 행동, 언어, 태도만이 아니라 그 사람의 행동이 표출되기까지의 감정, 동기, 무의식과 같은 내적 심리상태를 모두 포함하고 있기 때문이다. 개인의 삶, 사회, 국가에 결정적인 영향을 미치는 인성은 미래사회를 살아갈 청소년들에게 반드시 필요한 핵심역량으로 건전한 인성을 지닌 민주시민의 양성은 교육이 담당해야 할 책무이다. 인성교육의 책무를 수행하기 위해서는 건전한 인성을 지닌 사람들의 특성을 이해할 필요가 있다. 일반적으로 건전한 인성을 지닌 사람들은 다음과 같은 특성을 지니고 있다.

첫째, 인성이 바른 사람은 다른 사람을 자신처럼 아끼고 사랑한다. 건전한 인성을 지닌 사람은 남을 자신과 동등하게 인식하고 행동한다. 즉, 타인의 기쁨이나 아픔을 공유할 줄 알며, 마음으로부터 상대방을 배려하고 양보할 줄 안다. 인정을 베풀며 더불어 산다는 것의 의미를 깨닫고 실천한다.

둘째, 건전한 인성을 지닌 사람은 현실을 바르고 정확하게 인식한다. 바른 인성을 지닌 사람은 현실을 있는 그대로 인식할 줄 안다. 주변의 현실을 가식 없이 있는 그대로 받아들이고 이를 그대로 수용할 줄 안다. 즉, 현실을 직시한다. 현실을 응시하여 잘못된 것은 잘못된 대로, 잘된 것은 잘된 것으로 인식할 줄 알며 그것을 실천으로 옮김으로써 사회와 소통할 줄 안다.

셋째, 인성이 좋은 사람은 타인의 의견을 존중하고 경청할 줄 안다. 그렇다고 해서 타인의 말만 들어주고 상대방이 원하는 대로만 따라가는 마냥 '착한 사람'은 아니다. 상대방의 의견을 잘 듣고 경청만 하는 게 아니라 자신을 잘 표현하고 효과적으로 주장할 줄 아는 능력을 겸비한 사람이다.

넷째, 바른 인성을 지닌 사람은 해야 할 일과 하지 말아야 할 일을 명확하게 구분할 줄 알고, 옳고 그름을 판단할 줄 안다. 즉, 주체적인 판단으로 이성적 판단을 할 줄 알며 이성적 판단에 따라 합리적인 의사결정을 한다. 옳은 것과 그렇지 않은 것에 대한 시비를 명확히 가릴 줄 안다.

다섯째, 인성이 건전한 사람은 올바른 자아인식을 한다. 비교적 자기 자신에 대해 잘 알고 자신의 존재를 소중하게 생각하며 언제나 긍정적인 마음을 갖는다. 뿐만 아니라 자신에 대해 바른 이해를 하고 있어 스스로 자신의 삶과 인생을 헤쳐 나갈 줄 안다.

여섯째, 감정이나 충동에 따라 활동하기보다는 충동과 본능을 조절할 수 있는 능력이 있다. 바른 인성을 지닌 사람은 충동과 본능을 조절할 수 있는 능력을 지니고 있어 일탈행위를 하지 않으며 즉흥적이기보다는 충동과 본능을 통해 조절하는 힘을 지니고 있다.

일곱째, 자기존중과 자기수용은 건전한 인성을 지닌 사람의 공통적 특징이다. 바른 인성을 지닌 사람은 자신의 소중함과 존귀함을 깨닫고 자신에 대한 올바른 인식을 바탕으로 대인관계 및 사회성 발달, 자아존중감 등이 향상되어 자신의 전인적 성장에 긍정적인 영향을 미치고 있다.

여덟째, 건전한 인성을 지닌 사람은 융통성이 뛰어나고 상호작용을 잘한다. 융통성은 상황 변화에 따라 얼마나 유연하게 소통을 이끌어 가는지에 대한 개념이다. 융통성이 좋은 사람은 새로운 상황에 적응을 잘하고 개방적인 자세를 보이는 특징이 있다. 바른 인성을 지닌 사람은 규범과 규칙을 준수하지만 상황과 여건에 따라서는 그것들보다 더 중요한 가치를 위해 융통성을 발휘할 줄 안다.

반성적 사고활동 1-1

인성지수 체크해 보기

※ 다음 질문은 여러분의 인성지수를 알아보기 위한 것이다. 질문에 대한 정답이 정해져 있는 것이 아니므로 여러분의 생각을 솔직하게 한 문장도 빠짐없이 응답해야 한다. 질문을 읽고 자신에게 해당된다고 생각되는 점수에 ○표 하여라.

영역	번호	문항	전혀 그렇지 않다	그렇지 않다	그렇다	매우 그렇다
정직	1	나는 손해를 조금 보더라도 정직하게 행동해야 한다고 생각한다.				
	2	길에서 돈을 주웠을 때 주인을 찾아줘야 한다.				
	3	친구나 부모님을 속이는 경우가 거의 없다.				
정의	4	친구가 시험을 볼 때 부정행위를 하려고 하면 말려야 한다.				
법 준수	5	나는 학교 규칙을 잘 지키는 편이다.				
	6	길을 건널 때 신호를 지키거나 횡단보도를 이용해야 한다.				
책임	7	조별과제를 할 때 내가 맡은 일은 책임 있게 하려고 한다.				
	8	내가 맡은 일은 책임감을 갖고 한다.				
	9	생명이 있는 것은 모두 존중하고 보호해야 할 책임이 있다.				
공감	10	다른 사람의 감정을 이해하려고 한다.				
	11	친구가 어려운 처지에 있을 때 걱정이 된다.				
	12	친구가 슬퍼하면 위로해 주고 싶다.				

소통	13	나는 다른 사람의 의견을 존중한다.				
	14	친구가 도움을 필요로 할 때 도와주려고 한다.				
	15	남과 함께 어울려 살아가는 것이 중요하다.				
	16	다른 환경의 사람들과 더불어 살아가는 것이 중요하다.				
배려	17	약자라고 생각되는 사람을 만났을 때 양보하고 배려한다.				
	18	소외되거나 따돌림받는 친구가 있으면 도와주려고 한다.				
	19	어려운 사람들을 돕기 위해 봉사활동을 하는 것이 중요하다.				
	20	나는 봉사활동을 활발히 하고 있다.				
협동	21	조별활동 시 내가 좀 손해 봐도 조 전체 성과가 높아지는 게 좋다.				
	22	학급 대청소를 해야 할 때 하기 싫더라도 친구들과 함께한다.				
자기 이해	23	내가 사회에서 가치 있는 사람이 될 수 있다고 생각한다.				
	24	나는 나의 감정을 잘 이해한다.				
	25	나만의 장점이 있다고 생각한다.				
	26	나는 행복한 사람이다.				
	27	내게 주어진 일에 의욕을 갖고 최선을 다한다.				
자기 조절	28	화가 많이 났을 때도 친구, 가족에게 화내거나 분풀이하지 않는다.				
	29	화가 나서 흥분될 때 분노를 가라앉히려고 노력한다.				
	30	친구와 다툴 때 내가 잘못한 것을 알면 바로 인정하고 사과한다.				

출처: 교육부(2013). 인성지수 개발 연구 결과(2013. 9. 23. 중앙일보).

[인성지수 산출법]

- 전혀 그렇지 않다 0점, 별로 그렇지 않다 33.3점, 대체로 그렇다 66.7점, 매우 그렇다 100점으로 계산해 나온 평균점수가 인성지수임

[결과 해석]

- 인성지수 66.7점 미만: 인성지수가 다소 미흡하므로 인성함양을 위한 노력이 필요함
- 인성지수 66.7점 이상 80점 미만: 인성지수가 보통이므로 주변인들로부터 인정을 받는 편임
- 인성지수 80점 이상: 인성이 우수한 편으로 다른 사람들로부터 적극적인 신뢰와 인정을 받음

반성적 사고활동 1-2

인성 특성 파악하기

※ 다음 질문은 여러분이 전인적 인격체로서 어떤 특성이 얼마나 개발되었는지를 알아보기 위한 것이다. 이 질문에 대한 답은 어느 것이 맞고 틀린 답이 있는 것이 아니므로 여러분의 생각을 솔직하게 한 문장도 빠짐없이 응답해야 한다. 질문을 읽고 자신에게 해당된다고 생각되는 점수에 ○표 하여라.

번호	문항	정도(점수)				
1	나는 타인을 위해 가능한 한 넓게 포용력을 발휘하는 편이다.	0	1	2	3	4
2	나는 이웃을 위해 구체적으로 헌신·봉사한 사례가 있다.	0	1	2	3	4
3	나는 다른 사람과 다툼이 있을 때 먼저 화해를 청한다.	0	1	2	3	4
4	나는 아름다운 음악을 들으며 그 느낌을 머릿속에 상상해 보곤 한다.	0	1	2	3	4
5	내가 해야 할 일이 힘들고 하기 싫더라도 분명히 해낸다.	0	1	2	3	4
6	다른 사람이 나를 비판할 때 화가 날지라도 그 원인을 곰곰이 찾아본다.	0	1	2	3	4
7	나는 업무나 학습 외에도 악기나 그림과 같은 특기나 취미를 한 가지 이상 가지고 있다.	0	1	2	3	4
8	나는 타인을 책망하기보다 칭찬을 더 많이 해주는 편이다.	0	1	2	3	4
9	다른 사람이 훌륭한 일이나 좋은 성과(성적)를 거두었을 때 진심으로 축하해 준다.	0	1	2	3	4
10	나는 교양서적과 명상에 관한 글을 자주 읽는 편이다.	0	1	2	3	4
소계(마음지수)						
11	내가 자격증을 소지한다면 어느 정도 활용할 것인가?	0	1	2	3	4

12	내가 지적재산권(특허권 포함)을 소지한다면 어느 정도 활용할 것인가?	0	1	2	3	4
13	내가 소지한 공부방법을 활용하고 있는가?	0	1	2	3	4
14	내가 학위를 취득한다면 어느 정도 활용할 것인가?	0	1	2	3	4
15	내가 취득한 정보를 활용하고 있는가?	0	1	2	3	4
16	내가 소지한 기술을 활용하고 있는가?	0	1	2	3	4
17	나의 IT(정보기술-컴퓨터, 인터넷 등) 실력은?	0	1	2	3	4
18	내가 다루는 전공에서 전문서적을 활용하는 정도는?	0	1	2	3	4
19	나의 자기계발을 위한 장단기 계획은?	0	1	2	3	4
20	나의 외국인과의 의사소통 수준은?	0	1	2	3	4
소계(지식지수)						
21	나는 정기적으로 건강을 위해 운동을 한다.	0	1	2	3	4
22	나는 정기적으로 건강진단을 받는다.	0	1	2	3	4
23	나의 체중과 신체는 균형을 이루고 있다.	0	1	2	3	4
24	나의 기상시간과 취침시간은 일정하다.	0	1	2	3	4
25	나는 과로 등을 피하면서 정상적인 근무시간을 유지한다.	0	1	2	3	4
26	나는 의료보험증 사용 빈도가 많지 않다.	0	1	2	3	4
27	나는 건강에 무리하지 않게 휴식을 취한다.	0	1	2	3	4
28	나는 건강에 좋은 음식을 고를 수 있다.	0	1	2	3	4
29	나는 정신수양을 위해 명상의 시간을 가진다.	0	1	2	3	4
30	나는 학교나 가정 등에서 스트레스를 받으면 바로 풀려고 노력한다.	0	1	2	3	4
소계(건강지수)						
31	나는 선과 악을 판단할 수 있는 능력이 얼마인가?	0	1	2	3	4
32	나는 진실과 허위를 판단할 수 있는 능력이 얼마인가?	0	1	2	3	4
33	나는 상과 벌을 판단할 수 있는 능력이 얼마인가?	0	1	2	3	4
34	나는 혈기를 절제할 수 있는 능력이 얼마나 있는가?	0	1	2	3	4
35	나는 식욕을 절제할 수 있는 능력이 얼마나 있는가?	0	1	2	3	4
36	나는 성욕을 절제할 수 있는 능력이 얼마나 있는가?	0	1	2	3	4

37	나는 오락을 절제할 수 있는 능력이 얼마나 있는가?	0	1	2	3	4
38	나는 시간을 계획하고 그대로 지키고 있는가?	0	1	2	3	4
39	나는 나의 수입과 지출에 균형을 맞추고 있는가?	0	1	2	3	4
40	나에게 주어진 물자에 대한 절감의식이 어느 정도인가?	0	1	2	3	4
소계(관리지수)						
41	나는 학교에서 선배와 인간관계가 좋은 편이다.	0	1	2	3	4
42	나는 학교에서 동료와 인간관계가 좋은 편이다.	0	1	2	3	4
43	나는 학교에서 후배와 인간관계가 좋은 편이다.	0	1	2	3	4
44	나는 가정에서 부모님과 인간관계가 좋은 편이다.	0	1	2	3	4
45	나는 가정에서 형제자매와 인간관계가 좋은 편이다.	0	1	2	3	4
46	나는 가정에서 친척들과 인간관계가 좋은 편이다.	0	1	2	3	4
47	나는 동창회에 참석하여 두터운 관계로 사귀고 있다.	0	1	2	3	4
48	나는 취미, 오락, 특기 등의 동아리에 참석하여 회원으로 활동한다.	0	1	2	3	4
49	나는 학회나 전문인 모임에서 인간관계를 넓히고 있다.	0	1	2	3	4
50	나는 사회단체나 봉사기관에 참석하고 있다.	0	1	2	3	4
소계(관계지수)						

출처: 조용태 외(2016). 인성의 이해와 실제(워크북), pp. 12-15 재인용.

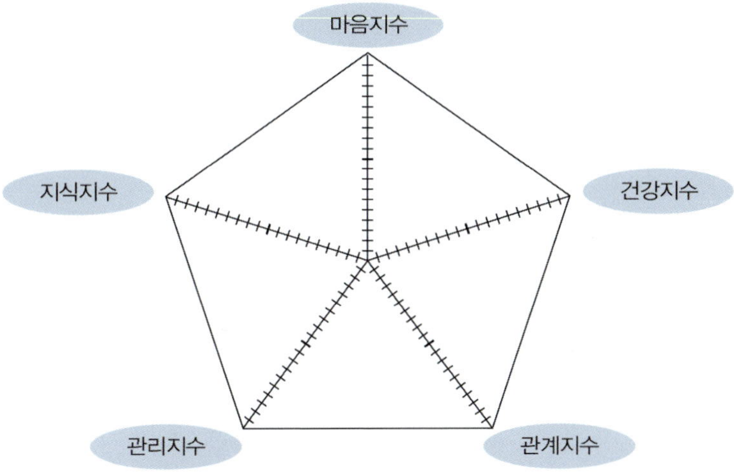

그림 1-1 나의 인성 특성 조사 결과

[검사방법]

- 검사의 지수별 합계점수를 산출하여 그림에서 한 칸에 2점씩 전체 20개의 사선 중에서 해당하는 점수를 표시한다.
- 표시된 5개의 지수별 점수를 연결하여 가장 높은 점수를 받은 지수와 가장 낮은 점수를 받은 지수를 확인하여 자신의 인성 특성을 파악한다.

[결과 해석]

- 5개의 지수별 점수가 균형을 이루면서 높은 수치를 나타낼 때 전인적 인성을 갖추었다고 말할 수 있다.
- 각 지수별 점수 중 가장 낮은 점수를 나타낸 분야에 대한 인성 특성을 강화하려는 노력이 필요하다.
- 각 지수별 점수 중 가장 높은 점수를 나타낸 분야에 대한 인성 특성을 잘 활용하여 자신의 강점으로 특성화할 수도 있다.

Chapter

02

인성교육과 실천인성

1. 인성교육의 8대 핵심가치

인성교육의 가치 덕목은?

인성은 인간의 보편적인 본성으로 각 개인의 특성과 사람 됨됨이를 말하며 선척적인 요인과 후천적인 요인에 의하여 형성되는 개개인의 고유 성품이다. 그래서 사람들은 일반적으로 인성을 전통적인 가치관에 바탕을 둔 도덕적인 윤리적 성품으로 인식한다. 따라서 바른 인성을 갖춘 사람이라고 하면 예의범절이 뚜렷하고 사회규범을 잘 지키며 어른을 공경하고 부모에게 효도하며 이웃에 사랑을 베푸는 모범적인 인물을 가리키는 말로 이해하고 있다. 이러한 인성에 대한 인식에 공통적인 의미를 갖도록 규정해 놓은 것이 인성교육진흥법이다. 인성교육진흥법에서는 인성교육으로 우리 사회에 건전하고 올바른 인성을 갖춘 시민을 육성하고자 하였다.

인성교육을 위해서는 가치덕목을 무엇으로 할 것인지를 명확히 하는 것이 필요하다. 가치덕목이란 무엇을 가르칠 것인가와 관련된 것으로 인성교육에서 가르치고자 하는 가치의 덕을 분류한 명목이다. 즉, 인성교육을 통해 올바른 인성을 가진 사람으로 교육하기 위해서 꼭 필요한 인성교육의 항목이라고 말할 수 있다(전도근 외, 2016).

인성이나 인성교육의 개념에 대한 관점이 다양하듯이 인성교육의 덕목도 매우 다양하다. 인성교육의 덕목은 주장하는 사람, 시대, 요구, 상황 등에 따라 중요성이 상이하며, 경우에 따라서 특정한 덕목이 포함되기도 하고, 필요에 의해 밀려나기도 한다. 그럼에도 불구하고 인성에 대한 다양한 관점에 대해 논하는 것은 인성교육에서 중요하게 여기는 가치가 무엇인지를 이해하는 데 도움이 되기 때문이다.

고대 그리스의 철학자인 소크라테스(Socrates)는 정의, 지혜, 용기, 절제를 인성교육의 덕목으로 강조하였으며, 그의 제자 아리스토텔레스(Aristoteles)는 정의, 용기, 절제, 관후(寬厚),[1] 긍지, 건전한 야망, 공손함, 진실함, 재치, 친절, 겸양(謙讓)[2], 의분(義憤)[3] 등을 강조함으로써 인지적인 측면보다는 정의적인 측면에 초점을 맞추어 강조하였다.

그동안 우리나라의 인성교육은 운영기관이나 단체에 따라 가치덕목을 달리하여 운영해 왔다. 이는 인성교육을 바라보는 관점이 다양한 측면도 있지만 인성교육을 전인적 측면으로 바라보고 인성교육의 다양화를 추구해 왔기 때문에 나타난 결과로 우리 사회의 인성교육에 별다른 문제 없이 추진되어 왔다. 하지만 2015년 7월 21일에 인성교육진흥법이 제정되면서 우리나라의 인성교육은 보다 더 강화되었을 뿐만 아니라, 인성교육에서 추구하는 가치덕목도 미래 우리 사회에서 살아가는 데 필요한 민주시민으로서 갖추어야 할 가치덕목에 초점을 맞춰 8대 핵심가치를 선정하여 제시되었다.

우리나라의 인성교육은 1995년 5월 31일 교육개혁안이 발표되면서 공식화되기 시작하였다. 그 후 2009년 '창의·인성교육'이라는 명칭이 도입되면서

1) 그 마음이 너그럽고 후함.
2) 자기를 내세우거나 자랑하지 않는 태도로 남에게 양보하거나 사양함.
3) 옳지 않은 일을 보고 일어나는 정의로운 분노.

인성교육에 대한 공식적 요구가 시작되었다. 최근에는 정부의 국정과제 중 하나로 '학교교육 정상화'를 추진하면서 인성교육이 계획에 포함되었다. 가장 최근에는 2015년 인성교육진흥법(법률 제13004호)이 제정되면서 공교육에서의 인성교육이 강화되었다. 인성교육진흥법에서 인성교육 덕목으로 제시된 8대 핵심가치는 예절(禮), 효도(孝), 정직, 책임, 존중, 배려, 소통, 협동으로 인성교육을 통해 바른 마음가짐과 사람됨을 추구하고 있다. 인성교육진흥법에서 제시하고 있는 인성교육의 8대 핵심 가치덕목과 가치의 의미는 다음과 같다.

〈표 2-1〉 인성교육의 핵심 가치덕목과 의미

덕목	의미
예(禮)	예의에 관한 모든 절차 및 질서를 지키려는 마음가짐과 태도, 친절, 겸손
효(孝)	부모님과 웃어른을 공경하고, 형제간에 사랑으로 지내려는 마음가짐과 태도, 우애, 경애
정직	마음이나 행동에 거짓이나 꾸밈이 없이 바르고 곧음, 성실
책임	맡아서 해야 할 임무나 의무, 사회적 규약에 따라 행동해야 하며, 이러한 사회적 약속을 이행하지 않은 데 대한 불이익을 기꺼이 받아들여야 한다는 것에 대한 지각, 역할 책임, 행위 책임
존중	높이어 귀중하게 대함, 자신에 대한 자긍심을 가지고, 타인의 개성과 다양성을 인정하며 그 가치에 대하여 소중히 여기는 것으로 자기존중, 타인존중, 인권의식, 생명존중
배려	타인의 입장을 고려하여 도와주거나 보살펴 주려고 마음을 쓰는 것으로 도덕적 민감성, 온정, 타인에 대한 배려, 역지사지(易地思之) 등
소통	막히지 아니하고 잘 통함, 뜻이 서로 통하여 오해가 없음. 개방성, 공유, 피드백, 경청, 대화를 통한 문제 해결
협동	힘을 합하여 서로 도움, 협업, 조정, 협력, 참여, 공동체 의식

출처: 조난심(2016). 인성교육 정책의 목적과 방향. 한국교육개발원, p. 16.

인성교육의 핵심역량

많은 학자들은 바른 인성을 지닌 성숙한 인간의 특성을 밝히기 위해 노력해 왔으며, 이들은 바람직한 인간상으로 성숙한 인간, 건강한 인간, 생산적

인간, 자아실현적인 인간 등 다양한 개념으로 인간상을 제시하였다. 최근에 와서는 바른 인성을 지닌 인간의 특성을 미래사회를 성공적으로 살아가는 데 필요한 역량과 연계시키려는 경향이 있다. 인성교육진흥법에서도 인성교육 핵심 가치덕목과 함께 인성교육진흥법(제2조)에서 인성 핵심역량을 제시하고 있다. 인성교육에서 '핵심역량'이라 함은 핵심가치·덕목을 적극적이고 능동적으로 실천 또는 실행하는 데 필요한 지식과 공감·소통하는 의사소통능력이나 갈등해결능력 등이 통합된 능력을 말한다.

인성 관련 역량에는 자기관리 역량, 심미적 감성 역량, 갈등관리 역량, 의사소통 역량, 공동체 역량 등이 있다. 교육부 인성교육종합계획(2016)에서는 성품 및 인성 역량중심 교육을 강조하면서, 미래사회를 성공적으로 살아가기 위해 필요한 바람직한 성품 및 역량들을 중심으로 참여형 인성교육을 설계하고, '앎을 삶 속에서 실천'하도록 교육활동을 체계적으로 조직·운영하도록 하는 방향을 제시하고 있다. 개인과 대인관계, 그리고 공동체 차원의 연결선상에서 자기관리 역량, 심미적 감성 역량, 의사소통 역량, 갈등관리 역량, 공동체 역량 등을 균형 있게 학습하여 가정, 학교, 사회에서 행동으로 실천하도록 하는 인성교육의 통합적 접근방법을 도입하고 있다. 특히 학교 인성교육은 교과교육 과정뿐만 아니라, 범교과 학습주제 등 교과 외 교육활동 전반을 통해 체계적이고 통합적인 방법으로 실행하도록 하고 있다. 인성교육과 관련한 핵심역량과 그 의미는 다음과 같다.

〈표 2-2〉 인성교육의 핵심역량과 그 의미

인성교육 핵심역량	의미
자기관리 역량	자신의 생활과 삶에 대하여 자기 스스로 계획을 세우고, 그 계획이 이루어질 수 있도록 올바른 방향으로 나아가기 위해 바람직한 방법을 찾아내며, 그 방법을 꾸준히 실천하는 역량
심미적 감성 역량	자연 속의 질서 및 인간의 삶과 문화 속에 존재하는 내면적 아름다움을 살펴서 찾아내고, 그것이 인성에 바람직한 방향으로 기여하는 방향을 찾아내어 풍부하게 누리며, 자신과 타인의 감정을 이해하고 공감하며, 자신의 삶을 아름답게 가꾸어 가려는 역량

인성교육 핵심역량	의미
의사소통 역량	각자가 가지고 있는 생각이나 뜻이 막히지 않고 원만하게 통하도록 서로에 대한 존중을 바탕으로 다른 사람의 의견을 귀 기울여 들으며 자신의 상황과 입장을 적극적이고 논리적으로 설명하는 역량
갈등관리 역량	개인 혹은 집단 간의 의견이나 목표의 차이로 인한 대립상황을 올바로 이해하고, 대화와 타협을 통해 조화를 이루도록 하여 능동적이고 평화적인 방법으로 갈등상황을 완화시키는 역량
공동체 역량	자신이 속한 공동체 - 가정, 학교, 지역사회, 국가 등- 속에서 자신이 지니고 있는 삶의 의미와 변하지 않는 존재로서의 도덕적 본질을 깨닫고 사람들과 협력하며 더불어 살아가는 데 필요한 역량

출처: 조난심(2016). 인성교육 정책의 목적과 방향. 한국교육개발원, p. 17.

사람이 어떤 인성을 지니고 있느냐 하는 문제는 그 사람의 행동과 연계된다. 그 사람의 행동은 그 사람의 인성에서 나온다. 따라서 인성은 국가가 가장 최우선의 가치로 두어야 할 인간교육이다. 옛말에 "아이는 어른의 등을 보고 자란다"는 말이 있다. 성인인 우리가 성숙한 인간다움을 지닌 존재로 청소년들에게 솔선수범하지 않는데 어떻게 청소년들이 올바른 인성을 지닌 인격체로 성장할 수 있겠는가? 바른 인성을 함양하는 일에 적극적으로 나서야 할 때이다. 한 사람의 바른 인성은 한 나라를 위대하게 할 수 있지만, 한 사람의 잘못된 인성은 국가 전체를 재앙으로 이끌 수도 있다는 점을 잊어서는 안 된다.

2. 실천인성의 의미와 중요성

실천인성이란?

인성은 사람의 됨됨이로 공동체 안에서 함께 잘 살아갈 수 있는 능력이다. 따라서 인성은 교육으로 바꿀 수 있으며, 바꿀 수 있다는 신념으로 이를 실천해 나가야 한다. 인성교육을 바른 생각으로 바른 행동을 하도록 가르치는 일이라고 하는 것도 이런 이유에서이다.

인성교육은 다양한 덕목에 따른 다면적이고 다원적인 양태를 지닌 복합적인 측면이 있다. 인성교육의 방향에 대해 이명준 등(2011)은 인성교육은 습관화, 이성적 판단, 심리적 능력을 동시에 개발하는 종합적 인간교육 방향으로 나아가야 한다고 말하고 있다. 즉, 인성교육은 교화로 변질되어서는 안 되며, 자발성과 자율성을 바탕으로 스스로 인성을 계발하고 실천할 수 있도록 해야 한다. 이런 점에서 자신의 인성이 형성되지 않은 미성숙한 상태에서의 자발적·자율적 인성함양 활동은 어려움이 있다. 인성을 바르게 인지하고 형성해 나가기 위해서는 이성을 활용하여 비판적 의식을 갖도록 함으로써 비판적 기능과 판단을 활용해 나가도록 해야 한다. 이성적 판단 없이 감성만 앞세울 때 자기 행위의 동기나 결과가 왜곡될 수 있으며, 이럴 때 혼란에 빠질 수 있다. 소크라테스(Socrates)의 예를 재론하지 않더라도 인간은 이성적 판단이 필요할 때와 감성적 공감이 필요할 때를 구분할 수 있어야 포용력을 가진 인성을 함양할 수 있다. 다른 사람에 대한 이해와 입장을 공감할 때 타인에 대한 배려나 믿음, 사랑, 관용, 희망 등을 가질 수 있다. 이처럼 인성은 덕목을 실천할 때 진정으로 자신과 타인의 행복을 실현할 수 있으며 사회의 정의를 구현할 수 있다. 그러한 실천과정에서 인성은 발달하고 성숙하게 되므로 인성의 발달에서 실천은 매우 중요하다.

인성교육은 이론중심의 지식교육이 아니다. 인성교육의 본질은 인간관계에 바탕을 둔 실천이다. 따라서 인성교육은 이론보다는 실천중심의 교육으로 이루어져야 하며 이러한 실천중심의 인성교육을 실천인성이라고 한다. 실천중심의 교육이 아니라면 올바른 인성을 함양시키는 데는 제한적일 수밖에 없다. 안다는 것과 행동한다는 것에는 차이가 있기 때문이다. 사회 전반에 인성교육이 행동화되고 습관화되기 위해서는 실천이 일상화되도록 하는 실천중심의 인성교육이 필요하다. 실천중심의 인성교육이 곧 실천인성이며 실천인성을 통해서만이 인성을 바로 잡을 수 있다.

교육현장에서 일어나는 인성교육의 사례를 보면 '세족식'을 통하여 자신의 겸손한 마음을 가다듬고 남을 배려하는 마음을 익히게 하는 일이나, 김춘수의 '꽃', 조동화의 '나 하나 꽃 피어', 윤동주의 '자화상', 조병화의 '의자' 등과 같은 시의 암송을 통해 정서적 순화를 실천하도록 하는 일, 생태수업을 통해 자연과 교감하고 우리도 자연의 일부라는 생각을 통해 '생명의 소중함'을 느끼도록 하는 일 등은 실천인성의 대표적인 사례이다. 뿐만 아니라 인성교육은 일생을 통해 터득한 삶의 지혜를 지금까지 살아온 삶을 바탕으로 터득하게 하여 사회에서 직접 이를 실천하도록 하는 것도 하나의 방법이다. 예술과 인성, 스포츠와 인성, 청소년과 인성, 웃음과 인성, 여행과 인성, 명심보감과 인성, 문학과 인성, 다문화와 인성, 명상과 인성, 사자성어와 인성, 정서와 인성, 두뇌와 인성, 심리와 인성, 등산과 인성, 독서와 인성, 인간발달과 인성 등이 바로 삶의 터득을 통해 배울 수 있는 인성교육 사례이며 이러한 사례를 통한 교육이 실천인성이다.

실천인성은 지식에서 끝나는 것이 아니라 직접 실행하고 실천함으로써 인성교육을 받은 사람들이 가정에서부터 사회에서 실천될 수 있도록 인성에 대한 이론과 실천을 융합한 인성이다. 오늘날 우리 사회처럼 이기주의와 개인주의가 만연한 사회에서는 지식중심의 인성교육으로 소기의 성과를 거두기가 어렵다. 서로가 실천을 통해 주위 사람들을 배려하고 나누고 섬기는 실천인성이 필요하다.

인성에 대한 이론교육이 도덕적 행위에 대한 이론적 분석과 정당화를 통해 현실의 인성문제를 해결하기 위한 토대를 마련한다면 실천중심의 실천인성은 인성에 대한 이론을 토대로 하여 현실에 적용할 수 있는 실천적인 규범과 원칙을 구체적인 일상에 적용할 수 있도록 하거나 삶의 구체적인 상황에서 발생하는 인성 관련 문제에 관한 대안이나 실천방안을 만들어 실천하는 것이다. 인성교육에 있어서는 인성의 이론적인 측면과 실천적인 측면이 사실상 서로 유기적 관계를 지니고 있다. 우리가 인성과 관련한 문제에 접하게 될 때 이론이 존재하지 않거나 원칙이 없다면 현실에 도입하는 것 자체가 불가능하다. 실천인성은 현실에서 발생하는 관계적 문제에 대한 해결책을 제시하고 올바른 방향으로의 관계를 맺도록 해주는 역할을 한다.

인성과 관련된 이론이 사회적 원리의 근거를 만드는 데 주된 관심을 기울인다면, 인성과 관련된 실천인성은 사회적 원리를 적용하여 문제를 해결하는 데 주력한다. 따라서 실천인성은 구체적인 삶에서 발생하는 인성 관련 문제에 대하여 사회적 원리를 토대로 하여 바람직한 해결책을 모색하는 실천지향적 특성을 지니고 있다.

실천인성은 인접 학문과의 상호 협력과 융합을 필요로 한다. 최근에 발생하는 수많은 문제들은 복합적 요인에 의해 발생하는 경우가 많다. 그럴 경우 해결방안도 다학문적 접근방식의 도입이 필요하다. 따라서 인성을 실현하기 위한 실천인성은 다학문적 접근을 통해 해결해 나가야 하는 관계적 문제가 많다. 우리가 살아가는 삶은 끊임없이 변화하고 발전하며, 사회가 추구하는 바른 인성도 지속적으로 변화해 나간다. 따라서 인성에 대한 실천방식도 그 시대의 요구에 맞춰 변화하고 발전해야 한다.

실천인성의 중요성

교육이 지향하는 바는 '바른 인성의 함양'이다. 우리나라에서 인성교육진흥법이 제정되었는데, 이것은 우리 사회가 인성을 매우 중요하게 생각하고 있다는 점을 의미하기도 하지만 그만큼 우리 사회가 인성에 대한 다양한 문제를 지니고 있다는 것을 의미하는 일이기도 하다. 특히 인성교육은 단순한 지식의 전달보다는 실천으로 행동화되어 나타날 때 그 진가를 발휘하게 되는데 이를 실천인성이라고 한다. 인성교육에서 실천인성을 강화해야 하는 이유가 바로 여기에 있다. 이 밖에도 실천인성이 중요한 이유를 몇 가지로 요약하여 제시하면 다음과 같다.

첫째, 올바른 인성의 정착은 실천인성을 통해 가능하다. 인성의 함양은 몇 시간의 인성에 대한 지식전달이나 정보제공을 통해 완성되는 것이 아니다. 인성의 함양은 실천을 통해 더불어 사는 사회에서 발생할 수 있는 다양한 갈등을 조율하고 긍정적인 방향으로 이끌어 가는 방식을 터득한다거나, 열린 마음으로 공동체 의식을 수용하고 공유하는 일이나, 타인에 대한 양보와 배려를 실천하는 일 등을 통해서 자신의 공동체적 인식을 높이고 타인을 수용하는 태도가 형성된다.

둘째, 실천인성은 한 사람이 가지고 있는 생각이나 감정, 행동 등을 변화시키는 데 효율적이다. 한 사람의 정착된 생각이나 감정, 행동 등은 인식의 전환을 통해서 변화시키기가 쉽지 않다. 하지만 실천인성은 주어진 가치나 덕목을 행동으로 구체화하여 실천해 나가기 때문에 그 사람이 가지고 있는 생각이나 감정, 행동을 더욱더 좋은 가치로 변화시키고 향상시켜 주는 데 효율적이다.

셋째, 올바른 인성은 어려서부터 꾸준히 실천해 나가는 과정을 통해 만들어지기 때문에 실천인성이 중요하다. 올바른 인성은 몇 번의 행동으로 형성되는 것이 아니라 어려서부터 지속적으로 성인이 되기까지 꾸준히 실천하는 교육을 통해 만들어지며, 이러한 올바른 습관의 형성을 통해 바른 인성이 형성된다. 따라서 꾸준한 실천과정은 실천인성을 통해서 가능해진다. "생각이 바뀌면 행동이 바뀌고, 행동이 바뀌면 습관이 바뀌고, 습관이 바뀌면 성품이 바뀌고, 성품이 바뀌면 인생이 바뀐다."라고 말한 근대 심리학의 창시자 윌리엄 제임스(William James)의 말은 이러한 실천인성의 중요성을 대변하고 있다.

넷째, 실천인성은 정서적 안정을 지니도록 하는 데 도움이 된다. 정서적 안정감은 자신감과 독립심, 성취감을 갖게 하는 데 중요한 요소이다. 정서적 안정감을 갖게 되면 자아존중감이 높아지고 자립심이 높아지며 긍정적인 삶의 태도를 지닐 수 있다는 장점이 있다. 실천인성은 정서발달에 도움을 주는 것은 물론이고 다른 사람과의 관계에도 도움을 주어 행동이나 태도에 적극성을 갖게 하고 정서적 안정을 찾게 해준다.

다섯째, 실천인성은 덕목중심 인성교육의 문제점에서 벗어나 생활중심 인성교육을 실천하게 되므로 바른 인성을 습관화하는 데 도움을 준다. 그동안 우리 사회에서 일률적으로 적용되어 오던 덕목중심의 인성교육은 생활 속에서 지속적으로 실천할 수 없다는 문제점을 지니고 있다. 따라서 인성교육은 덕목중심 교육에서 벗어나 생활 속에서 이루어지는 인문소양교육 중심의 인성교육이 필요하며, 일상적인 삶에서 정서적인 감화와 공감을 통해 실천을 생활화할 필요가 있다. 인성 형성은 통합적이고 복합적인 측면이 있기 때문에 단순히 도덕적인 덕목중심의 교육에서 벗어나 실천적인 인성을 학습하도록 하는 것이 올바른 인성의 습관화에 도움이 된다.

여섯째, 인성의 변화는 행동으로 옮겨질 때 가능하기 때문에 실천인성이 중요하다. 많은 사람들이 바람직한 방향으로 자신을 변화시키고자 노력하지만, 그 노력이 행동으로 실천되지 않고서는 변화란 불가능한 일이다. 아무리 좋은 생각을 가지고 있다고 하더라도 자신이 그 생각을 행동으로 옮기지 않으면 아무 소용이 없다. 생각했다면 그것을 곧바로 행동으로 옮기는 것이 습관을 바꿀 수 있는 일이고, 습관이 반복되면 자신의 성품을 바꿀 수 있게 되며, 성품이 되풀이되면 그것이 곧 자신의 인생을 바꾸어 성공적인 삶으로 이끌게 된다.

일곱째, 실천인성은 좋은 사람을 즐겁고 재미있는 대화 상대자로 만들어 준다. 실천인성은 상대방을 존중하고 자기 자신의 내면 소리를 잘 듣고 표현할 줄 알게 해준다. 반복적인 실천인성의 경험은 어떠한 상황에서도 상대방을 편안하게 해주고 적절한 위트와 유머로 즐거운 분위기를 만들어 즐겁고 재미있는 대화 상대자가 되게 해준다.

여덟째, 실천인성은 믿고 신뢰하는 사회를 만드는 데 기여한다. 급변하는 오늘날의 사회에서 인성교육의 필요성은 그 어느 때보다 증대되고 있다. 따라서 지금은 인성교육에 대한 관심을 강화해 나가야 한다. 인성교육을 소홀히 한다면 그 결과는 수많은 사회적 문제로 나타나 우리 자신에게로 돌아온다. 하지만 실천인성은 우리 사회의 다양한 문제 속에서도 '나 자신이 먼저 실천하는 것이 필요하다'라는 인식을 갖게 하여 우리 사회가 믿고 신뢰하는 사회를 만들도록 하는 데 기여한다.

이 밖에도 실천인성은 그 사람의 일관적이며 지속적인 태도와 모범적인 행동실천의 결과물을 만들어 낸다. 따라서 실천인성에서 높은 성취를 보이는 사람은 뿌리가 좋은 나무가 큰 외풍에 잘 견디는 것처럼 외부로부터 어떠한 어려움이 닥쳐도 쓰러지지 않고 슬기롭게 이겨낸다. 실천인성이 반복과 습관을 통해 바른 행동을 만들어 가는 과정인 것처럼 실천을 통해 자신에 대한 이해와 타인에 대한 존중과 배려를 배우고 더불어 사는 공동체 의식을 배양해 나가게 된다. 일찍이 공자도 자신의 삶뿐만 아니라 제자들의 삶에서도, 인(仁)은 책을 통해서가 아니라 실천을 통하면 누구나 이룰 수 있는 것이라고 말하였다.

귤화위지(橘化爲枳)

귤화위지(橘: 귤 귤, 化: 화할 화, 爲: 될 위, 枳: 탱자 지)는 "귤이 탱자가 되었다"는 의미를 담고 있다. 심는 지역이 어디냐에 따라 귤이 귤로 성장하기도 하고, 탱자가 되기도 한다는 뜻이 담긴 초나라 때의 일로 안자춘추(晏子春秋)에 나오는 이야기이다.

초나라 왕은 초나라를 방문한 제나라 사신인 안자를 웃음거리로 만들고 싶은 마음에 의도적으로 제나라 출신 범죄자를 불러 안자 앞에서 심문하기 시작했다. 초나라 왕은 안자에게 들으라고 큰소리로 죄인의 죄명을 밝힌 다음, "제나라 사람은 도둑질을 잘하는군."이라고 말하였다. 그러자 이 말을 듣고 있던 안자는 왕에게 이르기를 "제가 듣기로는 귤이 회남(淮南)에서 나면 귤이 되지만, 회북(淮北)에서 나면 탱자가 된다고 들었습니다(嬰聞之橘生 淮南則

爲橘 生于淮北爲枳: 영문지귤생 회남즉위귤 생우회북위지). 제나라에서 나고 자란 사람 중에는 도둑이 없습니다. 그런데 초나라에만 가면 도둑질을 하게 되니 어떻게 된 영문일까요?"라고 받아쳤다고 한다. 이런 안자의 말에 초나라 왕은 부끄러워 고개를 들 수가 없었다고 한다.

귤화위지는 사람도 환경에 따라 달라진다는 의미를 담고 있다. 아무리 열심히 노력해도 환경에 따라 전혀 다른 결과가 나타날 수 있다는 것이다. 즉, 흙이 진실해도 토질이나 기후가 맞지 않으면 콩 심은 데 콩이 아닌 팥이 나고, 팥 심은 데 팥이 아닌 콩이 날 수도 있다는 것이다. 그러므로 좋은 환경에서 좋은 인성이 길러질 수 있다는 의미이다.

그동안 학교교육에서 인성교육은 오랫동안 빈자리로 있어 왔다. 최근 들어 가정교육의 기능이 약화되면서 인성교육의 중요성이 부각되고, 인성교육이 학교교육으로 전이되는 변화를 가져오게 되었다. 따라서 새로운 과목으로 등장하게 된 만큼 학교교육에서 새로운 술은 새 부대에 담는다는 각오로 인성교육의 특성에 맞는 교육 방안 마련이 필요하다. 신종 씨앗을 뿌리기 위해서는 그 씨앗에 맞는 새로운 토양이 필요한 것처럼 인성교육에 적합한 학교교육의 여건을 마련해 나가야 할 것이다. 무엇보다도 인성교육의 씨앗이 잘 자랄 수 있는 토양을 만드는 일이 선행되어야 할 것이다.

3. 인성교육의 원리

인성교육은 청소년들의 지적인 발달뿐만 아니라 신체적·정의적·사회적 발달 등을 모두 포함하는 교육이다. 따라서 인성교육은 청소년들이 자신의 삶과 관련하여 스스로 올바른 사고를 하고 판단을 하여 자신의 흥미, 태도, 가치관 등을 포함하는 건전한 자아상을 확립하도록 하는 전체적인 인간 발달을 돕는 교육이 되어야 한다.

인성교육은 도덕적 지식을 획득하는 수준에 그치는 것이 아니라, 개인의 인격 형성에 도움이 될 수 있도록 반드시 내면화를 추구해야 한다. 바람직한 인성이 형성되기 위해서는 지적 교육과 함께 경험학습이 반드시 수반되어야 한다. 효율적이고 성공적인 인성교육을 위해서는 다양한 방법으로 학습을 경험하고 그 경험과정에서 발생하는 상황을 이해하는 과정을 반드시 거치도록 해야 한다. 경험을 통한 내면화 과정이 수반되지 않는 인성교육은 형식적이거나 피상적인 교육이 될 가능성이 크다. 그러므로 인성교육이 피상적인 교육이 아닌 효율성을 제고할 수 있는 교육이 되기 위해서는 지도과정에서 다음과 같은 몇 가지 원리가 적용되어야 한다.

체험의 원리

인성교육은 지식 전달 중심의 교육에서 벗어나 동기화를 강조하고 학생 참여를 중시하는 교육이 되어야 한다. 즉, 실천중심의 교육, 체험중심의 교육이 중요하다. 인성교육의 결과는 학생의 가치관 형성에 직접적으로 기여하고 내면화되어야 한다. 따라서 다양한 교육활동을 통해서 가능한 한 덕목과 관련된 행동을 직접 실천해 볼 수 있는 기회를 제공해 주는 것이 필요하다. 행동이나 규범을 가르쳐 주거나 인쇄물, 게시물을 통한 지적 교육을 강화하기보다는 생활 속에서 활동하고 체험하도록 하고 긍정적인 환경 조성을 통해 인식을 전환하도록 하는 일이 더 중요하다. 생활 속에서 체험하거나 활동할 수 있는 기회를 많이 제공하는 것이 필수적이며 이러한 반복적인 체험이 학생들에게 생활화와 습관화를 형성시킨다.

통합적 접근의 원리

인성교육은 삶 자체를 인성교육의 장으로 인식하고 모든 관련자가 전 과정에 걸쳐서 실시해야 하는데 이를 통합적 접근의 원리라고 한다. 인성교육의 덕목은 기본생활습관이나 공동체 의식이라고 하는 특수 분야에만 해당되는 것은 아니다. 물론 가정 또는 학교와 같은 일상의 어느 특정 분야에만 해당되는 것도 아니다. 인성교육은 삶 전체 활동과 관련되어 있다. 따라서 인성교육을 위해서는 삶 전체 분야에 대한 통합적 접근이 요구된다. 즉, 인성교육은 일상생활 전체를 통해 인성교육 관련 덕목을 학습할 수 있도록 배려하여야 한다. 뿐만 아니라 인성교육은 일상의 삶에서 일관성 있게 지도되어야 하며, 인성교육 관련 활동이 일상의 다른 삶에 부정적 영향을 끼쳐서는 안 된다.

지속성의 원리

인성교육은 일시적·일회적 활동이 되어서는 안 된다. 청소년들이 인성교육이 계기가 되어 바람직한 행동을 학습했다 할지라도 그것이 계속적으로 실현되지 않으면 내면화, 습관화가 되지 않는다. 따라서 인성덕목의 학습은 일상의 삶 속에서 꾸준히 반복적으로 학습될 수 있도록 계획되어야 한다. 일상생활을 통한 지속적인 도덕적 경험이 필요하다. 지속적이고 반복적인 경험만이 학습자들에게 인성을 내면화, 습관화를 이룰 수 있도록 해준다. 인성교육을 통해 인성덕목이 지속적으로 계획되고 실천될 수 있는 실천인성의 실현이 요구된다.

관계성의 원리

인성교육에서 다른 사람과의 원만한 관계를 형성하여 유지, 발전시키도록 하는 일은 매우 중요한 생활의 한 부분이다. 비록 청소년들이 학교나 가정이라는 울타리 안에서 생활한다고 하더라도 학교에서의 친구들과의 관계, 교수와의 또는 학생과의 인간적인 만남은 매우 중요하다. 교수와 부모는 청소년들의 모범이 되고 자상한 생활의 안내자가 되어야 하며, 도덕적인 문제를 학생과 함께 고민하고 논의할 수 있어야 한다. 이러한 상황의 실천이 청소년들의 인성 형성에 매우 중요한 역할을 하기 때문이다. 사람과 사람과의 만남에서 인격적인 관계 형성이 중요하고 서로의 인격이 존중되어야 한다. 통제와 처벌 중심의 관계 형성은 청소년의 인성 형성에 부정적인 영향을 미친다. 건전한 인성 형성을 위해서는 무엇보다도 인간적인 만남의 관계가 유지되어야 한다.

자율성의 원리

바른 인성을 형성하기 위해서는 청소년들의 자발적인 동기가 필수적이다. 청소년들의 자발적인 동기는 활동에 대한 적극성을 키워주고 능동성을 만들어 내기 때문이다. 인성교육이 궁극적으로는 청소년들이 각자 올바른 도덕적 의식을 갖고 자율적으로 도덕성을 실천해 나가는 것이라고 한다면 자발성이 없이는 불가능한 일이다. 스스로 누구의 강요나 간섭이 없더라도 자신의 양심에 따라 도덕적 행동을 선택하고 실천해 나가야 하기 때문이다. 각자가 인성을 완성시키고 덕성을 갖추어 실천하는 일은 스스로의 선택에 의한 일이다. 따라서 인성교육을 통해 반복적으로 자율성을 발휘할 수 있도록 경험의 기회를 늘려나가는 일이 필요하다. 스스로 도덕적 선택을 하고 이를 실행에 옮기도록 하며, 스스로 결정할 수 있도록 자기결정력을 키워나가는 일이 강조되어야 한다.

협동의 원리

인성교육은 학교라는 기관에서만 이루어지는 것이 아니다. 인성교육의 효율성을 높이고 내면화, 습관화를 위해서는 가정과 사회, 학교가 협력 체제를 형성하여 일관되게 반복해 나가야 한다. 인성교육에서는 가정, 사회, 학교의 구성원들이 협력 체제를 이루어 교육하는 일이 매우 중요하기 때문이다. 이를 위해서는 지금까지 교사나 학부모들이 지니고 있는 입시 위주의 교육, 지식중심의 교육, 경쟁중심의 교육에서 벗어나 인성 위주의 교육에 동참해야 한다. 즉, 출세지향적인 교육관을 버리고 자녀에게 건전한 가치관을 심어주는 인성 위주의 교육실현에 적극 참여해야 한다. 우리 사회가 인성교육에 대한 범사회적인 공감대를 형성하여 학교와 지역사회의 단체들이 모두 참여할 때 인성교육의 효율성이 증대될 수 있다.

4. 인성교육의 지도 방향

사람됨 교육

사람됨 교육은 사람다움을 만들어 내는 교육이다. 사람다움이 만들어졌다는 것은 인성이 바르게 형성되었다는 의미이다. 능률적인 사람됨 교육을 위해서는 인성이 형성되는 과정에서 다음의 몇 가지 내용에 유념할 필요가 있다.

첫째, 사람다움을 만들어 내기에 가장 좋은 시기는 어릴 적이다. 인성교육은 어릴 적부터 계획적이고 의도적으로 실천해야 한다. 교육학에서 흔히 가소성(可塑性)이라는 말을 사용하여 유아기나 아동기 교육의 중요성을 말한다. 이는 생활습관의 형성이나 행동의 습관화는 유아기에서 아동기 시절의 교육이 가장 효과적이라는 뜻이다. 특히 어릴 적 교육에서 중요한 것은 부모와 자녀 간의 애착이다. 애착과 기본적인 신뢰감의 결핍은 청소년기의 방황과 비행의 원인이 되며, 바람직한 자아 형성에도 장애가 된다. 따라서 사람됨을 형성하는 데는 어려서부터 애착을 형성하여 바른 인성을 갖도록 교육하는 것이 중요하다.

둘째, 반복체험이 중요한 교육방법이다. 인성교육에서 가장 중요한 것은 가치나 덕목의 내면화, 습관화, 생활화이다. 이러한 내면화, 습관화, 생활화는 반복적인 체험과 경험을 통해서 형성된다. "좋은 일도 자주 하면 습관이 되고 습관은 성격으로 변한다."는 말이 있다. 특히 유아기나 아동기의 반복활동은 습관을 형성하는 데 기초가 된다. 잘못 형성된 습관 하나가 그 사람의 일생을 망칠 수도 있다는 점에서 이 시기의 습관 형성은 매우 중요하다.

셋째, 윤리기준에 준거한 판단연습이 필요하다. 삶은 선택, 즉 판단의 연속이다. 하루에도 수십 번씩 선택의 기로에 선다. 수많은 선택 중에서 한 번의 실수가 자신을 매우 힘든 고통으로 빠지게 하는 경우를 종종 만난다. 인성교육은 삶 속에서 연속된다. 따라서 인성교육에서도 판단을 필요로 한다. 많은 경우에 단순한 판단이 아닌 윤리기준에 따른 판단을 요구한다. 이때 상황에 적합한 판단이 필요한데, 이는 반복적인 경험과 훈련이 있어야 합리적인 판단을 할 수 있다. 따라서 어려서부터 자신의 합리적인 판단을 할 수 있는 능력을 길러주는 일이 사람됨 교육의 필요조건이다. 자신의 이익을 위한 판단보다는 윤리적 준거에 의한 합리적 판단 연습이 필요하다.

넷째, 자율성을 보장하되 따르는 책무는 엄격하고 단호해야 한다. 사람됨 교육에서는 인권을 존중해야 한다. 따라서 아무리 어리다고 하더라도 사람됨을 추구하는 학습자의 의사를 존중하고 하고 싶은 일을 하도록 해야 한다. 하지만 기본적인 사람됨의 훈련에서는 엄격하고 단호해야 한다. 해서는 안 되는 일을 한다거나, 한 번 잘못한 행동을 반복적으로 되풀이한다거나 하는 일에는 결코 너그러워서는 안 된다. 즉, 동물과 같은 행동에 대해 사람됨의 인격을 수용해서는 안 된다. 되풀이해서는 안 되는 일을 반복하는 일에는 엄격하고 단호한 태도를 보여주어야 한다. 자율성은 보장하되 그에 따른 책무를 엄격하게 적용해야 사람됨 교육이 실현될 수 있다.

다섯째, 바른 습관에 대해서 긍정적인 반응으로 전폭적인 지지를 보내야 한다. 사람됨 교육의 시작은 사람으로서 갖추어야 할 기본적인 생활습관을 갖도록 하는 일, 즉 민주시민으로서의 자질을 갖추는 일이다. 따라서 이러한 목적적인 행동이 수행될 때에는 아낌없는 칭찬과 격려로 지지를 보내는 일이 중요하다. 바른 습관을 지닌 사람은 그 마음도 바르게 형성된다. 따라서 좋은 인성은 좋은 습관에서 오는 것이라 해도 과언이 아니다. 기본생활의 실천을 통해 올바른 민주시민으로서의 자질을 기르고 자신의 존재뿐 아니라 타인의 존재도 존중하면서 사회 구성원으로서의 한 역할을 수행할 수 있도록 사람됨을 만들어 나가는 일이 중요하다.

심성 가꾸기

인성교육은 통합적 성격을 지니고 있다는 점을 앞에서도 언급한 바 있다. 인성이 종합적·전인적·통합적 특성을 지니고 있으므로 지적인 활동이나 경험이 인성에 영향을 미친다. 뿐만 아니라 정서적 공감을 만들어 내는 예체능에 대한 경험도 인성에 영향을 준다. 따라서 바른 심성을 가꾸기 위해서는 예체능 활동에 대한 경험도 중요하고, 사육이나 재배활동과 같은 생명존중 활동도 고운 마음 기르기에 도움이 된다. 생명에 대한 외경심을 기르는 데 있어서 사육이나 재배만한 경험이 없다. 청소년들이 생명을 보살피는 활동을 통해 "심은 대로 자라고 뿌린 대로 거둔다."는 보편적인 자연의 법칙을 터득하고 더불어 인간다운 심성도 길러진다.

심성을 가꾸는 데 있어서 선행을 실천하는 일도 큰 도움이 된다. 개인적인 목표를 세워 놓고 하루에 작은 일이라도 한 가지 이상 선행을 하도록 하는 일이나 가족단위로 선행과제를 설정하여 실천하는 일도 인성을 기르는 데 도움이 된다.

학생과 스승 사이에 진지하게 마음의 문을 열고 뜨거운 마음으로 끌어안을 때, 칭찬과 격려의 분위기가 충만할 때, 평생 마음의 길잡이가 되는 명언이나 명시를 외울 때 등도 심성을 가꾸는 일에 도움을 준다.

이 밖에도 책 읽기를 통하여 등장인물들의 기쁨, 슬픔, 갈등 등 감정을 공감하면서 감성이 풍부해지는 일이나 산, 들, 바다, 시골, 오지, 전통가옥 숙박체험 등과 같은 자연체험 여행도 풍부한 감성과 정서를 함양시켜 창의력과 상상력을 발휘하게 해주며, 다른 사람을 배려하는 마음과 인간의 내면의 힘을 강하게 해줘 심성을 가꾸는 일에 도움을 준다.

유아교육의 창시자인 프뢰벨(Frobel)은 "훈육이 없는 교육은 물 없는 물레방

아와 같다"라고 하였다. 훈육을 통해서 바른 심성을 가꾸고, 나아가 건전한 인성을 함양시켜 줌으로써 우리 사회가 안고 있는 교육의 본질적인 문제점을 해결해 나갈 수 있도록 다양한 인성교육의 방안이 모색되고 구안되어 적용되어야 할 것이다.

바른 행동에 대한 모델링

모델링(modeling)은 사회인지학습이론의 핵심적인 요소로 하나 이상의 모델을 관찰하여 행동적·인지적·정의적 변화를 추구하는 것을 말한다. 모델링에 대한 초기 이론은 관찰을 통해 학습하고 변화를 추구하는 모방(imitation)의 개념으로 논의되어 왔지만, 모델링은 모방보다 더 포괄적인 개념을 지니고 있다.

모델링은 관찰학습(observational learning)을 통해 관찰자가 새로운 행동패턴을 학습하게 될 때 일어나며, 새로운 패턴의 학습은 이전에 학습된 행동에 대한 억제를 강화시키거나, 행동을 약화시키는 결과를 가져온다. 따라서 모델링을 통해 관련 분야의 많은 기능과 행동을 학습하게 된다. 하지만 배운 것을 모두 행동으로 옮기지는 않는다. 이는 행동화하기에 필요한 동기가 약하기 때문이다. 동기가 강화될 때에는 언제든지 행동화될 수 있는 가능성을 지니고 있다. 인성교육에서 '어른의 행동을 아이들이 보고 배운다'라는 개념은 바로 이러한 모델링을 바탕으로 한 말이다.

인성교육에서 바른 행동에 대한 모델링은 매우 중요하다. 자신의 선배나 부모, 동료, 연인 등 주변 사람들에 대한 관찰을 통해 이를 행동화하려는 성향이 인성 변화에 영향을 주기 때문이다. 특히 자신이 추구하고자 하는 이상형과 유사하거나 일치될 때 모델링은 더욱 강화된다.

실천 위주의 인성교육에서는 표출되는 행동이 매우 중요하다. 어떤 사람의 행동이 모델링이 되어 다른 사람의 행동에 영향을 미치기 때문이다. 따라서 바른 행동에 대한 모델과의 만남은 매우 중요하다. 어른과의 만남에서 아이는 어른의 행동을 그대로 본받기 마련이며 아울러 태도와 가치관까지 닮아가게 된다. 바른 행동의 모델링은 가장 중요한 교육환경이 될 수 있다. 바른 행동의 습관과 함께 폭넓은 마음 기르기 교육도 병행할 수 있는 모델링이 있다면 금상첨화이다. 폭넓은 마음을 기르기 위해 마음 열기, 자랑 찾기 등을 실천하고 할 수 있다는 자신감과 자기이해력을 높이는 일도 중요한 인성교육이다.

감동과 감화교육

실천중심의 인성교육은 감동과 감화를 전제로 한다. 일상생활에서 일어나는 수많은 상황에서 공감을 얻어 상호 간에 감동과 감화를 만들어 내는 일은 내면화를 이끌어 내는 데 가장 효과적이다. 지금까지 학교나 가정에서 실천해 온 인성교육은 대부분 문제행동에 대해서는 야단치거나 꾸짖었으며, 바람직하지 않은 행동에 대해서는 무조건적으로 제지시키는 경우가 많았다. 즉, '어른들의 말만 잘 들으면 인성이 바른 사람이 된다'는 식의 인성교육을 강요하였다.

이러한 방식의 인성교육은 바람직하지 않다. 인성교육에서는 왜 그렇게 하는가를 충분히 이해할 수 있도록 설명을 하고 설득을 시켜야 한다. 인성교육을 받으면서 이해와 공감을 통해 '저런 행동은 훌륭한 일이니까, 나도 그렇게 해야지'라는 마음을 갖도록 감화를 주는 일이 매우 중요하다. 감동과 감화는 자신의 행동을 바람직한 방향으로 전환하는데, 자신의 가치관을 변화시키는 데 도움이 되는 교육방법이다.

인성교육에서는 대화의 기회를 많이 갖는 것도 매우 바람직한 일이다. 인간관계가 부족한 사람은 바른 인성을 지닐 수 없다. 실천 위주의 인성교육을 통해서 어른, 친구, 가족, 선후배들 간의 대화를 확대시켜 나가는 일이 중요하다. 인성교육에서 인간관계를 통해서도 감동과 감화를 만들어 낼 수 있다면 그보다 더 인간적인 일이 있을까? 원만한 인간관계의 유지, 발전을 위해서라도 많은 사람들과 많은 대화를 나누는 것이 필요하다.

반성적 사고활동 2-1

소통에 대한 나의 성향 검사

※ 다음은 소통에 대한 성향을 검사하기 위한 문항이다. 주어진 글을 읽고 자신에게 해당되는 응답항목을 오른쪽에서 골라 해당하는 칸에 V표를 하여라.

번호	질문내용	응답	
		그렇지 않다 (0점)	그렇다 (1점)
1	나는 상대방이 불편하게 보이면 비위를 맞추려고 한다.		
2	나는 일이 잘못 되었을 때 자주 상대방의 탓으로 돌린다.		
3	나는 무슨 일이든지 조목조목 따지는 편이다.		
4	나는 생각이 자주 바뀌고 동시에 여러 가지 행동을 하는 편이다.		
5	나는 타인의 평가에 구애받지 않고 내 의견을 말한다.		
6	나는 관계나 일이 잘못되었을 때 자주 내 탓으로 돌린다.		
7	나는 다른 사람들의 의견을 무시하고 내 의견을 주장하는 편이다.		
8	나는 이성적이고 차분하며 냉정하게 생각한다.		
9	나는 다른 사람들로부터 정신이 없거나 산만하다는 소리를 듣는다.		
10	나는 부정적인 감정도 솔직하게 표현한다.		
11	나는 지나치게 남을 의식해서 나의 생각이나 감정을 표현하는 것을 두려워한다.		
12	나는 내 의견이 받아들여지지 않으면 화가 나서 언성을 높인다.		
13	나는 나의 견해를 분명하게 표현하기 위해 객관적인 자료를 자주 인용한다.		
14	나는 상황에 적절하지 못한 말이나 행동을 자주 하고 딴전을 피우는 편이다.		

15	나는 다른 사람이 내게 부탁을 할 때 내가 원하지 않으면 거절한다.		
16	나는 사람들의 얼굴 표정, 감정, 말투에 신경을 많이 쓴다.		
17	나는 타인의 결점이나 잘못을 잘 찾아내어 비판한다.		
18	나는 실수하지 않으려고 애를 쓰는 편이다.		
19	나는 곤란하거나 난처할 때는 농담이나 유머를 그 상황을 바꾸려하는 편이다.		
20	나는 나 자신에 대해 편안하게 느낀다.		
21	나는 타인을 배려하고 잘 돌보아 주는 편이다.		
22	나는 명령적이고 지시적인 말투를 자주 사용하기 때문에 상대가 공격받았다는 느낌을 받을 때가 있다.		
23	나는 불편한 상황을 그대로 넘기지 못하고 시시비비를 따지는 편이다.		
24	나는 불편한 상황에서는 안절부절못하거나 가만히 있지를 못한다.		
25	나는 모험하는 것을 두려워하지 않는다.		
26	나는 다른 사람들이 나를 싫어할까 두려워서 위축되거나 불안을 느낄 때가 많다.		
27	나는 사소한 일에도 잘 흥분하거나 화를 낸다.		
28	나는 현명하고 침착하지만 냉정하다는 말을 자주 듣는다.		
29	나는 한 주제에 집중하기보다는 화제를 자주 바꾼다.		
30	나는 다양한 경험에 개방적이다.		
31	나는 타인의 요청을 거절하지 못하는 편이다.		
32	나는 자주 근육이 긴장되고 목이 뻣뻣하며 혈압이 오르는 것을 느끼곤 한다.		
33	나는 나의 감정을 표현하는 것이 힘들고, 혼자인 느낌이 들 때가 많다.		
34	나는 분위기가 침체되거나 지루해지면 분위기를 바꾸려 한다.		
35	나는 나만의 독특한 개성을 존중한다.		

36	나는 나 자신이 가치가 없는 것 같아 우울하게 느껴질 때가 많다.		
37	나는 타인으로부터 비판적이거나 융통성이 없다는 말을 듣기도 한다.		
38	나는 목소리가 단조롭고 무표정하며 경직된 자세를 취하는 편이다.		
39	나는 불안하면 호흡이 고르지 못하고 머리가 어지러운 경험을 하기도 한다.		
40	나는 누가 나의 의견에 반대해도 감정이 상하지 않는다.		

[자료처리 방법]

다음 표에서 해당 문항에 '그렇다(1점)'로 V표기한 항목 수를 계산하여 의사소통 유형별 총점을 산출한다.

구분	해당 문항	점수	순위
회유형	1, 6, 11, 16, 21, 26, 31, 36		
비난형	2, 7, 12, 17, 22, 27, 32, 37		
초이성형	3, 8, 13, 18, 23, 28, 33, 38		
산만형	4, 9, 14, 19, 24, 29, 34, 39		
일치형	5, 10, 15, 20, 25, 30, 35, 40		

[결과 해석]

의사소통 유형별로 합산한 점수가 높은 것일수록 그것이 자신이 주로 사용하는 소통방식이다.

- 상황이나 대상에 따라 다른 소통유형을 사용할 수도 있으며 검사결과는 경향성을 나타내는 것이다.
- 유형에 따라 다음과 같은 특성을 보인다.

유형	특성
회유형 (placating)	• 자신의 내적 감정이나 생각을 무시하고 타인의 비위에 맞추려는 성향 • 다른 사람의 의견에 무조건 동조하고 비굴한 자세를 취함 • 사죄와 변명을 하는 등 지나치게 착한 행동을 보임
비난형 (blaming)	• 타인을 무시하는 성향을 보임 • 타인의 말이나 행동을 비난하고 통제하며 명령함 • 외적으로 보이는 행동은 공격적이지만 내적으로는 소외감을 느낌
초이성형 (super-reasonable)	• 자신과 타인을 모두 무시하고 상황만을 중시함 • 규칙과 옳은 것만을 절대시하는 극단적인 객관성을 보임 • 매우 완고하고 냉담한 자세를 취하고 독자적인 행동을 함 • 내적으로 쉽게 상처받으며 소외감을 느낌
산만형 (irrelevant)	• 자신, 타인, 상황을 모두 무시함 • 심리적으로 접촉하기 가장 어려운 유형 • 주제나 상황에 맞지 않는 말을 하며 산만하게 행동함
일치형 (congruent)	• 소통의 내용과 내적 감정이 일치함 • 소통이 매우 진실하며 자기감정을 잘 알아차리고 이를 적절하게 표현함 • 매우 생동적이고 창조적이며 독특하고 유능한 행동양식을 보임 • 높은 자기가치감을 가지고 있으며 심리적·신체적으로 건강한 상태임

출처: Banmen & Maki-Banmen(2002).

반성적 사고활동 2-2

심성 측정하기

※ 다음 질문은 여러분의 심성을 알아보기 문항이다. 질문을 잘 읽고 여러분의 생각과 일치하는 곳을 찾아 해당되는 점수에 ○표 하여라.

번호	질문내용	매우 아니다	아니다	보통 이다	그렇다	매우 그렇다
1	나는 내 주위 사람들의 심성을 잘 이해하고 있다.	1	2	3	4	5
2	나는 다른 사람들의 심성을 관찰하는 데 뛰어난 편이다.	1	2	3	4	5
3	나는 항상 스스로 목표를 세우고 그것을 달성하기 위해 최선을 다한다.	1	2	3	4	5
4	나는 스스로 동기부여를 시키는 사람이다.	1	2	3	4	5
5	나는 항상 내 동료들의 행동으로부터 그들의 심성을 알 수 있다.	1	2	3	4	5
6	나는 다른 사람들의 심성에 대해 민감하다.	1	2	3	4	5
7	나는 대부분의 경우 내가 어떤 심성을 가지고 있는지 그 이유에 대해 잘 아는 편이다.	1	2	3	4	5
8	나는 내가 느끼는 것을 정말로 잘 이해한다.	1	2	3	4	5
9	나는 내 자신의 심성을 잘 이해하고 있다.	1	2	3	4	5
10	나는 항상 내가 행복한지, 그렇지 않은지 알고 있다.	1	2	3	4	5
11	나는 항상 나 자신에게 나는 유능한 사람이라고 말한다.	1	2	3	4	5
12	나는 항상 내 자신으로 하여금 최선을 다하도록 격려한다.	1	2	3	4	5
13	나는 내 노여움을 통제할 수 있고, 어려움을 이성적으로 해결할 수 있다.	1	2	3	4	5

14	나는 내 자신의 심성을 발전시키고 통제할 수 있다.	1	2	3	4	5
15	나는 매우 화가 날 때 금방 진정이 된다.	1	2	3	4	5
16	나는 내 자신의 심성을 개선하고자 노력한다.	1	2	3	4	5

출처: Wong & Law(2002), pp. 243-274 재구성.

[인성지수 산출법]

□ 전체 문항에 대한 점수를 계산하여 총점을 산출한다.

[결과 해석]

□ 총점 60점 이상: 심성이 곱고 타인에 대한 이해와 배려가 높으며 자신의 심성을 조절하고 통제해 나갈 줄 앎

□ 총점 30~59점: 심성이 보통이며 자신에 대한 이해가 높은 편이고 자신이 지닌 심성의 특성을 활용할 줄 앎

□ 총점 29점 이하: 심성이 바르지 못하며 타인에 대한 이해와 배려가 부족하고 자신의 심성을 개발하려는 노력이나 의지가 부족함

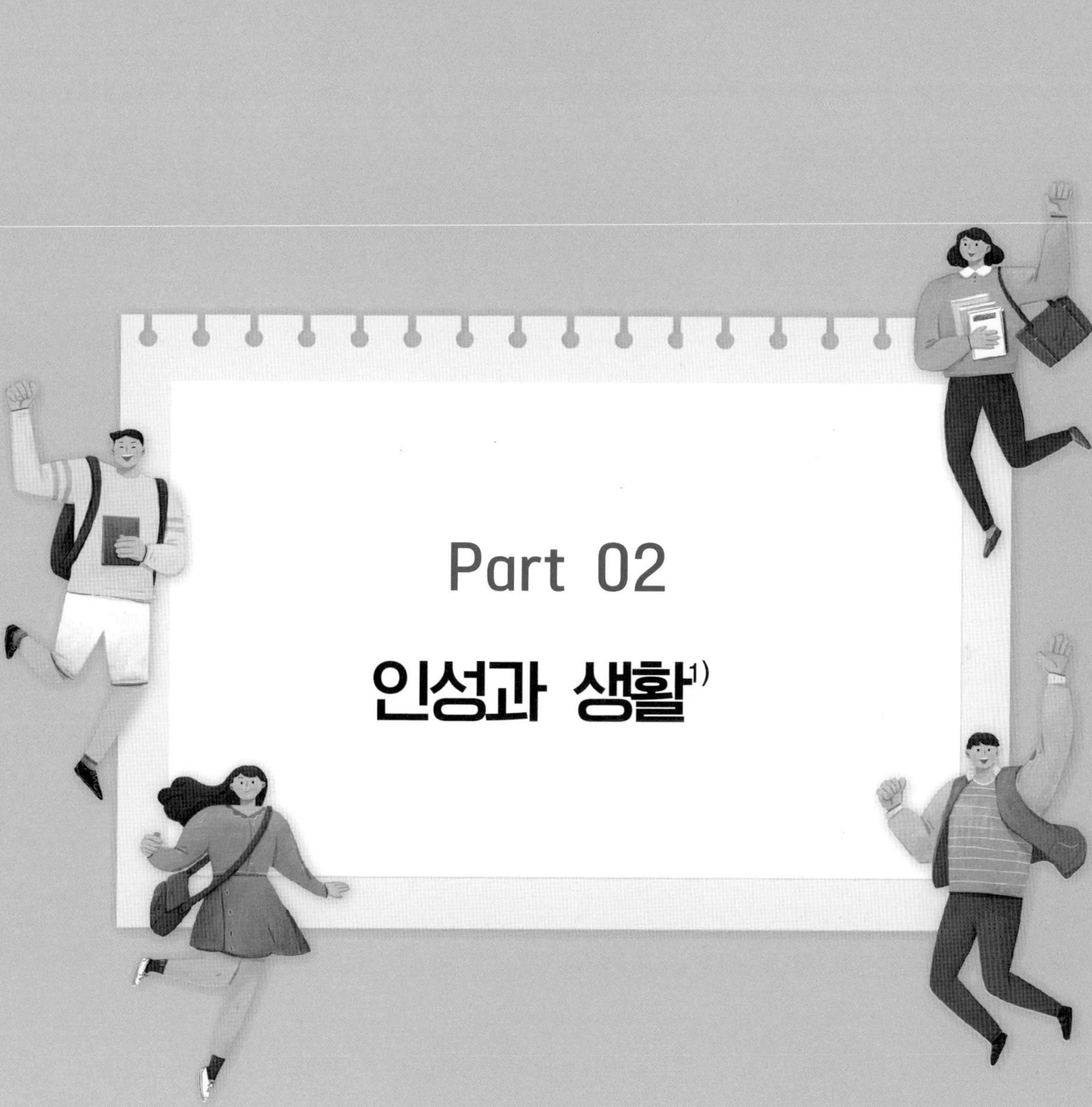

Part 02

인성과 생활[1]

1) 제2부의 내용은 이규은 · 장상필(2020). 인성과 대학생활. 경기: 어우리. pp. 83-434의 내용을 재구성한 것임

Chapter 03

행복을 추구하는 생활

1. 행복이란 무엇인가?

행복의 의미

행복은 인간의 궁극적인 삶의 목표로 모든 사람들은 과거, 현재, 미래 모두 행복을 추구해 왔다. 즉, 동서고금을 통해 수많은 사람들은 행복을 찾기 위해 노력하였으며, 행복이 무엇인지에 대한 답을 찾기 위해 노력해 왔다. 아마 어쩌면 지금도 이 문제를 해결하기 위해 많은 사람들이 노력하고 있고, 인류가 이 지구상에서 사라지는 그 순간까지도 해답을 얻기 위해 노력할 것이다. 그만큼 행복이라는 것이 인류에게는 중요한 가치이며 삶의 목표이다.

행복은 철학적으로 대단히 복잡하고 엄밀하다. 어떤 이들은 금욕적인 삶을 행복으로 보기도 한다. 뿐만 아니라 어떤 이들은 행복을 광의로 해석해서, 사람뿐만 아니라 여러 생물에도 이에 상응하는 상태나 행동, 과정이 있을 수 있다고 보기도 한다. 하지만 오랜 시간에 걸친 탐색에도 불구하고 아직도 답을 찾기 위해 노력하고 있다는 말은 그만큼 행복에 대한 의미가 다양하게 설명된다는 것을 말한다. 행복은 다른 세계의 이야기가 아니라 바로 우리와 밀접한 관련이 있는 우리 생활의 전반에 걸쳐 직접 연계되어 있는 삶의 문제이다. 그럼에도 불구하고 행복에 대해 "행복이란 이런 것이다"라고 꼭 집어서 이야기하지 못하는 것은 행복이라는 범위가 일상에서 벗어나 정치, 경제, 사회, 문화, 예술 등 사회 전반으로 확장되어 나갔을 뿐만 아니라 행복이라고 하는 것을 바라보는 행복관이 오늘날에 와서 다양하게 존재하기 때문이다.

행복이라는 단어는 우리들의 일상생활에서 매우 다양하고 폭넓은 의미로 사용된다. 행복이란 말의 사전적 의미로는 '복된 운수, 마음에 차지 않거나 모자라는 것이 없어 기쁘고 넉넉하고 푸근함, 또는 그런 상태'라고 정의한다. 그러나 사상가들은 그 낱말을 보다 한정적인 의미로 사용하고 있다. 도덕 철학에서의 행복은 인간의 궁극적 목표인 최고선을 의미한다. 아리스토텔레스(Aristoteles, 기원전 384~322)를 비롯한 여러 사상가들은 우리가 일을 하는 궁극적인 목표는 행복을 체험하기 위해서라고 강조하고, 행복은 어떤 특정한 순간에 느끼거나 경험할 수 없는 것이며, 삶 전체가 양질의 가치 있는 삶일 때 총체적으로 평가하여 내릴 수 있는 것이라고 말한다. 다시 말해서, 인간의 삶이란 끝나고 나서야 그것이 행복한 것인지 그렇지 않은지를 판단할 수 있다는 것이다. 이와 같은 견해에 의하면, 인간은 행복한 상태에서는 자신의 행복을 느끼지 못하고 불행이 닥쳐온 뒤에서야 행복을 느끼게 된다는 것이다(정석용 · 이규은, 2013). 행복은 만족감에서 오는 안녕이다. 행복은 순간적인 쾌락이 아니라 영원하고 지속적인 것이다.

노벨문학상 수상자인 윌리엄 포크너(William Faulkner)[1]는 행복에 대해 다음과 같이 말하고 있다. "나는 방랑자로 태어나서 아무것도 가지지 않았을 때

1) 윌리엄 커스버트 포크너(William Cuthbert Falkner, 1897~1962)는 미국 작가이다. 20세기에 가장 영향력 있는 작가 중 한 사람으로, 1949년 노벨문학상을 받았다. 장편 소설과 단편 소설은 물론이고 시와 시나리오도 썼다. 포크너가 한 창작의 대부분은 그의 고향인 미시시피를 무대로 하고 있고, 그는 미국 남부 문학에서 마크 트웨인(Mark Twain), 플래너리 오코너(Flannery O'Connor), 그리고 테네시 윌리엄스(Tennessee Williams)와 함께 가장 중요한 작가 중 한 사람으로 여겨지고 있다.

가장 행복했다. 나는 그때 큰 주머니가 달린 방수외투만을 입고 다녔다. 그리고 그 주머니에 한 켤레의 양말과 셰익스피어(Shakespeare)의 작품 한 권과 위스키 한 병을 넣고 다녔다. 그때 나는 행복했고, 그 무엇도 원치 않았고, 어떤 책임도 지지 않았다." 또한 19세기 낭만파 시인이었던 조르주 상드(George Sand)[2]는 행복에 대해 말하기를 "인간은 자신의 노력으로 행복을 얻을 수 있다. 특히 사람들이 행복할 수 있는 필수적인 욕구, 즉 소박한 취미, 어느 정도의 용기, 어느 정도의 자기 부인, 일에 대한 애착, 그리고 무엇보다도 분명한 양심이 있어야 한다. 행복은 모호한 꿈이 아니다. 행복에 관해 나는 지금 분명하게 느낀다. 인간은 경험과 사고를 적절히 사용함으로써 그 자신에게서 많은 것을 끌어낼 수 있다. 즉, 결단과 인내를 통해 인간은 그 자신의 건전함을 구축할 수 있다. 따라서 인생을 현재 상태에서 누리도록 하고 배은망덕하지 말아야 한다"라고 설명하고 있다(Og Mandino, 1990). 마하트마 간디(Mohandas Karamchand Gandhi)[3]는 행복을 자신의 욕구 절제와 관련하여 설명하고 있다. 그는 행복이란 욕구의 절제와 무가치한 것의 상실에 있다고 보았다. 따라서 인간이 행복하게 살려면 모든 것을 필요로 하는 갓난아이에서 아무것도 필요로 하지 않는 성인으로 성숙해 나가야 한다고 말하였다.

결국, 행복(幸福, 영어: happiness)은 희망을 그리는 상태에서의 좋은 감정으로 심리적인 상태 및 이성적 경지 또는 자신이 원하는 욕구와 욕망이 충족되어 만족하거나 즐거움을 느끼는 상태이다. 또한 불안감을 느끼지 않고 안심해

---

2) 19세기 프랑스 여류작가로 조르주 상드(George Sand, 1804~1876)라고 부르기도 하며 자유분방한 연애로도 유명한 소설가이다. 본명은 오로르 뒤팽(Aurore Dupin)으로 파리에서 태어나 4세 때 아버지를 여의고 중부 프랑스의 베리주 노앙에서 할머니 손에서 자랐다. 루소(Rousseau)를 좋아했으며 1832년 친구의 권유로 신문소설 《앵디아나》를 써서 일약 유명해졌다. 남장 차림의 여인으로 자유분방한 생활로 남들의 이목을 집중시켰다. "인간에게 노동은 형벌이 아니라 보상이고 힘이고 즐거움이다"라는 유명한 말을 남겼다.

3) 20세기 인도의 위대한 민족주의 지도자, 비폭력주의 제창자이다. 비폭력주의로 영국의 식민지였던 인도의 독립을 주도했다. 온건정치인과 급진주의자, 테러리스트와 의회정치주의자, 도시의 지식인과 농촌의 대중들, 힌두교의 카스트와 불가촉천민, 힌두교도와 이슬람교도, 그리고 인도인과 영국인 사이의 갈등을 조정하고 화해시켰던 간디의 위대한 역할을 통해 다양한 성향을 지닌 많은 남녀노소, 그리고 서구의 많은 종파의 종교인과 인도의 거의 모든 정파로부터 애정과 충성을 받았다.

하는 것을 의미하기도 한다. 하지만 행복은 이처럼 정형적이고 구체적인 형태를 지니고 있지 않다. 우리에게 진정한 내면의 평화를 주는 것, 진정한 삶의 의미를 주는 것이 바로 진정한 행복이다.

삶의 목표는 행복에 있다

많은 사람들은 인생의 목표가 무엇이냐고 물으면 주저 없이 행복하게 사는 삶이라고 대답한다. 비록 자신의 상태가 준비되어 있는지의 여부와 상관없이 행복을 인생 최대 목표로 삼는 것을 보면 인간은 행복한 삶을 추구하는 사회적 동물임에 틀림없다. 심지어는 삶을 우울과 슬픔의 고통덩어리로 보는 염세주의자들마저도 그들의 긍지 속에서 행복을 추구하고 있고, 인간의 순간적 쾌락을 즐기는 쾌락주의자들마저도 쾌락을 행복으로 보고 있는 것을 보면 행복은 인간이 추구하는 최고의 목표임에 틀림없다.

기독교에서는 사랑을 행복이라 느끼며, 불교에서는 무의식이나 깨달음 속에서 행복을 느끼는 것을 중요한 요소로 간주한다. 기독교의 행복은 욕심 없고, 거룩한 슬픔을 지니고, 온유한 마음을 가지며, 의롭게 사는 것 등을 말하고, 불교에서의 행복은 만족스러운 삶을 결정하는 영적인 성장과 깨달음으로 보고 있다. 달라이 라마(Dalai Lama)는 행복을 영원하고 지속적인 쾌락이라고 말하고, 그러한 행복은 삶이 상승하고 추락을 거듭하면서 기분이 끊임없이 동요해도 우리 존재의 굳건한 받침대로 변함없이 존재하는 그러한 행복이 진정한 행복이라고 말하고 있다(양해림, 2002).

인간은 삶의 과정에서도 행복을 추구한다. 우리가 더 나은 삶을 위해 부단히 갈구하고 노력하는 것도 사실은 보다 나은 삶과 행복을 추구하는 것이다. 그러한 행복은 반드시 물질적인 것에서만 오는 것은 아니다. 인간을 풍요롭게 하는 정신적인 것에서도 행복은 찾아온다. "행복은 각자의 마음에 있다"라는 말이 바로 이러한 인간의 정신적인 행복을 말해주는 것이다.

오늘을 사는 사람들을 보면, 과거보다 경제적으로 풍요함을 누리면서도 행복에 대해서는 오히려 정신적인 측면에서 훨씬 더 나약한 모습을 보이는 것을 종종 볼 수 있다. 이러한 현상들은 행복을 물질적인 것으로만 충족시키려는 짧은 생각에서 온 것이다. 물질적인 것으로 느낄 수 있는 행복은 외형적인 것으로 양적인 행복의 틀을 벗어나지 못한다. 진정한 의미의 행복은 내적인 것으로 질적인 행복을 통해서 성취할 수 있다. 인간에게 왜 삶의 진정한 목표가 행복이라고 말하는지 행복의 의미를 되새겨 볼 필요가 있다.

삶의 목표로서의 행복은 자신이 하고 싶은 일을 열정적으로 즐겁게 하는 사람에게서 찾을 수 있다. 자신이 추구하는 단순한 욕망을 만족시키는 것에서 행복을 찾을 것이 아니라, 열정을 다해 일할 때 진정한 삶의 목표로서의 행복이 찾아온다는 점을 잊어서는 안 된다. 현재 자신의 위치에서 자신이 추구하는 가치관과 능력에 따른 열정적인 활동에 진정한 행복이 내포되어 있다. 열정적인 활동이 인생 최고의 삶을 영위하게 해준다. 자신의 삶에 대한 주인의식을 가지고 열정적으로 일하는 사람에게 행복한 삶이 있다.

행복지수는 상대적이다

오늘을 살아가는 수많은 사람들 중에 행복한 삶을 원하지 않는 사람은 없을 것이다. 그런데 왜 대부분의 사람들은 자신의 삶에 대해서 행복하다고 느끼지 않는 것일까? 그것은 아마 사람마다 행복에 대한 가치기준이 다르고, 변화에 따른 마음가짐이 적합하게 대응하지 못한 것에서 기인한 것이다.

영국의 신경제재단(New Economics Foundation)에서는 국민의 기대수명, 국민이 느끼는 행복감, 환경파괴 현황 등을 고려하여 행복지수(HPI: Happy Planet Index)를 발표한다. 행복지수는 영국의 심리학자 로스웰(Rothwell)과 코헨(Cohen)에 의해 만들어졌는데, 이는 자신이 얼마나 행복한가를 스스로 측정하는 지수이다.[4] 행복지수를 통해 그 나라 국민들의 행복에 대한 인식수준이나 삶

4) 로스웰(Rothwell)과 코헨(Cohen)은 행복은 인생관, 적응력, 유연성 등 개인적 특성을 나타내는 P(Personal)와 건강, 돈, 인간관계 등 생존조건을 가리키는 E(Existence), 그리고 야망, 자존심, 기대, 유머 등과 같이 고차원 상태를 의미하는 H(Higher order)의 세 가지 요소에 의해 결정

에 대한 만족도를 이해할 수 있다.

미국의 경제학자 폴 새뮤얼슨(Paul Samuelson)은 행복을 간단한 방정식으로 만들어 정의하였다. 그는 행복을 결정하는 요소에는 크게 두 가지가 있는데 그것은 바로 소유와 욕망이라고 보았다. 따라서 '행복=소유/욕망'이라는 공식으로 설명된다고 보았다. 그의 이론에 따르면, 욕망이 일정하게 결정되어 있을 경우 그때의 행복은 소유가 커질수록 행복해진다고 보았다. 이와는 달리 소유가 일정하게 정해져 있을 경우에는 그때의 행복은 욕망이 적어질수록 행복은 더 커진다고 보았다. 다시 말해서, 인간의 행복은 소유가 클수록, 욕망이 적어질수록 행복해진다는 것이다. 하지만 아무리 재산이 많은 부자라고 하더라도 소유할 수 있는 재물에는 한계가 있다. 먹고사는 데 아무런 문제가 없고 경제적으로도 풍족한 사람이 "나는 행복하지 않다"라고 한다면 아마 그것은 끝없는 욕망이 원인일 것이다. 소유는 유한하고 욕망은 무한하기 때문에 자신의 무한한 욕망을 조절해 나가지 않고서는 행복은 다가오지 않는다. 결국 행복지수의 수치는 소유와 욕망의 관계에서 만들어진 결과로 소유의 커짐과 욕망의 축소에 의한 상호관계에 따라 결정된다.

행복지수는 상대적이다. 돈이 많다고 해서 반드시 행복지수가 높게 나오는 것도 아니고, 그렇다고 경제적으로 어렵다고 해서 행복지수가 낮은 것도 아니다. 경제적으로 어려워도 욕망을 조절해 나감으로써 높은 행복지수를 만들어 낼 수 있다. 행복지수 1위의 나라로 나타났던 바누아투나 부탄과 같은 나라는 경제적으로 높은 수준의 국민이어서 만들어진 결과가 아니다. 자신보다 못한 사람들과의 비교를 통해 스스로에 대한 만족도를 높여나갈 때 행복지수는 상대적으로 올라가게 된다. 행복지수를 높이기 위해서는 다음과 같은 네 가지 실천행동이 준수되어야 한다.

첫째, 활동적이어야 한다. 행복해지려면 일상의 생활에서 안주하지 말고

된다고 보고, 이들 3요소 중에서 생존조건인 E가 개인적 특성인 P보다 5배 더 중요하게 작용하고, 고차원 상태인 H가 P보다 3배 더 중요한 것으로 작용한다고 보아 이를 바탕으로 행복지수를 산출하였다.

부단히 움직이고 활동하여야 한다. 그러기 위해서는 자신에게 맞는 일이나 역할에 참여하여 활동함으로써 경제적인 수입과 함께 자기발전을 이루어 나가야 한다.

둘째, 주변 사람들에게 귀를 기울이고 공동체적 삶에 관심을 가져야 한다. 나 혼자만 잘 살고 나 혼자만 잘 되면 된다는 생각을 버리고 이웃과 더불어 살고 함께 생활한다는 생각을 잊어서는 안 된다. 그리하여 주변 사람들과 좋은 관계를 유지하고 주변 사람들에게 주의를 기울여 도울 일이 없는지, 어려움은 없는지를 항상 생각하면서 공동체적 삶을 살아야 한다.

셋째, 베풀어야 한다. 무엇이든지 혼자만 가지려는 이기적인 생각을 버리고 남에게 베푼다는 자세로 무엇이든지 주어야 행복해질 수 있다. 아끼고 모아서 쌓아놓는 것이 인생 최후에 남는 것이 아니라 다른 사람에게 베풀고 도와준 것이 인생 최후까지 남는다는 것을 잊어서는 안 된다. 주는 것이 곧 남는 것이다.

넷째, 항상 배워야 한다. 배우는 것에 행복이 있다. 알지 못했던 것을 하나씩 깨달아 갈 때의 기쁨은 천하를 얻는 것보다 크다. 지식 그 자체를 얻는 것도 중요하지만 그보다는 항상 호기심을 갖고 평생에 걸쳐 지식을 탐구하는 자세를 잊지 말아야 한다.

영국 신경제재단의 조사 결과에 의하면, 방글라데시나 부탄과 같은 가난한 나라의 국민들에게서는 행복지수가 높게 나타난 반면 미국이나 프랑스, 영국 등과 같은 선진국에서는 행복지수가 낮게 나타났다. 이와 같은 결과는 소득이 일정 수준에 올라 국민의 기본 욕구가 충족되면 소득 증가가 주는 행복의 정도는 더 이상 올라가지 않는다. 즉, 사람들은 소득이 높아지면 높아질수록 사람들의 기대치도 따라서 높아진다. 뿐만 아니라 사람들은 자신을 다른 사람과 비교해서 평가하는 경향이 있기 때문에 자신의 소비가 증가하더라도 다른 사람들의 소비가 더 증가하게 되면 행복의 정도 또한 더 이상 증가하지 않는다는 것이다.[5] 행복에 대한 인간의 쾌락은 마치 알코올이나 마약과 비슷한 면이 있어서 새로운 행복을 경험하게 되면, 그 다음에는 그보다 더 높은 정도의 행복을 요구하게 된다는 것이다. 일종의 쳇바퀴를 타는 것과 같아서 행복을 유지하기 위해서는 '쾌락'이란 쳇바퀴를 계속 굴리지 않으면 안 된다는 것이다.

2. 행복은 어디에 있는가?

행복을 얻기 위한 노력

국제연합(UN)에서 발간한 세계 행복지수 보고서(World Happiness Report, 2013)에 의하면, 한국인의 행복지수는 157개국 가운데 58위로 하위권에 머물렀다. 경제적 수준은 향상되고 있는데, 우리의 행복에 대한 인지도는 점점 낮아지는 이유가 무엇일까? 행복을 위한 우리들의 노력은 정녕 헛된 것일까?

전쟁의 폐허에서 굶주리던 나라가 세계 무역량 8위의 경제대국이 되고 1인당 국민소득이 2만 5천 달러 수준으로 높아졌으면, 삶의 질과 행복지수도 올라가야 할 텐데 한국인이 느끼는 행복지수는 그렇지 않은 모양이다. 경제가 발전할수록 오히려 덜 행복한 삶을 사는 것으로 비쳤다.

우리나라가 반세기 동안 눈부신 경제성장을 했지만 그 안에서 우리가 실제로 느끼는 행복감은 매우 낮은 수준이라는 분석이다. 기초생활수준이 어느 정도 충족되면 행복은 금전적인 소득보다 개인의 정서적·육체적 건강 및 가치관과 공동체의 상황에 의해 영향을 받는다는 것으로 풀이된다. 즉, 치열한 경쟁 속에서 감내해야 하는 각종 스트레스, 갈수록 벌어지는 빈부격차에서 느끼는 허탈감, 높아만 가는 청년 실업률, 고령화 사회로 접어들면서 겪는 노후불안 등 얽히고설킨 문제들이 행복의 문을 차츰 멀게만 느끼게 하는 요인으로 꼽힌다.

흔히들 국민행복을 이야기할 때는 국민소득이 높은 선진국이 아니라 히말라야산

5) 경제적인 수준과 관련하여 영국 경제학자 리처드 레이어드(Richard Layard, 1934~)는 『행복, 새로운 과학에서 얻는 교훈(Happiness: Lessons from a New Science, 2005)』이라는 책에서 행복지수가 정체되는 시점은 보통 1인당 국민소득 2만 달러가 넘어선 때부터라고 말하고 있다. 즉, 평균 연간 개인 수입이 2만 달러가 넘는 나라에서 그 이상의 수입은 행복과 아무런 관련이 없다는 이른바 '레이어드 가설'을 제시하고 있다. 그는 인간의 물질적 욕망엔 이른바 '만족점(satiation point)'이 있다고 주장하고 있다.

맥 기슭에 자리 잡은 작은 나라 부탄을 이야기한다. 부탄은 1974년부터 국민의 행복지수를 국가의 통치기준으로 삼았다. 국토도 한반도의 5분의 1 정도인 데다 1인당 국내총생산(GDP)은 2천 달러도 못 되는 작고 가난한 나라다. 하지만 웰빙(well-being)과 건강, 생태계 보호 등 국민들의 행복을 증진시킬 수 있는 정책을 펴면서 세계에서 가장 행복한 나라가 됐다.

부탄이 이런 행복수준에 이르기까지 얼마나 오랫동안 노력을 기울여 왔는지는 잘 알려져 있지 않다. 부탄은 우리나라처럼 국토 면적에서 숲의 비중이 높은 산림 국가이다. 부탄 사람들은 숲에서 누리는 행복을 매우 중요하게 여긴다. 부탄은 1990년대에 목재 수출 및 대형 목재산업 프로젝트를 추진하며 외화 획득에 주력한 적도 있었으나 산림 벌채가 물밀듯이 진행되자 3년 만에 관련 사업들을 멈췄다. 무엇보다 지난날의 아름다웠던 자연환경을 누릴 수 없다는 국민들의 위기의식이 가장 큰 이유였다.

부탄이 이처럼 국민 행복지수를 국가 통치의 첫째 기준으로 삼았듯이 행복의 기준을 어디다 두느냐가 행복지수를 결정하기도 한다. 그러나 부탄과는 상황이 많이 다른 우리의 시스템 속에서 국민은 국가가 행복의 틀을 만들어 주기만을 기다릴 수는 없다. 행복이란 반드시 어떤 상황이나 조건이 가져다주는 것만은 아니기 때문이다. 그러기 위해서는 스스로 완성할 수 있는 행복을 찾아 나서야 한다. 저마다의 삶에서 불행한 면은 되도록 멀리한 채, 먼저 행복한 면만 살펴본다면 얼마든지 행복의 문 앞에 닿을 수 있을 것이다. 예컨대 척추질환으로 몸이 마비된 사람이 있다고 할 때, 그가 행복한 삶을 찾는 사람이라면 “나는 아직 손가락이 움직이고 숨을 쉬며 살아 있어 행복하다”고 할 것이고, 반대로 그가 불행한 삶을 찾는 사람이라면 “움직일 수 없는 내 자신이 한심하고 아무것도 할 수 없어 내 모습이 초라하기만 하다”고 할 것이다. 이처럼 행복의 기준을 어디에 두고 그것을 삶에 어떻게 적용하느냐에 따라 행복할 수도 불행할 수도 있다고 본다.

프랑스의 고전작가 라 로슈푸코(La Rochefoucauld)는 “어떤 것이 큰 불행이고 어떤 것이 큰 행복인가. 행복과 불행은 그 분량이 미리 정해져 있는 것이 아니다. 다만, 그것을 받아들이는 사람의 마음에 따라서 커지기도 하고 작아지기도 하는 것이다. 곧 현명한 사람은 큰 불행도 작게 처리하고, 어리석은 사람은 작은 불행도 현미경처럼 확대하여 스스로 큰 고민에 빠진다”고 했다. 설령 정부에서 막대한 예산을 투입해 다양한 복지혜택을 누리게 해주더라도 스스로가 행복감을 느끼지 않으면 불행할 수밖에 없다. 이제 행복지수라는 수치에만 너무 얽매이지 말고 지금 우리가 많은 행복의 순간을 그냥 지나쳐 보내고 있지는 않은지 되돌아보는 것도 필요하다. 행복은 언제나 우리 가까이에서 손짓하며 미소 짓고 있을 것이므로.

출처: 김부조(2014). 행복지수와 행복의 기준.

행복에는 주관적인 측면과 객관적인 측면이 있다. 행복의 주관적인 측면은 마음으로부터 평안함을 얻고 자신의 삶에 대해 만족도를 높이는 것이다. 행복의 객관적인 측면은 마음으로부터 평안함을 얻고 자신의 삶에 대한 만족도를 높이기 위해 갖추어야 할 객관적인 조건들이라고 할 수 있다. 따라서 주관적인 행복이든 객관적인 행복이든 간에 행복을 얻기 위해서는 노력이 필요하다. 개인적인 측면에서는 평안한 마음을 얻기 위한 심신수련이나 욕망을 조절하기 위한 내적·정서적 안정이 요구된다. 객관적인 행복을 얻기 위해서는 경제적인 측면에서의 안정이나 자아의 성장, 원만한 대인관계 등과 같은 노력이 있어야 한다. 국민들의 행복지수를 높이기 위해서는 개인뿐만 아니라 국가적인 측면에서도 국민들의 행복도를 높이기 위한 다양한 측면의 노력이 필요하다.

행복과 불행은 공존한다

세상의 모든 원리나 이치를 명확하게 구분해 보면 항상 양면성이 공존한다. 이 말은 어떤 원리나 법칙에도 장단점이 다 있다는 의미이다. 행복도 마찬가지이다. 우리의 삶에는 언제나 행복만 있는 것이 아니다. 행복과 더불어 항상 불행이 함께 닥쳐온다는 사실을 간과해서는 안 된다. 행복과 불행에는 크기의 차이일 뿐 항상 공존하는 '행불공존의 법칙'이 성립한다. 그러므로 행복과 불행은 모두 생존을 위해 우리에게 주어진 선물이다. 쾌감이나 즐거움 뒤에는 반드시 불쾌감이나 괴로움이 따라온다는 사실은 분명한 명제이다. 이를 역으로 생각해 보면 불쾌감이나 괴로움 뒤에는 쾌감이나 즐거움이 따른다는 사실이다. 따라서 행복은 불행을 극복해 내면 반드시 뒤따라온다는 사실이다. 역경과 고난의 순간은 괴롭고 힘들지만 그 어려운 순간이 지나고 나면 행복을 얻을 수 있다는 희망을 가질 필요가 있다. 인간이 어떻게 생각하고 마음먹느냐에 따라 행복도 불행도 우리 곁에 온다는 사실을 잊어서는 안 된다.

행복은 불행의 반대가 아니다. 행복과 불행은 각각 고유의 뇌 회로와 화학 성분을 가지고 있다. 그렇다고 해서 행복과 불행이 서로 무관하게 독립적으로 작동하는 것은 아니다. 괴로움과 즐거움은 서로 배척하는 관계가 아니라, 서로 유관한 관계 속에서 활성화된다. 필요에 따라서는 괴로움과 즐거움이 공존한다. 그러므로 행복과 불행은 서로 반대가 아닌 것은 물론이거니와 서로 배제하지도 않는다는 점을 인식할 필요가 있다. 불행에 대해서도 너무 낙담하거나 좌절해서는 안 되는 이유가 여기에 있다.

행복과 불행은 먼 곳에 있는 것이 아니라 자신의 내면에 있다. 자신의 욕망을 조절해 나가면서 지금의 삶에 만족하고, 다른 사람들과 더불어 사는 삶을 위해 베풀 줄 알며, 현재를 소중히 여기는 사람만이 진정한 행복을 누릴 수 있다. 그런 삶이어야 공존하는 행복과 불행 안에서 행복만을 선별해 낼 수 있기 때문이다.

행복과 불행은 해석하기 나름이다

세상사 모든 일을 어떻게 보느냐에 따라서 서로 다른 결과를 가져온다. 따라서 자신이 처한 상황에 대해 함부로 속단해서는 안 된다. 자신이 처한 상황이 다른 상황이라고 가정하면 오히려 지금보다 더 큰 불행이 도사리고 있을지도 모른다. 삶은 해석하기에 따라 행복으로 느낄 수도 있고 불행으로 느낄 수도 있다. 자신이 처한 여러 가지 상황 가운데서 어떤 것을 선택하여 해석하느냐 하는 것은 자신의 가치관과 관련이 있다. 따라서 행복과 불행도 해석하기에 따라 전혀 다른 결과로 해석될 수도 있다.

> 옛날에 우산 장사와 짚신 장사를 하는 두 아들을 둔 어머니가 있었다. 그런데 이 어머니는 늘 수심에 잠겨 있었다. 하루는 이웃 사람이 그 이유를 물었다. 그러자 어머니는 한숨을 쉬며 말했다.
>
> "내게는 우산 장사를 하는 큰아들과 짚신 장사를 하는 작은 아들이 있다오. 그런데 해가 뜨면 큰아들이 장사가 안 되고, 비가 오면 작은아들이 장사를 망치니, 내가 하루라도 마음이 편할 날이 있겠소? 비가 오면 비가 와서 걱정이고, 해가 뜨면 해가 떠서 걱정이니, 어찌 내가 수심을 벗어난단 말이오?"
>
> 그러자 이웃 사람이 말했다.
>
> "별걱정을 다하시오. 해가 나면 작은아들이 장사가 잘되고, 비가 오면 큰아들이 돈을 번다고 거꾸로 생각하면 되잖소? 비가 오면 비가 와서 좋고, 해가 뜨면 해가 떠서 좋으니, 어찌 좋지 않은 날이 있단 말이오?"

사례에서 보여주는 것처럼 행복은 생각하기에 따라 다르게 해석된다. 긍정적이고 적극적인 사고방식으로 생각한다면 그 사람의 미래가 바뀔 수도 있다. 그러므로 삶을 판단하는 데 있어서 부정적인 것보다는 가급적 긍정적인 것에 집중하여 판단할 필요가 있다. 잘못 판단하여 불행으로 낙인찍히고 정말로 불행한 순간에 빠져들게 되면 되돌릴 수 없는 결과를 만들어 내게 된다.

행복의 3요소

행복은 단순히 슬프지 않고 기분이 나쁘지 않으면 행복한 것이라고 단정해서 말하기 어렵다. 행복을 이루는 요소는 다양할 뿐만 아니라 어떠한 관점에서 행복을 정의하느냐에 따라 달라질 수 있기 때문이다. 행복의 요소에 관한 주장도 학자마다 차이를 보인다.

괴테(Goethe)는 행복의 요소로 즐겁게 일할 수 있는 정도의 건강, 기본적인 생활조건을 충족시킬 만한 경제적 여유, 어려움을 이겨낼 만한 정신적 힘, 좋은 결과가 나올 때까지의 인내력, 이웃을 돕는 자비심, 장래에 대한 불안을 이겨낼 만한 희망을 꼽았다. 또한 심리학자인 리처드 스티븐스(W. Richard Stevens)는 행복의 요소로 좋은 느낌과 긍정적인 마음, 활기 넘치는 생활, 의미 부여와 같은 인생에서 가치 있는 선택의 세 가지를 꼽았다. 일본의 의사 시오야 노부오(鹽谷信男) 박사는 행복의 요소로 건강과 장수, 풍요로운 생활, 일과 인생의 성공, 안심입명(安心立命)6)의 네 가지를 들었다. 이 밖에도 사람이 나이를 들어갈수록 갖추어야 하는 행복의 요소로는 첫째, 고통에 적응하는 성숙한 자세, 둘째, 배우고자 하는 자세, 즉 교육에 대한 열의, 셋째, 결혼을 통한 안정적인 생활, 넷째, 금연, 다섯째, 금주, 여섯째, 운동, 일곱째, 적당한 체중의 유지 등을 주요 요소로 지적하였다(한만우, 2010). 이와 같이 행복의 요소는 주장하는 학자에 따라 차이를 보이지만 일반적으로 행복이 존재하는 상황적 측면에서 행복의 3요소로 다음과 같은 것을 들고 있다.

첫째, 쾌락이다. 쾌락은 '감성의 만족이나 욕망의 충족에서 오는 유쾌한 감정'으로 유쾌하고 즐거운 것을 말한다. 행복은 바로 이와 같은 '기분이 좋은 감정', '감각적인 즐거움의 향유' 등이 주요한 요소로 작용한다. 즉, 즐거워야 행복해질 수 있다는 의미이다.

둘째, 불쾌감의 부재이다. 불쾌감이란 마음이 거슬리고 언짢은 느낌을 말한다. 그런데 인간은 쾌감을 추구하고 불쾌감을 기피한다. 따라서 행복하기 위해서는 불안함이나 고통으로부터 벗어나야 행복해질 수 있다. 자신이 좋아하는 일이나 가족, 사랑이나 취미에 관심을 갖도록 하는 것도 행복과 관련이 있다.

셋째, 만족감이다. 만족감이 없는 행복은 있을 수 없다. 물론 만족감의 기준은 사람마다 다를 수 있다. 하지만 모자람 없이 마음에 흡족한 느낌인 만족감은 행복의 중요한 요소로 작용한다. 자신의 욕구나 기준에 비추어 대체적으로 흡족한 느낌을 가질 때 행복해질 수 있다.

대니얼 네틀(Daniel Nettle)은 『행복한 사람의 DNA는 어떻게 다른가?』라는

---

6) 안정된 마음으로 자신의 천명을 알고 마음의 안정을 얻어 쓸데없는 일에 마음을 움직이지 않는 것을 말한다.

책에서 행복한 삶을 영위하는 일은 하루아침에 해결되는 것이 아니라고 말하면서 평생 지속되는 우리의 태도나 노력, 그리고 결정적으로는 유전자에 달려 있다고 보고 행복한 삶을 위한 방법으로 다음의 세 가지를 제시하고 있다(김상우 역, 2019).

첫째, 부정적인 감정을 감소시키는 방법으로는 인식-행동치료법이 있다. 이 치료법은 진화 과정에서, 또는 유전적으로 형성된 부정적이고 병적인 감정들이 극단적인 스트레스나 소외감으로 고착되는 과정을 차단하는 것이다. 다시 말해서, 자신의 내면 문제를 정확히 인식함으로써 문제를 해소한다. 이를테면 부정적인 감정의 근원과 기능을 명확히 규명해 그것이 자신의 삶에 영향을 미치지 못하도록 이성과 감정을 조절하는 방법이다. 이는 실제로 뇌의 활동 패턴을 변화시켜 우울증이나 근심, 걱정을 치료해 준다.

둘째, 긍정적인 감정을 증진시키는 방법이다. 앞의 첫 번째 방법은 부정적인 감정을 제거하는 방법이지만 행복한 감정을 만들어 주지는 못한다. 따라서 행복해지기 위해서는 자신이 원하는 것이 아닌 자신이 좋아하는 것을 해야 한다. 원하는 것에 사로잡히면 즐길 수 있는 일을 놓쳐버리게 되고, 그렇게 되면 깊숙한 내면에 불만이 쌓인다. 임상적으로는 즐거운 일을 자주 하면 근심, 걱정, 우울증이 완화된다.

셋째, 자신을 변화시키는 방법이다. 자신을 변화시키기 위해서는 '쾌락의 역설(hedonic paradox)'에 주목할 필요가 있다. 쾌락의 역설이란 행복 그 자체에 집착할수록 행복으로부터 멀어지지만 다른 것을 추구함으로써 부지불식간에 행복에 더 가까워진다는 것이다. 즉, 나와 인생에 대한 자각을 통해 인식, 행동, 삶을 바꾸어 나가는 것이다. 부단한 자각은 새로운 것에 눈을 뜨게 하고 삶을 변화시킨다. 행복이란, 삶에 대한 지혜로운 통찰과 즐거움을 누리면서 조화로운 인생을 사는 가운데 천천히 얻어지는 결과이다. 물론 여기에 깊이 개입하는 것이 성격이다.

3. 행복의 조건

자신을 위해 지녀야 할 다섯 가지

행복은 자신이 갖는 것이지만 잡기가 쉽지 않다. 마치 고양이의 꼬리에 달린 방울과 같다. 행복은 사람들이 갖는 마음가짐에서 시작된다. 매사에 자신이 실체를 어떻게 인식하고 마음가짐을 어떻게 갖느냐에 따라 행복을 쉽게 접할 수도 있고 오히려 불행을 접할 수도 있다. 정석용 · 이규은(2013)은 행복을 잘 느끼는 사람들은 자존감, 자기 삶에 대한 주인의식, 낙천주의, 외향적인 성격, 절제와 만족감이라는 다섯 가지의 특성을 지니고 있으며, 이러한 특성을 자기화해 나갈 때 행복감은 늘어간다고 말하고 구체적으로 다음과 같이 설명하고 있다(정석용 · 이규은, 2013).

자존감은 '자신을 존중하는 마음'으로 스스로 자기 자신을 존중하는 것을 의미한다. 자존감이라는 말은 심리학에서 자주 쓰는 말로 자신에 대한 존중심을 의미하며, 일반적으로 마음에 병이 있거나 심리적 장애가 있는 사람들을 가리켜 자존감이 낮은 사람이라 일컫는다. '내가 나를 사랑하지 않으면, 그 누구도 나를 사랑해 주지 않는다'라는 말처럼 남이 나를 사랑하기에 앞서 내가 나 자신을 사랑하는 일이 더 중요하다. 자신이 나를 사랑할 때 우리는 '자존감이 높다'라고 말하며 자존감을 높이기 위해서는 항상 자신에 대한 긍정적인 생각과 긍정적인 자기 암시가 필요하며 긍정적인 마음가짐을 갖기 위한 지속적인 노력이 필요하다. 이러한 자존감이 회복되고 높아질 때 행복은 우리에게 더욱더 가까이 다가오게 된다.

주인의식은 자기 삶에 대한 주체적인 생각을 말한다. 주인의식은 일상생활에 있어서 적극적이고 긍정적인 자세를 갖게 해준다. 또한 자기 삶에 대한 주인의식은 자신의 인생에 대한 책임의식을 고취시켜 주며, 어떠한 문제가 삶의 과정에 다가오더라도 문제해결을 다른 사람에게 미루거나 남의 탓으로 돌리지 않는다. 따라서 삶에 있어서도 자신의 삶에 대한 주인답게 주체적으로 접근하고 주도적으로 활동하며 결과적으로는 행복을 느끼게 해주는 요인으로 작용하게 된다.

낙천주의(樂天主義)는 옵티미즘(optimism)으로 염세관과는 반대로 명랑하고 즐기면서 살아가는 것이 좋다고 보는 세계관이다. 사람은 살아가면서 부정적인 생각을 누구나 많이 한다. 부정적인 생각은 자신의 삶에 나쁜 감정과 사고를 갖게 하고 비관적인 생활을 유발하게 된다. 따라서 행복한 삶을 위해서는 부정적이고 비관적인 사고에서 벗어나 긍정적인 감정과 인상을 갖는 것이 필요하다. 이를 통해 매사에 긍정적이고 명랑하며 즐거운 생활을 실천하는 낙천주의적 사고가 필요하다.

낙천주의에 대해 오랫동안 연구한 마틴 셀리그만(Martin Seligman) 박사는 자신의 저서 『낙천주의를 배우자』에서 우리에게 두 가지 사실을 제시하였다. 첫째, 낙천주의가 비관주의보다 훨씬 효과적이라는 것이고, 둘째, 낙천주의는 마음만 먹으면 배울 수 있다는 것이다. 낙천주의의 실현을 위해서는 긍정적인 생각과 밝고 명랑한 생활의 실천이 필요하고, 매일 자신을 행복하게 만드는 경험을 갖는 것이 필요하며, 이러한 경험은 불행한 과거로부터의 영향력을 약화시킬 수 있다. 따라서 낙천적인 성격은 자신의 삶에 행복을 부르는 비결이 될 수 있다.

외향적인 성격은 행복한 삶을 영위하는 데 도움이 된다. 일반적으로 부끄러움을 많이 타고 수줍게 말을 하거나 사람들이 많은 곳을 좋아하지 않는 사람을 내향적 성격이라 칭하고, 사람을 잘 사귀고 사교적이거나 적극적이고 활달한 사람을 외향적 성격의 소유자라 한다. 융(C. G. Jung)은 심리학적 유형의 하나로 인간을 내향형과 외향형으로 구별했는데, 그들은 주체(subject)와 객체(object)를 대하는 태도에 있어서 현저한 차이를 보인다고 하면서 어떤 사람의 행동과 판단을 결정하는 기준이 주로 객체에 의한 것일 때 그의 태도는 외향적이며, 반대로 객체보다도 주체에 의해 결정되면 내향적이라고 한다. 외향적인 성격은 삶에 있어서 사소하지만 마음에 좋게 와닿는 일을 소중하게 여기고, 아름답고 마음을 기쁘게 하는 것을 무신경으로 지나치지 않음으로써 행복을 부르는 비결이 되고 있다.

절제와 만족감은 인간의 욕망에 대한 조절능력이다. 인간의 욕망은 끝이 없으며 때로는 욕망이 불행의 씨앗이 되기도 한다. 지나친 욕망은 스트레스, 불안감, 투쟁의 원인이 되어 예기치 못한 고통과 번민을 가져오는 원인이 되기도 한다. 따라서 인간은 욕망에 대한 적절한 통제, 즉 절제가 필요하다. 절제하는 생활을 통해 자신이나 자신의 행위에 대해 만족할 줄 아는 만족감을 지녀야 한다. 자신의 욕망을 흡족하게 100% 만족시키기보다는 적당한 선에서 타협하고 멈출 줄 아는 지혜가 필요하다. 그러한 지혜가 마음의 행복을 가져온다. 흔히 '저는 평범하게 사는 것이 목표입니다.'라고 말하지만 평범하게 산다는 것은 결코 쉬운 일이 아니다. 평범하게 산다는 것은 자신의 욕망을 조금 더 버릴 때 가능해진다. 무엇을 하더라도 스스로가 긍정적으로 수용하고 만족해하면서 즐거워할 때, 그것이 곧 행복이다.

아무리 많은 금은보화를 갖는다고 하더라도 심적으로 만족해할 줄 모르고 불만으로 가득 차 있다면 그 사람의 삶은 행복과 거리가 먼 삶이 될 수밖에 없다. 내 욕망을 채우기보다는 상대방을 먼저 생각해 주고 나에게 주어진 결과가 다소 부족하고 모자라더라도 만족해할 줄 아는 사람에게 행복은 찾아온다. 내 욕심을 채우기 위해 내 뜻대로 하기보다는 먼저 상대방의 뜻을 묻고 상대방을 존중해 주는 것이 행복의 시발점이다. 하고 싶은 자신의 욕망을 절제하면서 끊임없이 상대방에게 먼저 해주고 주어진 결과에 만족할 줄 아는 만족감이 행복의 조건이다.

프랑스의 철학자 사르트르(Jean-Paul Sartre)는 인간은 그 자체로 존재하는 것이 아닌 반드시 누군가와 그리고 무엇과 관계를 맺는 존재라고 하였다. 이 말은 인간은 인간 자체로는 존재할 수 없고, 반드시 무엇과 관계하는 삶, 공동체적인 삶을 살고 있다는 것을 전제로 한 것이다.

인간은 사회적 동물이라고 한 것처럼 인간은 공동체적인 삶을 살고 있고, 그렇기 때문에 자기가 속한 이 공동체 안에서 삶을 누리기 위해 반드시 그 공동체가 요구하는 어떠한 기준이나 윤리에 부합되어야 하고, 다른 사람과 경쟁을 치러야 하고, 또한 어떠한 일이나 사태에 적합한 보상을 치러야 한다. 이러한 요구에 부응하지 못할 때 우리는 불행을 맞게 된다. 불행은 주로 의도되지 않은 일로 나타나며, 자신의 의도와 무관한 형태로 닥치게 된다.

이와 같이 우리가 이 사회의 일원으로서 공동체 생활을 하다 보면 행복한 상황을 맞이하기도 하고 때로는 불행한 상황을 맞이하기도 한다. 그러나 이러한 행복과 불행의 쌍곡선은 얼마든지 뒤바뀔 수 있다. 물론 자신이 어떤 행동으로 접근하는가에 따라 행복의 곡선이 오래 유지되기도 하고, 아니면 불행의 곡선이 지속되기도 한다. 하지만 그러한 행복이나 불행이 하나만으로 지속되도록 유지한다는 것은 어려운 일이다. 그래서 인생을 '새옹지마(塞翁之馬)'라 하지 않았을까?

이렇듯 행복과 불행이 실체적으로 반복해서 나타난다고 하더라도 그것이 꼭 상황적인 것에만 의존하는 것은 아니다. 행복과 불행은 자기 자신의 마음가짐에 따라 달라질 수 있다. 자신에게 주어지는 상황이 어떻게 전개되더라도 행복할 수 있는 마음을 가진다면 그 사람은 얼마든지 행복할 수 있으며, 아무리 좋은 상황이 전개된다 하더라도 자신이 불행하다 여기면 그 사람은 불행한 것이 될 수 있다. 따라서 상황적인 것에 의한 행복과 불행의 판단보다는 스스로의 마음가짐에 따라 행복할 수 있도록 하는 것이 가장 좋은 방법이다. 물론 행복하기 위해 마음가짐을 가질 수 있는 방법으로는 여러 가지가 있을 수 있다. 종교를 이용한 방법도 하나의 방법이 될 것이고, 문학을 이용하는 방법, 철학을 이용하는 방법, 예술을 이용한 방법, 도덕적 가치를 이용하는 방법 등이 있을 수 있다.

행복에 대해 한평생 연구한 칙센트미하이(Csikszentmihalyi)는 "행복은 개개인이 개별적으로 준비하고 개발하여 지켜나가야 하는 것이다. 내적 경험을 통제하는 것을 배운 사람들은 자신의 삶의 질을 통제할 수 있으며, 이는 행복의 상태로 더욱 가까이 이끌어 줄 수 있다"라고 하였다. 이 정의에서 행복에 포함되어 있는 요소로 개개인이 준비하는 '내적 경험의 통제'와 행복의 상태로 이끌어 주는 의미의 '몰입'을 들 수 있다. 결국 행복이란 인간의 내적 경험을 통제하는 것과 삶이 고조되는 순간에 이르는 몰입의 즐거움을 통해 이루어진다.

내재적 가치를 추구하라

인간은 사물의 존재에 의미를 부여하고 가치를 추구하는 존재이다. 가치란 '주관 및 자기의 욕구, 감정이나 의지의 욕구를 충족시키는 것'으로 좋음과 나쁨, 옳음과 그름, 아름다움과 추함 등에 대한 사람들의 신념과 감정의 체계를 말한다.

가치는 사회 구성원의 판단이나 행동을 결정하는 데 영향을 미친다. 따라서 유사한 집단의 구성원들은 비슷한 상황에 놓이게 되면 대체적으로 유사한 의사결정을 하게 된다. 흔히 가치와 규범을 혼동하는 경우가 많은데 가치는 추상적인 수준에서 행동의 방향을 결정하는 역할을 하는 것이라고 한다면, 규범은 실제 생활영역에서 구체적인 행동으로 표출되도록 하는 행동지침의 성격을 지닌 것이라고 할 수 있다.

가치의 유형은 크게 두 가지로 구분된다. 그것은 내재적 가치와 외재적 가치이다. 내재적 가치란 본래적 가치라고도 하는데, 다른 무엇을 얻기 위한 방편으로서 추구하는 가치가 아니라 그 자체로서 귀중한 것이고, 내면적 즐거움과 보람을 가져다주는 가치이다. 이와는 달리 외재적 가치는 도구적 가치 또는 수단적 가치라고도 하는데, 어떤 목적이 되는 다른 가치를 성취하거나 획득하는 데 도움이 되는 수단으로서의 가치를 말한다. 학업을 통해 좋은 일자리를 얻으려 한다거나 자격증을 취득하려고 한다면 그것은 학업이라는 것을 통해 다른 가치를 얻고자 하는 수단으로 학업이 활용되기 때문에 이를 도구적 가치라고 한다.

자신이 지금 하고 있는 일 그 자체가 좋아서 하는 것은 내재적 가치를 추구하는 일이다. 그러나 무엇이 되기 위해서 한다면 그것은 야심이요, 야망으로 도구적 가치를 추구하는 일이다. 내재적 가치에 중점을 둔 좋아서 하는 일은 일 그 자체가 삶의 보람이고 충만한 생활이 될 수 있지만, 외재적 가치에 중점을 둔 무엇이 되기 위해서 그 일을 하는 것은 충만한 삶이 아니라 수단으로 전략된 메마른 삶이 될 것이다.

행복을 위해서는 내재적 가치를 추구하는 삶이 필요하다. 어떤 목적을 위해서만이 아니라 그 자체로서 내면적 보람과 즐거움을 얻을 수 있는 활동이 인간을 더욱 행복하게 해준다. 칸트도 인간의 내적 가치는 그 무엇으로도 바꿀 수 없는 내적이며 절대적인 가치로 '존엄(尊嚴)'이라 할 수 있는 최고의 가치라고 보았다.

행복을 위한 열 가지 지침

인간은 누구나 생활 안에서 변화되고 발전적인 삶을 살아가기를 추구한다. 즉, 삶의 가치를 향상시키기를 소망한다. 이와 관련하여 영국 웰링턴대학교(Wellington College) 앤서니 셀던(Anthony Seldon) 교수는 삶의 가치를 향상시키기 위한 방안으로 열 가지 지침을 제시하였는데, 그 내용은 다음과 같다.

첫째, 좋은 인간관계로 "다른 사람과 생산적인 관계를 유지하여라"이다. 행복을 위해서는 다른 사람들과 좋은 인간관계를 유지하는 일은 중요하다. 아무리 많은 것을 얻었다 하더라도 주변 사람들과의 관계가 파괴된다면 그 사람은 행복할 수 없다.

둘째, 마음가짐과 관련된 내용으로 "건강한 마음가짐을 가져라"이다. 건강한 마음가짐이란 매사를 긍정적으로 인식하고 받아들이는 수용적이며 긍정적인 자세를 말한다.

셋째, 건강한 육체에 관한 내용으로 "건강한 신체를 유지하라"이다. 건강한 몸에서 건강한 정신이 나온다는 말처럼 육체가 건강하지 않고서는 건강한 정신이 유지되기 어렵다. 건강한 정신이 유지될 때 우리는 행복해질 수 있다.

넷째, 여유와 관련된 이야기로 "항상 여유를 가지고 마음을 깨끗이 하는 일을 시도하라"이다. 오늘날의 복잡한 사회 환경에 찌들다 보면 자신을 망각하는 경우가 흔히 발생한다. 이럴 때일수록 자신에 대한 여유시간을 갖는 것이 필요하다. 흔히 바쁘기 때문에 여유를 가질 시간이 없다고 말하지만, 바쁜 일과에서 여유의 시간을 만들어도 일상은 돌아가기 마련이다.

다섯째, 감정적인 지능에 대한 내용으로 "감정지능을 활성화시켜 균형 잡힌 감정을 유지하라"이다. 감정지능이란 자신이나 타인의 감정을 인지하는 능력이다. 따라서 감정지능을 잘 조화롭게 유지해 나가면 자신의 사고와 행동을 균형적으로 유지해 나갈 수 있다.

여섯째, 현재의 삶과 관련된 내용으로 "현재의 삶을 중시하라"이다. 많은 사람들이 현재보다는 미래에 대한 투자에 집중한다. 하지만 아무리 훌륭한 미래를 설계했다고 하더라도 원만한 현실이 있지 않고서는 미래가 존재하지 않는다. 이러한 불확실한 미래도 좋지만 현재의 삶도 중시해야 한다. 현재가 있어야 미래가 있다는 점을 잊어서는 안 된다.

일곱째, 환경에 관한 것으로 "인공 환경을 자연환경으로 바꾸어라"이다. 인간은 편리함을 위해 삶의 많은 부분을 인공 환경으로 변화시켜 놓았다. 인공 환경은 인간에게 편리함은 줄지 몰라도 행복함까지 주지는 않는다. 자연환경 속에서 자연의 섭리에 따라 살아갈 수 있다면 그보다 더 행복한 환경은 없다.

여덟째, 테크놀로지에 대한 내용으로 "지나친 기술의 지배에서 벗어나라"이다. 최첨단의 기술이 우리 생활에 도입되면 그만큼 우리 생활은 편리해지지만, 지나친 기술의 도입은 기술이 곧 우리를 지배하는 체제로 변모하여 우리 삶에 또 다른 문제를 야기한다.

아홉째, 도전과 관련된 내용으로 "적당한 목표에 도전하라"이다. 성공 가능성이 높은 적당한 도전은 우리에게 새로운 삶의 활력소를 불어넣어 준다. 비고츠키(Vygotsky)는 이를 근접발달영역(ZPD: Zone of Proximal Development)이라고 하였는데 자신의 능력에 지나치지 않는 범위에서의 도전은 성공의 가능성도 그만큼 커진다.

열째, 자기 조절과 관련된 내용으로 "자신의 욕망을 조절해 나가라"이다. 지나친 욕망은 스트레스의 원인이 될 뿐만 아니라, 끝없는 탐욕으로 이어져 불행의 원인이 된다. 자신의 욕망을 통제하고 조절해 나갈 때 행복을 얻을 수 있게 된다.

4. 행복을 위한 마음 다스림

분노를 다스려라

분노는 감정의 일종이다. 따라서 날씨가 변하듯 분노도 끊임없이 변화한다. 특히 분노는 자발적으로 일어나는 것이 아니라 외부의 사물과 인간에 의해 일어나는 수동적이고 피동적인 현상이다. 분노는 자신이 원하는 대로 일이 되지 않거나 자신의 요구가 받아들여지지 않을 때, 자신의 의견에 반대하거나 무시당했을 때 나타나는 행동양식이다. 주로 성격이 급한 사람들이 많이 경험하게 되며, 분노 직전에 몸과 마음이 긴장되는 것이 일반적이다. 분노에는 아주 가벼운 짜증부터 격노에 이르기까지 다양하며 분노와 함께 적대적인 행동을 가리켜 공격성이라고 한다. 이와 같은 공격성의 정도는 공격성 척도 테스트를 통해 알아볼 수 있다.

미국 듀크대학교(Duke University) 레드포드 윌리엄(Redford Williams) 교수의 연구에 의하면, 대학생 때 분노수준이 높게 나타난 사람은 50세가 되었을 때 그렇지 않은 사람보다 사망할 확률이 4~7배 더 높은 것으로 나타났다. 뿐만 아니라 분노수준이 높은 사람의 경우에는 그렇지 않은 사람보다 심장병을 비롯한 사망에 이르는 질병에 걸릴 확률이 더 높은 것으로 나타났다.

분노를 조절하는 것은 자신의 건강은 물론 대인관계에 있어서도 바람직하다. 분노를 조절한다고 해서 일방적으로 분노를 억압한다거나 표출시키라는 것은 아니다. 상황에 따라 적절하게 분노를 관리하면서 억압과 표출을 활용하라는 것이다. 분노를 조절할 줄 아는 사람은 분노가 감소되고 우울감이나 정신적 피로감으로부터 벗어날 수 있게 된다.

우리가 느끼는 감정 중에 즐거움을 느낀다는 것은 우리가 보다 완전해진다는 증거이고, 분노가 치솟아 오른다는 것은 우리가 불안해지고 있다는 증거이다. 따라서 자신의 분노를 조절하고 다스리기 위한 방법으로 레드포드 윌리엄(Redford Williams) 교수는 다음의 네 가지 관점을 제시하였다.

첫째, 화가 난 일에 대해 얼마나 중요한 일인가를 생각해 보라. 내가 화낸 일이 정말로 중요한 일이고 반드시 이루어야만 하는 것이었다면 끝까지 문제를 해결하여라. 그렇지 않고 사소한 일이라면 없었던 일이라고 생각하고 잊어버려라.

둘째, 화를 낸 일이 적절한가를 생각해 보라. 즉, 정당한 분노인가를 고려해 보라는 것이다. 나와 똑같은 상황이라면 틀림없이 다른 사람들도 나처럼 화를 냈을 것이라고 생각되는지에 대한 검토가 필요하다. 지나친 것이라고 판단되거나 다른 이유로 분노한 것이라면, 자신의 분노를 스스로 가라앉히도록 노력하고 다른 전략을 찾아야 한다.

셋째, 변경 가능성에 대해 생각하라. 내가 화를 내서 지금의 상황을 바꿀 수 있느냐는 것과 관련된 것이다. 내가 화를 냄으로써 지금의 상황을 바꿀 수 있는지를 자문하고 검토해서 그럴 수 없다면 자신의 분노를 참고 가라앉히도록 한다.

넷째, 화를 낼 만한 가치가 있는가를 생각해 보라. 정말 중요한 일이고 당연히 이 정도로 화낼 수밖에 없고 게다가 화를 내서 바꿀 수 있는 것이라면, 이 일이 그럴 만한 가치가 있는가를 평가해 본다.

앞에서 제시한 네 가지 중 하나라도 '아니요'라고 답이 나온다면 화를 가라앉히고 다른 방법을 모색해 나가야 한다.

비교하지 말라

우리는 일상에서 수시로 때로는 보이게, 때로는 보이지 않게 남들과 비교하며 살아가고 있다. 이러한 비교는 우리의 삶을 불행하게 만드는 원인이 된다. 아무리 능력이 뛰어난 사람이라 하더라도 인간은 어느 부분인가에 반드시 부족한 것이 있기 마련이다. 이러한 부족한 부분이 다른 사람과의 비교를 통해 보여질 때 누구나 열등감을 갖게 된다. 따라서 다른 사람과의 비교는 불행의 시작이 되고, 당신을 초라하게 만드는 원인이 된다. 비교는 건설적인 행위가 아니므로 우리 자신을 남들과 비교할 필요가 없다.

모든 사람은 각자 독특한 재능과 고유한 욕구를 가지고 있다. 이러한 자신만의 유일무이한 독특함을 활용할 때 우리는 행복감을 느낄 수 있다. 물질을 중시하는 물질주의자들은 질투심과 이기심이 강하고 편협하다. 그러므로 이들은 남과 자신을 자주 비교하고, 그 결과에 민감하게 반응한다. 이러한 물질주의자들은 자신을 남과 비교하는 성향이 강해서 행복하기 어렵다.

자신의 색깔을 갖고 자기답게 살아가기 위해서는 무엇보다도 먼저 자신의 삶을 다른 사람과 비교하지 말아야 한다. 지금의 자신의 처지나 형편을 다른 사람과 견주는 것은 무의미한 짓이다. 설령 상대가 나보다 부족하고 못난 사람이라고 하더라도 다른 사람과의 비교는 바람직하지 않다. 나보다 잘 사는 사람과 비교하게 되면 스스로 기가 죽게 되어 불행해지고, 나보다 어렵게 사는 사람과 비교하게 되면 안일과 오만에 빠지기 쉽다. 따라서 어떤 사람과의 비교도 바람직한 결과를 가져오지 못한다. 또한 비교는 배움을 저해하고 두려움만 키우기도 한다. 좌절감으로 인해 시기심을 만들어 내는 것도 비교가 원인이며 커다란 격차로 인해 두려움을 만들어 내는 것도 비교가 원인이다. 사람은 누구나 자기에게 주어진 자기만의 그릇이 있어 자신의 몫으로 삶을 살아가야 한다. 자기 몫의 삶을 남의 것과 비교하지 말아야 한다. 비교하면 불행해지기 때문이다.

자신에 대한 만족감을 높여라

외모에 대한 만족감을 높여라. 자신의 외모에 대해 만족하는 사람은 거의 없을 것이다. 아무리 다른 사람들로부터 칭찬을 받는 외모를 가진 사람들도 자기 자신의 외모에 대해 불만족해한다. 하지만 이 세상에 그 누구도 불만족스러운 얼굴을 갖기를 원해서 태어난 사람은 없을 것이다. 불만족스러운 신체조건이 자신이 원하거나 의도해서 이루어진 것이 아니라면 그것은 자신이 책임져야 할 일이 아니다. 물론 부모님의 책임도 아니다. 자신의 자식이 예쁜 얼굴로 태어나기를 바라지 않는 부모가 어디 있겠는가?

인재가 아닌 천재지변으로 발생한 사고는 사람의 잘못이 아니다. 누군가의 실수나 고의로 일어난 일이 아니라면 거기에 대해서 우리는 누구에게도 책임을 물을 수 없다. 같은 이유로 나의 만족스럽지 못한 신체가 어느 누구의 고의성도 아니라면 누구에게도 책임을 물을 수 없다. 따라서 우리가 자신의 신체에 대해서는 부끄러워하거나 수치스럽게 생각할 이유가 없다.

성격에 대한 만족감을 높여라. 누구에게나 100% 호감을 주는 인간은 없다. 인간의 심리적 성격이나 개성이 관점에 따라 다양하게 해석되기 때문이다. 그런데 자신의 성격에 대해 불만을 가지고 어떤 인간이 되고 싶다고 한다면, 그런 인간은 완전한 인간이라고 할 수 있을까? 과연 완전한 인간은 존재할까? 인간의 성격은 선천적인 것과 후천적인 것, 즉 환경과 교육에 의해 영향을 받는다. 따라서 성격을 완전히 뒤바꾸는 것은 어렵지만 겉으로 표출되는 태도와 행동의 변화는 얼마든지 가능하다. 자신의 성격적 기질에 대한 노력과 변화를 통해 성격에 대한 만족감을 높일 필요가 있다.

능력과 재능에 대한 만족감을 높여라. 인간이 잠재적으로 가질 수 있는 능력은 무궁무진하다. 개개인이 타고난 능력과 재능도 사람마다 각각 다르다. 그럼에도 불구하고 학교 교육을 통해 가르쳐지는 학업성적만으로 인간을 판단하기 때문에 자신이 지니고 있는 잠재능력은 찾아보지도 못한 채 학업이 끝나고 만다. 그러니 자신은 능력도 없고 재능도 없는 사람으로 판단하게 되고, 그러한 판단이 자신의 능력과 재능에 대한 만족감을 떨어뜨리고 있다. 자신이 타고난 재능과 잠재능력을 발굴하여 자신에 대한 만족감을 높여 나가야 한다.

스스로 마음을 다스려라

행복은 마음가짐과 관련 있다. 동일한 일에 대해서도 어떻게 생각하고 마음을 갖느냐에 따라 다른 결과를 만들어 낼 수 있다. 행복하기 위해서는 다음과 같은 몇 가지에 대해 스스로의 마음가짐을 다스리면서 실천해 나가야 한다.

첫째, 남을 용서하여라. 다른 사람들을 용서하지 못하면 분노가 오르기 마련이고 분노가 오르면 행복해질 수 없다. 넓은 아량으로 다른 사람의 잘못과 실수를 용서하는 마음을 가짐으로써 마음의 평정을 유지해야 한다.

둘째, 주도적인 삶을 살아라. 인생의 주인은 자기 자신이다. 내 인생에 대해 어느 누구도 간섭하거나 통제할 수 없다. 따라서 내가 하고 싶은 것을 하면서 살 수 있도록 주인의식을 갖고 주도적으로 살아야 한다. 운명에 끌려다니거나 주변 사람들의 감언에 넘어가지 말고 스스로 행복한 삶을 선택하여 주도적으로 살아가야 한다.

셋째, 최고보다는 최선을 위해 노력하라. 최고만을 바라보면 많은 사람들은 패배자가 될 수 있다. 최고는 하나밖에 없기 때문이다. 어느 분야의 무엇이든 자신의 열정을 다해 최선을 다하는 삶을 선택하는 것이 승리자가 될 수 있는 길이다.

넷째, 일은 시기에 맞춰 하고 필요할 때에는 거침없이 도움을 요청하라. 일은 미루어지기 시작하면 일 속에서 헤어나지 못한다. 지금 해야 할 일은 당장 해야 다음 일이 누적되지 않고, 그래야만 일 속에서 벗어나 여유를 찾을 수 있다. 필요에 따라서는 일이 너무 많아 해결하기 어려울 경우에는 두려워 말고 주변 사람들에게 도움을 요청하여 일의 수행을 완수해야 한다. 그래야 삶 속에서 일과 여가의 조화를 이루는 행복을 찾아낼 수 있다.

다섯째, 정신적 가치를 소중하게 생각하라. 대부분의 사람들은 정신적 가치보다 물질적 가치를 더 가치 있고 소중한 것으로 생각한다. 물질적 가치를 중시하는 삶에서는 행복을 찾기가 어렵다. 물질적 가치 못지않게 상대방의 마음에 대한 가치를 소중하게 생각하는 것, 즉 정신적 가치를 소중하게 생각하는 것은 행복한 마음으로 가는 지름길이다. 정신적 가치 속에 소중한 마음과 사랑이 담겨 있기 때문이다.

인간에게 정신적인 측면에서 얻을 수 있는 행복은 사랑을 매개체로 활용하여 소통과 교류가 이루어지는 상태일 때 가장 행복하다. 대상이 누구이든, 주는 상황이든 받는 상황이든, 그 양이 많고 적음에 관계없이 사랑이라는 매개체가 교류될 때 인간은 가장 행복해한다. 부모가 자식을 사랑하는 순간이나, 연인들이 사랑하는 순간이 가장 행복했던 이유도 여기에 있다.

반성적 사고활동 3-1

고양이가 찾은 행복

※ 다음 글을 읽고 행복에 대해 생각해 보자.

아들 고양이가 아빠 고양이에게 물었다.

"아빠! 행복해지려면 어떻게 해야 하나요? 나도 행복해지고 싶어요."

그러자 아빠 고양이가 대답하였다.

"행복은 너의 꼬리에 살고 있단다. 그래서 네가 입으로 꼬리를 물게 되면 행복해질 수 있지."

아들 고양이는 쉬운 것을 발견하게 되었다는 듯이 신이 났다.

"그래요? 그러면 나도 행복을 잡을래요."

아들 고양이는 자기의 꼬리를 잡기 위해 열심히 애를 썼다. 입으로 자신의 꼬리를 잡기 위해 제자리에서 돌고 또 돌았다. 그러나 자기의 꼬리를 잡는 일은 좀처럼 쉽지 않았다. 입으로 쫓아가면 꼬리는 멀어지고 다시 잡으려고 또 쫓아가면 다시 멀어지고….

이때 아빠 고양이가 말했다.

"네가 그것을 잡으려고 쫓아가면 쫓아갈수록 그것은 네게서 멀리 도망간단다. 반대로 네가 다른 것을 열심히 쫓아가다 보면 그것은 항상 네 옆에 와 있는 법이지."

1. 아들 고양이가 행복을 잡지 못한 이유는 무엇이며, 행복을 내 곁에 가까이 둘 수 있는 방법은 무엇인지 이야기해 보자.

2. 진정한 행복은 무엇이며, 어떻게 얻을 수 있는 것인지에 대해 생각해 보자.

반성적 사고활동 3-2

공격성 척도 검사
(BDHI: Buss & Durkee Hostility Inventory)

※ 다음 질문들은 당신의 대인관계에서의 행동을 알아보려는 것입니다. 각 문장을 자세히 읽어보시고 자신의 평소 행동을 가장 잘 나타낸다고 생각되는 번호에 표시하여 주십시오.

번호	질문사항	응답			
		전혀 그렇지 않다 (1)	약간 그렇다 (2)	꽤 그렇다 (3)	확실히 그렇다 (4)
1(역산)	나는 누가 나를 때린다고 할지라도 좀처럼 맞서서 같이 때리지 않는다.				
2	나는 때때로 싫어하는 사람 앞에서 그의 험담을 늘어놓는다.				
3	나는 때때로 다른 사람을 해치고 싶은 충동을 억제할 수 없다.				
4(역산)	나는 아무리 화가 나도 결코 물건을 던지지 않는다.				
5	나는 상대방과 다른 의견이 있다면 그의 입장을 고려하지 않고 나의 입장을 말한다.				
6(역산)	나는 무슨 일이 있든지 간에 다른 사람을 때려서는 안 된다고 생각한다.				
7	사람들이 나에게 동의하지 않을 때는 논쟁할 수밖에 없다.				
8	누가 먼저 나를 때린다면 나도 때리겠다.				
9	계속해서 나를 괴롭히는 사람은 나에게 한 대 얻어맞기를 자청하는 셈이다.				

10	사람들이 나에게 호통을 칠 때 나도 맞서서 호통을 친다.				
11	나는 매우 흥분했을 때 누군가를 때릴 수 있다.				
12	나는 때때로 시비조로 행동한다.				
13(역산)	나는 누가 괘씸해서 혼내주어야 할 때일지라도 차마 그의 자존심을 상하게 할 수 없다.				
14	나는 누구하고나 잘 싸운다.				
15	나는 거짓 협박을 자주 한다.				
16	나는 내가 싫어하는 사람에게는 좀 무례한 행동을 한다.				
17(역산)	나는 다른 사람들에 대한 나의 좋지 않은 견해를 보통 내색하지 않는다.				
18	나의 권리를 지키기 위해 폭력을 써야 한다면 쓰겠다.				
19	나는 논쟁할 때 언성을 높이는 경향이 있다.				
20	나는 나를 궁지에 빠지게 한 사람을 알면 그 사람과 싸운다.				
21	나는 어떤 일에 반박하여 논쟁하기보다는 차라리 상대편의 의견에 따른다.				
총점					

[해석]

- ㅁ 54~58점: 공격적 성향이 약간 있음
- ㅁ 59~61점: 공격적 성향이 상당히 있음
- ㅁ 61점 이상: 공격적 성향이 매우 높음

출처: Buss, A. H., & Durkee, A. (1957). An inventory for assessing different kinds of hostility. Journal of Consulting & Clinical Psychology, 52, 343-349; 고영인(1994). 대학생의 분노표현 양식과 우울 및 공격성과의 관계. 부산대학교 대학원 박사학위논문.

Chapter 04

꿈을 향한 생활

1. 삶에 대한 물음

잘 산다는 것은?

"어떻게 사는 것이 잘 사는 것인가?"에 대한 문제는 오래전부터 많은 사람들이 고민해 온 문제이다. 이 세상 사람들은 누구나 인생을 잘 살고 싶어 하고, 보람 있게 살고 싶어 하기 때문이다. 자신의 인생을 잘못 살기를 바라는 사람은 없을 것이다.

대부분 사람들은 잘 사는 것이라고 하면 청빈한 삶이나 윤리적인 삶을 생각한다. 하지만 오늘날처럼 급격하게 변화하는 다변화 사회에서 청빈하고 윤리적으로 깨끗하다는 사실만으로 모든 것이 해결되지는 않는다. 뿐만 아니라 청빈하고 윤리적으로 깨끗한 삶이 언제나, 그리고 누구에게나 의미 있고 보람된 삶이라고 하는 결과를 가져오는 것만도 아니다. 오늘을 사는 사람들에게 잘 산다는 것은 다음과 같은 몇 가지의 의미를 지니고 있기 때문에 자신의 삶에서 고려되어야 한다.

첫째, 재미있게 사는 삶이 되어야 한다. 삶에 있어서 가장 중요한 것은 재미있는 삶이다. 가족과 친구와 주변 사람들과 재미를 느끼면서, 재미를 만들면서 살아간다는 것은 매우 의미 있는 일이다. 특히 인간은 다른 동물과 달리 유희를 즐기는 유희적 동물이라는 점에서 재미를 빼놓아서는 안 된다. 호모 루덴스(Homo Ludens)가 바로 유희의 인간을 뜻하는 용어이다. 호모 루덴스는 문화사를 연구한 호이징가(Johan Huizinga, 1872~1945)에 의해 창출된 개념으로 유희라는 말은 단순히 논다는 말이 아니라, 정신적인 창조활동을 가리킨다. 풍부한 상상의 세계에서 다양한 창조활동을 전개하는 학문, 예술 등 인간의 전체적인 발전에 기여한다고 보는 모든 것을 포함한다. 이러한 창조적 활동이 '재미'라고 하는 인간의 유희에서 온다는 점을 고려하여 삶을 재미있게 만들어 갈 수 있도록 해야 한다.

둘째, 물질적인 만족보다도 자기 소질에 적합한 일을 하거나 적성에 맞는 일에 몰두하는 삶이다. 대부분의 사람들은 직업을 선택하는 목적으로 경제적 이익을 우선으로 한다. 하지만 직업의 선택은 물질적인 만족만을 목적으로 하지 않는다는 점에 유념하여야 한다. 직업을 선택한 사람들의 삶을 보면 하루일과 중 가장 많은 시간을 직장에서 보낸다. 그런데 그러한 직장의 일이 물질적인 만족만을 우선으로 하다 보니 자신의 적성에 맞지 않는다거나, 자신의 능력에 적합하지 않은 일이라고 가정해 보자. 그 사람에게 직장에서의 행복은 기대할 수 없을 것이다. 물질적인 만족보다 자신이 좋아하고 자신이 즐거워하는 일을 하면서 그 일에 몰입할 때 그 사람에게서 행복을 찾을 수 있다.

셋째, 가치 있고 보람된 일을 하며 사는 삶이 되어야 한다. 세상에는 수십만 종류의 일이 있지만 그중에서 의미 있고 가치 있는 일을 찾아 한다는 것은 매우 중요한 일이다. 특히 자신이 한 일에 대해서 보람을 느낄 수 있는 일이라고 한다면 더 이상 망설일 필요가 없다. 자신이 하고 싶은 일을 하면서 거기에다가 한 일에 대해서 보람을 찾을 수 있다면 그것은 틀림없이 행복한 일이다.

생각하는 삶

파스칼(Blaise Pascal)은 "인간은 하나의 갈대에 지나지 않는다. 자연에서 가장 약한 자이다. 그러나 인간은 생각하는 갈대다"라는 유명한 말을 남겼다.

인간은 갈대처럼 연약한 존재이다. 하지만 인간은 생각하는 위대한 힘을 가지고 있다. 즉, 사고(思考)능력이 인간을 위대하게 만든다. 인간을 동물과 구별하는 가장 큰 차이는 이성적 사고를 지녔다는 데 있다. 인간의 생각하는 힘은 위대한 상상과 창조의 원천이 되고 있다. 사고를 통해서 문명의 도시도 건설해 나가고, 달나라에 가는 과학의 기적도 만들어 냈으며, 최첨단 생활용품을 통해 편리한 생활을 영위할 수 있게 하였다. 모두가 사고력의 산물이다.

인간의 존엄성도 생각하는 것에 있다. 생각하지 않는 인간이라고 한다면 그것은 온전한 인간이라고 할 수가 없다. 인간인 까닭에 우리는 생각을 하고, 살아서 숨 쉬는 동안 '생각'에서 벗어나지 못한다. 이러한 생각은 따지고 보면 우리의 '삶'이라는 것과 직접 또는 간접적으로 연결되어 있다. 삶을 영위하고 만들어 나가는 과정에서 항상 생각을 하고 있기 때문이다. 인간의 삶의 과정은 '생각'이라는 도구를 통해 영위해 가는 '투쟁의 과정'이라고 해도 과언이 아니다.

하지만 오늘을 사는 현대인들은 생각하는 힘이 점점 약화되어 가고 있다. 오늘날의 첨단화된 과학기술, 대중문명, 기술사회, 조직사회 안에서 생각해야 하는 자주적 사고의 기회를 박탈당하고 있다. 또한 기계에 의해 훈련과 관습을 잃어버리고 있다. 생각하는 인간에서 생각하지 않는 인간, 생각하지 않으려는 인간으로 변질되어 가고 있다는 데 문제가 있다. 자주적으로 생각하고 자주적으로 행동하는 자주적 삶을 회복해야 한다. 그렇게 해야 인간의 존엄성을 존중받을 수 있다. 우리가 생각하는 힘을 상실하게 될 때 인간이기를 포기하는 하나의 기계로 전락하게 될지도 모른다.

심리학자 쉐드 헬름스테터(Shad Helmstetter)에 의하면, 인간은 하루에 깊이

자는 시간을 빼고 일상생활을 하는 20시간 동안에 5~6만 가지의 생각을 한다고 한다. 한 시간에 약 2,500가지에 해당하는 생각을 하는 셈인데, 이것은 1분에 약 42가지의 생각을 하는 꼴이다. 중요한 것은 이들 생각의 대부분에 해당하는 85%가 부정적인 생각이라는 점이다. 생각은 자신을 점유하고 지배하는 것인데, 대부분의 생각이 부정적이라는 것은 자신을 부정적으로 의식하고 지배하고 있다는 의미이다. 생각이 부정적인 사람은 의식이 부정적이고, 의식이 부정적인 사람은 행동이 부정적이며, 행동이 부정적인 사람은 습관이 부정적이고, 습관이 부정적인 사람은 삶이 부정적으로 된다는 데 문제의 심각성이 있다. 긍정적인 생각으로 긍정적인 삶을 영위할 수 있는 환경을 만들어 가야 한다. 부정이냐 긍정이냐 하는 것은 단순한 선택의 문제가 아니다. 긍정은 무의식을 지배하는 적극적 행위이다. 긍정적 사고의 습관화는 한순간에 이루어지는 것이 아니다. 지속적인 반복과 연습을 통해서만 가능하다. 심리학자 지그문트 프로이트(Sigmund Freud)는 하나의 행동이나 의식에 대해 3,000번 이상 세뇌할 때 긍정의 의식화가 실현된다고 주장한다. 이러한 주장이나 이론에 근거해 보면, 긍정은 태어날 때부터 주어진 천성이 아니라 후천적인 연습과 반복을 통해 형성되는 의식적인 행동이다. 긍정은 우리 삶에 대한 마이너스 사고에서 플러스 사고로의 전환을 의미한다.[1] 철저하게 각인시켜 긍정적인 삶을 영위하기 위한 생각의 힘을 길러주어야 한다.

인간은 고도의 감성(感性)과 지성(知性)을 가지고 있으며 의지(意志)도 가지고 있다. 욕구를 내포하는 감성을 가지고 있을 뿐 아니라 거기에 고도의 지성까지 가담하여 의지라는 것을 갖게 된 인간은 어떤 목적을 머릿속에 그려가며 그것을 추구하기 마련이다. 짧게 말해서, 우리는 인간인 까닭에 우리 스스로가 어떤 목적을 세우고 그 목적의 달성을 위하여 온갖 노력을 하며 살아간다. 밖으로부터 미리 주어진 목적이 없다 하더라도, 인간 자신이 설정하는 목적은 엄연히 존재하여 이 목적의식을 떠나서 산다는 것은 정상적인 성

1) 한국 정경신문(2015.1.2) 재구성.

인(成人)에게는 불가능한 일이다. 사람들이 스스로 세우고 추구하는 목적은 서로 다를 경우가 많다. 어떤 사람은 재물을 추구하고, 어떤 사람은 지위를 추구하며, 또 어떤 사람은 사랑을 추구한다. 그러나 사람들이 추구하는 눈앞의 목표는 서로 다르더라도 모든 사람들이 추구하는 궁극의 목적은 결국 같다(김태길, 2010).

생각을 통해 자신의 목적을 추구할 줄 아는 힘을 길러야 한다. 자신의 마음을 달래고 스스로를 긍정적으로 변화시켜 자신이 설정한 목적을 성취할 줄 아는 사고능력이 필요하다. 갈대는 자연 속에서 아주 연약한 존재지만 사고를 함으로써 그 무엇보다도 강한 것처럼 자신이 설정한 목적을 향해 자신의 생각을 극대화시켜 나가는 노력이 필요하다. 어떤 비바람에도 부드럽게 나부끼며 고결하고 아름다운 금빛 자태를 보여주듯, 인간 역시 아주 연약하지만 그 무엇보다도 강한 사고력과 긍정의 중심을 잃지 않는다면 목적을 향한 생각하는 삶은 유연하게 수행되어 나갈 것이다. 삶에 있어서 때로는 이성적 분별만이 사고를 지배하는 것이 아니라, 뜨거운 가슴이 사고를 주도하기도 한다.

잘하는 것을 더 잘할 수 있게

못하는 것을 잘하려고 하지 말고, 잘하는 것을 더욱 잘하려고 노력하라. 못하는 게 없는 사람보다는 어느 것이라도 한 가지 잘하는 게 낫다. 우리가 기억하는 많은 사람들은 못하는 게 없는 사람이 아니라 어느 한 분야를 잘 한 사람이 대부분이다.

토끼와 오리, 다람쥐가 동물학교에 입학했다. 셋은 각각 한 가지씩 장기가 있다. 토끼는 발이 빠르고 오리는 헤엄을 잘 치고 다람쥐는 나무 타는 재주가 뛰어났다. 그러나 각자 자기 영역에서는 타의추종을 불허하지만 그 외의 종목에서는 성적이 형편없었다. 그래서 부족한 종목에 시간을 투자해야겠다고 생각했다. 토끼는 달리기 연습시간을 줄이고 수영과 나무 타기 연습을 했다. 그 결과 수영과 나무 타기 실력은 조금 나아졌지만 달리기 수준은 보통 수준으로 떨어지고 말았다. 오리는 수영연습을 그만두고 온종일 달리기와 나무 타기만 연습했다. 오리 역시 달리기와 나무 타기 실력은 조금 나아졌지만 결국은 나무를 기어오르느라 물갈퀴가 다 찢어져 수영을 제대로 할 수 없게 됐다. 다람쥐도 마찬가지로 나무 타기 연습 대신 수영을 하며 달리기 연습을 하느라 발톱이 다 닳아버려서 나중에는 더 이상 나뭇등걸을 움켜잡을 수도 없을 지경이라 결국 나무 타기를 그만두어야 했다. 토끼, 오리, 다람쥐 모두 여러 종목에 시간을 쪼개서 투자하다 보니 처음에 가지고 있었던 한 가지 특기마저도 사라져버렸다.

영국의 작가 로버트 이안 시모어(Robert Ian Seymour)의 우화(寓話)이다. 모든 분야를 잘 안다고 하는 사람치고 한 분야에 탁월한 사람은 드물다. 백과사전식으로 모든 분야를 두루 잘 하려다 보면 한 분야도 제대로 하지 못하는 경우가 많다. 이것저것 욕심내지 말고 자기의 적성과 재능을 찾고 선택한 분야에 평생을 바쳐 집중하고 매진하는 것이 곧 성공의 지름길이 아닌가 생각된다. 사회는 다양하고 급속하게 변하고, 전문화·정보화되어 가고 있다. IQ(지능지수)보다는 MQ(도덕성 지수)나 EQ(인성지수)가 더 중요하고 학교 성적이나 대학 졸업장보다는 한 가지 능력이 중요한 사회가 됐다. 그러나 아직도 우리나라 부모들은 교육을 경주로 보고 남보다 빨리 시작하고 남보다 많이 하고 그래서 입시경쟁에서 이기기만을 바라는 안타까운 현실이다. 이제 자녀를 진정으로 사랑한다면 자녀의 적성과 재능과는 상관없이 부모의 욕심대로 여러 곳의 학원을 전전하게 할 것이 아니라 어떤 방면의 일이든 아이의 장점을 하나만이라도 발견하여 가능성의 싹을 키워주기 위해 애쓰고 남보다 낫도록 격려하고 계속 매진하도록 용기를 북돋아 주어야 할 것이다. '새는 날기 위해 살고, 사람은 행복해지기 위해 산다'고 한다. 진정한 행복이란 자신이 가장 좋아하는 일을 선택해 최선을 다하며 사는 삶이라고 생각한다. 이제라도 하루빨리 성적순에 따라 한 줄로 세우는 교육에서 과감히 벗어나 아이들을 재능과 적성과 소질에 따라 여러 줄로 세워 각자의 줄에서 최선을 다하는 교육이 필요할 때라고 확신한다.2)

교육이라는 명목하에 우리는 학교라는 제도 안에서 많은 교과에 대해 학습한다. 과연 그렇게 어렵게 공부한 교과목들이 사회라고 하는 현실 속에 뛰어들었을 때 얼마나 많은 도움이 되었는지 묻고 싶다. 앞에 나온 동물우화에서처럼 우리는 내가 하고 싶은, 잘할 수 있는 것에 대해서는 아무도 관심을 가져주지 않는다. 내가 원하는지의 여부, 내가 잘할 수 있는지의 여부에는 아무런 관심이 없이 주어지고 정해져 있는 교육내용을 통해 나를 사회가 요

2) 유종열(2014). 교육은 잘하는 걸 더욱 잘하게 하는 것. 중부일보 재구성.

구하고 바라는 방향으로 만들어 가고 있다. 사회가 요구하고 바라는 방향으로 만들어지지 않으면 그 사람은 문제학생이 되고 문제아가 되어 극단적인 경우에는 사회로부터 격리되는 결과까지 초래하게 된다. 과연 나는 사회에서 격리될 만큼 아무런 재능도 능력도 흥미도 없는 사람일까?

잘하는 것을 더 잘할 수 있는 방법에 대해 고민하고 찾아야 한다. 이제는 국가나 사회가 요구하는 대로 나를 만들어 가서는 안 된다. 내가 하고 싶고 잘할 수 있는 분야를 찾아 나만의 색깔과 향기를 보유해 나가야 한다.

2. 좋아하는 일 찾기

일은 삶을 준비하는 바퀴 중 하나

사람들은 살아가면서 다양한 일을 한다. 일이란 어떤 목적을 달성하기 위해 수행하는 육체적 또는 정신적 활동으로 사람들은 일을 함으로써 살아가는 데 필요한 경제적인 수입을 얻는다. 이와 같이 일은 사람들이 살아가는데 있어서 경제적인 문제를 해결해 주는 수레의 한 바퀴에 해당하는데 이를 직업이라고 한다. 즉, 일이 없으면 수레가 돌아갈 수 없듯이 사람이 직업이 없이 살아간다는 것은 매우 힘든 일이다.

직업을 선택하는 일도 매우 중요한 과제이다. 자신이 좋아하고 잘 할 수 있는 일을 직업으로 선택하여 열정적으로 일하면서 직장 내에서 승승장구하는 사람이 있는가 하면 어떤 이들은 자신이 좋아하지 않는 분야를 직업으로 선택하여 하루하루를 지루하고 힘들게 견디며 살아가고 있기 때문이다. 특히 취업이 힘든 시기에는 꼭 자신이 좋아하는 분야의 일만 고집하기가 어려운 때도 있기 때문이다. 따라서 좋아하는 일과 취업이라는 분야와의 관계를 연계하여 생각하게 되면 일은 더욱 복잡해지고 어려워진다. 직업을 선택할 때에는 일반적으로 좋아하는 일, 잘 할 수 있는 일, 그리고 나의 가치관에 부합하는 일을 고려하여 선택한다.

사람들은 직업을 가진 대가로 소득을 얻고, 이를 통해 생계를 유지하며 물질적인 욕구를 충족시켜 나간다. 하지만 모든 사람이 경제적 대가만을 위해 직업을 갖는 것은 아니다. 직업을 통해 자신의 능력을 발휘하고 자아를 실현함으로써 정신적 만족을 얻을 수 있다. 그래서 일부 사람은 경제적 대가가 매우 작더라도 자신이 좋아하는 직업을 선택하여 자신의 존재 가치를 확인하는 것에 큰 의미를 부여하기도 한다.

직업은 개인적 차원뿐만 아니라 사회적 차원에서도 중요한 의미가 있다. 과거와 달리 현대 사회에서는 직업이 분화되어 각 개인은 서로 다른 직업을 수행하며 상호 의존한다. 따라서 한 사회의 구성원으로서 각자의 직업을 성실히 수행하면 다른 구성원에게 도움을 줄 수 있고 사회의 유지와 발전에도 이바지할 수 있다.

좋아하는 일에 도전하라

자신이 좋아하는 일을 직업으로 선택하여 일을 하고 싶은 욕망은 누구나 다 가지고 있다. 하지만 많은 이들이 직업 선택의 시간이 코앞에 와 있는데도 불구하고 그때까지도 자신이 좋아하는 일이 무엇인지를 찾지 못해 고민하고 있는 경우를 흔히 볼 수 있다. 따라서 조금이라도 빠른 시일에 자신이 좋아하는 일이 무엇인지를 찾는 일은 매우 중요하다. 자신이 좋아하는 일을 찾지 못했다면 다음과 같은 기준에 따라 실천해 볼 것을 권장한다. 관심 있는 분야에 대해 다음의 기준에 따라 지속적으로 탐색하고 노력하면서 실력을 닦아 나간다면 머지않아 자신의 잠재력을 발휘하게 되고, 새로운 기회를 얻게 될 것이다.

첫째, 자신에 대한 탐색의 시간을 많이 가져라. 대부분 자신이 좋아하는 일이 무엇인지를 모르는 사람들의 공통점은 자신에 대해 잘 모르고 있다는 사실이다. 흔히 사람들은 자신에 대해서 잘 안다고 생각한다. 하지만 실제로 자신에 대해 질문을 던져보면 잘 모르는 경우가 대부분이다. 그 이유는 그동안 시간이 부족했을 수도 있고, 기회가 없었을 수도 있고, 여건이 조성되지 않아 경험을 못 했을 수도 있다. 그런 이유는 중요하지 않다. 우선 가장 먼저 해야 할 일은 자신이 무엇을 좋아하는지 생각해 보고 정리하는 일이다. 더불어 자신에게 일은 어떤 의미인지, 일을 통하여 어떤 의미를 찾을 수 있는지에 대해서도 생각해 보고 그 내용을 정리한다.

둘째, 좋아하는 일과 관련된 경험을 많이 해 보고 자주 시도해 보라. 만약에 자신이 좋아한다고 생각하고 있는 일이라고 하더라도 자신이 한 번도 경험한 적이 없다면 그 생각은 틀릴 수 있는 확률이 높다. 경험하지 않고서는 자신이 좋아하는지에 대한 확신을 가질 수 없기 때문이다. 따라서 많은 경험을 시도해 보는 일은 매우 중요하다. 시도하지 않으면 막연하고 생각만 있게 된다. 경험하고 시도하면서 자신이 할 수 있는 일인지 아니면 할 수 없는 일인지를 판단해야 한다. 해보지 않으면 좋아하는 일을 발견할 수 없다. 그러니 일단 해보자. 해보고 나면 다양한 경험을 통하여 좋아하는 일과 좋아하지 않는 일을 알게 될 것이다. 유명해진 사람들 중에는 처음 접하게 된 것이 우연인 경우가 많다. 내가 좋아하고 잘하는 일이 우연히 시도해 본 경험에서 만들어진 것이다.

셋째, 가치의 우선순위를 찾아보라. 자신이 삶에서 가장 중요하게 생각하는 가치가 어디에 있는지 찾아보아야 한다. 예를 들면 삶의 중요한 가치를 가족에 두고 있는지, 성공에 두고 있는지, 아니면 명예나 경제적인 성취에 두고 있는지를 생각해 볼 필요가 있다. '나는 어떤 방식으로 일하기를 원하는가?', '내가 행복해지기 위해서는 어떤 일을 해야 할 것인가?'와 같은 질문에 대해서 스스로 물어보고 자신만의 답을 찾아가다 보면 새로운 좋아하는 일을 찾을 수 있다.

넷째, 열정을 가지고 도전하여 다양한 기술을 습득해 보라. 자신의 일을 즐기며 열정을 키우는 일은 매우 중요하다. 일을 통해서 일차적으로 즐기고,

동시에 좋아하는 것을 찾아야 한다. 배우면서 하는 일 중에서 즐거움을 찾을 수 있어야 한다. 자신을 웃게 하는 것이 바로 사랑하는 것이다. 그래서 물건을 사는 것보다 경험을 사는 것이 더 중요하다.

일에 대한 능력과 직업 선호도

인생을 행복하게 살기 위해서는 '제일 잘하는 일', '제일 좋아하는 일', '하고 싶은 일'을 하며 살아야 한다. 하지만 제일 좋아하는 일이 꼭 제일 잘하는 일이 아니라는 데 문제가 있다. 그렇다면 직업 선택에 있어서 직업에 대한 능력과 선호도 중 무엇을 우선순위로 해야 할 것인가? 하는 것은 직업적 선택 결과로 나타나는 성공과 직결된다. 흔히 직업 선택을 할 때 갖는 준거로 우리는 '자기가 하고 싶은 일'이라는 관점을 우선시하지만 '하고 싶은 일'과 '잘할 수 있는 일'에는 큰 차이가 있다. 막연하게 하고 싶다고 하는 관점에서 직업을 선택하는 것은 마치 직업을 여가나 취미 생활과 같이 가볍게 여기는 문제가 있다. 이러한 관점에서 직업을 선택하면 직업적인 생활에서 실적이나 업적을 내지 못해 오래가지 못하고 전직하게 되는 경우가 발생할 수 있다. 직업은 여가나 취미 생활이 아니므로 선택에 신중해야 한다.

자신이 직업으로 선택한 일이 즐겁게 할 수 있지만 능력이 부족한 것이라고 한다면 직업적 일의 수행에 있어서 동기는 높으나 일의 시작과 함께 곧 싫어지게 되어 결과적으로는 이직을 하게 되는 경우가 많다. 그러나 즐겁게 할 수 있고 능력도 뛰어난 일을 직업적으로 선택하게 되면 그것은 일에 대한 동기가 높아져서 능률이 오르고, 열정적으로 일에 몰두하게 됨으로써 타인으로부터 인정을 받고, 결과적으로는 우수한 실적을 생산해 내서 직업적으로 성공할 가능성이 매우 높다. '좋아하는 일'과 '잘 할 수 있는 일' 사이에서 가장 중요한 것은 '일에 대한 열정'이다. 열정은 부족한 능력을 보완할 수 있는 충분한 능력을 내포하고 있기 때문이다. 따라서 일에 대한 능력과 직업적 선호도는 직업 선택에 앞서 신중하게 고려되어야 한다. 직업과 스트레스가 병행되는 일이라면 그러한 일의 선택은 행복한 삶과 거리가 멀기 때문이다. 일에 대한 능력과 직업적 선호도에 대한 관련성을 구체적으로 표와 그림으로 나타내면 다음과 같다.

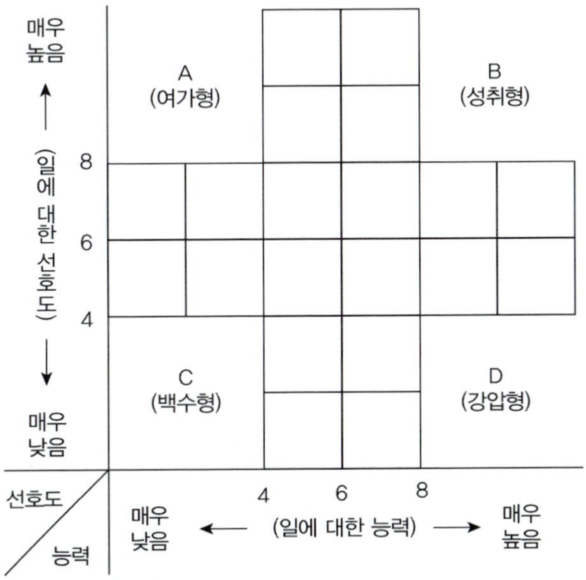

그림 4-1 일에 대한 능력과 선호도와의 관련성

일에 대한 능력과 선호도와의 관계에서 나타나는 유형에는 여가형, 성취형, 백수형, 강압형의 네 가지 유형이 있다. 직업선택에 따른 유형별 특성의 내용을 표로 구분하여 제시하면 다음과 같다.

〈표 4-1〉 **일에 대한 능력과 선호도 및 직업 선택에 다른 특성**

영역	성격	직업 선택에 따른 특성
A (여가형)	즐겁게 할 수 있지만 능력은 부족한 일	• 동기는 높으나 일의 시작과 함께 곧 싫어진다. • 직업으로 선택하면 곧 이직을 필요로 한다. • 취미로 선택한다면 무관한 일이다. • 직업으로 선택하면 성과가 나지 않아 많은 스트레스를 받는다.
B (성취형)	즐겁게 할 수 있고 능력도 뛰어난 일	• 동기가 높아 일에 대한 능률이 오른다. • 열정적으로 일에 몰두하여 타인으로부터 인정을 받을 수 있다. • 직업으로 일을 선택하면 성공할 가능성이 높다. • 일을 통해 보람과 만족을 얻을 수 있는 영역이다.
C (백수형)	수행에 따른 스트레스가 많고 능력도 부족한 일	• 동기가 부족하여 일에 대한 의욕이 없다. • 하루하루가 어렵고 힘든 일로 지낸다. • 기본적으로는 일이 성취될 수 없는 상황이다. • 취업이 불가능한 경우이다. • 만약에 직업으로 선택된다면 강요나, 억압에 의한 경우이다.
D (강압형)	수행에 따른 스트레스는 많지만 능력은 뛰어난 일	• 능력은 뛰어나지만 하고 싶지 않은 일이다. • 일에 대한 보람을 찾지 못하기 때문에 일에 대한 동기가 없다. • 성과를 얻으면 얻을수록 힘들어진다. • 직업으로 선택한다면 행복한 삶과 거리가 멀다.

3. 삶의 설계

설계는 왜 필요한가?

사람들이 살아가는 삶의 방식은 다양하다. 장기적인 목표를 세워 차근차근 하나씩 작은 목표를 이루면서 최종 목표를 향해 가는 삶을 사는 이가 있는가 하면, 하루하루 주어진 일에 성실하게 최선을 다하면서 하루하루를 알차고 보람 있게 사는 일에 전력을 다하는 사람들도 있다. 이러한 다양한 방식에 대해 어떤 방식이 좋은 방식이고 어떤 방식은 바람직하지 않다고 단언하기는 매우 어렵다. 삶을 영위해 나가는 사람마다 가치관이 다르고 삶의 지향점이 다르기 때문에 다른 사람들의 삶의 방식에 대해 왈가왈부하면서 말하는 것은 매우 조심스러운 일이다.

하지만 분명한 것은 사람이 하나의 목표를 세우고 나면 그 사람의 언어나 행동이 모두 목표를 향해 일치된 언행을 하게 된다는 점이다. 자신이 삶에 대해 목표를 세워 놓고 목표와는 무관하게 아무렇게나 행동한다거나, 목표와는 달리 멋대로 살아도 된다는 생각으로 엉뚱한 행동을 하지는 않는다는 것이다. 따라서 자신의 삶에 대한 목표를 설정하게 되면 목표를 성취하려는 생각을 하게 되고, 목표를 성취하려는 행동을 하게 되어 결국은 그러한 생각과 행동의 전환이 그 사람의 삶의 모습을 바꾸어 놓게 된다는 것이다. 그런 의미에서 삶의 목표를 설정하고 삶을 설계하는 일은 매우 의미 있는 일이다.

집에서 키우는 개집을 짓는 데도 간단한 설계도는 필요하다. 물론 재활용품을 이용하여 만들어지는 간단한 개집이라면 굳이 설계도까지 필요하지는 않겠지만 나무로 만드는 튼튼한 개집을 짓는다면 간단하더라도 설계도를 바탕으로 만들어야 완성도 높은 개집을 지을 수 있다. 우리들의 삶에 있어서도 마찬가지다. 인생을 아무렇게나 되는대로 살겠다고 한다면 굳이 삶의 설계도가 필요한 것은 아니다. 하지만 보람차고 의미 있는 삶을 살기 위해서는 인생 전체를 꿰뚫을 수 있는 설계가 필요하고, 이를 실천해 나가기 위한 청사진이 마련되어야 한다. 그런 의미에서 필요로 하는 것이 바로 삶에 대한 설계이다.

삶의 설계는 본인이 하는 것이 바람직하다. 내 삶의 주인은 나 자신이고 실천도 내가 해나갈 것이기 때문에 자신이 세우는 것이 바람직하다. 물론 삶의 설계를 수립하는 과정에서 선배나 부모님, 멘토 등과 같은 다양한 사람들의 도움을 받는 것은 매우 중요하다. 자신의 인생에 대해 스스로 설계를 해야 실천해 나가는 과정에서 예상하지 않았던 문제가 발생해도 쉽게 해결해 나갈 수 있다.

삶의 목표를 세웠다고 해서 모든 것이 완성되는 것은 아니다. 목표에 대한 성취욕이 없다면 그 목표는 하나의 공상에 지나지 않는다. 따라서 목표가 수립되고 나면 이를 성취하기 위한 지속적인 실천이 뒤따라야 한다.

목표를 세우는 것은 모든 성공의 기초이다. 그리고 보이지 않는 것을 눈으로 볼 수 있는 현실로 만드는 첫 단계이다. 목표를 추구하는 진정한 이유는 성장하고 발전시키기 위해서이다. 목표를 달성하는 것 자체가 장기적인 행복을 가져다주는 것은 아니다. 어려움을 극복하고 목표를 이루는 과정에서 자신을 인식하게 되고 내면 깊은 곳에서 느끼는 성취감과 행복이 있다. 짧은 항해에 있어서도 목적지 없는 배는 풍랑에 좌초되기 쉽다. 하물며 목표 없는 인생이란 얼마나 위험하겠는가? 목표가 있는 인생은 우리가 가는 목적지를 정확히 이해하고 출발하는 것으로 긴 여정에서 순간순간 의미 있고, 행복감에 가득 찬 삶을 살 수 있으며 풍성한 결실을 맛보면서 인생을 살아갈 수 있을 것이다(한만우, 2010).

삶의 설계를 통해 세워진 목표는 자신도 모르게 다스려 나가게 되고, 스스로를 통제해 나가는 효과를 만들어 낸다. 또한 목표가 만들어지면 중요한 일에 대한 우선순위가 형성되어 모든 일에 있어서 의사결정의 준거로 삼게 된다.

목표를 이루기 위한 행동의 법칙

모든 목표는 성취를 전제로 설정된다. 목표를 성취하기 위해서는 항상 명확한 목표의식을 가지고 동기 부여를 통해서 철저하고 치밀한 행동 수행이 있어야 한다. 명확한 목표의식 없이 떠나는 여행이 실패하듯 목표 없는 일의 수행도 실패할 수밖에 없다. 효율적인 목표 달성을 위해 준수해야 할 몇 가지 행동법칙으로는 다음과 같은 점을 들 수 있다(정석용 · 이규은, 2013).

첫째, 자신을 재인식하라. 그리하여 객관적인 눈으로 자신을 바라보라. 내가 잘하는 것이 무엇인지, 어떤 재능이 있는지 모르고 꿈을 키울 생각만 하면 효율성이 떨어지거나 실천을 위한 행동화에 있어서 지속성의 한계를 접하게 된다. 자신의 적성과 재능에 적합한 꿈을 찾아 실천할 때 그 효용성은 증대된다. 자기 자신을 다양한 관점에서 분석하고 이해하면서 평소에 자신이 발견하지 못했던 새로운 모습이나 재능을 찾아보는 것도 하나의 방법이다. 자신에 대해 일정한 시간에 걸쳐 성찰해 보도록 하자. 경우에 따라서는 전문가의 도움도 필요하다면 받아보는 것도 좋다.

둘째, 자신을 높이 평가하고 장점을 발견하여 그것에 집중하라. 사람은 누구나 장점과 단점을 지니고 있다. 실패하는 사람들의 공통적인 특성은 자신의 단점에 대한 인식이 강하고 자신의 장점에 대한 이해가 부족하다는 점이다. 아무리 자신이 보잘것없는 사람이라 하더라도 자신의 어딘가에는 남들이 갖지 않은 장점을 지니고 있다는 점을 인식해야 한다. 자신의 능력을 높게 평가하고 장점에 집중할 수 있는 자료를 찾아라. 그리고 그것에 집중적인 투자를 하라.

셋째, 자신의 인생의 목표를 분명하게 정하고 목록을 작성하라. 자신의 인생에 대한 주인은 자신이라는 점을 잊지 말자. 그리고 스스로가 자신에게 질문하자. "네가 궁극적으로 성취하고자 하는 것이 무엇이냐?" 그리고 자신이 이루고자 하는 목표를 설정한 후 구체적으로 기록해 보자. 물론 그 이유까지 포함해서 상세하게 기록하자. 자신의 목표에 대한 구체적인 목록을 작성하면 관련 분야에 대한 다양한 정보에 관심을 갖게 되고, 이는 성취에 대한 의미와 가치를 높이게 되어 스스로 자신의 목표에 대해 자긍심을 갖게 된다는 점을 인식할 필요가 있다.

넷째, 미래의 자화상을 그려보라. 자신의 목표를 설정했다면 그 목표와 관련된 책을 보거나, 관련된 역할이나 행동을 수시로 체험해 보자. 특히 목표를 성취하기 위한 과정에서 닥치게 되는 어려움이 있을 때마다 자신이 성공했을 때의 모습을 상상을 통해 체험해 보자. 그러면 스스로 어려움 속에서도 동기와 용기를 얻어 간다는 점에 유의할 필요가 있다.

다섯째, 당장 실행하라. 더 이상 시간을 늦추지 말라. 실행을 미루다 보면 시작은 점점 목표와 멀어져 간다. 미룬다고 더 잘되는 것도 아니다. 자신의 목표가 설정되고 그에 대한 정당성이 인식되었다면 지금 발견하지 못했던 새로운 모습이나 재능을 찾아보는 것도 하나의 방법이다. 당장 실행에 옮기자. 목표를 향하는 항해는 그렇게 느긋하게 앉아 기다릴 만큼 한가하지 않다.

여섯째, 목표를 성취하기 위해 부단히 노력을 기울여라. 자신의 목표를 성취하는 것은 꿈을 꾸는 것만으로는 안 된다. 실행이 따라오지 않는 꿈을 그리고 세우는 것은 의미가 없다. 목표는 절대로 단시간에 쉽게 성취되는 것이 아니다. 혹 그런 목표라면 그것은 잘못 설정된 목표이다. 목표를 성취하기 위한 부단하고 지속적인 노력을 실천하기 위해 최선을 다하라. 그리고 목표를 성취하기 위해 지속적으로 동기를 부여하고, 인맥을 형성해 나가며, 꿈을 포기하지 않는 집념으로 꾸준히 실천하라. 목표를 성취하기 위해서는 목표를 설정하는 일이 가장 중요하다. 연인을 생각하면 두 사람의 꿈이 생기고, 배우자를 생각하면 부부의 꿈이 생기며, 부모를 생각하면 부모를 행복하게 할 꿈이 생기고, 더 나아가 가족을 생각하면 가족을 위한 꿈이 생긴다. 고객을 생각하면 고객을 기쁘게 할 꿈이 생기고, 팀을 생각하면 팀의 목표 달성이라는 꿈이 생기며, 세상을 생각하면 더 나은 세상으로 만들려는 꿈이 생긴다. 그래서 꿈은 이루어져야 한다. 인간의 뇌에 절망을 심으면 절망이 자라지만 희망을 심으면 희망이 자라기 때문이다.

인생 5계(人生 五計)를 수립하라

중국 송(宋)나라의 학자 주신중(朱新仲)은 바람직한 인생 설계로 인생 5계(人生 五計)를 주장하였다. 인생 5계란 인간이 한평생 살아가면서 다섯 가지의 계획을 올바로 세워야 한다는 것으로, 그 사람의 인생의 행복은 5계(五計)를 어떻게 세우고 실천하느냐에 달려 있다고 보았다.

첫째, 생계(生計)이다. 생계는 인생을 살아가는 방도를 말한다. 즉, "나는 무슨 일을 하면서 어떻게 살아야 하는가?"와 관련된 계획으로 직업에 관한 계획과 준비, 인생관 등에 대한 계획을 말한다. 생계는 주로 10대에서 20대에 걸쳐 이루어지는 설계로 부모의 양육과 가르침이 중요한 시기이다.

둘째, 신계(身計)이다. 신계는 건강관리와 관계된 설계이다. "내가 어떻게 내 몸을 유지하고 관리해야 하는가?"와 관련된 계획으로 몸과 마음을 강건하게 하는 방법을 찾는 계획을 수립하는 것이다.

셋째, 가계(家計)이다. 가계는 30대에서 40대에 이루어지는 설계로 가정을 꾸리어 살림살이를 꾸려가는 것을 말한다. 가계는 "가정을 어떻게 꾸려나갈 것인가?"와 관련된 설계로 경제적인 문제는 물론이고 가족 구성원 간의 신뢰와 안정도 중요시해야 하는 설계이다.

넷째, 노계(老計)이다. 노계는 노후관리에 대한 설계이다. "내가 나이 들어서 무엇을 하다가 죽음을 맞이할 것인가?"와 관련된 설계로 노후에 어떻게 건강관리를 하고, 어떻게 경제생활을 할 것인가와 관련된 설계를 하는 계획이다. 노계는 자녀들의 장래를 위한 마지막 지도 단계이면서도 자신의 정년퇴직 이후 노후생활에 대한 정신적 준비와 대책을 마련하는 단계이기도 하다.

다섯째, 사계(死計)이다. 사계는 사생관(死生觀)의 확립문제이다. 죽음을 눈앞에 두고 인생을 정리하면서 죽음에 대해 후회 없는 삶을 정리하고 후손에게 유산으로 남겨줄 것이 무엇인지를 계획하고 실천하는 설계가 이루어지는 단계이다. 인생의 마지막 단계로 자신의 죽음 이후에 대하여 명확한 계획을 수립하는 시기이다.

주신중(朱新仲)의 인생 5계론(五計論)에 영향을 받아 조선 중기에 전통 선비층을 중심으로 죽음을 준비하는 자세로 '5멸(五滅)'이라는 노후 철학이 등장하였다. 5멸(五滅)은 삶에 미련을 잡아두는 재물을 극소화해야 죽음이 편안해진다는 멸재(滅財), 살아오는 동안 남에게 산 크고 작은 원한을 애써 풀어 버릴수록 죽음이 편안해진다는 멸원(滅怨), 남에게 진 물질적·정신적 부채를 청산

해야 한다는 멸채(滅債), 정든 사람과 정든 물건으로부터 정을 뗄수록 죽음이 편해진다는 멸정(滅情), 죽어서도 죽지 않고 산다는 멸망(滅亡) 등이 그것이다.

4. 목표지향적 삶

삶에서 목표가 왜 필요한가?

이 세상에 태어난 모든 이는 가장 소중한 존재이다. 그러므로 자신에게 부여된 단 한 번의 인생을 멋지게 살아야 할 의무가 있다. 성공적인 인생을 위해서는 무엇보다도 먼저 분명한 목표의식을 가지고 살아야 하며 자부심과 긍지를 가지고 지속적으로 성장해 나가야 한다.

삶에 있어서 목표를 세우는 것은 모든 성공의 기초이다. 삶에서의 목표는 우리가 가야 할 방향을 명확하게 인식시켜 주어 불필요한 행동이나 열정의 낭비를 사전에 예방해 주는 역할을 한다. 또한 목표는 보이지 않는 것을 현실로 만드는 첫 단계이며 시작이다. 목표를 추구하는 진정한 이유는 스스로가 성장하고 발전하기 위함이다. 뿐만 아니라 목표를 추구하고 달성하는 일은 단기적인 행복을 가져다준다. 추구하는 목표를 하나씩 하나씩 달성해 나가면서 성취감을 느끼기 때문이다. 또한 목표를 향해 장애를 극복하고 이루어 나가는 과정에서 대부분의 사람들은 자신이 누구인지를 인식하게 되고 내면 깊은 곳에서 오랫동안 지속되는 성취감을 느끼게 된다. 이러한 성취감은 내면적인 행복을 가져다준다.

바다를 항해하는 배는 짧은 항해를 하더라도 목적지가 명확해야 편안하고 쉽게 항해를 마칠 수 있다. 목적지가 없는 배는 항해과정에서 많은 방황을 하게 되고 그러다 보면 쉽게 풍랑을 만나 어려움을 겪거나 심지어는 좌초에 이르기도 한다. 하물며 목표가 없는 인생이라면 얼마나 위험한 일인가? 목표가 명확한 인생은 자신이 가는 목적지를 정확하게 인식하고 출발하게 되며, 그렇게 되면 먼 여정을 가면서도 순간순간 의미 있고, 행복감에 가득 찬 삶을 살 수 있도록 노력하게 될 것이다.

우리가 어떤 일이나 행동을 함에 있어서는 반드시 목적이 있기 마련이다. 목적 없이 행동한다는 것은 성공을 위한 사람과는 거리가 먼 이야기이다. 성공한 사람들은 대부분 분명한 목표와 열정을 가지고 자신의 목표를 향해 나아가며 그 과정에서 만족감을 느낀다. 자신의 목표를 잊은 채 돌진해 나가는 사람들은 실패를 경험하게 되며 그 과정에서 절망감을 느끼게 된다. 다음에 제시된 미시시피주의 빌럭시(Biloxi in Mississippi)에서 있었던 사건을 통해 인생의 목적이 얼마나 중요한지를 생각해 보자.

24세의 한 젊은 여인이 자살하려고 부두에서 뛰어내렸다. 이때 한 청년이 그녀의 모습을 보고 뛰어내렸다. 그런데 그 청년은 수영을 못했다. 하지만 그는 그 사실을 잊은 채 옷을 벗어버리고 한 사람을 구하려고 물속에 뛰어들었던 것이다. 그는 당연히 물속에서 허우적거렸고 익사 직전에 이르렀다. 바로 그 순간 그 젊은 여인은 자신이 자살하려고 했던 생각조차 잊어버리고 그 청년을 향해 헤엄쳐 갔다. 그녀는 물을 먹고 허우적거리는 청년을 물가로 끌어 올렸다. 그녀는 자신의 인생을 끝마치려던 원래의 의도와는 달리 다른 사람의 생명을 구했던 것이다.

그녀는 그 청년이 살려고 허우적거리는 모습을 본 순간 지금까지 느껴보지 못했던 그 무엇, 즉 삶의 목적을 깨닫게 되었던 것이다. 물속에 뛰어들어서 자살하려고 한 것은 그녀의 절망감이었지 그녀의 정신은 아니었던 것이다. 그녀는 가장 극적인 순간에 삶의 이유를 깨닫게 되었다. 그리고 그 청년을 바닷가로 안전하게 끌어낸 후 새로운 삶의 기회를 얻게 되었다.

출처: 김만행 역(1990). 성공적인 삶을 위하여, p. 21.

인생은 속도가 아니라 방향이다

인생에는 언제나 성공만이 있는 것은 아니다. 삶의 과정에서 때때로 슬럼프를 만나기도 하고 실패를 하기도 한다. 경우에 따라서는 절망이라는 늪에 빠지기도 한다. 이런 과정은 인생에 대한 희망을 꺾는 것이 아니라 그만큼 인생에서 성공하기가 어렵다는 것을 보여주는 것이다.

실패를 견디지 못하는 사람은 성공할 수 없다. 그런 사람은 평범한 사람들의 삶을 살아갈 수밖에 없으며, 성공과는 거리가 먼 삶이다. 사람은 수많은 실패를 경험하면서 성숙할 수 있다. 실패할수록 초조해하는 시간으로 에너지를 빼앗길 것이 아니라, 목표를 향해 질주하는 데 더 많은 열정을 쏟아내야 한다.

인생은 누가 먼저, 빨리 갔느냐를 경쟁하는 속도전이 아니다. 인생은 속도가 아니라 방향이다. 자신이 추구하는 방향인 목표를 향해 서두르지 않고 꾸준히 달려나갈 때 성공이라는 목적지에 도달할 수 있다. 물론 목적지를 향해 달리다 보면, 당연히 신호등도 만나고 횡단보도도 만나고 좁다란 골목길로 접어들기도 한다. 이렇게 만나는 신호등, 횡단보도, 골목길이 바로 성공을 향해 가는 과정에서 만나게 되는 다양한 장애물들이다. 즉, 실패의 경험들이다. 그렇지만 우리가 질주하는 도로에서 신호등에 빨간불이 켜지면 잠시 차가 정지하기는 해도 빨간불이라고 돌아가지는 않는다. 어느 누구도 빨간불이라고 뒤돌아 가는 어리석은 행동을 하지는 않을 것이다. 삶에 있어서도 마찬가지이다. 실패했다고 해서 포기하고 뒤돌아 가는 사람은 도로에서 빨간불이 들어왔다고 되돌아가는 사람과 같은 이치이다. 빨간불의 신호등이 켜지면 기다렸다가 신호등의 불이 바뀌면 다시 출발하는 것과 마찬가지로 삶에 있어서도 실패를 경험하게 되면 기다렸다가 다시 시도하면 된다. 물론 실패를 거울삼아 잘못을 되풀이하지 않는 경험을 전제로 출발하게 된다. 수많은 장애물을 넘어서서 도착하는 곳이 바로 성공이라는 목적지이다. 그러나 속도가 아닌 방향을 잘못 잡았다고 한다면 목적지에 이른다는 결과는 보장할 수 없다. 이처럼 인생은 빠른 속도로 달리는 속도경쟁이 아니라 자신의 목적지를 향해 똑바로 나아가는 방향이 중요하다.

인기후향(認己嗅香)

인기후향이란 '자신을 인정하고 자신의 향기를 맡아라'라는 의미의 고사성어이다. 사회의 변화에 따라 오늘날을 살아가는 우리는 자신만의 개성과 독특한 색깔을 갖지 않고서는 살아남기 어려운 사회가 되었다. 사회의 다변화에 맞춰 다양한 분야가 전문화되고 있고, 정보통신의 발달로 인해 개성화와 특성화에 따른 자신만의 특성을 전파하는 일도 편리해지고 빨라지고 있다. 따라서 자신의 색깔, 자신의 특성을 개발하는 일을 게을리해서는 안 된다.

자신이 가지고 있는 특성이 무엇인지를 알아보고 자신의 향기를 찾아야 한다. 자신의 향기를 통해 특성화가 될 수 있도록 하는 일이 무엇보다 중요하다. 자신의 향기를 찾았다면 어떠한 환경이 주어져도 극복해 나가려는 의지가 필요하다. 열악한 환경을 극복하고 자신의 색깔로 자신의 삶을 관리해 나가면서 스스로 책임져야 한다. 다른 사람들의 구속에서 벗어나 자신의 색깔과 향기로 목표를 향해 부단히 걸어가야 한다. 자신의 운명을 스스로 개척하고 성공을 향해 나아가야 한다.

5. 긍정적인 생각과 신념

매사를 긍정적으로 생각하라

긍정적인 생각이 말을 바꾸고, 긍정적인 말이 행동을 바꾸고, 긍정적인 행동이 삶의 풍요, 건강, 행동을 변화시킨다. 매사에 긍정적인 자세와 긍정적인 태도로 임하는 생활은 행복과 밀접한 관계를 이룬다. 행복한 삶을 실현하기 위해서는 무엇보다도 먼저 신념을 강화시키는 일이 중요하다. 절망은 부정적인 생각을 끌어들이고, 부정적인 생각을 하기 시작하면 그런 생각들이 꼬리에 꼬리를 물고 일어난다. 그러한 부정적인 생각은 신념을 무너뜨리는 하나의 패턴이다. 두 가지 생각이 동시에 하나의 마음에 자리 잡을 수 없다. 부정적인 생각을 몰아내고 대신 긍정적인 생각과 신념으로 채워라. 긍정적인 생각만 하고 싶다면 부정적인 생각은 깨끗이 쓸어버려야 한다(유윤한 역, 2006). 긍정적인 생각을 중심으로 사고하는 사람과 부정적인 생각을 중심으로 사고하는 사람은 동일한 사태에서도 서로 다른 감정을 경험하게 된다.

컵에 물이 반 담겨 있는 것을 보고 사람마다 느끼는 감정은 다를 수 있다. "컵에 아직도 반이나 남았네"라고 말하는 사람이 있는가 하면, "컵에 물이 반밖에 남지 않았네"라고 말하는 사람도 있다. 전자를 긍정적인 사람이라고 말하고 후자를 부정적인 사람이라고 한다. 이 상반된 생각은 사람의 생명을 살리기도 하고 죽이기도 하는 결과를 만들어 낸다. 난파된 두 사람이 조그마한 뗏목 위에서 구조를 기다리며, 조금밖에 남지 않은 물통의 물을 보면서 긍정적인 생각을 하는 사람과 부정적인 생각을 하는 사람 중 누가 최후까지 살아남을 수 있다고 생각하는가? 더 이상 물어볼 필요도 없이 당연히 긍정적인 생각을 한 사람이라고 말할 것이다. 삶에 있어서 매사를 긍정적으로 보고 주도적으로 행동에 임하는 것이 필요하다. 부정적인 시각으로 매사를 바라보는 사람은 잘된 것은 자신의 덕이고 잘못된 것은 모두 다 주변 사람들의 잘못으로 보고 남을 탓하게 된다. 부모님을 탓하고, 환경을 탓하고, 친구를 탓하면서 자신의 실패원인을 다른 사람에게로 전가하게 되고, 그렇게 생각하기 때문에 자신의 잘못을 개선하거나 능력을 신장시키는 일에는 관심이 없게 되는 것이다. 이러한 부정적인 사고를 하는 사람들은 발전이 없고 인생을 어두움 속에서 살아간다.

바른 신념을 세워 매사에 긍정적인 생각으로 자신의 인생을 주도적으로 만들어 나가는 적극적인 사고를 하자. 운명을 만드는 것은 결코 자신에게 주어진 환경이나 여건이 아니라 내가 어떻게 생각하고 어떻게 대처해 나가느냐에 달려 있다. 부정적이고 소극적인 생각으로 열등감에 사로잡히고 패배의식에 젖어들기보다는 긍정적이고 적극적인 생각으로 문제를 주도적으로 해결해 내는 신념을 지닌 사람으로 행동하자.

신념은 무엇인가에 대해 확실한 생각을 갖고 굳게 믿으며 그것을 실현하려는 의지를 말한다. 인간의 뇌는 상상한 것과 현실적인 것에 대한 구별능력이 떨어져 상상한 것을 반복적으로 확신하게 되면 나중에는 상상한 것도 현실적인 것으로 믿게 된다. 인간에게 신념이 중요한 이유가 바로 여기에 있다. 삶에서 비관주의자는 실패하지만 낙관주의자는 성공하는 이유도 이 때문이다. 강한 신념을 가질 수만 있다면 그것은 다른 사람들이 불가능하다고 생각하는 그 어떤 것도 성취할 수 있는 능력을 발휘하게 만든다.

SCI 자아개념검사

자아개념을 검사하기 위한 도구로 SCI 검사(Self-Concept Inventory, 자아개념검사)가 있다. 이 검사는 개인 스스로가 자신에 대해 어떻게 생각하고 있고 스스로를 어떻게 바라보는지를 알아보는 검사로, 유아부터 성인에 이르기까지 총체적으로 자아개념을 검사하기 위한 도구이다. 유아를 대상으로 하는 검사는 언어, 수학, 일반 자아, 신체적 자아, 친구관계, 부모관계 등의 항목으로 구성되어 있고, 초등학생을 대상으로 하는 검사에서는 언어, 수학, 일반 교과, 일반 자아, 신체능력, 신체외모, 이성친구, 동성친구, 부모관계 항목으로 구성되어 있으며, 중・고등학생을 대상으로 하는 검사에서는 초등학교용 검사도구에 정서와 정직의 항목을 추가적으로 삽입하여 구성되어 있다.

SCI 검사도구는 검사대상자들의 발달단계에 따라 자아개념에 대한 긍정적 인식 또는 부정적 인식에 대해 구체적으로 요인을 분석해 낸다. 또한 이성친구나 친구관계의 문제, 부모와 자녀와의 관계 등을 통해 사회적 자아 관계를 확인하고 타인과의 상호 관계성에 대한 지각과 더불어 부모와의 애착관계,

타인과의 상호관계, 의사소통 등에 대한 인식을 확인할 수 있다.

자아개념에는 긍정적 자아개념과 부정적 자아개념이 있는데, 긍정적 자아개념을 지닌 사람은 스스로를 가치 있게 여기고, 자신의 약점까지도 수용할 줄 아는 사람이다. 이 유형의 사람들은 자신을 사랑하고 아낄 줄 알며 매사에 진취적이고 적극적인 인간관계를 유지하며, 자신의 생각과 감정에 따라 행동을 하고 스스로의 행동에 대해 책임질 줄 안다. 또한 이 유형의 사람들은 자기의 주장이나 견해가 틀린 경우에 이를 받아들여 수정할 줄 아는 유연성을 지니고 있다. 이와는 달리 부정적 자아개념을 가진 사람들은 스스로를 무가치하다고 여기고, 자신을 비판하고 타인과 비교하며 열등의식을 지니고 있는 것이 일반적이다. 또한 다른 사람이 자신을 멸시한다고 생각하는 경향이 있고 자신의 생각과 감정을 표현하는 데 서툴며, 자신을 잘 드러내지 않는 특성을 지니고 있다. 이 유형의 사람들은 타인에 대한 거절을 두려워하여 새로운 것을 시도하는 일에도 적극적이지 못하다.

습관은 인생의 중요한 요소이다

오랫동안 되풀이하여 몸에 익은 채로 굳어진 개인적 행동습관(習慣)은 일상적으로 반복되는 행위의 것이며 그 땅의 문화에도 영향을 준다. 그 사람의 습관은 후천적인 행동양식이고 반복하여 수행되는 것으로 고정화된다. 신체적 행동 외에 생각 등 정신적·심리적 경향도 포함한다.

습관은 인생에 있어서 중요한 요소 중의 하나이다. 사소한 습관 때문에 삶의 귀중한 시간을 낭비할 뿐만 아니라 삶에 나쁜 영향을 받는다면 더 이상 습관은 사소한 것이 아니다. 나쁜 습관은 잡초와도 같이 게으름이나 성급함, 순간적인 쾌락을 제공하는 감정에 기반을 두고 자라나기 때문에 굳이 씨를 뿌리지 않아도 생긴다. 한 번 생겨나면 생활 속에 깊이 뿌리내려 나중에 없애기 힘들다. 반대로 좋은 습관은 농작물과 비슷하다. 처음에는 아무런 수확도 없지만 많은 노력을 기울여 정성껏 힘들게 가꾸어야 한다. 좋은 습관은 계속 주의를 기울이지 않으면 게으르고 귀찮아서 잡초에게 자리를 내어주듯 나쁜 습관으로 바뀐다. 나쁜 습관은 솎아내고 좋은 습관을 가꾸어 생활하는 것은 곧 자신의 삶을 경작하는 것과 같다(한만우, 2010).

유대인들은 자녀를 기르는 데 있어서 올바른 습관을 길러주는 일을 매우 중요하게 생각하였다. 그리하여 유대인 가정에서는 어려서부터 자녀들의 바른 습관을 길들이기 위해 많은 교육적 활동을 전개해 왔다. 유대인들이 자녀 교육에서 중점을 두고 가르친 습관 길들이기 내용으로는 다음과 같은 것들이 있다(한만우, 2010).

첫째, 시간의 소중함을 알고 실천하는 습관이다. 시간은 누구도 기다려주지 않을 뿐만 아니라, 누구에게나 공평하게 주어진다. 이러한 시간을 누가 더 효율적으로 사용하느냐의 문제는 그 사람의 성공 여부를 결정하는 준거가 된다. 벤자민 프랭클린(Benjamin Franklin)은 "당신은 지체할 수도 있지만 시간은 그러하지 않을 것이다"라고 하였다. 우리에게 한 달이라는 시간이 얼마나 소중한가를 알고 싶다면 한 달 먼저 미숙아를 낳은 산모에게 물으면 알 것이고, 일주일이 얼마나 소중한지를 알고 싶다면 주간 잡지 편집장에게 물어보면 알게 될 것이며, 한 시간이 얼마나 소중한가를 알고 싶다면 사랑하는 연인을 기다리는 사람에게 물으면 알 수 있으며, 일 분의 시간이 얼마나 소중한가를 알고 싶다면 방금 떠난 기차를 놓친 사람에게 물으면 알게 될 것이며, 일 초의 소중함을 알고 싶다면 사고의 순간 간발의 차이로 살아난 생존자에게 묻는다면 그 소중함을 알게 될 것이다.

둘째, 고기를 주는 대신 고기 잡는 법을 가르쳐주는 원리교육이다. 자녀에게 고기를 잡아주는 대신에 고기 잡는 법을 가르쳐주는 것은 삶에서의 지혜를 가르치는 진정한 교육을 하라는 의미이다. 자녀에게 많은 재산을 물려주는 것보다는 재산을 모으는 방법을 가르쳐주고 재산을 유용하게 활용하는 방법을 터득하게 하는 것이 더 중요하다.

셋째, 생활 속에서 가르치는 일이다. 성장기의 아이들은 놀면서 자란다는 말이 있다. 이 말은 친구들과 어울려 생활하면서 다양한 경험을 통해 학습하게 된다는 것이다. 따라서 어떤 생활 속에 놓이느냐의 문제는 배움과 관련하여 중요한 문제이다. 비난 속에 자란 아이는 남을 헐뜯는 일에 자연스러워지고, 인내 속에 자란 아이는 끈기 있는 아이가 되기 마련이다. 공정한 환경 속에서 자란 아이는 정의로운 사람이 되고, 안정 속에서 자란 아이는 믿음 있는 사람이 된다. 생활하면서 배우고 익혀나간다는 점에서 가정과 사회의 모범적인 생활환경을 만드는 일이 무엇보다 중요하다.

넷째, 잠결에 들려주는 교육이다. 전 세계 노벨상 수상자의 26%를 배출한 유대인들의 교육방법에는 엄마가 읽어주는 동화 '탈무드 이야기'가 있다. 유대인 엄마들은 교육에 대해 유난스럽지도 않고 극성스럽지도 않은데 단 한 가지 방법이 있다면 바로 '책 읽어주기'이다. 자연스럽게 침대 옆에 앉아서 동화책을 읽어주면 아이들은 잠결에 동화를 들으면서 배움에 대해 즐겁게 받아들인다. 이것이 유대인만의 독특한 교육방법이다.

다섯째, 밥상머리에서 가르치는 것이다. 밥상머리 교육은 우리나라에서도 중요하게 생각하는 것인데, 가족들과 오붓하게 식사를 하면서 자녀들에게 기본적인 예절을 가르치고 매사에 감사하는 마음을 갖도록 하며, 가족과의 소통이 중요하다는 것을 깨닫게 한다.

여섯째, 남을 생각하는 법을 가르친다. 남을 도와주거나 보살펴 주기 위해 마음을 쓰고 실천하는 행위를 배려라고 한다. 유대인들은 이러한 배려를 어려서부터 습관화되도록 가르친다. 배려는 서로 아주 작은 도움을 나누면서 타인과의 경계를 허물고 기본적인 매너와 에티켓을 존중하며 감사의 마음을 갖게 되어 함께 정의로운 가치관을 갖게 하는 원동력이 된다는 점에서 교육적 의미가 크다.

일곱째, 오른손으로 벌을 주고 왼손으로 껴안아 주는 일이다. 유대인들은 자녀에게 벌을 줄 때도 애정이 수반되지 않으면 안 된다고 생각한다. 자녀에게 벌을 주는 것만으로 그친다면 그 벌은 부모의 권위에 의존해서 자녀들을 억누르고 지배한 것이라고 생각한다. 이러한 지배는 자녀들의 창의적인 생각이나 자유로운 활동을 위축시키기 때문에 바람직하지 않다고 본다. 따라서 벌은 반드시 애정을 수반하는 것이어야 한다고 본다. 유대인들은 도구를 사용하여 자녀를 때리는 것은 매우 끔찍한 일로 여긴다. 자녀는 오직 손으로만 때릴 수 있으며 그것도 머리는 피해서 때린다. 오른손으로 때리고 왼손으로 정답게 껴안아 주는 일은 유대인 어머니의 자녀 길들이기에 대한 상징적 모습이다.

이러한 자녀 습관 길들이기를 통해 유대인들은 전통적인 자녀교육으로 자리매김하였으며 어릴 때부터 좋은 습관 길들이기 교육으로 전수되어 왔다. 나쁜 습관은 어려서부터 힘이 들더라도 고치게 하고, 좋은 습관은 자기 것으로 만들게 하여 미래의 풍요로운 삶을 위해 밑거름이 되도록 하였다.

적성에 맞는 일에 도전하기

적성을 정의할 때 학습과정에서 학습자가 달성하고자 하는 목표를 고려해야 하고, 그 목표를 달성하는 과정에서 나타나는 개인차의 원인으로 적성을 생각한다. 이때의 적성의 개념은 그 사람의 업무 수행과 관련한 적합성(suitability), 민감성(susceptibility), 또는 경향성(proneness)의 개념이다. 이런 개념은 어떤 학습자가 교실상황이나 혹은 기타의 상황에서 각각 다른 반응을 할 경향성을 말한다. 더 일반적인 용어로 표현한다면 잠재력(potentiality)이라고 할 수 있다.

지금까지 적성이라는 용어는 지능과 유사한 개념으로 취급되어 왔다. 마치 학업성취의 예언지수로서의 지능은 잘못된 개념이며, 이러한 개념은 지능이 순간순간의 상황에 영향을 받으며, 인지적 측면만을 강조하고 인간의 정서적·의지적 능력에 소홀히 했다는 문제점을 안고 있다.

적성은 이러한 지능의 개념과는 달리 주어진 구체적인 조건하에서 학습자가 가지고 있는 능력을 최대한으로 발휘될 수 있도록 하는 잠재되어 있는 능력이나 성질, 혹은 장래의 발달에 영향을 줄 수 있는 개인의 초기 상태를 말한다. 따라서 적성은 학습과 밀접한 관련이 있으며, 특정한 상황하에서의 학습에 대한 예비적인(propaedeutic) 초기 상태를 의미한다. 즉, 적성은 학습과 관련된 상황하에서 사후 학습에 대한 예비적 학습 경향성 혹은 잠재적 학습 특성이라고 말할 수 있다. 이런 적성의 개념은 인간-상황 상호작용(person-situation interaction)이라는 기본적인 가정을 내포하고 있다.

적성(aptitude)이라는 용어는 지능(intelligence)과 유사한 용어로 18세기까지 유사한 능력(capacity)의 개념으로 사용되었다. 그러다가 19세기에 이르러서는 '어떤 상황을 위한 일반적이며 지적인 적합성'으로 잘못 알려지게 되었다. 적성은 '어떤 상황을 위한 준비도'라는 의미와 '인간 상황의 상호 적합성'에 대한 의미가 명확하게 내포되어 있다. 따라서 적성은 인지적(cognitive) 특성뿐만 아니라 의지적(conative) · 정의적(affective) 특성을 함께 지니고 있다.

적성에 적합한 일을 선택하여 수행해 나간다면 무엇보다도 일에 대한 흥미도를 높일 수 있다는 장점이 있다. 이러한 높은 흥미도는 일에 대한 몰입력을 증가시켜 짧은 시간에 효율성을 증대시킬 수 있는 결과를 가져온다. 이러한 기본적인 일에 대한 배경은 적성을 통해 행복감을 높여준다. 적성에 맞는 일을 찾아 도전하는 일은 행복과 깊은 연관성을 지니고 있다.

반성적 사고활동 4-1

자기인식도 조사

※ 다른 사람과의 관계 속에서 자신이 어떻게 인지되고 있는지 알아보자. 각각의 물음에 대하여 '그렇다'이면 3점, '보통이다'이면 2점, '그렇지 않다'이면 1점을 빈칸에 써넣어라.

번호	내용	점수 (1, 2, 3점)	총점
1	나는 다른 사람들에게 비교적 말을 먼저 거는 편이다.		
2	나는 전화를 받는 것보다 거는 쪽이 더 많다.		
3	나는 편지나 메일(또는 문자)을 먼저 보내는 편이다.		
4	나는 누구에게나 먼저 인사를 하는 편이다.		
5	나는 상대방의 말을 많이 듣는 것보다는 나의 말을 많이 하는 편이다.		
6	나는 어려운 일을 다른 사람의 힘을 요청해 해결하기를 좋아하는 편이다.		
7	나는 남의 일에 관심을 많이 갖는 편이다.		
8	나는 공적인 일에 솔선수범하여 먼저 나서는 편이다.		
9	나는 자신의 일에 지장을 다소 느끼더라도 다른 사람의 의견에 관심이 많고 협조하는 편이다.		
10	나는 공동의사를 결정할 때 나의 주장을 제시하고 관철시키는 편이다.		

[결과 해석]

- □ 종합점수 22점 이상: 자기인식이 뚜렷하고 주체적인 면이 강함
- □ 종합점수 16~21점: 보통임
- □ 종합점수 15점 이하: 자기인식이 불분명하고 객체적인 특성이 강함

반성적 사고활동 4-2

캐트린 펜익의 웃음지수 검사

※ 다음의 문항을 읽고 자신의 웃음지수에 대해 알아보자. 주어진 문항을 읽고 자신이 해당하는 칸에 V표를 하여라.

번호	내용	점수 (낮음) ← → (높음)				
		1	2	3	4	5
1	내가 배꼽을 잡고 웃는 것을 종종 본다.					
2	나는 다른 사람들과 어울리기를 좋아하는 재미있는 사람이다.					
3	내 유머감각 때문에 나의 사교성이 한층 더 넓어진다.					
4	나는 자연스럽게 활동한다.					
5	적당한 상황에서 우스꽝스러운 행동을 해도 괜찮다고 느낀다.					
6	나는 시간을 정해 놓고 정규적으로 웃고 논다.					
7	나는 내 자신의 실수를 보고 웃을 수 있다.					
8	나는 어려운 상황에서 웃음으로 국면을 전환한다.					
9	나는 다른 사람이 즐겁도록 유머를 사용한다.					
10	나는 다른 사람의 기분을 상하게 하는 유머를 피한다.					
11	나는 비꼬는 유머나 부정적인 유머를 피한다.					
12	대부분의 상황에서 긍정적인 면을 볼 수 있다.					
13	나는 공휴일이나 휴일에는 쉰다.					
14	나의 가족과 친구들은 나의 유머감각을 도와준다.					
15	스트레스를 느낄 때도 유머감각을 잃지 않는다.					
16	나는 직장이나 가정에서 웃으며 일하는 것에 익숙하다.					
17	나는 휴식을 먼저 하고 일은 다음에 한다.					
18	내 유머감각은 나의 가장 좋은 성격 중의 하나이다.					
19	나는 웃음이 내 건강에 도움을 준다고 생각한다.					
20	많이 웃으면 웃을수록 기분이 더 좋아진다.					
총점						

[해석]

- ㅁ 75~100점: 웃음지수가 대단히 높음
- ㅁ 50~74점: 웃음에 대해 평균수준, 노력하면 더욱더 높은 웃음지수를 얻을 수 있음
- ㅁ 25~49점: 웃음에 대해 낙제점, 열심히 노력하여 유머감각을 계발해야 함

출처: 이주희 외(2008). 인간관계론, p. 121.

Chapter 05

배움이 있는 생활

1. 교육이란?

줄탁동시(啐啄同時)

병아리가 부화를 시작하면 세 시간 안에 껍데기를 깨고 나와야 질식하지 않고 살아남을 수 있다고 한다(신재한 외, 2013). 부화를 할 때에는 계란 속에 있는 병아리는 껍질을 깨뜨리고 밖으로 나오기 위해 사력을 다한다. 이때 병아리가 아직 여물지 않은 부리로 껍질을 쪼아대는 것을 '줄(啐: 지껄일 줄)'이라고 하고, 밖에 있던 어미 닭이 그 신호를 알아차리고 부리로 쪼아대는 것을 '탁(啄: 쪼을 탁)'이라고 한다. 즉, 줄(啐)은 달걀이 부화하려 할 때 알 속에서 나는 소리이고, 탁(啄)은 어미 닭이 그 소리를 듣고 바로 밖에서 껍질을 쪼아 깨뜨리는 것을 말한다. 어미 닭이 행하는 '탁(啄)'은 수행승의 역량을 얼른 알아차리고 바로 깨달음에 이르게 하는 스승의 예리한 기질을 비유한 말이다.

병아리의 생명이 탄생하기 위해서는 줄과 탁이 동시에 일어나야 알을 깨고 밖으로 나올 수 있다. 줄탁동시란 줄과 탁이 동시에 행해져서 사제지간(師弟之間)이 될 연분이 있음을 비유하여 쓴 말이다. 하나의 소중한 생명이 탄생하기 위해서는 어미 닭과 병아리의 일치된 힘이 필요하듯 교육에서도 줄탁동시를 교사와 학생의 일치된 합의를 나타내는 개념으로 사용한다. 학습의 성과를 이루기 위해서는 교수자와 학습자 간의 일치된 힘이 필요하다는 것이다. 즉, 교사의 가르치고자 하는 의욕과 학생의 배우고자 하는 욕망이 일치될 때 학습의 효과는 극대화될 수 있다는 것이다. 어느 한쪽의 일방적인 주도나 노력만으로는 소기의 성과를 이루기 어렵다는 것을 설명하는 말이다.

동양의 教育, 가르침

'교육'이라는 말의 어원은 동양의 고전인 맹자(孟子)에서 나오는 말로 진심장(盡心章) 편의 군자유삼락장(君子有三樂章)에서 "득천하영재이교육지삼락야(得天下英才而教育之三樂也)라"라는 구절에서 등장한다. 이는 '군자에게 세 가지 즐거움이 있는데, 천하의 영특한 인재를 얻어 가르치고 기르는 일, 곧 교육하는 일이 그중의 하나다'라고 하여 교육에 대한 즐거움을 제시하고 있는 데서 시작한다.[1)]

교육을 보는 근본적인 관점에서는 동서양 간에 큰 차이가 없으나, 교육에 대한 어원적 측면에서는 동서양 간에 교육의 의미를 서로 다르게 해석하고 있다. 동양적 관점에서 교육의 어원적 의미를 보면, '教育'의 한자에서 '敎'는 '孝'와 '文' 자가 결합된 글자로 '孝' 자의 '아래에서 본받는다'는 의미와 '文' 자의 '위에서 베푼다'는 의미를 포괄하고 있다. 즉, 이는 성숙한 사람이 미성숙한 사람을 지도하고, 편달하며, 격려하고, 솔선수범한다는 뜻으로 전통적인 문화와 생활기술, 풍습, 습관 등을 가르쳐주고 전도한다는 교도적인 성격을 담고 있다. 또한 '育' 자는 '기른다'는 의미로 '성장을 조성해 나간다'는 의미를

1) 君子有三樂이니 而王天下不與存焉이라 父母俱存하고 兄弟無故함이 一樂也요 仰不愧於天하야 俯不怍於人이 二樂也요 得天下英才하야 而教育之가 三樂也라.

포괄하고 있다. 이러한 '育' 자의 의미는 '학생이 내면적으로 지니고 있는 천성이나 생득적인 소질, 성품 등을 바르게 자랄 수 있도록 보호하고 육성해 나가는 과정'으로 그 의미를 설명할 수 있다.

교육이라고 하는 말을 우리말의 어원에서 찾아보면 교육은 어구적 해석이 '가르치고 배운다'는 의미를 가진다. 여기서 '가르치다'라는 말은 '알도록 하다', '지식을 지니게 하다', '할 수 있도록 지도하다' 등의 의미를 담고 있어 '가르치는 것(敎育)'과 '가리키는 것(指示)'을 모두 포함하는 말이다. '가르치다'라는 말은 고어(古語)의 '가르다'와 '치다'가 합성된 말이다. '가르다'라는 말은 선별, 분별, 판단의 의미로 쓰여 '옳고 그름을 판단한다', '사리를 분별한다' 등과 같은 말로 사용되었다. 또한 '치다'라는 말은 '식물류의 가지나 잎을 베어내는 일', '고운 가루를 만드는 일', '떡을 만들기 위해 두드리는 일', '어떠한 대상에게 힘을 가하는 일', '가축이나 동물의 새끼를 낳고 기르는 일' 등을 포함하는 의미를 가지고 있다. 즉, '치다'라는 말에는 '경작', '연마', '사육', '성장'의 의미를 포함한다. 따라서 우리말의 어원적 의미로 본 교육은 학습자의 지적 능력을 육성하고 재능을 발굴하여 이를 발휘할 수 있도록 하는 환경적인 보살핌을 부여하는 일을 교육이라고 할 수 있다.

서양의 교육, education / pedagogy

교육의 의미를 서양적 의미에서 찾아보면, 교육 또는 교육학을 의미하는 말로 영어로는 'pedagogy'가 있는데, 이것은 그리스어의 'paidagogos', 즉 직업적 가정교사로 아동을 학교에 데리고 오가는 역할을 하는 교복(敎僕)에서 유래된 말로, 'paidos'의 '어린이'라는 말과 'agogos'의 '이끌다'라는 말의 합성어이다. 즉, '미성숙한 아동을 바람직한 방향으로 이끌어 기른다'는 뜻이다. 교육을 의미하는 또 다른 말로 영어의 'education', 불어의 'êducation', 독일어의 'erziehung' 등에서 그 의미를 볼 수 있다. 영어의 'education'은 라틴어의 'educare'에서 온 말인데, 'educare'의 'e'는 '밖으로'라는 의미를 갖고 있으며,

'ducare'는 '이끌어 내다', '끄집어내다'라는 의미를 담고 있다. 따라서 'educare'라는 말은 '밖으로 이끌어 낸다'라는 뜻을 내포하고 있다. 이는 학생이 가지고 있는 소질이나 잠재능력을 교육을 통해 '밖으로 끌어내어 학생이 가지고 있는 생득적인 소질과 잠재능력을 계발하고 신장시켜서 가장 바람직한 인간을 형성하도록 하는 작용'을 교육이라고 본 것이다.

동 · 서양의 어원적 비교

동양과 서양의 교육적 어원이 주는 의미를 비교해 보면, 동양적 어원은 윗사람이 아랫사람에게 무엇인가를 가르치고 아랫사람은 윗사람의 가르침을 받아들이는 것이라는 외부의 힘에 중심을 두는 교육관이다. 우리나라에서도 역시 교육은 '가르치는 것'이라는 생각이 강하다. 이처럼 동양의 교육이 대체로 교사 중심의 교육으로 치우쳐 온 것은 동양의 관념 속에 교육의 어원이 오랫동안 자리 잡아 왔기 때문이라고 볼 수 있다. 반면에 서양적 어원은 자녀나 아동의 내면에 가지고 있는 잠재능력과 적성 등을 잘 발현하도록 이끌어 내는 것이라는 내부의 힘에 중심을 두는 교육관이다. 서양의 교육은 교사나 부모보다는 아동이나 학생 자신의 역할을 강조한다. 교육도 아동 중심의 교육으로 아동의 잠재능력이 잘 발현될 수 있도록 도와주는 일이라는 의미가 강하다(권정숙 외, 2008).

지금까지 살펴본 교육에 대한 어원적 의미를 종합해 보면, 동양적 관점에서의 교육은 '외부로부터의 주입'을 강조하는 방식으로 성숙한 사람으로부터의 가르침을 받는 것이 교육이라는 관점으로 해석하고 있다. 이와는 반대로 서양적 관점에서는 '학생 중심의 개발'을 강조하고 있어 학생이 지닌 잠재능력을 끌어내어 이를 길러주는 일을 교육이라는 관점으로 해석하고 있다는 점에서 차이를 보인다. 이러한 차이는 교육이라는 의미의 차이라기보다는 교육방식의 차이라고 볼 수 있다. 교육방식만을 놓고 교육에 대한 의미를 어느 것은 좋고 어느 것은 나쁘다는 식으로 단정적으로 말하는 것은 바람직하지 않다. 교육은 그 나라의 문화와도 밀접한 관계가 있기 때문에 어떠한 방식의 교육이 바람직하다고 단정할 수 없다. 하지만 교육이 미완성으로 태어난 인간을 유능하고 완전한 개체로 성장하고 발달하도록 도와주는 일이라는 점과 인간의 내재적 가능성과 타고난 품성을 다듬어가고 발전시켜 나가는 노력이라는 점에서는 동서양 간 의미의 차이가 없다 할 수 있다.

교육의 기능적 · 규범적 · 조작적 정의

기능적 정의에 의하면, '교육은 출세의 수단이다', '교육은 경제발전의 필수적인 수단이다' 등과 같이 정의할 수 있다. 교육의 기능적 정의(functional definition)는 교육의 수단적 가치를 중요시하는 정의로, 교육을 무엇을 이루기 위한 수단이나 도구로 규정하는 입장이다. 이러한 기능적 정의는 사회과학자나 경제학자들에 의해 내려진 정의가 대부분 이에 속한다. 이들은 가치판단을 유보한 채 기능적 관점에서만 교육을 객관적으로 기술하고 서술하는 데 관심을 가진다. 이 정의는 교육현장에서 이루어지고 있는 교육활동이나 현상들을 있는 그대로 정확하게 기술하려고 한다는 점에서 기술적 정의(descriptive definition)라고도 부른다. 예컨대 '교육이란 국가사회 발전을 위한 수단이다', '교육은 신의 뜻을 실현하는 수단이다'라고 서술하는 것처럼 교육을 철저하게 기능적 관점에서 정의하는 것이다. 실제로 이 같은 기능적 정의가 그동안 우리 학교현장의 실태를 지배해 왔음을 부인할 수 없다. 그러나 교육을 순전히 기능적인 관점에서만 정의할 경우 교육은 철저하게 도구화, 수단시되며, 결국 교육 본래의 독자성과 자율성을 상실하게 된다는 문제점이 야기된다(이병승 외, 2008).

교육의 기능적 정의는 교육을 무엇을 위한 수단으로 규정한다는 점에서 외재적 목적과 연관된다. 즉, 교육을 사회 · 문화의 계승과 발전의 수단으로 보느냐, 또는 인간의 성장과 발달의 수단으로 보느냐에 따라 교육에 대한 정의가 달라질 수 있다.

규범적 정의에 의하면, '교육은 민주시민의 자질을 함양하는 과정이다', '교육은 인간다운 인격을 함양하기 위함이다' 등과 같이 정의할 수 있다. 규범적 정의(normative definition)는 이러한 교육활동에서 실현하고자 하는 가치기준을 드러내는 것으로 교육 본연의 내재적 가치나 바람직한 의미에 초점을 두고 내리는 정의로 교육을 그 궁극적 목적과 결부시켜 규정한다. 예를 들면, 교육을 통해 실현하고자 하는 가치를 구체적으로 정의하는 것으로 '교육은 인간다운 인격의 형성을 전제로 한다', '교육은 전인적 인격 형성의 과정이다' 등과 같이 교육의 목적이나 존재가치를 교육 그 자체에 두고 내리는 정의를 규범적 정의 또는 목적론적 정의라고 한다.

규범적 정의는 교육의 가치 실현을 위한 교육 자체의 발전에 더 큰 비중을 두는 입장이다. 따라서 교육을 민주적 인격의 제반과정이라든가, 어떤 진리나 가치의 접근과정으로 보는 견해이다. 규범적 정의는 개인의 인격 완성이나 자아실현이라는 내재적 가치의 실현 또는 진리나 가치를 추구하는 것을 교육의 목표로 내세우고 있다.

이와 같은 규범적 정의는 인간의 내재적 가치나 바람직한 의미를 강조하고 교육의 내적 행동의 변화를 추구한다. 그러나 교육에 대한 규범적 정의는 우리 교육에 대한 새로운 측면을 이해하는 데는 도움을 주지만, 교육의 과정이나 실제적 현상을 분석하고 실질적으로 파악하는 데는 그다지 도움이 되지 못하는 정의이다. 그러나 규범적 정의는 기능적 정의와는 달리 정의를 내리는 사람의 가치판단이 개입되기 때문에 항상 논쟁의 대상이 될 수 있다. 따라서 자신이 내린 정의가 정당성을 인정받을 수 있도록 그 정의에 대한 정당화(正當化)를 시도해야 한다. 일반적으로 규범적 정의를 시도하는 대부분의 학자들은 그 정의에 대한 정당성을 외재적인 것에서 찾기보다는 내재적인 것, 즉 바람직한 사람의 품성이나 기질, 그 사람의 행동성향, 능력 등에서 찾으려는 시도를 하는 것이 일반적이다. 기능적 정의가 교육의 수단적 가치를 중요시하는 데 비해, 규범적 정의는 교육의 목적적 가치를 중요시한다는 점에서 차이가 있다.

조작적 정의에 의하면, 교육은 '인간 행동 특성을 의도적 · 계획적으로 변화시키는 과정'이라고 정의할 수 있다. 이와 같이 조작적 정의(operational definition)는 교육이라는 활동이 가져다줄 결과에 비추어서 교육을 이해하려고 하거나 설명하려는 입장을 말한다. 따라서 어떤 활동이나 계획에 의한 실천이 인간의 행동 변화에 영향을 주면 그 활동은 교육이라고 할 수 있고, 그렇지 못하면 교육이라고 볼 수 없다는 입장이다.

조작적 정의란 교육을 기술적 또는 작동적 견지에서 정의한다. 그러므로 교육현상을 자연현상처럼 객관적으로 설명하고, 예언하며, 통제할 수 있는 과학적 탐구의 대상으로 삼고 교육현상의 이면에서 규칙적으로 작용하는 요소를 찾아내어 이를 개념화하며, 교육과 인간 형성과의 관계를 보다 구체화하여 '교육은 인간 행동의 계획적인 변화과정'이라고 정의하는 입장이다. 따라서 조작적 정의는 인간 행동의 변화에 초점을 맞추어 교육을 설명한다는 점에서 행동과학적 정의 또는 공학적 정의라고도 한다. 조작적 정의에서 교육의 정의와 관련한 기초개념으로는 인간 행동(behavior), 변화, 계획적이라는 세 가지 개념이 있으며 구체적인 내용은 다음과 같다.

첫 번째 개념은 인간 행동(behavior)이다. 인간 행동은 심리학적 개념으로 외현적인 행동과 내현적인 행동으로 구분된다. 외현적인 행동은 환경적 · 외생적 결정요인으로 명시적인 행동이며 우리가 시각을 통해 인지할 수 있는 표출적이고 가시적인 행동이다. 즉, 웃음, 몸짓 등과 같은 행동을 말한다. 이와는 반대로 내현적인 행동은 신체적 · 유전적 행동 결정요인으로 암시적인 행동이다. 내현적인 행동은 인간의 심리적인 상태와 같이 시각을 통해 인지할 수 없는 불가시적인 행동이다. 즉, 지식, 가치관, 동기체제 등이 이에 해당한다. 교육에서는 일반적으로 인간의 외현적인 행동보다는 내현적인 행동에 더 중점을 둔다.

두 번째 개념으로 변화를 들 수 있다. 변화는 개인의 인지적 · 정의적 · 신체적 활동을 포함하는 전인적인 측면에서의 육성, 계발, 개선, 발달 등을 포함하는 개념으로 교육을 지식, 사고력, 기술 등을 변화시키는 역동적인 작업으로 인식한다.

세 번째 개념으로 계획적이란 개념에는 인간의 의도적이고 목적적인 활동을 내포한다. 따라서 교육이라고 하는 것은 교육목적, 교육과정 등이 포함된 의도적인 작용이다.

조작적 정의의 기초개념에서 알 수 있듯이 조작적 정의에 의하면, 인간의 행동이 무계획적 · 무의도적으로 이루어질 경우 그러한 활동은 교육이라고 보지 않는다. 이러한 점에서 교육은 단순히 인간의 발달과정에 이루어지는 성숙이나 발달과 구분된다. 교육은 인간의 의도적이고 계획적이고 체계적인 노력에 의해 변화방향이 의도하는 방향으로 성취될 때 교육이라 할 수 있다.

2. 인간 이해와 교육

인간의 미완성

인간은 근본적으로 미완성의 상태로 태어나고, 성장에 필요한 성장주기 또한 매우 긴 것이 특징이다. 동물은 태내에서 거의 성장하여 출생 후 곧 걸을 수 있도록 태어난다. 그러나 인간은 미완성의 상태로 태어나 적어도 일 년은 지나야 걸을 수 있고 성장에 필요한 기간도 20년 이상이 걸리는 등 동물에 비해 성장주기가 매우 길다. 하지만 인간은 비록 미완성으로 태어나기는 하지만 동물에 비해 매우 큰 가능성을 지닌 존재이다. 인간과 동물의 근본적인 차이는 동물은 커다란 현실성과 극히 적은 가능성을 가지고 태어나지만, 인간은 커다란 현실성과 극히 많은 가능성을 가지고 태어난다는 점이다. 즉, 인간은 미완성으로 태어나지만 무한한 가능성을 지니고 있고, 동물은 완성된 어미의 축소판으로 태어나지만 가능성이 적다(정석용 · 이규은, 2011). 이러한 인간의 미완성에 대해 스위스의 생물학자 포트만(Portman)은 그의 저서 『인간은 과연 어디까지 동물인가?』에서 '인간은 어머니의 모체로부터 일 년 일찍 출산한 조산아(早産兒)이다'라고 규정하였다.

교육에 대한 일반적 정의로 '교육은 인간 행동 특성을 계획적으로 변화시키는 과정이다'라고 한다면, 교육은 바람직한 인간 형성을 위한 과정으로 학교, 지역사회, 가정에서 이루어지는 하나의 의도적인 과정이라고 할 수 있다. 그러한 의미에서 교육은 미완성의 인간을 완성에 이르도록 하는 계획적이고 의도적인 변화과정이라고 볼 수 있을 것이다. 이러한 과정은 인간의 욕구를 채워 나가는 과정이라고 설명할 수도 있다. 인간은 본래 미완성의 존재로서 끝없이 완성을 추구하려는 욕구를 가진 존재이기 때문이다. 인간의 이러한 욕구는 학습하는 행태로 나타나고, 교육은 이러한 학습욕구를 충족시키기 위해 자연스럽게 발생한 자연발생적 과정인 것이다. 즉, 미완성의 상태로 태어나 복잡한 오늘날의 사회 안에서 여러 가지 문제를 스스로 해결해 나가고 적응해 나가는 자율적 인간으로 성장해 가도록 하는 것이 교육이다.

이러한 인간의 교육적 상황에 대해 '인간은 교육적 동물(homo education)이다'라고 정의하기도 한다. 이러한 정의는 인간은 교육을 통해서만 비로소 인간이 된다는 의미를 말하는 것이다. 인간의 이러한 교육적 특성과 관련하여 인간에게 교육이 일어날 수밖에 없는 당연성에 대해 다음과 같이 설명할 수 있다.

첫째, 인간은 미완성의 동물이다. 즉, 인간은 미완성의 동물로 태어나 완성을 향해 끝없이 추구하고 노력하는 과정에서 교육이 이루어지게 된다. 앞에서도 언급한 바와 같이 동물은 완성된 상태의 축소판으로 탄생하지만, 인간은 미완성으로 태어난다. 그러나 인간과 동물에 있어서의 교육의 힘은 무한한 가능성을 만들어 내는 근원이 될 수 있다는 점에서 큰 차이를 보인다.

둘째, 인간은 가치지향성이다. 동물은 가치나 진리에 대한 감각이 없으나 인간은 가치와 진리 추구가 생리적 욕구보다 더 강하다. 이러한 욕구에 의해 인간은 가치를 추구하기 위해 자신의 목숨을 바치기도 한다. 이처럼 인간은 진리와 가치 추구에 열려(open) 있으나, 동물은 가치 추구에 대해 닫혀(closed)

있다는 점에서 차이가 있다. 교육은 이러한 인간의 열려 있는 가치 추구에 대한 실현의 과정이라는 점에서 의미가 있다.

셋째, 교육기간의 장기성이다. 인간은 태어나면서부터 교육이 시작되어 평생에 걸쳐 이루어지는 사회화 과정을 겪는다. 이러한 평생에 걸쳐 이루어지는 교육은 인간을 변화하는 사회에 적응할 수 있도록 만들어 주고, 새로운 가치에 적응할 수 있는 적응력을 높여준다. 이러한 인간의 특성은 미성년기가 짧은 동물과 대조적이다. 즉, 동물은 미성년기가 짧은 데 반하여 인간은 대단히 길다.

넷째, 인간은 생활하면서 행동양식, 문화내용을 재획득해 나간다. 즉, 행동양식과 문화내용의 재획득성(再獲得性)을 지니고 있다. 동물은 인간과 달리 의미 있는 문화가 없다. 그러나 인간은 문화를 지니고 있으며, 인간의 문화는 삶에 과정에서 반드시 획득되어야 하는 가장 귀한 생활수단이다. 이러한 인간의 문화는 태어날 때부터 소유하는 것이 아니라, 교육을 통해 획득하고 자기 몸을 통해 재획득하는 과정을 거치는 행동양식과 문화의 재획득 과정을 보인다. 따라서 교육은 사회적 문화의 유전작용을 이루는 과정이라고 할 수 있다.

다섯째, 경험의 전달성이다. 인간과 동물의 차이점으로 경험의 전달성을 들 수 있다. 즉, 인간에게는 경험을 전수하고 전달하는 과정이 있으나, 동물에게는 경험의 조직적 전달작용이 없다. 동물에게는 역사가 없고 인간에게만 있는 것도 이러한 특성 때문이다.

인간과 동물을 구분하는 가장 큰 특성을 교육으로 본다면, 교육은 사람들의 세상을 보는 안목을 열어주고, 새로운 문제해결 방식을 찾게 해주며 새로운 가능성을 열어주는 과정이라고 할 수 있다. 교육은 사람을 중요하게 보도록 하고, 귀하게 다루도록 하며, 인간 가치 발전의 근본을 형성하게 해준다. 인간이 교육에 온 정성을 쏟는 이유도 바로 여기에 있다.

인간의 가소성

인간의 유능함과 무능함은 인간의 타고난 능력의 차이도 있지만 그가 살아온 생활을 통하여 하나씩 만들어지고 축척된 결과의 차이이다. 즉, 교육이 부족한 탓이다. 인간의 능력을 발휘할 수 있도록 하는 교육이 적절한 시기에 이루어지지 못하고, 성장에 필요한 경험 또한 환경에 의해 방해받게 되면 무능한 사람으로 성장할 가능성이 높을 뿐만 아니라, 경우에 따라서는 인간으로서의 삶을 포기하게 되는 경우도 볼 수 있다. 그 대표적인 사례로 다음의 아베롱(Aveyron)의 야생아(野生兒)를 들 수 있다.

1779년 남부 프랑스의 아베롱(Aveyron) 숲속에서 11세가량으로 추정되는 한 소년이 발견되었다. 이 소년은 인간의 형상만 갖추었을 뿐이지 짐승과 다름없는 모습을 하고 있었다. 옷을 입지 않은 불결한 몸에 가시에 찔리고 다른 동물에게 물려서 몸의 여러 군데가 상처 나 있었다. 자기의 마음에 들지 않으면 물어뜯고, 할퀴고 하여 다루기가 매우 힘들었으며, 주의력도 없었고, 감각기능의 작용도 전혀 이루어지지 않는 짐승의 모습 그대로였다. 소년의 행동은 수면(sleeping), 식사(eating), 아무 일도 하지 않는 것(doing nothing)과 들판을 이리저리 뛰어다니는 일(running about the fields) 등에 한정되어 있었다.

소년의 이러한 모습에서 우리는 인간의 따뜻한 보살핌과 교육을 받지 못하고, 숲속에서 다른 야생동물들과 힘겨운 생존경쟁을 해왔음을 알 수 있었다. 이 소년은 파리로 옮겨져서 얼마 후 국립농아원에 들어가게 되었고, 당시 25세 되는 의욕적인 젊은 의사 이타르(Itard)가 전적으로 교육을 담당하게 되었다. 이타르가 처음 본 소년의 감각기능은 활발하지 못했다. 눈은 안정되어 있지 않았고 아무런 표정도 없었다. 귀는 각종 음향에 무감각하였고 발성은 벙어리 상태로서 짐승의 소리를 낼 뿐이었다.

후각도 원시적이고 오물이나 향수에 대해서도 반응을 하지 않았다. 지능은 매우 낮았을 뿐 아니라 기억력, 판단력, 사고력도 결여되어 있었다. 소년은 인간을 두려워하고 사람들이 있는 곳에서는 발작적인 동작이나 경련을 일으켰으며, 우리 속에 갇힌 동물과 같이 부단히 몸을 뒤흔들며 마음에 안 드는 것을 물어뜯었다. 소년은 글자 그대로 야만인이었다.

> 아베롱 숲 근처 마을 사람들의 증언에 의하면, 이 소년은 약 5년 전부터 숲속을 배회하고 있었다고 하므로 약 6~7세경에 버림받은 것으로 추정되었다. 그리고 그가 보인 백지상태는 오랜 방황과 고독한 생활의 결과라고 진단하였다. 그 때문에 교육의 기회는 물론 그가 버림받기 전까지 지니고 있었던 사고, 언어관습까지 전부 잊어버렸을 것으로 추정된다. 즉, 이 소년은 태어날 때부터 저능아는 아니었고 오랫동안 사회생활로부터 격리되어 있었기 때문에 사회적인 관념, 태도, 관습 등을 습득할 수 없게 된 것으로 보인다.

사례에서 보듯 교육은 인간에게 인간다움을 형성해 주는 필수적인 과정이다. 성장해 나가는 과정에서 적절한 시기에, 적절한 교육의 과정을 거치도록 함으로써 이 사회에 적응해 나가며 살아갈 수 있도록 하는 것이 필요하다. 그것이 교육이며 그러한 교육이 인간다운 삶을 보장할 수 있도록 하는 것이다. 이 사례에서 이타르(Itard)는 이 소년을 다시 사회생활 안에 끌어들여 잠자고 있는 그의 성장 가능성에 자극을 주고 적절한 교육을 실시한다면, 아베롱(Aveyron)의 야생아도 보통의 어린이가 되리라고 확신하였다. 그래서 이타르는 5년간에 걸쳐 헌신적인 교육을 실시하였다. 그러나 이타르의 그러한 노력은 기대했던 만큼의 효과를 얻지 못하였고, 그 결과로 이타르는 다음과 같은 몇 가지를 보고하였다.

첫째, 인간은 교육의 기능과 감각을 빼앗기게 되면, 다른 동물에 비하여 더 열등한 생활을 하게 된다.

둘째, 인간이 본래부터 가지고 있는 것으로 생각되었던 사회성, 도덕성은 실은 문명의 혜택이다. 문명은 인간을 동물과 같은 생활로부터 이끌어 올린 것이다.

셋째, 기관의 발육, 언어의 습득은 나이가 어릴 때일수록 효과가 크다. 특히 음성과 언어의 결합은 유아기 이후가 되면 비능률적이며 많은 장애에 부딪히게 된다.

넷째, 인간의 욕구와 관념 사이에는 일정한 관계가 있으며, 욕구가 증가하면 관념의 범위도 확대된다. 문명은 인간의 욕구에 의해서 만들어진 것에 불과하다.

다섯째, 교육의 진보는 현대 의학에 의해 이루어진다. 모든 과학 가운데서도 의학은 개인의 신체적·지능적 특질을 밝히고 인간을 사회적으로 높일 수 있다.

인간은 개체의 성장과 발달에 있어서 환경에 영향을 받는 가소성을 지니고 있다. 가소성(可塑性, plasticity)이라고 함은 사전적인 의미로는 '외력에 의해 형태가 변한 물체가 외력이 없어져도 원래의 형태로 돌아오지 않는 물질의 성질을 말하며 탄성한계를 넘는 힘이 작용할 때 나타나는 것'이라고 설명하고 있다. 교육에서의 가소성이라는 것은 변화와 발전 가능성을 포함하는 의미로 '인간을 대상으로 하는 교육활동처럼, 인간을 바람직한 방향으로 이끌려는 의도적이고 계획적이며, 가치지향적인 활동에 대해 변화해 가는 성질'을 말한다. 가소성이라고 할 때의 소(塑)는 원래 '흙으로 만든 인형'을 뜻하는데, 찰흙처럼 작업자의 의도에 맞게 얼마든지 변화 가능성이 있는 상태를 가리켜 '가소성이 높은 상태이다'라고 한다. 즉, 가소성이라 함은 사람이 생활환경으로부터의 영향에 의하여 변화해 가는 성질로, 예를 들면 점토는 외부에서 사람이 힘을 가하는 대로 그 형태가 바뀌어 간다. 이와 같이 사람이란 외부에서 어떠한 교육의 힘을 가하느냐에 따라 고정화되어 가는 내용과 성질이 달라지는데, 이와 같이 발달되어 가는 가능성 또는 변화되어 가는 가변성을 가소성이라고 한다.

앞에서도 살펴본 바와 같이 인간은 미완성적인 존재인 동시에 가소성을 지닌 존재이다. 모든 학습자는 무한한 가소성을 지니고 있는 존재이며, 교육은 그러한 가소성을 활짝 피우게 해야 한다. 이런 이유로 현대사회에서는 조기교육이 강조되기 시작했다. 또 학부모들의 지적 수준이 높아지고, 핵가족화되면서 한 명의 자녀를 둔 가정이 많아졌다. 그로 인해 자녀에 대한 애정이 커지게 되고 사회적으로도 창의성 교육과 조기교육이 강조되고 있는데, 이는 유아기일수록 가소성이 풍부하기 때문에 그 어느 때보다도 인간의 발달에 있어서 인성교육이 중요한 시기이기 때문이다.

인간의 가소성에 대해 인지과학자들은 인간의 뇌는 변화된 환경의 영향을 받을 경우 스스로의 기능적 구조는 변화될 수 있다고 주장한다(장현갑, 2012). 즉, 뇌는 출생 후의 환경, 경험에 의해 무게와 크기 그리고 생화학적 특성에 많은 영향을 받는다는 것이다. 인지과학자들은 생애의 초기에 손상을 입은 뇌는 그 손상된 기능을 어느 정도 회복해 나가는 기능을 지니고 있다고 본다. 뇌가 가지고 있는 이러한 기능들을 일반적으로 뇌가소성이라고 하는데, 인간의 뇌가소성 개념은 크게 다음과 같이 두 가지로 구분한다. 즉, 회복 가소성(restoring plasticity)과 적응 가소성(adaptative plasticity)이 그것이다.

회복 가소성의 개념은 의학적 차원에서 보다 많이 활용되는 개념인데, 이는 손상을 입은 뇌 조직이 손상 후에 스스로 회복되거나, 또는 손상되지 않은 다른 조직에 의해 대체되지만 손상 이전과 같은 기능을 회복해 나가는 특성으로 주로 어린이의 뇌에서 발휘되는 것으로 알려져 있다(Bloom, 1985). 이와는 달리 적응 가소성은 이미 형성된 대뇌 피질의 모듈 안에서 각각의 뉴런(neuron) 간의 구체적인 연접관계가 강화되거나 약화되는 것으로 동일한 사고과정에 관계되어 있는 뉴런들의 집합체 단위를 말한다. 교육의 실제에 보다 많은 시사를 주는 것은 회복 가소성보다는 적응 가소성이다. 인지과학자들에 따르면, 적응 가소성의 교육적 역할은 뇌의 신경체제가 다른 환경을 경험할 때 그 적응과정에서 높은 자기조정능력을 보임으로써 스스로의 구조와 기능을 변화시킨다는 점이다.

가차니가(Gazzaniga, 1998)는 인간의 뇌는 어떤 환경의 영향을 받을 때 복잡하면서도 자율적인 화학적 체제 내에서 새로운 환경에 부응하는 방향으로 자기조정이 일어난다고 한다. 이러한 변화는 뇌의 시냅스(synapse)에서 분비되는 신경전달물질(neurotransmitter)의 양을 변화시킴으로써 가능해지며, 이러한 변화 가능성이 인간의 가소성으로 나타난다는 것이다. 인간의 뇌의 가소성 중에서 적응 가소성(adaptative plasticity)은 교육과 관련하여 보다 실제적이고 의미 있는 시사를 주며, 교육에 주는 구체적인 시사점으로는 다음과 같은 점을 들 수 있다.

첫째, 교육적 환경조직의 중요성이다. 인간은 교육적 환경에 따라 다양한 형태의 발달과 변화를 가져오는 가소성과 관련성을 지니고 있다. 인간이 성장하는 과정에서 경험하게 되는 환경이 보다 풍부하고 교육적 자극을 줄 수 있는 교육환경을 경험하게 되면, 이는 아동들의 학습능력을 보다 향상시켜 주는 계기가 된다는 것이다. 이러한 결과는 쥐의 실험에서도 나타났다. 쥐를 대상으로 한 실험에서 풍부하고 자극적인 환경을 경험하면서 성장하도록 한 쥐가 빈약한 환경에서 살도록 한 쥐에 비해 현저하게 발달한 뇌 피질을 지니게 되고, 미로를 학습하는 데 있어서도 월등하게 뛰어난 능력을 갖는다는 연구 결과를 얻었다(Diamond in Hopson, 1984). 이러한 연구 결과는 풍부한 환경 속에서 성장하는 아동들이 자극적인 환경을 통해 성장에 긍정적인 자극을 받고, 발달과업에 대한 성취동기를 가지게 되며, 아동들이 스스로 호기심을 느끼게 되어 성장과 발달에 긍정적 영향을 미칠 뿐만 아니라 내재적 동기를 꾸준히 지니도록 환경을 조장하는 역할을 하게 된다.

둘째, 성장, 발달의 시기에 대한 고려가 있어야 한다. 아동들은 특정한 학습내용을 배우는 데 있어서 구체적인 능력을 지니게 되는데, 이러한 능력을 갖게 되는 시기가 언제인지에 대한 고려가 있어야 발달에 효율성을 높일 수 있다. 인간의 성장과 발달에 있어서 결정적 시기에 환경적 영향력이 빈약하게 될 경우, 그 빈약한 환경이 학생들의 발달에 부정적인 영향을 미치게 된다. 학교교육에 있어서도 마찬가지이다. 아동들의 발달에 미치는 영향과 관련하여 일반적으로 초기 환경일수록 아동들의 지적 성장, 발달에 더욱 중요한 영향을 미친다. 이에 대해 실베스터(Sylwester, 1986)는 저학년 학생일수록 자신들이 소화할 수 있는 정도의 자극적이고 풍부한 환경이 절대적으로 필요하다고 주장하고 있다. 나아가 그는 저학년 시절에 지적·정서적 자극이 빈약한 환경에서 자라난 학생들은 이후의 장기적인 지적 또는 정서적 발달 과정에서 상대적으로 매우 불리한 위치에 놓일 것이라는 것이다. 그의 주장에 의하면, 어떤 교육내용이든 아동들이 그것에 최초로 접하는 시점에서 교사들은 그것을 가능한 다양하고 풍부한 방법으로 가르쳐야 하며 이에 대한 중요성은 아무리 강조해도 지나침이 없다는 것이다.

셋째, 부드럽고 정성 어린 보살핌(tender loving care)에 대한 중요성이다. 교사나 학부모들이 아동들을 부드럽고 정성 어린 사랑의 태도로 대할 때, 환경이 주는 교육적 효과가 극대화될 수 있다는 점이다. 이와 같은 효과성은 쥐를 대상으로 한 실험에서도 확인되었다. 쥐를 대상으로 한 실험에서 부드럽게 취급되어 성장한 쥐와 그러한 취급을 받지 못하고 자란 쥐의 발달 결과를 비교해 본 결과, 부드럽게 취급되어 성장한 쥐에게서 뇌 발달이 보다 가속화되었다는 결과를 얻었다(Dreikurs, 1968; Hill, 1980). 이러한 실험 결과는 어른들이 아동들을 사랑과 정으로 보살펴 줌으로써 아동들의 정서적 태도와 지적 성장에 보다 긍정적인 영향을 미친다는 사실을 확인시켜 준다고 할 수 있다. 즉, 사랑과 정성으로 어린이를 양육하는 것이 매우 중요하며, 유기체의 발달에 영향을 미치는 가소적(可塑的) 역할을 한다는 것이다. 많은 교육학자들도 어린 아동들이나 사춘기의 청소년들에게 사랑을 지닌 보다 긍정적인 태도를 보여줌으로써 나타나는 교육적 효과에 대해 강조하고 있다. 이러한 사례는 실제적 사실에서도 확인할 수 있다. 미국의 경우 적어도 30%가 넘는 학부모들은 자녀의 성장이나 학습의 진행과정에 전혀 무관심하다고 한다. 그렇게 보면 미국에서 고등학교 입학자들의 약 30%가 제 기간에 졸업하지 못하고 중퇴한다는 사실이 크게 놀라운 일은 아닌 것으로 여겨진다. 우리나라 교포들의 경우 자녀교육을 위해 미국생활을 시작했던 학부모들이 경제적인 활동에만 지나치게 신경을 쏟은 결과, 정작 자녀교육 자체에서는 대실패를 경험하는 사례가 많다. 우리나라의 경우에는 조금 다른 방향에서 어른들이 아동을 대하는 데 문제가 나타나고 있다. 우리나라에서는 교사나 학부모들이 아동교육에 매우 많은 관심을 보이는 것은 긍정적으로 평가될 만하다. 그러나 그 관심의 방향이 아동들로 하여금 긍정적인 자아개념을 갖게 되어 학습활동에 적극적으로 임하게 하기보다는 오히려 대다수의 학생들에게 열등감과 아울러 학습에 대한 혐오감을 심어주는 쪽으로 나타나고 있다. 이러한 결과를 변화시키기 위해서는 교사와 학부모들이 아동을 대하는 태도와 방식의 방향 전환이 필요하다. 아동들이 성취를 부정적으로 평가하고 보다 많은 것을 항상 요구하는 욕심을 버리고, 아동들의 성취에 대한 긍정적 격려와 아동 자신도 느낄 수 있도록 어른들의 이해심을 보여주는 아동교육 방식이 필요하다. 그러한 자녀교육의 방식, 즉 부드럽고 정성 어린 보살핌의 방식에 기초하여 교육활동이나 양육활동에 임할 때 자녀들의 뇌 발달도 더욱 촉진될 것이다(조주연, 1994). 아동이 성장하고 변화해 나가는 데 있어서 어떠한 교육적 환경이 주어질 것인가에 따라서 환경적 영향에 대한 아동들의 가소적 역할은 그들의 성장, 발달에 지대한 영향을 미치게 된다.

인간의 성장력

인간은 출생에서 죽음에 이르기까지 전 생애를 거쳐 계속적인 학습의 과정을 통하여 자신을 변화시키면서 성장하고 발달하는 성장력을 지니고 있다. 인간이 지구상에서 만물의 영장이 될 수 있는 것은 바로 이러한 지속적인 학습에 의한 성장력 때문이다.

인간이 인간다워질 수 있는 것은 다른 동물에 비해서 거의 무한한 성장, 발달의 가능성을 가지고 있기 때문이다. 비록 어른의 도움 없이는 하루도 제대로 살아갈 수가 없는 어린아이라고 할지라도 그 아이에게는 무한한 성장, 발달의 가능성이 있기에 지구상에서 찬란한 문화를 창조해 내며 여러 동물과 자연을 지배하고 군림하는 일이 가능해지는 것이다. 그런데 인간이 인간으로서의 면모를 갖추어 나가기 위해서는 또한 아이가 가지고 있는 성장, 발달의 가능성을 최대한으로 계발하기 위해서는 오랜 세월 동안 '의도적인 작용'이 주어져야 한다. 즉, 무능력한 상태의 아이가 하나의 독립된 개체로서 생을 보다 보람차게 창조해 나가도록 하기 위해서는 오랜 세월 동안의 그 어떤 '의도적인 작용'이 필요하다. 그 작용이 바로 '교육'이다. 따라서 가장 미완성의 상태로 태어난 인간이 하나의 독립된 개체로 그가 지닌 성장, 발달의 가능성을 계발하고 도야하기 위해서는 교육이 그 밑바탕에서 작용되어야 한다. 이러한 의미에서 독일의 교육학자인 크리크(E. Krieck)는 “인간은 교육적 동물이요, 인간의 역사는 모두가 교육의 역사, 교화의 역사이다”라고 하며 인간을 ‘교육적 동물’이라고 정의하고 있다. 즉, 아이가 하나의 독립된 개체로서 자라난다는 것은 교육의 작용으로 가능하며, 무능력한 상태의 아이가 선천적으로 지니고 있는 성장, 발달의 가능성을 하나하나 계발, 도야해 나간다는 것 역시 교육을 통해서 가능해진다(장선철 외, 2009).

이러한 인간의 특성을 가리켜 ‘인간은 학습하는 존재이다’라고 정의하기도 한다. 이는 ‘인간은 교육적 동물이다’라는 말과 일관되는 개념으로 사람이 평생에 걸쳐 학습하는 교육적 과정을 거치게 됨을 이르는 말이다. 하지만 인간의 성장과정을 보면, 인간의 발전이 항상 긍정적으로만 이루어지는 것은 아니다. 사람이 신체적으로 성장이 완성된 후 나이를 먹으면서 노쇠기를 겪게 되고, 이러한 노쇠기에는 점차적으로 쇠퇴해 가는 경향이 있다. 하지만 종합적으로 인간의 심리적·정신적 능력을 분석해 본다면 인간은 계속적으로 성장하고 발달한다고 볼 수 있다. 교육은 바로 인간이 지니고 있는 이러한 성장 가능성을 더욱 증대시키고 유지, 발전시키는 기능을 통해 인간의 성장력을 육성시켜 준다. 따라서 인간은 자신의 성장 가능성과 필요성에 의해 학습을 하게 되며, 학습을 필요로 한다는 것은 어떤 형태로든지 간에 그 사람에게 교육을 필요로 하게 된다는 말이며, 이는 그 사람의 성장력을 향상시켜 주는 것이라고 말할 수 있다.

이와 같이 인간의 성장력을 향상시키기 위한 인간 행위는 교육이라는 명목하에 이루어지며, 이러한 교육은 우연적으로 이루어지는 것은 아니다. 교육은 의도되지 않은 무의도적 과정을 통해 성장에 기여할 수도 있지만, 대부분의 교육은 학습이라는 기회와 과정으로 다소 의도적이며 계획적으로 이루어지는 것이 일반적이다.

3. 교육의 필요성과 한계선

무한한 가능성과 교육

인간에게 교육이 왜 필요하냐고 묻는다면 간단하게 말해서 '잘 살기 위해서', '행복하게 살기 위해서', '보다 나은 삶을 위해서' 등으로 요약할 수 있을 것이다. 교육의 필요성과 관련하여 앞에서는 교육학적인 측면에서 그 정의를 살펴보았지만, 교육의 기능적인 측면에서 정의를 내린다면 이와 같은 정의가 나올 수 있다.

인간의 삶 또는 생활이라고 하는 것은 유기체와 유기체를 둘러싸고 있는 환경 사이의 상호작용을 통해 이루어진다. 유기체와 환경 사이에 상호작용이 이루어진다는 것은 유기체가 환경에 영향을 미치고 환경이 유기체에 영향을 미친다는 것을 의미한다. 그런데 유기체와 환경 사이에 상호작용이 이루어지는 과정에서는 반드시 상호 간의 작용을 통해 환경에 변화가 일어난다. 환경에 변화가 일어나게 되면 이 변화는 다시 유기체에 영향을 미치게 되는 것이 자연의 섭리이다. 이때 유기체에게 미치는 환경의 영향은 때로는 사소한 것일 수도 있지만 때로는 유기체의 생존에 결정적인 해를 끼치는 것일 수도 있다. 이 경우 유기체는 환경의 변화에 적응해야만 살아남을 수 있다. 이것을 '적자생존의 원리(principle of the survival of the fittest)'라고 하는데, 유기체의 생존에 영향을 미치는 환경의 변화는 유기체에게 주어진 해결해야 할 문제(problem) 또는 과제가 된다.

유기체는 변화된 환경에 적응함으로써 지속적인 생존을 도모한다. 유기체가 이처럼 환경의 변화에 적응해 나가는 것은 일종의 문제해결(problem solving) 과정이다. 이러한 견지에서 볼 때 유기체의 관점에서 삶이란 유기체가 자신에게 닥친 문제를 해결해 나가는 과정이라고 정의할 수 있다. 그런데 문제를 해결하기 위해서는 지식과 기술이 필요하다. 즉, 문제해결의 과정과 결과는 지식과 기술의 형태로 정립된다(윤건호·김봉석, 2005). 이러한 지식과 기술을 습득하는 것이 바로 교육이고, 이러한 점에서 인간을 '교육적 동물'이라고 말하는 것이다. 인간이 인간답게 살기 위해서는 물론 지식이나 기술만을 필요로 하는 것은 아니다. 인간의 삶에 영향을 미치는 것으로는 지식이나 기술 외에 사회적·문화적 영역의 범위를 포함하기 때문에 인간에게 교육이라 함은 인간의 삶 전체에 관여하는 영역과 범위를 포괄한다.

인간은 삶에 있어서는 자신의 소질과 능력을 발휘하여 생활 속에서 보다 나은 발전적인 변화와 결과를 만들어 활용해 나간다. 앞에서도 언급한 바와 같이 이러한 인간의 변화 행태를 일반적으로 '인간의 가능성'이라는 측면으로 설명한다. 인간은 교육을 통해 인간의 가능성을 확장해 나갈 수 있다. 실제로 인간은 커다란 가능성을 지니고 태어난다. 그러나 대부분의 사람들은 자신이 가지고 태어난 실제보다 훨씬 부족한 능력만을 가지고 생활해 나간다. 즉, 자신의 가능성 개발이 매우 부족하다. 이에 대해 인간발달과 학습을 연구한 학자들은 인간이 생태적으로 지금의 표출되는 상태보다 훨씬 더 큰 수배 이상의 가능성을 가지고 태어난다고 설명하고 있다. 교육의 가능성은 적어도 이상적인 생활 속에서는 인간이 타고난 성장 가능성만큼이나 크고 넓다고 할 수 있다. 그러나 사람들은 자신의 가능성만큼 최대한으로 실현하지 못하고 죽어간다. 이는 사람이 삶의 과정에서 성장을 극대화할 수 있는 조건을 경험하지 못하기 때문이다. 인간에게 이상적인 교육의 조건이 주어진다면 그렇지 않은 경우보다 더 큰 교육의 가능성을 기대할 수 있을 것이다. 그러므로 인간에게 교육은 가능성의 성장을 위해 반드시 필요한 과정이다.

인간의 이러한 가능성과 관련하여 교육으로 개발할 수 있는 능력으로는 지적 능력, 정의적 능력, 사회적 능력으로 구분할 수 있다. 우선 인간의 지적 능력을 보면, 인간은 생후 양육과정에서 어떠한 환경에서 상호작용을 통해 성장하느냐에 따라 지식을 습득하는 정도가 다르다. 어떤 환경에서, 어떤 과정과 어떤 경험을, 어떤 방법으로 경험하였느냐에 따라 그 삶의 지적 능력과 창의력의 정도에 차이가 있다. 인간은 성장하는 과정에서 만나게 되는 다양한 변인과 환경적 여건에 따라 지적 능력의 형성이 달라진다.

인간의 정서적인 측면의 정의적 능력을 보면, 인간의 가능성은 정서적 안정과 연관성을 갖고 있다. 지나친 긴장이나 공포, 불안, 증오심의 경험은 정서적으로 안정된 인간으로 성장하는 데 부정적인 영향을 미친다. 즉, 정서적으로 안정된 인간으로 성장할 가능성이 희박해진다고 할 것이다. 따라서 성장과정에 있어서 어떤 정서적 경험을 했느냐 하는 것은 그 사람의 정의적 능력의 형성에 커다란 영향을 미친다.

마지막으로 인간의 사회적인 능력을 보면 인간의 가능성은 사회적 성숙으로 나타난다. 사회 구성원 간의 관계에서 자신이 속한 집단과의 역할관계가 사회적 능력을 형성하는 데 영향을 미친다. 즉, 집단과 사회의 구성원으로서의 역할을 통해 자신의 존재를 인식하고 전체와의 관계 속에서 자신을 찾음으로써 공동체 의식을 지니게 되고, 공동체 의식을 통해 사회적 능력이 향상되고 성숙해진다. 이러한 사회적 성숙성은 도덕적 성숙의 가능성과 연계된다는 점에서 매우 중요하며, 그 사람이 지닌 사회적 의식이 곧 도덕적 행위와 연계되는 것이다.

결국 교육은 인간의 모든 가능성을 개발하고 능력을 극대화하며, 인간의 삶 안에서 사회적·문화적 영역에서의 문제해결력을 습득하고, 문제해결 과정을 익혀 나가며 이와 같은 능력을 육성하는 일이다. 그러므로 교육은 결과적으로 인간에게 '잘 사는 것', '인간답게 사는 것', '삶의 질을 높이는 것'을 위한 활동이며, 그렇기 때문에 삶에 실제적인 도움을 주는 활동이라고 정의할 수 있다.

교육의 필요성은 개인적인 차원과 사회적 차원, 국가적 차원으로 구분하여 생각할 수 있다. 개인적 차원에서 교육의 필요성을 살펴보면, 인간만이 교육이라는 작용을 수용할 수 있고, 문화적인 과정에서 오랜 기간에 걸쳐 서서히 인간다운 모습이 교육을 통해 이루어진다는 점이다. 즉, 인간은 출생부터 교육의 과정을 통해 하나의 독립된 인간으로서의 성숙한 모습이 만들어진다는 점에서 교육이 필요하다 할 것이다.

사회적 차원에서의 교육의 필요성은 한 사회집단이 존속되기 위해서는 집단에 필요한 사회질서나 사회적인 문화가 형성되어야 하고, 그러한 문화가 지속적으로 전승되고 발전되기 위해서는 반드시 교육이 전제되어야 한다는 것이다. 즉, 사회집단의 유지와 발전은 교육을 통해서만 가능하다는 점에서 그 필요성이 강조되고 있다.

국가적 차원에서 보면 국가의 존속과 발전을 위해 필요한 국민적 의식이나 가치의 형성은 교육을 통해 이루어진다. 즉, 개인의 국가 발전을 위한 국민정신의 함양은 교육을 통해 이루어지게 마련이고, 이러한 국가에 대한 정신적·문화적 가치의 이해와 실천은 국가의 운명을 좌우할 만큼 중요하다는 점에서 국가의 미래가 곧 국민 개개인의 교육에 있다 할 것이다. 국민으로 하여금 자기 나라의 정신적이고 문화적인 가치를 이해하고 미래의 국가 운명을 개척하는 데 적극적으로 참여하도록 도와주는 것이 바로 교육을 통해 가능해지며, 그런 이유에서 국가는 막대한 비용을 지불하면서 개인을 교육하는 것이다.

교육은 인간에게 다음과 같은 점에서 또한 중요성을 지니고 있다(김종철, 1994).

첫째, 인구의 폭발적 증대가 교육의 의무화, 보편화, 대중화와 더불어 교육인구의 증대를 가져오는 기본 요인으로 등장하고 있다.

둘째, 인간은 일차적 동기 외에 이차적 동기, 즉 인정동기, 승인동기, 협동동기, 지배동기, 성취동기 등 다양한 심리적 동기를 갖게 되면서 사회적 기대 또한 상승하게 되었다.

셋째, 교육기회 균등의 보편화로 인해서 의무교육의 연장, 중등교육의 보편화, 고등교육의 대중화, 평생교육의 기회 증대, 특수교육의 발전 등 교육의 발전이 이루어지고 있다.

넷째, 교육은 개인의 자기실현이라는 관점을 넘어서 경제 성장, 사회 개혁, 문화의 창조적 전달 및 국가발전의 원동력이 된다는 관점이 팽배해 있다.

다섯째, 세계는 교통과 통신의 발전, 과학기술의 발전을 통하여 국제화, 개방화가 이루어지고 있고, 시간과 공간을 단축시키면서 인력 면에서도 교류가 활발해지고 있다.

여섯째, 평생교육의 개념이 대두되면서 교육의 중요성을 깨닫게 하고 있다. 현대로 올수록 일생 동안 여러 번의 이직을 하면서 평생직장의 개념이 사라지는 불확실한 시대에 직면하여 교육에 대한 사회적 수요가 증대하고 있다. 이를 반영하듯 교육을 받는 것보다 더 확실한 대비책이 없다는 개인적 · 사회적 인식이 점차 높아져 가면서 평생교육에 대한 관심이 증폭하고 있다. 우리나라에서도 학교에서의 계속교육 기능의 강화, 직장 연수 체제의 정비, 매스컴을 활용한 원격교육의 강화, 사회교육과 성인교육의 진흥 등에 새로운 관심을 기울이는 것 등 평생교육 체제를 지향하고 있다.

한계성을 지닌 교육

인간은 교육적인 존재임에는 틀림없다. 그러나 교육을 통해 인간이 무한히 성장할 수 있다고 보는 교육만능주의는 있을 수 없다. 다만, 인간이 선천적으로 갖고 태어난 소질, 잠재력, 능력 등의 유전적 요인과 사회적 환경의 영향에 의해 후천적으로 균형과 조화를 이루고자 하는 것이 교육을 통해 성취하고자 하는 궁극적인 지향점이다.

교육만능주의는 인간이 동물과 달리 사회적 특성이나 주어진 교육환경을 통해 변화와 발전 가능성을 지니고 있다는 가정에서 출발한다. 즉, 인간은 어떠한 변화나 발전도 모두 이루어 낼 수 있다고 보는 극단적인 생각이라고 할 수 있다. 그러나 인간이 무한한 성장 가능성을 지니고 있다 하더라도 언제나 그 가능성을 실현시켜 온전하게 성장한다고 보장할 수는 없다. 듀이(J. Dewey)가 말했듯이 인간의 성장은 환경과의 상호작용을 통해서 형성되며, 이때 환경이 어떻게 작용하느냐에 따라 경험의 양과 질이 크게 달라진다. 인간의 성장은 다른 사람과의 상호작용과 인간을 둘러싼 환경, 문화, 사회적 여건 등과의 끊임없는 상호작용을 통해 가능한 것이다.

일반적으로 교육의 한계를 좌우하는 조건으로 유전과 환경을 들 수 있다. 유전이란 교육의 효과를 결정하는 선천적 요인으로 인간의 생식세포는 유전형질에 의하여 선천적으로 결정된 것이며, 이는 후천적 영향에 의해 변화되는 것이 아니다. 인간이 태어날 때에 이미 결정되는 신체의 강약, 지능의 우열 등과 같은 신체적·정신적 특징들은 출생 후의 영향이라고 할 수 있는 교육에 의하여 변화시킬 수 없다는 것이다. 생명체에게서 특정 현상이나 성질이 후대에 전해져 내려가는 이러한 유전은 교육에 의하여 근본적인 변화를 가져오는 것이 불가능하다는 것이다. 유전에 의해 결정되는 신체의 강약, 지능의 우열, 의지의 강약 등은 교육에 의해서 변화시킬 수 없거나 극히 미약한 효과만 기대되기 때문이다.

교육의 한계를 설명하는 또 하나의 요인으로 환경을 들 수 있다. 환경은 인간 유기체와 관련을 맺고 있는 자연적 환경, 인간적 환경, 문화적 환경, 물리적 환경으로 대별할 수 있으나 한 인간의 성장과 발달에는 그 모든 환경들이 상호작용을 한다. 환경이란 교육을 포함한 후천적 요인으로 자연적·사회적·경제적·문화적 환경을 포괄하는 개념이다. 환경은 인간과 기능적 관계를 맺고 그 사람의 행동을 규정하는 데 영향을 미치므로, 독립적으로 존재하는 것이 아니라 인간과의 상호작용 속에서 존재하는 것이다. 인간은 출생과 동시에 다양한 가능성을 지닌 존재이다. 이와 같은 가능성은 교육을 통해 변화하고 발전한다. 따라서 인간 형성은 유전과 환경 그리고 교육의 세 요소들 간의 상호작용을 통해 이루어지고 가능성을 발전시켜 나간다. 이와 같은 가능성은 교육에 의해 발현되고 나타나게 되며 환경적 조건들에 의해 구체적인 결과로 나타나게 된다.

유전론자들은 심리적인 특성의 형성에 있어서 환경적 요인보다 유전적인 요인이 보다 강하게 작용한다고 주장한다. 그러나 환경론자들은 유전론자들의 유전적인 요인을 인정하나 환경적인 요인이 유전적인 요인보다 더 강하게 작용한다고 주장한다. 또한 환경론자들은 인간의 지적 능력이 학습경험에 의해 결정된다고 주장하는 데 반하여 유전론자들은 지능이란 환경에 의해서 직접적으로 영향을 받는 것이 아니라 유전적인 요인에 의해서 결정된다고 주장하고 있다.

유전적 요인과 환경적 요인에 따른 영향력은 선천적으로 타고난 유전은 환경 여하에 따라 그 개발과 성장이 제한되게 되고, 아울러 교육의 한계가 결정된다는 점에서 인간의 성장 가능성은 어느 한쪽에 의해 좌우되는 것이 아니라 유전적 요인이나 환경적 요인과의 상호작용에 따라 좌우되는 한계성을 지니고 있다. 유전과 환경은 각각 독립적인 요소로서의 힘이 아니라 서로 상대적인 관계로서 존재한다. 유전적 영향력은 그 실현을 위해서 반드시 환경을 필요로 하고 환경 또한 유전적 요인을 전제로 하고 있다. 가능성과 능력을 자극하고 이를 신장시켜 줄 수 있는 환경 없이는 유전적 영향력은 무의미하며, 환경 또한 유전적 요인을 떠나서 가능성과 능력의 변화와 발전을 기대하는 것은 무의미한 것이다(김창걸 외, 2009).

인간의 성장에 있어서 발달의 속도와 특성은 환경의 영향에 의해 크게 좌우되며, 이는 인간이 교육적 동물이어야 하는 이유가 된다. 그렇다면 교육에 있어서 유전과 환경 중 어느 쪽이 더 크게 작용하는가? 이에 대해서는 아직까지의 연구 결과로 보아 한마디로 단정하기는 어렵다.

고트샬트(K. Gottschaldt)는 이러한 인간의 유전적인 요인과 환경적인 요인 간의 가능성을 두고 유전과 환경과의 상호관계를 그림으로 나타냈다. 그림에서 E를 환경의 극점으로 하고, H를 유전의 극점으로 할 때 한 인간의 성장 가능성은 E의 어느 한 점을 바탕으로 만들어지는 범위와 H선상의 한 점을 바탕으로 만들어지는 범위의 관계이다. 이 관계를 그림으로 나타내면 다음과 같다.

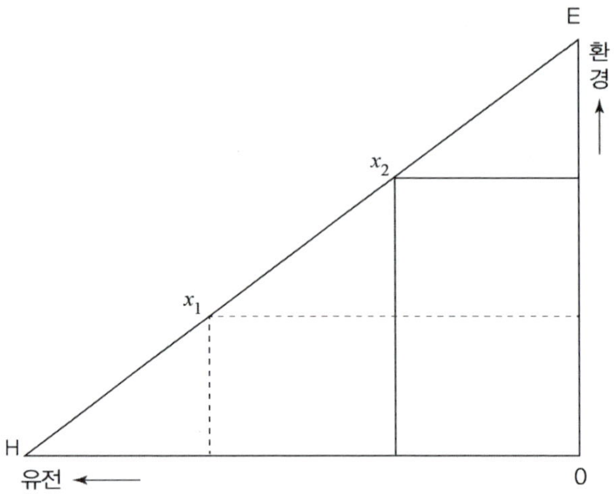

그림 5-1 고트샬트(K. Gottschaldt)의 유전과 환경과의 상호관계

그림에서 x_1 또는 x_2의 위치에 따라 환경과 유전의 영향력이 서로 다르게 나타남을 알 수 있다. 결국 인간에 있어서 교육의 가능성은 맹모삼천지교(孟母三遷之敎)와 같이 인간이 아무리 큰 가능성을 가지고 태어났다고 하더라도 자신의 능력과 역량을 계발하고 발달시킬 수 있는 사회적 환경이 주어지지 않는다면 결코 능력을 발휘할 수 없으며, 역량을 육성할 수 없다는 것을 의미한다. 이와는 반대로 인간의 성장과 발달은 유전적 요인을 무시한 채 환경적 영향에 의한 교육을 통해 무한히 발달할 수 있다는 것을 의미하는 것은 아니다. 즉, 유전적 요인은 그 실현을 위해서 반드시 환경을 필요로 하고 또 환경은 반드시 유전적 요인의 존재를 전제로 한다고 할 수 있다.

4. 가정교육, 학교교육, 사회교육

인간교육의 기초 가정교육

교육이 이루어지는 장이 어디인가에 준거를 두고 교육의 형태를 구분하면 가정교육, 학교교육, 사회교육으로 구분할 수 있다. 흔히 교육은 학교교육을 통해 이루어진다고 생각하지만, 학교교육이 모든 교육적 역할을 수행하는 것은 아니다. 넓은 의미에서는 학교뿐만 아니라 가정과 사회에서도 교육이 이루어지고 있으며, 교육의 완성을 위해서는 학교와 가정, 사회가 서로 상호보완적인 역할을 수행하면서 실현되어야 한다.

가정교육은 인간 발달의 기본적인 틀을 형성하는 데 가장 큰 영향을 미치는 교육형태이다. 가정교육은 가족집단을 중심으로 이루어지는 교육형태로 모든 교육의 기초가 된다. 따라서 평생에 걸쳐 이루어지는 교육에 있어서 가장 중요한 교육은 가정교육이라고 할 수 있다. 가정은 인간의 발달과정에 있어서 신체 발달과 건강, 정신적 발달과 사회적 발달 등 성장의 기초가 되는 부분에 결정적인 영향을 미친다. 특히 어린 시절의 발달은 가소성(plasticity)이 크기 때문에 환경적 영향에 따라 성장, 발달에 지대한 영향을 미친다는 점에서 가정교육이 강조된다. 즉, 가정이 인간으로 성장하는 데 있어서 가장 최초의 교육환경이고, 희생적인 사랑으로 이루어지며, 실제 생활에 필요한 것들이 가정교육의 중심이 된다는 점에서 인간교육의 기초를 닦는 교육이라 할 수 있다.

가정교육이 이루어지는 가정환경은 '있는 환경'을 의미하는 물리적 환경과 '작용하는 환경'을 의미하는 심리적 환경으로 나눈다. 물리적 환경에는 거주지의 생태적 환경, 가옥의 규모, 거주지 주변의 문화시설, 가족구성, 부모의 직업, 부모의 교육 정도 등이 포함되고, 심리적 환경에는 부모의 양육태도, 집안의 분위기, 가족 간의 상호작용 등이 포함된다. 연구 결과에 의하면, 가정의 심리적 환경이 물리적 환경보다 가족 구성원의 성장과 발달에 더 큰 영향을 미치는 것으로 나타났다. 이러한 가정의 심리적 환경의 중요한 변인으로는 가정의 과정변인(process variable)[2]과 부모의 양육태도를 들 수 있다. 특히 부모의 양육태도는 자녀의 성격 형성에 커다란 영향을 미치는 것으로 알려져 있다. 부모의 양육태도를 연구한 쉐퍼(E. S. Schaefer)는 어머니의 양육행동을 애정-거부, 자율-통제를 바탕으로 하는 축으로 분류하여 어머니의 양육태도에 따른 자녀의 성격적 특성을 분류하기도 하였다.

그림 5-2 쉐퍼(Schaefer)의 부모 양육태도 모형

오늘날에 와서는 사회변화와 함께 경제적 기능의 변환에 맞춰 맞벌이 가족이 증가하고 있다. 이러한 맞벌이 가족의 증가는 전통적인 가정이 갖는 교육적 기능의 수행을 어렵게 만들고 있다. 전통사회에서의 자녀교육은 할아버지, 할머니, 아버지, 어머니, 그리고 형, 누나들이 함께 살아가는 확대가족 형태에서 자연스럽게 이루어졌다. 확대가족 형태는 많은 가족 구성원들이 아동의 성장, 발달에 따라 관심을 가지고 보살펴 주면서 필요한 좋은 환경과 역할을 수행할 수 있었다. 어려서부터 가족 구성원들이 함께 모여 생활하면서

2) 가정의 외적인 조건이나 자극과의 상호작용에 의해 나타나는 심리적인 과정을 말한다.

인생 전반에 걸친 삶의 지혜를 배웠다. 그러나 오늘날의 핵가족 형태에서는 그러한 가족 구성원으로부터의 역할을 요구하기가 어려워졌을 뿐만 아니라, 가정기능의 약화로 자녀들의 도덕적 타락, 청소년 범죄의 증가 등 사회 전반에 걸쳐 다양한 문제들이 표출되고 있다. 이러한 가정교육에서의 문제점은 부모를 중심으로 한 양부모 교육체제(兩父母 敎育體制)3)를 바탕으로 자녀를 위해 합리적이고도 냉철한 교육적 판단과 무한한 애정이 담긴 자녀교육이 이루어질 수 있도록 하는 관심과 배려가 필요하다.

문화유산의 학교교육

학교교육은 학교라는 제도화된 틀 안에서 정선된 문화유산으로 구성된 교육과정에 의해서 전문적인 소양과 지식을 갖춘 교사가 계속적으로 가르치며 배우는 제도화된 교육활동이다. 세계의 여러 나라에서는 학교교육을 통하여 사회, 국가, 인류에 공헌할 수 있는 인간을 기르고자 노력하고 있으며, 국가가 국민의 교육을 무상으로 제공하는 의무교육 기간을 갖고 있다. 오늘날의 학교교육은 가장 대표적인 교육형태이며, 일반적으로 교육을 지칭할 때 학교교육을 뜻하는 말로 사용한다. 학교교육의 중요한 기능을 살펴보면 다음과 같다(강영삼 외, 2008).

첫째, 학교교육의 주요 기능은 문화유산을 전승함으로써 사회의 유지와 존속을 가능하게 한다. 일반적으로 문화는 언어, 사상, 제도, 규범 등을 포함한 인간의 생활방식과 사고방식으로 인류 역사를 통하여 형성된 것이다. 인간이 인간성을 유지하고 인간다운 삶을 영위할 수 있는 것도 교육을 통한 문화유산의 전승이 가능하기 때문이다.

둘째, 학교교육은 문화유산의 전달을 통하여 사회의 통합과 통제의 기능을 수행한다. 인간은 문화유산인 행동양식, 가치관, 사회규범 등을 습득함으로

3) 자녀의 교육을 부모 중 한 사람만의 책무로 볼 것이 아니라 부모 모두가 가족 구성원으로서의 역할을 수행하면서 함께 교육을 담당하는 가정교육 방식.

써 유사한 인격과 행동적 특성을 형성한다.

셋째, 학교교육은 사회적 선발 및 지위 결정의 기능을 한다. 학교는 청소년을 선발하여 미래 사회생활에서 사회적 지위 결정에 필요한 중요한 요소로 작용한다.

넷째, 학교교육은 사회변화에 따른 새로운 지식과 기술을 학생들에게 전수함으로써 사회 변화와 발전을 촉진한다.

다섯째, 학교교육은 개인의 성장과 발달을 최대한으로 신장시키려는 환경을 조성하여 개인의 자아실현에 도움을 준다.

우리나라의 현행 학교교육 제도는 단선형 학제로 이루어져 있으며, 기간학제는 6·3·3·4제로 총 교육연한은 16년이다. 초등학교에서 이루어지는 교육은 국민생활에 필요한 기초교육을, 중학교에서는 초등학교에서 받은 교육의 기초 위에 중등교육을, 고등학교에서는 중학교에서 받은 교육의 기초 위에 중등교육과 전문교육을 하는 것을 목적으로 하고 있다. 대학은 고등교육기관으로서 종국학교(終局學校, terminal school)의 성격을 지니고 있다.

오늘날의 학교교육은 사회변화에 맞춰 학교교육이 적응력을 지녀야 한다. 그렇지 못하면 변화하는 사회를 살아갈 미래사회의 젊은이들이 혼란을 겪게 되며, 경제적으로도 어려움을 겪게 된다. 앞으로 학교교육이 지향해 나가야 할 방향은 평생교육 체제 안에서 학교교육으로 끝날 것이 아니라 학교교육 다음 단계인 사회교육과의 연결에 개방적이어야 하고, 기초교육 기간을 최소한도로 제한하여 그 이후의 학습활동에 있어서 다양한 요구에 맞는 학습기회를 가질 수 있도록 해야 할 것이다. 또한 기초교육에 있어서 형식교육에만 제한을 둘 것이 아니라 비형식적 교육도 인정할 수 있는 방안을 마련하여 학교 외 교육과 학교교육을 통합함으로써 다양한 교육형태가 공존할 수 있는 방안을 모색하여야 할 것이다.

평생교육의 틀 사회교육

사회교육은 사람이 살아가는 데 필요한 삶의 터전으로 가정과 학교와 더불어 또 하나의 중요한 교육의 장이며 교육제도이다. 사회교육은 일반적으로 학교교육 이외에서 실시하는 의도적이고 조직적인 교육활동으로 학교 밖에서 실시되는 조직적이고 계속적인 교육활동의 총체로 넓은 의미로 정의된다. 사회교육은 좁은 의미로는 학교를 졸업한 사람들을 대상으로 하는 청소년 이후의 성인교육만을 지칭하는 의미로 사용되지만, 넓은 의미로는 유아교육, 청소년교육, 성인교육, 노인교육을 포함하는 전 생애교육, 즉 평생교육의 의미를 지닌다.

사회교육과 관련한 용어로 '평생교육'과 '생애교육'이라는 것이 있다. 평생교육은 좁은 의미로는 넓은 의미의 사회교육과 동의어로 사용되지만 넓은 의미로 보면 학교교육을 포함한다. 평생교육은 한 마디로 '요람에서 무덤까지', 즉 태어나면서부터 죽음에 이르기까지 전 생애에 걸쳐 이루어지는 교육을 말한다. 따라서 평생교육은 사회교육과 유사한 개념으로 많은 부분에서 사회교육과 겹치지만 사회교육보다는 넓은 범위에서 이루어지는 교육이다.

사회교육은 국민의 평생교육을 위한 모든 형태의 교육으로 다음과 같은 특성을 지니고 있다(김충기 외, 2002).

첫째, 사회교육은 자발성이 강한 교육적 특성을 지니고 있다. 사회교육은 학습자가 자발적으로 참여하는 자기교육을 본질로 하는 교육이다. 사회교육은 법적으로 강제력이 없고, 학습자 자신의 생활환경으로부터 자극을 받고 스스로가 학습의 필요성을 인식하여 학습기회를 찾아서 참가하는 활동이다. 그러므로 학습의 목표와 내용은 전적으로 개인의 학습요구에 의해서 결정된다. 말하자면 사회교육은 학습자의 자기교육의 의사에서 출발하는 자유로운 학습이며, 개인이 임의로 선택할 수 있는 여가시간에 자발적이고 자주적으로 참가하는 학습활동이다. 그러므로 사회교육은 타율적으로 학습의지가 무시되거나 강요되는 일이 없다.

둘째, 사회교육은 교육의 실제성을 강조하는 특성을 지니고 있다. 사회교육이 가장 중요시하고 있는 것은 생활과제와 지역과제를 해결할 수 있는 학습이다. 우리의 현실생활과 지역사회에는 해결해야 할 많은 심각한 문제들이 있다. 공해문제, 교통문제, 보건위생문제, 가정문제와 같은 과제들은 중요한 학습과제이며, 취미, 오락, 체육활동은 신체적・정신적 건강을 증진시키는 학습과제이다. 한편 사회교육에도 이와 같이 실용적인 생활과 직접적인 관계가 없는 것처럼 보이는 지적 교양을 높이는 학습영역이 있다. 사회교육이 아무리 생활에서 출발하여 생활로 돌아가는 학습활동이라고 하더라도 전적으로 실용적인 학습만을 뜻하는 것은 아니다.

셋째, 사회교육은 다양한 학습의 내용과 방법에 대한 특성을 지니고 있다. 인간의 생활은 연령, 성, 직업, 계층, 거주지역에 따라서 학습내용이 달라진다. 동일한 건강문제라고 하더라도 청소년과 성인기의 건강에 관한 학습욕구는 달라지기 마련이고, 동일한 취미에 대한 학습내용이라 하더라도 장년기와 노년기가 다르다. 사회교육은 학습의 형태와 방법에 있어서도 매우 다양하다. 학습자의 규모와 그들의 학습요구에 따라서 방송매체, 신문, 잡지, 도서 등을 활용하는 방법을 도입할 수도 있고 세미나, 심포지엄에 의한 학습방법을 활용할 수도 있다.

넷째, 사회교육은 공공성의 특성을 지니고 있다. 사회교육에 참가할 것인지 말 것인지는 전적으로 개인의 자유의사와 자발성에 달려 있기 때문에 사회교육은 그런 의미에서 사적 학습활동으로 이해하기 쉽다. 그러나 그러한 학습활동이 사적인 활동에 한정된다면 그것은 이미 사회교육이라고 말할 수 없다. 사회교육은 무엇보다도 모든 사회인을 대상으로 하는 공교육적 성격을 가지고 있고 학습활동이 전개되는 장소 역시 공공의 장소에서 행해지기 때문이다. 사회교육의 학습활동에는 사적인 시설이나 단체에 의해서 운영되는 것들이 있다. 이들 시설이나 단체에 의해서 운영되는 학습활동이 폐쇄적이거나 공공성이 결여되었을 때 그것은 사회교육의 범주에 포함되지 않는다. 그러나 비록 그것이 사적 교육활동이라 하더라도 공공적인 가치를 추구하고 개방된 환경에서 이루어진다면 사회교육의 성격을 갖게 된다. 사회교육은 어디까지나 시민에게 공개된 교육기회에 그들의 학습요구와 과제를 중심으로 한 공공성을 가진 학습활동일 때 사회교육이라는 명칭이 부여될 수 있는 것이다.

다섯째, 사회교육은 계속성의 특성을 지니고 있다. 사회교육 대상자의 학습요구와 과제는 인생의 어느 일정한 시기에 한정되는 것이 아니고 유아기부터 노년기까지 일생 동안 계속되는 것이므로 필연적으로 평생교육의 성격을 가지고 있다.

이 밖에도 사회교육은 교육대상이 전체 국민이 된다는 점과 교육시기가 평생에 걸쳐 이루어진다는 특징이 있다. 또한 사회교육은 교육내용이 생활중심적이고 다원적이며, 여가선용 교육이라는 특징이 있다.

사회교육의 궁극적인 이념은 개인의 생활을 향상시키고 사회의 복지를 증진시킨다는 민주사회의 건설에 있다. 따라서 사회교육을 통해 개인적인 목표를 달성하기 위해서는 개인이 지니고 있는 잠재능력을 계발하여 전 생애에 걸쳐 지속적으로 발전시켜 나감으로써 자아실현을 달성할 수 있도록 도와주어야 한다. 사회교육의 이러한 목표 달성을 위해 무엇보다도 학교교육과 깊은 관련성을 가지고 상호보완적 역할을 수행하면서 각각의 교육효과를 극대화할 수 있도록 하는 것이 필요하다.

5. 자기주도적 학습과 학습법

자기주도적 학습이란?

자기주도적 학습(self-directed learning)이란 자기조절 학습(self-regulated learning), 자기관리 학습(self-management learning)이라고도 하는데, 학습과정을 학습자가 자발적으로 이끌어 나가는 학습을 지칭하는 말이다. 즉, 학습경험을 계획하고 시행하고 평가하는 전반적인 학습과정에 대한 일차적인 책임을 학습자가 직접 맡아서 운영하는 학습이다.

자기주도적 학습은 놀스(Knowles, 1975)에 의하여 체계화되었다. 자기주도적 학습의 개념이 나타나기 시작한 것은 1960년대 초 시카고대학교의 호울(Houle)이 성인교육을 위한 책인 『탐구정신(The Inquining Mind)』을 출간하면서부터이다. 자기주도적 학습은 교육적 경험에 의하여 성장하고 발달하는 것으로서, 교사에 의하여 설계된 수업에 학습자가 능동적으로 참여하여 문제를 해결하는 것을 말한다. 따라서 자기주도적 학습은 개별 학습자가 자신의 학습에 있어서 스스로 주도권을 갖고 자신의 학습요구를 진단하고 학습목표를 설정하며 학습에 필요한 인적·물적 자원을 확보하고 적합한 학습전략을 선택, 실행하여 성취한 학습결과를 스스로 평가하는 과정과 활동이라고 정의할 수 있다(한순미, 2004). 즉, 학습자 스스로 공부에 필요한 학습환경을 만들고 자신에게 가장 알맞은 학습방법을 찾아 적용함으로써 성적을 증진시키는 학습전략을 말한다.

자기주도적 학습은 개별적으로 주도하는 유목적적인 지적 과정으로 필요한 정보를 밝혀내고 찾는 인지적 행동이 수반되는 과정이다. 따라서 자기주도적 학습을 실천하는 학습자는 다양한 인지조절 전략을 학습에 활용할 줄 알고 학습에 대해 잘 동기화되어 있어 자신의 행동을 적절하게 통제할 수 있는 학습자라고 말할 수 있다. 자기주도적 학습에 대한 구성요소에는 인지조절 요인, 동기조절 요인, 행동조절 요인 등이 있다.

자기주도적 학습을 실천하려면?

자기주도적 학습은 개별 학습자가 스스로 자기 자신의 학습에 있어서 주도권을 가지고 자신의 학습욕구를 진단하고, 목표를 설정하고, 학습전략을 선택하며, 이를 실천하여 학습의 효과를 극대화하는 것이다. 자기주도적 학습을 실천하는 사람들은 다음과 같은 몇 가지 특성을 지니고 있다.

첫째, 자기 자신의 능력에 대한 인식이 긍정적이다. 긍정적인 자아개념으로 매사에 자신감을 가지고 있고 학습에 대한 능력에 대해서도 긍정적이다.

둘째, 자기주도적 학습의 실천에 있어서 타인의 간섭을 받기보다는 자율적인 판단과 의지에 따른다. 특히 주변의 방해요인으로 작용하는 환경에 대해서 스스로 억제하고 통제해 나갈 줄 안다.

셋째, 자신의 비효과적인 학습행동을 의식하고 있다. 자기주도적 학습을 실천하는 사람은 자신의 비효과적인 행동이 무엇인지를 알고 있고 이를 개선하려고 노력한다.

넷째, 자기주도적 학습의 실천은 외적 보상이나 벌에 의하기보다는 학습자의 내적 동기나 만족감에서 오는 경향이 있다.

다섯째, 자기주도적 학습자는 자기평가를 수행할 줄 알며, 평가 결과를 방법 개선에 자율적으로 반영해 나갈 줄 안다.

여섯째, 자신의 학습 및 학습습관을 변화시킬 준비가 되어 있다. 자기주도적 학습을 실천하는 학습자는 잘못된 자신의 학습방식이나 학습습관에 대해 즉각적으로 개선하려는 마음가짐이 되어 있다.

자기주도적 학습자의 네 가지 유형

학습에는 학습목표를 달성하기 위해 각 상황에 맞게 활용될 수 있는 의식적이거나 자동화된 학습유형 중에서 가장 많이 사용되는 방식이 반복적 학습이다. 자기주도적인 학습방식에 의해 성공적으로 학습하는 사람들은 일반적으로 첫째, 정보를 빨리 파악하고 처리하며, 둘째, 다양한 학습전략을 가지고 있고 이를 목적에 맞게 효율적으로 활용하며, 셋째, 상식이 풍부하고 체계적인 사전지식을 갖추고 있으며, 넷째, 과제를 수행할 때 과제영역에 관한 전략적 지식과 상위 인지지식을 효율적으로 조합할 줄 아는 능력을 지니고 있다(김혜온 · 김수정, 2008). 또한 자기주도적 학습을 하는 사람들은 자신만의 습관화된 학습자의 유형이 있는데 다음의 네 가지로 구분된다(신재한 · 송휘석, 2013).

시각형(visual learner)

- 일반적 특징: 눈을 자주 위로 향하고 머리와 몸을 곧바로 세우는 자세를 취함. 외모와 주변이 잘 정리정돈 되어 있어야 마음이 편함. 새로운 정보를 접할 때는 소리보다는 외적인 모습이나 이미지 패턴에 더 민감한 반응을 보임. 간혹 집중력이 떨어질 때에는 특히 언어적 실수를 많이 하는 편임. 무슨 일을 할 때 그 일이 다른 사람에게 어떻게 보이느냐에 신경을 씀
- 학습의 특징: 도형이나 그림, 도표 등으로 정보와 자료를 제공할 때 가장 잘 학습함. 칠판에 학습한 내용을 판서해 주거나 프린트해 주는 것에 호기심이 있고 이해에 도움이 됨. 시각을 통해 입력된 정보는 이해가 빠르고 기억에도 오래 남음. 시각형 학습자는 수업에서 들은 내용이나 교과서 내용을 자신의 노트에 상세하게 그리고 이미지나 그림, 첨언 등을 활용해서 자신의 취향대로 정리를 잘함

청각형(auditory learner)

- 일반적 특징: 눈을 옆으로 움직이면서 사각형처럼 흉식호흡을 하는 경향이 있음. 자신도 모르게 입술만 움직이거나 타인이 알아듣지 못하는 말로 혼잣말을 자주 함. 말을 할 때는 쉬지 않고 빠르게 함. 소리에 민감함. 악기연주를 즐거워하고 음악감상도 매우 좋아함. 한 번 통화한 적이 있는 사람의 목소리를 정확하게 기억함
- 학습의 특징: 학습할 내용이 청각언어로 주어질 때 가장 잘 배움. 토론으로 이루어지는 수업에 적극 참여함. 책을 눈으로 읽는 것보다 오디오로 들을 때 집중이 잘되고 이해가 빠름. 예습과 복습에서도 자신이 교사처럼 말로 가르쳐 보는 학습방법을 좋아함. 외국어 학습 시에도 회화를 잘하며 다른 사람에 비해 외국어 배우기를 좋아함

언어형(linguistic learner)

- 일반적 특징: 시간만 있으면 책읽기를 좋아함. 오랜 시간 동안 집중해서 책을 잘 읽음. 창의적인 글보다는 논리적이고 설득력 있는 글을 더 잘 씀. 영화, 음악회, 스포츠, 여행 등에는 시간을 별로 할애하지 않아 다른 사람과 어울려 즐거운 시간을 보내는 경우가 적음. 책을 통해 박식해지면서 만족해함
- 학습의 특징: 학습을 전달하는 언어정보에 능숙한 경향을 보임. 집에 장난감보다 책이 많은 가정 분위기에서 자란 사람들이 대부분 이 유형임. 현재 한국 교육에서 가장 잘 적응하고 뛰어난 실력을 발휘할 가능성이 높음. 다양한 경험을 위한 다양한 학습에 관심을 가질 필요가 있음

촉각형 또는 신체감각형(kinesthetic learner)

- 일반적 특징: 눈을 움직이는 범위가 넓음. 다른 유형에 비해 복식호흡을 많이 함. 말을 할 때 다른 유형에 비해 느리게 하고 간혹 더듬는 일이 있음. 육감이 뛰어나고 감정이 예민함. 말을 할 때 표정이 풍부하고 제스처가 큰 편임. 무슨 일이든지 흥미와 관심이 생기면 직접 행동으로 옮기고 경험하면서 즐거워함
- 학습의 특징: 학습할 때는 손이나 몸의 다른 부위를 활용해서 배워야 잘 학습함. 실제로 해보지 않고 머리로만 배우는 것에 어려움을 느낌. 교실에서도 여기저기 돌아다니기를 좋아함. 촉각형의 경우 무엇인가를 만지작거리며 촉감이 느껴질 때 정보를 더 잘 이해하고 흥미를 느낌. 교실보다 특별실에서 학습하는 것을 더 좋아함. 촉각형의 경우 학교에서 금지되어 있는 행동을 하여 교사로부터 지적받는 일이 잦음. 다른 사람들에게 피해를 주지 않는 범위에서 자유스러운 분위기를 허용하면 학습에 대한 흥미도가 높아지고 학습의 효과에도 진전을 보임

RTM 학습법

RTM 학습법에서 사용되는 'RTM'의 용어는 'Review Time Management'의 약자이다. 이 학습법은 독일의 심리학자 에빙하우스(Hermann Ebbinghaus)의 망각곡선 이론을 기본 바탕으로 하여 개발된 학습방법이다. 이는 최적의 복습주기(1일, 7일, 15일, 30일)를 정해 놓고 적정한 시점에 복습을 함으로써 기억효율을 높일 수 있다는 학습방법이다. 즉, 적절한 주기에 반복적인 복습을 통해 공부한 내용을 효율적으로 장기기억화하는 공부방법이다. 에빙하우스는 인간의 기억은 학습 후 시간의 흐름과 반비례한다는 사실을 알고 감소하는 기억을 오랫동안 기억하기 위해서는 주기에 따라서 적절한 시점에 복습(4회)이 필요하다는 이론이다. 따라서 RTM 학습법은 4단계의 완전기억시스템에 의하여 진행된다. RTM 학습법에서는 학습이 이루어진 후 1차 복습을 1일이 지난 후에 약 10분의 복습을 하게 되면 1주일 동안 기억이 가능하다고 본다. 2차 복습은 학습이 이루어진 후 일주일이 지나서 약 4분 정도의 복습을 하게 되면 학습한 내용이 1개월 동안 기억이 가능하다고 보고 있다. 또한 15일 후에 약 3분의 3차 복습을 하게 되면 3개월 동안의 기억이 가능하다고 보았고, 30일 후 약 3분의 4차 복습이 이루어지면 6개월 이상의 장기기억으로 보존이 가능하다고 보았다. 이를 도식화해서 나타내면 다음과 같다.

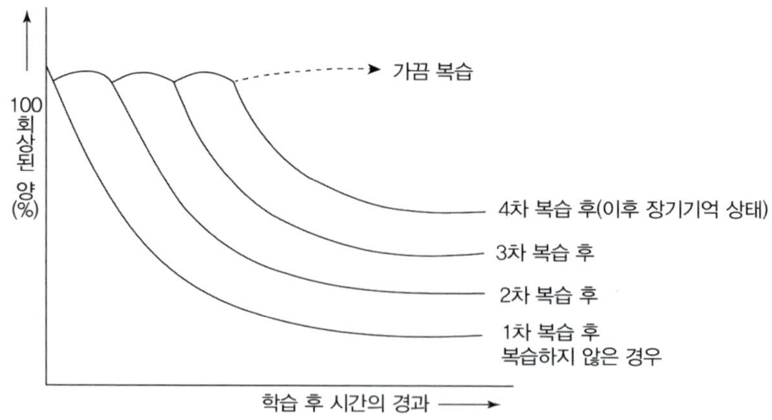

그림 5-3 RTM 학습에 따른 망각곡선

전인교육: 5차원 학습법

사람을 이해하는 데 있어서 그 사람의 한 측면만 보고 판단한다는 것은 제한적일 수밖에 없다. 한 사람을 보다 더 심도 있게 이해하고 바르게 인식하기 위해서는 다면적인 관찰과 평가가 선행되어야 한다.

교육에서도 마찬가지이다. 인간의 역량을 어떻게 평가하고 인식할 것인가와 관련하여 원동연(2017)[4]은 최소한 인간은 다섯 가지의 역량을 갖추어야 학습과 성장이 균형적으로 이루어질 수 있다고 보았는데 이를 '5차원 전면교육 학습법' 또는 '5차원 학습법'이라고 한다. 즉, 인간이 갖춰야 할 본질적인 다섯 가지 전인적 요소인 지력, 심력, 체력, 자기관리능력, 인간관계능력을 학생들에게 체계적으로 학습시켜 개인의 역량을 최대한으로 발전시켜 나갈 수 있는 교육을 말한다.

5차원 학습법은 지금까지의 인지중심의 지식교육에서 벗어나 인간이 갖추어야 할 전인적 역량으로 다섯 가지 요소를 제시하고 이를 체계적으로 학습시켜 나갈 때 개인의 능력을 최대한 발전시킬 수 있다고 본다. 5차원 학습법에 의하면, 인간의 역량을 기르기 위해서는 어느 한 측면의 요소를 강화시켜 나가는 것보다는 다섯 가지 요소를 균형적으로 강화시켜 나갈 때 요소 간에 시너지 효과를 발생시켜 학습과 성장이 효율적으로 증대된다는 것이다. 따라서 5차원 학습법에서는 인간의 역량을 균형적으로 골고루 발전시켜 나갈 것을 강조하고 있다. 인간의 역량을 머리로만 강화하는 학습법에서 벗어나 '아는 것'과 '실천하는 것'까지의 균형적 학습이 중요하다는 것이다. 다섯 가지 요소 중에서 한 가지라도 부족한 부분이 있다면 그 부족한 요소가 다른 요소에 영향을 미친다는 것이다. 예를 들어, 지력이 좋아 아무리 공부를 잘한다고 하더라도 체력이 뒷받침해 주지 못하면 실력을 십분 발휘하지 못하는 것과 같은 이치이다. 따라서 5차원 학습의 요소를 균형적으로 골고루 발전시킬 때 올바른 학습이 이루어지고 역량이 강화될 수 있다.

4) 원동연(2017). 5차원 전면교육: 인간의 수용성 향상을 위한 입체 학습법. 서울: 김영사.

5차원 학습법에서 제시하고 있는 요소는 앞에서도 언급한 바와 같이 다섯 가지이다. 보편적인 교육의 3대 요소인 지력(知力), 심력(心力), 체력(體力)에 자기관리능력과 인간관계능력의 요소가 추가되었다. 5차원 학습법에 따르면 교육에 있어서 가장 먼저 선행되어야 할 일은 다섯 가지 요소에 대해 학생들이 수용의 틀(이를 '수용성'이라 함)을 제대로 갖추고 있는지를 파악하는 일이다. 이는 학습의 준비 단계에서 매우 중요한 과정이다. 수용의 틀이 갖추어지지 않거나 망가진 상태에서는 학습과 성장이 어려워진다. 수용의 틀이 제대로 갖추어져 있지 않았거나 부족한 부분이 있는 학생에게는 상담을 통해서 회복시켜 주는 일이 선행되어야 한다. 심적 틀과 인간관계 회복 능력의 틀이 깨진 학생들에게는 배려를 통해 회복의 기회를 마련해 주는 일이 이루어져야 한다. 5차원 학습법과 관련하여 원동연(2017)이 제시한 다섯 가지 전인적 요소의 구체적인 내용은 다음과 같다.

첫째, 지력(知力)은 참과 거짓을 구별할 수 있는 능력이다. 학습 원리와 지혜를 익히는 활동으로 참과 거짓을 구별할 수 있는 능력을 기르는 학습이 바로 지력이다. 지력은 언어를 바탕으로 상호 간에 전달되는 지식을 재해석하는 가치관과 세계관이 형성되는 학습으로 지성의 틀을 왜곡되지 않도록 관리하고 육성시켜 나가는 일이 중요하다. 지성의 틀이 왜곡되면 전달되는 지식에 바르게 반응할 수 없고 창조적인 지성을 발휘할 수 없게 된다. 중요하지 않은 내용이나 교사의 농담은 잘 기억하지만 정작 수업시간의 중요한 내용을 잘 기억하지 못하는 학생들은 이러한 지성의 틀에 이상이 생겼기 때문이다. 지력은 언어가 가진 특성과 타 언어와의 공통성을 이해하고 이를 바탕으로 언어의 벽을 넘어 다른 언어를 익힐 수 있는 지식운영 방안을 배우면서 강화된다.

둘째, 심력(心力)은 지식의 내면화 능력이다. 심력은 입력된 지식을 내면화하여 보이지 않는 세계를 볼 수 있는 힘을 길러주는 능력이다. 따라서 심력은 어떤 일에 부딪혔을 때 이에 대응하는 마음의 힘으로 만일 자신에게 닥친 일을 마음으로 포기하고 부정적으로 생각하면 그것을 받아들이기 힘들어지게 된다. 학생들의 심력을 기르기 위해서는 무엇보다도 학생들이 긍정적인 마음을 갖도록 유도하고 이를 강화시켜 줄 수 있어야 한다.

심력의 강화를 위해서는 개념 심화학습 방법이나 질문을 통한 학습법, 토론을 통한 학습법 등이 도움이 된다. 특히 3분 묵상법과 같은 성찰의 기회를 갖는 것은 긍정적인 가치관을 정립하는 데 많은 도움이 된다.

셋째, 체력(體力)은 바른 삶을 실천할 수 있는 힘이다. "돈을 잃으면 조금 잃은 것이요, 친구를 잃으면 많이 잃은 것이며, 건강을 잃으면 모든 것을 잃은 것이다"라는 말처럼 바른 삶을 실천하기 위해서는 체력이 가장 우선되어야 한다. 따라서 자신의 건강을 지키기 위한 사회체육 활동에 적극적으로 참여할 수 있는 방안을 찾아야 한다. 지력과 심력을 아무리 잘 갖추었다고 하더라도 체력이 뒷받침되지 못한다면 자신의 능력을 충분히 발휘하지 못하기 때문에 아무 소용이 없는 일이 된다. 무엇보다도 체력이 우선이다. 평소에 자신의 몸에 대한 특성을 잘 파악하여 일상 속에서 꾸준히 자기만의 효과적인 운동을 실천해 나가는 일이 중요하다. 체력을 신장시키기 위한 자신만의 효과적인 운동방식을 터득하고 익혀서 이를 습관화해야 한다.

넷째, 자기관리능력은 목표를 향해 스스로를 통제하고 에너지를 분포할 수 있는 힘을 말한다. 자기관리능력이란 원하는 목표를 향해 자신을 스스로 통제해 나가면서 목표를 향해 지속적으로 실천해 나가는 능력을 말한다. 자기관리능력은 단순히 개인의 지적 능력이나 감성능력으로만 이루어지는 것이 아니라 개인이 지닌 시간, 물질, 적성 등의 에너지를 융합하여 바르게 표출해 나가는 융합적인 역량이다. 아무리 많은 계획을 세우고 훌륭한 목표를 세웠다고 하더라도 자기관리능력이 떨어지는 사람은 교육에 대한 수용성이 떨어져 효과를 내기가 어렵다. 따라서 균형적인 융합능력을 요구하는 것이 곧 자기관리능력이다. 즉, 똑같은 에너지를 갖고 있다고 하더라도 그것을 어떻게 사용하느냐에 따라 결과가 달라질 수 있다. 융합해 내는 내용이나 융합해 나가는 방식에 따라 그 결과가 달라지기 때문이다. 따라서 자기관리능력을 향상시키기 위해서는 개인이 지니고 있는 에너지가 얼마나 많은지에 중점을 두어 에너지를 확장시키는 일보다 개인이 지니고 있는 에너지를 어떻게 사용해야 효율성을 높일 수 있는가에 대한 내용을 체계적으로 훈련 받는 일이 더 중요하다.

다섯째, 인간관계능력은 자신보다 타인 중심의 삶을 실천하는 힘이다. 인간관계능력이란 다양한 사회 속의 많은 이해관계 집단에서 개인적이고 정서적인 관계를 바탕으로 여러 측면을 고려하여 조직과의 상호작용에서 발생하는 다양한 문제를 인간존중을 기초로 민주적 방식에 의해 인간적으로 처리해 나가는 능력을 말한다. 즉, 사회적인 삶 안에서 발생하는 다양한 문제를 해결해 나가는 능력이다. 따라서 좋은 인간관계를 유지하고 발전시켜 나가기 위해서는 자기중심적인 사고에서 벗어나 타인 중심의 사고가 선행되어야 한다. 즉, 좋은 인간관계의 바탕에는 '존중'과 '배려'라고 하는 타인 중심의 삶이 전제되어야 한다. 좋은 인간관계는 타인의 정신적·물질적 필요에 적절히 반응할 줄 알아야 하며, 그들의 장점과 단점을 동시에 보고 얘기할 수 있어야 한다.

좋은 인간관계를 위해서는 공동체 안에서의 집단을 이끌어 나갈 수 있는 리더십이 필요하다. 집단 구성원들 간에 각 개인이 지니고 있는 능력을 최대한으로 표출시키면서 자신의 능력도 표출될 수 있도록 지도력을 발휘하는 것이 곧 인간관계능력이다. 이러한 인간관계에서의 리더십은 집단 공동체에 대한 이익뿐만 아니라 궁극적으로는 개인의 이익에도 도움이 된다.

반성적 사고활동 5-1

'나의 학습법' 점검하기

※ 다음의 문항을 읽고 자신에게 해당되는 칸에 V표를 하여라.

번호	질문사항	응답		
		아니다 (1)	그저 그렇다 (2)	매우 그렇다 (3)
1	하기 싫은 내용은 시험에 나오지 않을 것이므로 몰라도 된다고 생각한다.			
2	1시간 이상 한자리에 앉아 집중적으로 공부하기 어렵다.			
3	학원이나 과외가 끝나고 집에 오면 혼자 공부할 시간이 거의 없다.			
4	공부 잘하는 친구를 보며 본받으려고 애써 본 경험이 없다.			
5	깊이 있는 내용을 접하면 엄두가 안 나 피해 버리는 편이다.			
6	시험기간에 시험범위의 내용을 한두 번 보기도 벅차다.			
7	이해되지 않는 내용은 통째로 암기해 버리는 편이다.			
8	내 공부법의 장점과 단점이 무엇인지 잘 모르겠다.			
9	수업 중에는 주로 필기하기보다 듣기만 한다.			
10	자신 있는 과목이 없다.			
총점				

[해석]

□ 25~30점: 공부에 대한 기본적인 마인드를 시급히 교정해야 함
□ 18~24점: 자신의 학습 전반에 대하여 진지하게 반성해 볼 필요가 있음
□ 11~17점: 기본 이상의 실력을 갖추고 있음. 많은 잠재력이 있으므로 좀 더 분발하기 바람
□ 0~10점: 좋은 공부습관을 갖고 있으며, 최상위권으로 도약할 가능성이 충분함

출처: 신재한·송휘석(2013). 창의·인성교육을 위한 자기주도적 학습전략, p. 354.

반성적 사고활동 5-2

부모 양육태도 검사

※ 다음의 문항을 읽고 자신에게 해당되는 번호를 찾아 번호 위에 V표를 하여라.

1. 식사시간이 얼마 남지 않았는데도 당신의 아이가 군것질 거리를 먹겠다고 조르자 시어머님(또는 장모님)께서 먹으라고 허락한다면?
   ① 그대로 먹게 내버려 둔다.
   ② 안 된다고 하며 못 먹게 한다.
   ③ 밥을 먹고 난 다음에 후식으로만 먹게 한다.

2. 당신의 6살 난 아이가 청소년들이나 볼 수 있는 만화영화를 보겠다고 떼를 쓴다면?
   ① 보도록 내버려 둔다.
   ② 보지 못하게 텔레비전을 끄거나 채널을 다른 프로그램으로 돌린다.
   ③ 아이에게 적합한지를 직접 시청한 다음 보게 할 것인지를 결정한다.

3. 당신의 아이가 반짇고리(바느질고리)를 뒤집어엎어 온 방안에 헤쳐 놓았다면?
   ① 아이니까 그러려니 하고 손수 치운다.
   ② 화를 내며 지금 당장 치우라고 소리친다. (당장 치워!)
   ③ 화를 내지는 않았지만 아이에게 치우게 하고, 다 치울 때까지 다른 일을 못하게 한다.

4. 아이가 당신이 아끼던 꽃병을 깨놓고선 옆집 친구가 그랬다고 거짓말을 했다면?
   ① 아깝지만 괜찮다고 이야기한다.
   ② 깨뜨린 것과 거짓말한 것 모두에 대해 야단을 치거나 벌을 준다.
   ③ 거짓말을 한 것에 대해 야단을 치고, 만일 솔직히 얘기했더라면 꽃병을 깬 것에 대해 혼내지 않았을 것이라고 말해 준다.

5. 7살짜리 당신의 아이가 서너 살짜리 아이들과 노는 것을 보았다면?
   ① 속은 상하지만 그냥 놀게 내버려 둔다.
   ② 당장 놀지 못하게 한다.
   ③ 같이 놀아줄 또래 친구들을 찾아보도록 도와준다.

6. 당신의 아이가 다른 친구를 때려서 상처를 냈다면?
   ① 아이들 싸움이려니 하고 그냥 내버려 둔다.
   ② 화가 나서 야단치거나 때론 체벌을 한다.
   ③ 왜 싸웠는지에 대해 이야기를 나누되, 그래도 싸움은 나쁘다고 따끔히 꾸중한다.

7. 당신의 아이가 학교(또는 유치원)에서 내준 숙제를 이번에도 또 잊고 안 해 간다면?
   ① 선생님께 전화를 해준다.
   ② 그 자리에서 혼을 내고 다시는 그러지 못하도록 다짐해 둔다.
   ③ 더 이상 잊어버리지 않도록 타이르고 다음부터는 알림장을 꼭 확인하도록 도와준다.

8. 당신의 아이가 크레파스로 온 방바닥에 낙서를 했다면?
   ① 낙서할 수 있는 종이를 한 묶음 갖다 주며 웃어넘긴다.
   ② 아이에게 화를 내며 당신이 직접 낙서를 지운 다음, 크레파스를 모두 없애 버린다.
   ③ 아이 스스로 지우도록 하고, 다음부터는 크레파스를 가지고 놀 때 세심히 지도한다.

9. 당신의 아이가 유치원(또는 학교)에서 친구를 사귀는 데 문제가 있다면?
   ① 친구들을 불러서 파티를 열어주고 선물을 나누어 주며 당신의 아이와 사이좋게 지내달라고 부탁한다.
   ② 바보처럼 친구 하나도 못 사귄다고 야단을 친다.
   ③ 당신의 자녀와 친구관계에 관한 이야기를 나누고, 친구를 사귈 수 있도록 단체활동 프로그램 등에 가입시킨다.

10. 당신의 기분이 언짢은데 자녀가 당신의 관심을 받고자 보챈다면?
   ① 언짢은 기분을 뒤로 하고 자녀에게 관심을 기울인다.
   ② 아이에게 짜증을 내며 남편(또는 아내)을 불러 떠넘긴다. 네 아빠(엄마)한테나 가봐!
   ③ 아이에게 당신의 기분이 언짢다는 것을 이야기해 주고, 좀 나아지면 함께 놀아주겠다고 한다.

11. 당신의 아이가 블록 쌓기 놀이를 하는데 원하는 대로 잘 되지 않아서 짜증을 부린다면?
   ① 아이의 짜증을 멈추게 하기 위해 옆에서 도와준다.
   ② 짜증을 부리지 말라고 야단을 친다.
   ③ 아이에게 짜증을 부리는 대신 말로 표현하도록 얘기해 주고 짜증난 이유에 대해 이야기를 나눈다.

12. 당신의 집에는 자녀가 지켜야 할 규칙이 많습니까?
① 없다.
② 많은 규칙이 있고, 규칙마다 이를 어겼을 때 받게 될 꾸중이나 벌이 정해져 있다.
③ 아이의 건강과 안전을 위한 몇 가지의 규칙이 있기는 하나, 그 밖에는 상황에 따라 그 때 그 때 대화를 통해 결정한다.

13. 당신이 좋아하는 수제비를 특별히 준비하였는데 아이가 먹기 싫다고 한다면?
① 귀찮더라도 아이를 위해 밥을 따로 준비한다.
② 억지로라도 먹게 한다.
③ 수제비를 조금이라도 먹어보게 한 다음 그래도 싫다면 아이를 위해 밥을 따로 준비한다.

14. 자야 할 시간이 훨씬 지났는데도 아이가 하고 있던 놀이를 더 하고 자겠다고 고집을 피운다면?
① 놀 만큼 더 놀다 자게 한다.
② 당장 가서 자라며 야단치거나 불을 꺼버린다.
③ 그 시각부터 20-30분만 더 놀다 자게 한다.

15. 당신의 아이가 다른 어른의 말을 잘 따르지 않는다면?
① 아직 어리니까 그러려니 하고 내버려 둔다.
② 화를 내며 어쨌든 어른의 말을 따르지 않는다는 것은 나쁜 일이기에 야단친다.
③ 어른에 대한 공경심과 그 어른의 말을 왜 따라야 하는지에 대해 이야기를 나눈다.

16. 아이와 함께 쇼핑할 때, 쓸모없어 보이는 것들을 이것저것 사달라고 조른다면?
① 가능한 다 들어준다.
② 화를 내면서 아이의 손목을 잡고 그 자리를 피한다.
③ 안 된다고 딱 잘라 말하고, 쇼핑을 계속하면서 아이에게 적합한 것을 골라 사준다.

17. 당신은 얼마나 자주 자녀에게 화를 냅니까?
① 거의 드물다.
② 매일 같이
③ 일주일에 한 번 정도

18. 당신의 아이가 자다가 무서운 꿈을 꾸어 당신의 방에서 자겠다고 오는 경우에는?
   ① 함께 자도록 한다.
   ② 당장 네 방에 가서 자라고 소리 지른다.
   ③ 일어나서 아이를 달래준 다음 아이를 방으로 데려가 재운다.

19. 당신의 아이를 생각할 때, 당신이 원하는 가정의 분위기는?
   ① 자유롭고 개방적인 가정
   ② 규율과 질서가 잡힌 가정
   ③ 대화와 화합이 있는 가정

[검사결과]

응답번호	①번	②번	③번
개수			

[결과 해석]

□ ①번형 부모의 양육태도: 허용적 양육형

①번형 부모의 양육태도 (허용적 양육태도)	• 당신의 자녀에 대해 허용적 태도를 지니고 있다. • 마치 아이를 성인으로 대하듯 스스로 결정하도록 허락하는 사람이다. • 아이에게 어떤 규칙들을 (예를 들면 잠자는 시간, 먹어야 할 음식 등) 강요하지 않는다. • 하지만 이러한 것이 지나치면 장래에 당신의 자녀는 규칙을 따르는 데 문제가 있을 수 있다. • 아이들도 수용할 준비가 되어 있지 않은 많은 결과들에 대해서도 결정을 할 수 있어야 한다.
이런 부모 밑에서 자란 아이의 특성	• 어른들에게 저항, 불복종 • 공격적이고 충동적 • 자신에 대한 낮은 신뢰성 • 쉽게 화내지만 회복도 빠름 • 낮은 성취지향성 • 약한 자기통제력, 지배적 • 목적이 없거나 목표지향적 활동이 적음

□ ②번형 부모의 양육태도: 권위적 양육형

②번형 부모의 양육태도 (권위적 양육태도)	• 당신은 아마도 자녀에게 많은 것을 요구하면서도 당신은 자녀에게 해주는 것이 별로 없어 보인다. • 가정 분위기는 매우 엄격하게 통제되어 있는 듯하다. • 아이는 아마도 성장하면서 어떤 보호도 없는 상실감을 맛보게 될 수 있으며, 의사결정 시에 확신감이 부족할 수 있다.
이런 부모 밑에서 자란 아이의 특성	• 공포와 두려움이 많음 • 스트레스를 쉽게 받음 • 우울하고 불쾌한 정서 • 목적이 없음 • 공격적인 행동과 무뚝뚝하고 무관심한 행동이 번갈아 나타남 • 쉽게 초조해짐 • 겉으로 드러나진 않으나 배타적임

□ ③번형 부모의 양육태도: 민주적 양육형 / 균형 잡힌 양육태도

②번형 부모의 양육태도 (민주적 양육태도)	• 당신은 아이에게 요구하는 만큼 당신도 자녀에게 돌려주는 타입이다. • 아이와 함께 대화를 통해 타협하며 아이에게 확신감과 스스로 자신을 통제하는 방법을 길러주는 부모이다. • 부모와 자녀와의 관계는 존경에 바탕을 두고 있다. • 자녀는 이러한 가정 분위기 속에서 사회에 적응할 수 있는 능력을 자연스럽게 배워 나가며 긍정적인 자아상을 지니게 된다.
이런 부모 밑에서 자란 아이의 특성	• 자기 신뢰적 • 높은 스트레스 대처 능력 • 자기 통제적 • 새로운 상황에 대한 흥미와 호기심 • 활동 수준이 높음 • 목적 지향적 • 또래 친구와 잘 사귐 • 성취 지향적

출처: Baumrind, D. (1966) & Hetherington, E. M. & Park, P. H. (1966)의 연구결과에 근거함

반성적 사고활동 5-3

자기주도적 학습에 대한 자기 분석

※ 이 질문은 자기주도적 학습법에 대한 조사 문항이다. 평소 자신이 학습할 때의 방법이나 요령, 습관 등을 생각하여 해당되는 칸에 V표를 하여라.

정신관리

번호	조사문항	응답
1	장래에 꼭 이루고 싶은 꿈과 목표가 있다.	
2	꿈과 목표를 달성하는 데 공부가 필요하다고 생각한다.	
3	미리 공부할 분량과 목표를 정해 두고 공부한다.	
4	새로운 학기가 시작되면 공부를 얼마나 할지 과목별로 학습목표를 정한다.	
5	공부를 열심히 해야만 하는 나만의 확실하고 구체적인 이유가 있다.	
6	시험은 내가 공부한 결과를 점검하기 위해서이다.	
7	공부는 부모님이나 선생님이 아닌 나를 위해서 하는 것이다.	
8	누가 시키지 않아도 스스로 공부할 때가 있다.	
9	진로에 대한 부모님과 나의 의견차를 조율하기 위해 충분히 대화하고 있다.	
10	나의 적성과 능력을 잘 알고 있는 편이다.	

학습관리

번호	조사문항	응답
1	전에 배운 내용과 다음 날 배울 내용을 잘 알고 있는 편이다.	
2	책을 읽으면서 중요하다고 생각되는 것에는 밑줄을 긋거나 표시를 해 둔다.	
3	책을 읽을 때는 굵은 글씨 등은 자세히 본다.	
4	어떤 일에 대해 의문이 생기면 그것이 맞는지 확인해 본다.	
5	교과서나 책을 볼 때 요점을 찾아가면서 반복해서 다시 읽는다.	
6	계획대로 공부했는지 확인한다.	
7	교과서나 참고서, 책을 한 번 읽은 후에 반복해서 다시 읽는다.	
8	예습과 복습은 미루지 않고 잘한다.	
9	나에게 맞는 가장 좋은 공부법을 찾기 위해 노력하는 편이다.	
10	수업 중에 선생님 말씀을 잘 듣고 필기도 열심히 한다.	

시간관리

번호	조사문항	응답
1	주말이나 공휴일에도 공부할 계획을 세운다.	
2	TV 시청과 컴퓨터는 정해진 시간에만 하고, 노는 것도 정해진 시간에만 한다.	
3	공부하기 전에 공부할 과목, 분량, 시간에 대해 미리 계획을 세워둔다.	
4	시간 부족 때문에 공부에 지장을 받지는 않는다.	
5	평소에 열심히 공부하여 시험 보기 전에 벼락치기를 하지 않는 편이다.	
6	주어진 시간에 계획한 대로 학습과제를 마치는 경우가 많다.	
7	내가 이용 가능한 시간을 고려해서 매주 학습계획을 세운다.	
8	등·하교시간이나 쉬는 시간과 같은 자투리 시간에도 공부를 하려고 노력한다.	
9	공부계획에서 우선순위를 정해서 무엇을 먼저 할지 고민한다.	
10	공부계획을 세울 때 내가 공부하는 속도를 계산할 수 있다.	

환경관리

번호	조사문항	응답
1	공부방과 책상 위 등은 깔끔하게 정리해 둔다.	
2	게임이나 TV 때문에 새벽까지 잠을 안 자는 경우는 별로 없다.	
3	휴대전화와 컴퓨터 사용은 적절하게 하는 편이다.	
4	이성친구로 인한 고민은 없는 편이다.	
5	부모님과 대화를 자주 하는 편이다.	
6	책상 위에는 공부와 관련된 물건만 둔다.	
7	공부에 필요한 물건들은 미리 준비해 둔다.	
8	공부할 때 음식을 가까이 하지 않는다.	
9	공부방에서 컴퓨터나 TV를 멀리 둔다.	
10	마음이 잘 통하는 친한 친구가 세 명은 된다.	

집중력

번호	조사문항	응답
1	집중력 향상을 위한 나만의 방법이 있다.	
2	항상 보는 것도 그냥 보아 넘기지 않고 꼼꼼하게 살펴본다.	
3	무엇을 기억해야 할 때는 정신을 집중하기 위해 노력한다.	
4	TV, 게임, 운동, 만화책 등에 열중할 때 누가 불러도 모를 때가 있다.	
5	주변에서 나는 소리에 신경이 흐트러지지 않는다.	
6	시끄러운 곳보다는 조용한 곳에 있을 때 편안함을 느낀다.	
7	공부에 집중하기 위해 공부할 땐 휴대폰을 꺼둔다.	
8	친구나 주변 사람들에게 집중력 향상을 위한 비법을 물어본 적이 있다.	
9	집중력을 방해하는 원인을 알고 있고, 그 원인을 제거하기 위해 노력하는 편이다.	
10	집중이 잘 되어서 공부를 평소보다 많이 할 수 있었던 경험이 있다.	

이해력

번호	조사문항	응답
1	평소에 교과서나 참고서 이외의 책도 많이 읽는 편이다.	
2	책을 읽기 전에 도표와 학습목표, 주제를 반드시 확인한다.	
3	다른 친구들에게 교과내용을 설명해 주는 일이 많다.	
4	선생님이 말씀하시는 내용을 대부분 이해할 수 있다.	
5	책을 읽을 때는 미리 전체 내용을 대충 한번 훑어보고 읽기 시작한다.	
6	학교에서 배운 내용을 일상생활에 어떻게 응용할 것인지 생각해 본다.	
7	이해가 안 되는 부분은 표시해 두었다가 나중에 꼭 다시 살펴본다.	
8	책을 읽다가 어려운 내용이 나오면 알기 쉬운 말로 바꾸어 본다.	
9	책을 읽으면서 앞뒤 내용을 서로 연결해서 꼼꼼하게 생각해 본다.	
10	어려운 단어나 용어가 나오면 사전이나 용어집을 찾아서 확인한다.	

암기력

번호	조사문항	응답
1	한 번 기억한 내용을 잊어버리지 않기 위해 주기적으로 반복한다.	
2	암기한 내용은 보지 않고 써보거나 말해 봄으로써 암기 여부를 스스로 확인한다.	
3	평소에 머리가 좋다는 소리를 많이 듣는다.	
4	아는 내용도 확실히 내 것으로 만들기 위해 다시 한 번 보는 편이다.	
5	이해를 필요로 하는 내용은 반드시 확실히 이해하고 암기한다.	
6	한 번에 완벽히 암기하기보다는 여러 번에 걸쳐 암기하는 방법을 좋아한다.	
7	그림이나 도표 등을 그리면서 암기한다.	
8	암기를 잘하기 위해 녹음기나 암기카드와 같은 학습도구를 사용해 본 적이 있다.	
9	기억하기 전에 쉽게 기억하는 방법을 찾아보고 기억한다.	
10	새로운 것을 기억할 때 이미 알고 있는 것과 관련지어 기억한다.	

정리의 기술

번호	조사문항	응답
1	책을 읽고 난 후 읽은 내용을 간단히 요약해서 기록해 본다.	
2	책을 읽으면서 중요하다고 생각되는 것에는 밑줄을 긋거나 표시를 해 둔다.	
3	어려운 말은 내가 이해하기 쉬운 말로 바꾸어 가며 필기한다.	
4	수업 후에 필기내용을 보고 빠진 부분을 채운다.	
5	복습이나 시험공부 할 때는 필기한 노트를 함께 본다.	
6	친구들에게 노트한 것을 빌려주는 경우가 많다.	
7	필기할 때는 복습하며 내용을 추가하기 위해 여백을 남겨둔다.	
8	평소에 무엇이든 메모해 두는 편이다.	
9	필기내용을 마인드맵 형식으로 정리해 둔다.	
10	시험 준비를 할 때는 공부하기 편하게 노트를 따로 정리한다.	

시험의 기술

번호	조사문항	응답
1	시험이 끝난 후에 틀린 문제는 다시 풀며 틀린 이유를 살펴본다.	
2	시험지를 받으면 문제 전체를 훑어본 다음에 풀기 시작한다.	
3	시험공부를 할 때는 시험에 어떤 것이 나올까를 미리 생각해 본다.	
4	시험을 칠 때 아는 문제를 틀리는 경우가 거의 없다.	
5	시험지를 제출하기 전에 답을 잘 썼는지 확인한다.	
6	시험을 칠 때 모르는 문제는 일단 지나가고 아는 문제부터 풀어나간다.	
7	지난 시험지를 모았다가 다음 시험 때에 학습한다.	
8	시험지를 받으면 잊어버리기 쉬운 공식이나 단어를 여백에 기록해 둔다.	
9	시험 전날은 최소 6시간 이상 수면을 취한다.	
10	첫 시간 시험이 끝나면 다음 시간 시험만 생각한다.	

건강관리

번호	조사문항	응답
1	정상체중을 유지하고 있어서 다이어트에 크게 신경 쓰지 않는다.	
2	몸에 이상이 있거나 아프면 주변에 알려 즉시 치료하려고 노력한다.	
3	몸이 아파서 지각이나 결석, 조퇴를 하는 경우가 거의 없다.	
4	잠자는 시간이 충분해서 수면부족을 느끼지 않는다.	
5	매끼 식사는 거르지 않는 편이며 아침을 꼭 챙겨 먹는다.	
6	매일 가벼운 운동이라도 거르지 않고 하는 편이다.	
7	아침에 잠자리에서 뒤척이지 않고 금방 일어난다.	
8	항상 밝고 긍정적인 생각으로 잘 웃는 편이다.	
9	커피나 탄산음료, 패스트푸드를 자주 먹지 않는다.	
10	건강에 대해 관심이 많고 공부를 하는데 건강이 가장 중요하다고 생각한다.	

[결과]

- 각 항목당 ∨표 개수를 세어 기록한다.
- 각 항목마다 얻은 점수의 총합을 계산하여 합계점수를 구한다.
- 해당하는 점수의 해석내용을 알아본다.

항목	정신 관리	학습 관리	시간 관리	환경 관리	집중력	이해력	암기력	정리의 기술	시험의 기술	건강 관리	합계
점수											

[해석]

점수	해석내용
90점 이상	테스트 결과가 90점 이상으로 아주 우수하게 나왔다면 공부할 때 아주 효과적인 방법을 사용하고 있다고 할 수 있다. 지금까지 해오던 공부방법을 그대로 유지하기 바란다. 그리고 학습법 프로그램을 통해 자신이 모르고 있었던 방법이 있다면 배우기 바란다.
80~89점	테스트 결과가 80점 이상으로 우수하게 나왔다면 아마도 상위권에 속하는 사람이라고 추측할 수 있다. 그럼에도 불구하고 성적이 좋지 않다면 공부하는 시간을 다소 늘려보는 것이 좋다. 혹시 자신이 모르고 있는 새로운 학습방법이 있는지 학습법 프로그램에서 좋은 공부방법을 찾아보기 바란다.
70~79점	테스트 결과가 70점 이상으로 보통 수준이라면 공부를 잘할 수 있느냐 아니면, 잘할 수 없느냐 하는 갈림길에 서 있다고 볼 수 있다. 따라서 지금까지 해오던 공부방법을 모두 한 번씩 체계적으로 점검해 볼 필요가 있다.
60~69점	테스트 결과가 60점 이상으로 여기에 속하는 사람은 공부습관이 좋지 않다고 할 수 있다. 공부하는 데 많은 시간을 투자해도 능률이 오르지 않으며, 비효율적인 방법으로 공부하기 때문에 시간이 갈수록 성적은 더 떨어질 것이다. 아마도 효과적인 공부방법을 모르고 있을 거라 생각된다.
60점 미만	테스트 결과 60점 미만으로 여기에 속하는 사람은 어디서부터 어떻게 해야 할지를 모르고 있다. 처음부터 모든 것을 이루려 하지 말고 학습법 프로그램에서 제시하는 좋은 공부방법들을 하나씩 자기 것으로 만들어 나가는 것도 좋은 방법이다.

출처: 신재한·송휘석(2013). 창의·인성교육을 위한 자기주도적 학습전략, pp. 356-361.

Chapter 06

더불어 사는 생활

1. 역할분담과 책무

더불어 산다는 것은?

인간은 혼자서 살 수 없기 때문에 무리를 지어 서로 협력하며 살아간다. 사회학자들은 이러한 인간의 모습을 '사회적 동물'이라는 말로 설명한다. 서로 부족한 부분을 돕고 채우면서 공존의 방안을 찾아가는 것이다. 다음에 제시한 사례는 성실하게 사업을 해 왔던 한 사람이 사업에 실패하여 절망 속에서 헤매고 있을 때 평소에 절친이었던 친구가 찾아가 따뜻한 도움의 손길을 내밀었을 때 있었던 이야기를 적은 것이다.

> A씨는 잘나가던 회사를 경영하는 회사 대표이다. 그런데 어느 날 갑자기 회사에 부도가 발생하면서 하루아침에 회사의 문을 닫게 되었다. 사업에 실패한 A씨는 경제적으로 큰 어려움을 겪게 되었다. 이 소식을 들은 A씨의 친한 친구 B씨가 그를

찾아가 도움의 손길을 내밀었다. 그런데 A씨는 친구 B씨의 도움을 거부했다. A씨는 사업에 실패하여 큰 시름을 겪고 있었음에도 불구하고 알량한 자존심이 허락되지 않아서 절친인 B씨의 따뜻한 도움을 선뜻 받기가 어려워 완곡히 거절했던 것이다. 그러자 절친인 B씨는 친구 A씨에게 "이보게 친구, 사람은 항상 더불어 살기 위해 노력해야 한다는 생각인데, 친구가 나의 도움을 거절하게 되면, 혹시 나중에 친구가 다른 사람에게 도움을 줄 수 있는 위치에 있을 때 도움을 필요로 하는 사람에게 따듯한 손길을 내밀어 도움을 주지 않겠다는 뜻과 같다는 생각이네. 다른 사람에게서 도움을 받을 줄 아는 사람이 또한 다른 사람에게 도움을 줄 줄 알게 될 것이라는 생각이네"라고 말하였다.

친구 B씨는 절친인 A씨의 진실한 마음을 알고 A씨의 도움을 흔쾌히 받아들였다. 그 후 사업에 실패했던 A씨는 다시 재기하여 이웃에게 따뜻한 도움을 나누어 주면서 더불어 사는 행복한 인생을 살아갈 수 있었다고 한다.

출처: 박재영(2016). 희망농부 의정일기-〈더불어 산다는 것의 의미〉를 재구성.
(http://baeksan30.blog.me/220943603703(2016.11.24.)

사람의 생애가 풍요롭고 풍성해지기 위해서는 항상 평탄한 삶을 살아가기보다는 소리의 파장처럼 '희로애락'이 가득 채워질 때, 그래서 '도전과 응전'으로 항상 바쁜 발걸음을 옮기는 삶을 살아갈 때 더욱 빛나고 아름답게 보인다. 사람은 한평생을 살면서 기쁜 일보다는 슬픈 일을 더 많이 겪게 된다(박재영, 2016). 비록 우리는 잘 살기 위해 노력하지만, 그러한 노력이 때로는 우리의 삶을 더욱 힘들게 하고 복잡하게 한다. 분명한 것은 이러한 때일수록 어려운 일을 도우면서 함께 나누는 일이 유일한 해결방법이다. 확실한 것은 나누지 않으면, 즉 더불어 살지 않으면 답이 없다는 것이다.

나누어 사는 이야기를 하면 많은 이들은 "나누어 줄 것이 있어야 나누죠?"라고 말한다. 맞는 이야기이다. 나누어 살려면, 아니 더불어 살려면 무엇이 있어야 나누면서 더불어 살 수 있는 것이다. 하지만 우리가 생각하는 나눌 수 있는 것들, 예를 들면 돈, 물건, 음식 등은 할 수 있는 범위가 제한적이다. 하지만 돈만으로는 절대 안 되는 것이 하나 있다. 그것은 바로 마음을 나누는 일이다. 나누는 마음, 즉 내가 가진 내 마음을 남에게 베풀고 나누는 것,

그것이 더불어 사는 것의 시작인 것이다.

더불어 산다는 것은 마치 자신이 가지고 있는 것을 내어 주는 희생이나 손해로 인식하기 쉬운데 절대 그렇지 않다. 더불어 사는 것의 진정한 의미는 희생이 아니라 자기증진이다. 다른 사람과의 나눔을 통해서 자신의 역량이 더 확대되고 마음이 풍성해지기 때문이다. 비움으로써 다시 채울 수 있다는 철학적 의미를 되새겨볼 필요가 있다.

역할분담과 협력

사람이 살아가는 데 있어서 가장 위대한 힘의 원천은 협력(協力)에서 나온다. 각자 개인의 힘이 연약할지라도 많은 이들의 힘을 합하면 시너지 효과를 나타내어 기대 이상의 힘을 발휘하게 된다. 이러한 협력을 통해 인간은 불가사의한 업적들을 완성해 왔다. 이러한 협력의 위대함을 과학자들은 바다거북의 산란과정을 통해 설명하고 있다.

바다거북은 수백만 년 동안 자신이 태어난 곳으로 이동하여 산란하는 특성이 있다. 심한 경우에는 4,000km 이상을 헤엄쳐 자신이 태어난 곳을 찾아가 산란하기도 한다. 바다거북은 일반적으로 작은 해변의 모래 속에 집중적으로 알을 낳는 습성이 있다. 보통 바다거북은 알을 한 번에 500개에서 1,000개 정도를 낳는데 한 구덩이에 100여 개씩 10여 차례에 걸쳐 알을 낳는다. 땅속에 묻힌 알은 어미 거북이의 도움 없이 자력에 의해 살아남게 되는데, 무사히 부화하여 살아남을 확률은 매우 낮다.

모래 구덩이에 묻힌 새끼 거북이들은 그 구덩이에서 어떻게 부화하여 빠져나오는 것일까? 과학자들의 관찰 결과에 의하면, 알에서 바로 깨어난 바다거북의 어린 새끼들은 '상호협동'과 철저한 '역할분담'을 통해 구덩이에서 탈출한다고 한다. 알에서 막 깨어나 서로 뒤엉킨 혼란의 구덩이 속에서 새끼거북이들은 주어진 상황에 맞는 역할분담과 협력을 실천한다. 즉, 맨 꼭대기의 새끼 거북이는 천장의 모래를 퍼내는 일을 하고, 가운데에 있는 새끼 거북이는 옆의 벽을 허무는 일을 하며 아래에 있는 새끼 거북은 떨어지는 모래를 밟아 단단하게 다지는 일을 하면서 함께 밖으로 탈출하는 것이다. 그렇게 해서 새끼 거북이들은 단 한 마리도 빠뜨리지 않고 모두 깊은 모래 구덩이에서 빠져나와 다시 깊은 바다로 새로운 항해를 시작하게 된다.

인간이 살고 있는 사회도 마찬가지이다. 그 사람이 사회의 일원으로서 어떤 상황, 어떤 위치에 놓이든 간에 각자의 본분에 맞는 주어진 역할을 성실히 수행해 나갈 때 우리 사회는 공동체의 삶이라는 사회적 역할을 완수할 수 있다. 상황에 눌리고 위치에 불평하면서 자신에게 주어진 역할과 사회의 협력에 불응하게 될 때 공동체의 삶은 무너지게 된다. 공동체 구성원으로서의 '우리'를 불편해해서도 안 되고, 공동체 간의 존중과 배려를 소홀히 해서도 안 된다. 최근 들어 '우리'라는 공동체를 불편해하면서 '혼자'라는 개인적 상황을 즐기는 경향이 증가하고 있는데 이는 이기적인 사고를 바탕으로 한 판단이다. '혼자'라는 상황적 판단보다 '우리'라고 하는 공동체 안에서의 자신을 볼 수 있어야 한다. 그러한 자신의 모습을 명확히 할 때 역할분담과 협력은 활성화된다.

과학자들은 이러한 바다거북의 모습을 관찰한 후 유사한 실험을 했다. 모래 구덩이에 바다거북이 알을 한 개씩 묻어 놓았을 때는 과연 어떤 결과가 나타날지에 대한 궁금증을 가지고 실험한 결과 바다거북이 알을 한 개씩 묻어 놓았을 때 빠져나올 수 있는 확률은 27%, 두 개씩 묻어 놓았을 때 빠져나올 수 있는 확률은 84%, 네 개 이상이었을 때는 100%였다. 비록 자연현상에서 발견한 이치이기는 하지만 바다거북의 사례에서 '함께하는 협력', '우리'라는 공동체가 얼마나 중요한지를 짐작할 수 있다.

공동체를 위한 책무: 노블레스 오블리주(noblesse oblige)

프랑스어에 어원을 둔 말로 '노블레스 오블리주(noblesse oblige)'라는 말이 있다. 이는 프랑스어로 '고귀한 신분'이라는 뜻의 '노블레스(noblesse)'와 '책임이 있다'는 뜻의 '오블리주(oblige)'를 합해서 만들어진 말로 '사회 지도층이 가져야 할 도덕적 의무'를 뜻하는 말이다. 즉, 부(富)나 권력 또는 명성을 가진 사람은 높은 사회적 신분에 상응하는 책임을 져야 한다는 뜻이다.

원래 '노블레스(noblesse)'는 '닭의 벼슬'을 의미하고 '오블리주(oblige)'는 '달걀의 노른자'라는 뜻으로 이 두 단어를 합성해서 만들어진 '노블레스 오블리주(noblesse oblige)'는 닭의 사명이 자기의 벼슬을 자랑하는 것에 있는 것이 아니라, 알을 낳는 데 있다는 것을 의미하는 말이다. 즉, 사회 지도층이 사회로부터 정당한 대접을 받기 위해서는 자신이 누리는 '명예(noblesse)'만큼 '의무(oblige)'를 다 해야 한다는 것을 말한다.

'노블레스 오블리주'라는 말이 등장하게 된 계기는 14세기 무렵으로 거슬러 올라간다. 프랑스와 영국 간에 백년전쟁이 발발하자, 영국군은 영국에서 가장 가까운 프랑스의 항구도시 '칼레'를 집중 공격한다. 프랑스의 칼레 사람들은 시민군을 조직해 영국군에 맞서 싸웠지만, 전쟁이 길어지자 식량이 고갈되고 전투력이 약화된 채, '칼레'가 영국군에게 포위당하게 되고 마침내 영국군에게 항복하게 된다. 전투에서 승리한 영국의 왕 에드워드 3세는 칼레 시민에게 패자의 책임을 물어 파격적인 항복조건을 내건다. 그것은 다름 아닌 칼레시의 시민 가운데 본보기로 처형될 여섯 명을 요구했다. 시민들 중 대표로 처형될 여섯 명을 뽑아 오면 칼레 시민 전체를 대신해서 처형하겠다는 것이다. 칼레 시민들은 큰 고민에 빠지게 된다. 과연 누가 여섯 명의 대표자로 나서서 처형당할 것인가를 두고 어려운 의논이 시작된 것이다. 이때 제일 먼저 처형당할 것을 자원한 인사는 칼레의 갑부인 '외스타슈드 생피에르(Eustnche de St Piene)'였다. 그는 칼레에서 제일가는 갑부였는데, "누군가 죽어야 한다면 지도자가 앞장서야 한다"라고 말하며 자원했던 것이다. 그 모습을 본 칼레시의 시장 '장데르(Jean d'Aire)'와 법률가 등 다수의 귀족들이 이어서 스스로 희생을 자청하였다. 결국 처형대상자는 결정되었지만 당시 임신 중이던 영국 왕비의 끈질긴 만류와 이들의 고귀한 희생정신에 감동한 영국 왕은 이들의 처형을 시행하지 않기로 결정하고 마침내 이들을 풀어 주었으며, 여섯

명의 시민은 칼레의 영웅이 되었다.

그 후 '노블레스 오블리주'라는 말은 '사회적 지위가 높거나 명예를 가진 사람에게 요구되는 높은 수준의 도덕적 의무'를 상징하는 말로 사용되기 시작하였다. 고귀한 삶을 살기 위해서는 고귀한 행동으로 책임 있는 행동을 다 해야 한다는 것을 말해 주는 말이다. 왕과 귀족들이 투철한 도덕의식과 솔선수범하는 공공정신을 담은 말로 시작된 말이지만 오늘날에 와서는 민주시민으로서 사회적 책무를 다해야 함을 담고 있는 말이라 할 수 있다. 이러한 가치가 오늘날까지 이어져 '노블레스 오블리주'는 정치, 사회, 경제적인 면에서 상대적으로 우위에 있는 사회 지도층이 마땅히 지녀야 할 도덕적·정신적 의무로 변화되었다.

민주시민 사회의 구성원으로서 자신의 권리만을 주장할 것이 아니라 사회적 신분이나 위치에 맞는 행동으로 도덕적 책임과 의무를 다할 때 국민들을 한데 모으는 화합의 긍정적 효과를 만들어 낼 수 있다는 말이다. 즉, 국민을 통합하고 역량을 극대화하기 위해서는 무엇보다 기득권층의 솔선하는 자세가 필요하다는 것이다. 그에 따라 사회 지도층은 자신의 영향력을 행사하고 그로 인해 얻어진 이익은 국가와 사회, 그리고 공동체를 위해 공헌하고 힘써야 한다는 것이다. 사회 지도층이 많은 사람들에게 좋은 본보기가 되고, 사회 지도층이 가지고 있는 것을 가지지 못한 이웃들과 나누는 것이야말로 진정한 '노블레스 오블리주'의 정신이라고 할 것이다.

사람다운 삶을 살기 위해서는 자신의 사회적 책임을 되돌아볼 필요가 있다. 즉, 도덕적 재무장이 그 어느 때보다 필요한 시기이다. 재산, 권력, 사회적 지위가 높은 사람일수록 사회적 책무를 다하는 일에 대한 성찰이 필요하다. 여섯 명의 지도자가 칼레를 구한 것처럼 세상을 밝히는 등불은 아주 작은 불씨에서 시작된다. 희생과 나눔을 의무로 여기는 세상은 사람다운 삶을 사는 세상으로 더욱 밝아질 것이다.

그 후 시민들을 구한 여섯 명의 정신을 기리기 위해 칼레시에서는 1884년에 조각가 로댕(Rodin)에게 의뢰하여 '칼레의 시민들'이라는 동상을 제작하여 세웠다. 이 동상은 지금도 사회 지배층의 명예에 따르는 도덕적 의무인 '노블레스 오블리주'의 상징으로 여겨지고 있다.

2. 더불어 사는 인간관계

인간관계의 의미

인간관계(人間關係)는 '둘 이상의 사람이 만들어 내는 개인적이고 정서적인 관계'를 가리키는 말이다. 이러한 인간관계는 추론, 사랑, 연대, 일상적인 사업관계 등의 사회적 약속에 기반을 두고 있으며, 의미 있고 깊이 있는 친밀한 인간관계의 형성은 인간의 본능적인 욕구에 해당된다. 따라서 인간은 사회적인 존재로 사회 안에서 많은 사람이나 집단과 관계를 형성하면서 살아가도록 되어 있다. 즉, 집단이나 조직과의 상호관계를 통하여 삶을 영위해 나간다. 태어나면서부터 부여되는 '가족'이라는 집단에서 시작하여 학교, 사회, 국가, 세계라고 하는 집단으로 점차 그 활동범위는 넓혀진다. 인간은 이러한 다양한 사회형태 속에서 다양한 인간관계를 형성하면서 활동한다. 인간관계의 형성을 통해 구성원 간에 협력관계를 촉진하고 조직이나 개인의 목적을 달성함으로써 자신의 욕구를 충족시켜 나가고자 한다. 이러한 의미에서 인간관계는 구성원 간의 협동체계를 통한 목표달성과 구성원들의 동기부여에 목적을 두고 있다고 말할 수 있다.

하지만 오늘을 살아가고 있는 현대인들에게 사회의 조직은 점점 조직화되고 거대화되어 가고 있다. 그러한 거대한 조직사회에서 개인의 역할은 점점 더 왜소해져 가고 있으며 개인의 존재가치와 존재의미 또한 미약해져 가는 것이 사실이다. 특히 효율성과 신속성을 강조하는 경쟁사회에서 사람들은 늘 바쁘고 업무에 쫓기게 되어 있으며, 그러한 환경 속에서 다른 사람들에게 관심을 가지고 애정과 정성을 기울일 시간적 여유를 말할 수 없는 실정이다. 이런 사회적 풍토 안에서 진정한 의미 있는 인간관계를 이룬다는 것은 쉬운 일이 아니다. 업무적인 일상으로 접하게 되는 피상적인 만남이 깊이 있고 친밀한 인간관계를 맺고자 하는 인간의 욕구를 충족시켜 주기는 어려운 실정이다.

인간관계의 문제는 삶의 문제로 타인과의 관계의 문제로 귀착된다. 따라서 다른 사람들과 좋은 관계를 맺는다는 것은 성공적인 삶을 영위할 수 있는 필요조건이다. 이러한 인간관계의 중요성을 포함하여 원만한 대인관계를 유지하기 위해 지녀야 할 한국인의 대인관계 원리로 '사덕(四德)과 오상(五常)'이 제시되고 있다.

한국인의 긍정적 대인관계 원리 사덕(四德)과 오상(五常)

측은지심(惻隱之心): 불쌍히 여기는 어떤 대상 인물에게 도움을 주는 행위가 나타나게 하는 마음으로 이 마음이 곧 仁之端(인지단)이다.

수오지심(羞惡之心): 자신의 불의를 보고 부끄러워하는 마음과 타인의 불의를 보고 미워하는 마음으로 이 마음이 곧 義之端(의지단)이다.

사양지심(辭讓之心): 자신의 권리 행사보다 남의 권리 행사를 우선하게 하려는 마음으로 이 마음이 곧 禮之端(예지단)이다.

시비지심(是非之心): 자신과 다른 사람의 행동의 옳고 그름을 가릴 줄 알게 하는 마음으로 이 마음이 곧 智之端(지지단)이다.

성실지심(誠實之心): 매사에 성실하게 임하는 마음으로 이 마음이 곧 信之端(신지단)이다.

이 밖에도 인간관계는 다양한 측면에서 개념을 정의하고 있다. 일반적인 개념으로는 인간관계를 '사람과 사람의 심리적 관계', '대인관계', '인화'의 개념으로 사용되고 있으나 이러한 인간관계의 정의는 다음과 같은 몇 가지 내용이 포괄된 개념이다.

첫째, 사람과 사람의 심리적 관계로 쓰일 때의 개념은 사람과 사람 간에 형성되는 일정한 심리적 관계로 정의된다. 즉, 인간관계에는 심리적 관계가 포함된다.

둘째, 대인관계라는 의미로 쓰일 때는 사람을 대면하게 되는 경우 개인의 언행과 태도에 관심을 갖고 형성되는 상호관계 또는 대인적 교섭과 수용태도의 개념으로 사용된다.

셋째, 인화라는 의미로 쓰일 때에는 공동의 목표의식이 있는 동일 집단에서 인간 상호 간에 형성되는 바람직한 심리상의 의미로 사용된다.

왜 인간관계가 중요한가?

한 집단이나 조직에 있어서 인간관계는 어떤 능력이나 자질보다 우선된다고 한다. 그만큼 인간관계가 집단이나 조직 내에서 중요한 기능을 발휘한다는 의미이다. 그렇다면 왜 인간관계가 그렇게 중요한 기능을 수행하는 것일까? 그러한 인간관계의 중요성에 대해 다음과 같이 요약할 수 있다(김은영 · 이규은, 2012).

첫째, 사람은 인간관계를 벗어나서 살 수 없으며, 인간관계는 삶을 살아가는 자본이다. 인간관계는 사람의 삶에서 피할 수 없으며, 그런 점에서 좋은 인간관계의 형성이 필요하다. 원만한 인간관계는 가정의 행복과 직장에서의 성공을 가져다주며, 다양한 사람들과의 돈독한 인간관계는 사회에서의 성공을 불러온다. 뿐만 아니라 나의 성공과 행복은 나와 인간관계를 맺고 있는 다른 사람의 성공과 행복에도 지대한 영향을 미친다는 점에서 인간관계는 삶에 있어 가장 큰 자본이며, 인생의 성공과 행복을 좌우하는 요인이 된다.

둘째, 원만한 인간관계의 형성은 건전한 성격 발달에 도움이 된다. 인간관계는 인간을 인간답게 하는 역할을 한다. 인간관계를 통해 타인과의 관계는 물론 자신의 심리적 · 사회적 발달에도 중요한 역할을 한다. 즉, 인간관계는 개인의 신체건강과 정신건강에 큰 영향을 미치며, 이는 곧 개인의 성격 발달에도 영향을 주게 된다.

셋째, 생산적인 인간관계는 개인의 생존과 발달뿐만 아니라 가정과 사회생활에 대한 적응력을 높여주는 중요한 역할을 한다. 좋은 인간관계는 가정생활의 행복지수를 높여준다. 또한 성공적인 직장생활과 기업의 생산성 및 조직의 효율성을 높이는 데도 중요한 요인이 된다. 바람직한 인간관계의 형성은 인간관계 속에서 개인의 정체성과 사회심리적 영역의 균형적 발달을 이루게 하여 사회에 대한 적응능력을 키워주는 중요한 역할을 한다.

넷째, 좋은 인간관계의 개선은 정신적·물질적 생산성을 높이는 데 도움이 된다는 점에서 이에 대한 관리기술의 육성이 필요하다. 인간의 삶 속에서 인간관계가 중시되어야 한다는 점에 대해서는 앞에서 기술한 바가 있다. 그렇다면 좋은 인간관계를 유지하기 위해서는 어떻게 해야 할 것인가와 관련하여 이에 대한 관리기술능력을 강조하는 것이다. 이 말은 인간관계도 관리방법에 따라 반응하고 통제되는 것이라는 의미이다. 따라서 인간관계의 변화를 위한 부단한 노력과 좋은 관계로의 개선을 통해 이루어진 인간관계의 발달은 기업의 생산성을 높일 수 있다는 점에서 중요하게 다루어져야 한다.

다섯째, 자율적 인간관계 형성의 능력은 자아실현과 삶의 질에 깊이 관련되어 있다. 인간의 삶의 궁극적인 목표는 자아실현에 있다. 그러나 인간의 자아실현은 자율적 인간관계의 형성이 이루어지지 않고는 불가능한 것이다. 다양한 집단과 조직을 통해 자율적 판단에 근거한 자율적 행동이 궁극적으로는 자신의 삶에 대한 만족도를 높여주는 자아실현을 이룰 수 있다는 것이다.

여섯째, 인간관계가 불만족스럽고 비효과적일 경우 성장, 발달에 방해를 받게 된다는 점에서 인간관계가 중요하게 인식되어야 한다. 타인들과의 인간관계에서 만족스럽고 효과적인 인간관계를 경험하게 되면 풍부하고 완성된 인간으로 발달할 수 있지만, 이와는 반대로 인간관계가 불만족스럽고 비효과적일 경우에는 인간의 성장, 발달에 방해를 받게 되어 부정적인 측면의 발달이 이루어질 수 있다. 따라서 좋은 인간관계의 경험을 통해 바람직한 성장이 이루어질 수 있도록 하는 적극적인 관계 형성이 필요하다.

나의 인간관계 분석

미국 심리학자인 조셉(Joseph)과 해리(Harry)는 자신들 이름의 앞머리를 따서 '조해리의 마음의 창(Johari's window of mind)'이라는 자아개방 모형을 개발하였다. 이 모형은 인간관계에서 왜 자아개방이 필요하며 얼마나 중요한 것인지를 잘 나타내 주고 있는데 이를 활용하여 자신의 인간관계에 대해 분석해 보자.

조해리의 마음의 창(Johari's window of mind)

① 자기공개의 정도

- 나는 다른 사람에게 나에 관한 이야기를 잘하는가?
- 나는 다른 사람에게 나의 모습이나 속마음을 잘 내보이는가?

전혀 아니다		약간 그렇다		어느 정도 그렇다		상당히 그렇다		매우 그렇다
1	2	3	4	5	6	7	8	9

② 피드백을 얻는 정도

- 다른 사람이 나에 대해 어떤 생각을 가지고 있는지 알려고 노력하는가?
- 나는 다른 사람이 나에 관해서 하는 말에 귀를 기울이는가?
- 다른 사람이 나를 어떻게 평가하고 있는지 잘 알고 있는가?

전혀 아니다		약간 그렇다		어느 정도 그렇다		상당히 그렇다		매우 그렇다
1	2	3	4	5	6	7	8	9

앞에 기록한 두 질문에 대한 답을 숫자로 적용하여 다음의 정사각형 사분면에 나타낸다.

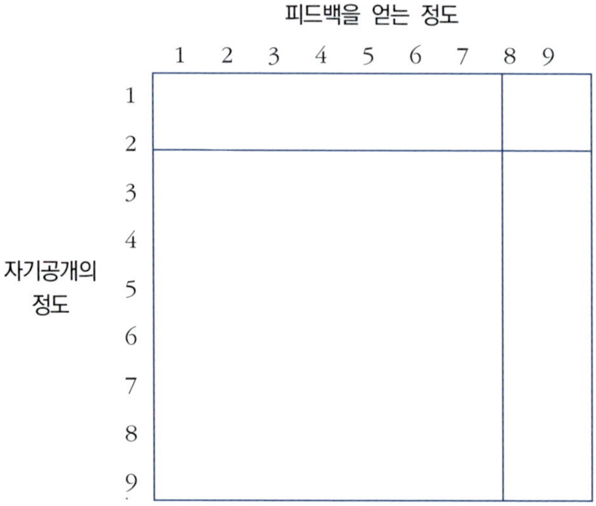

정사각형의 사분면에 표시한 결과가 다음의 영역으로 구분되는데, 이것이 바로 자신의 '마음의 창'이다. 이 '마음의 창'은 개인의 자기공개와 피드백의 특성을 보여주는 것으로 네 영역별로 서로 다른 특징을 보인다.

피드백의 정도 →

자기공개의 정도 ↓	내가 알고 있는 정보	내가 모르는 정보
타인이 아는 정보	공개적 영역 (open)	맹목의 영역 (behind)
타인이 모르는 정보	숨겨진 영역 (hidden)	미지의 영역 (unknown)

- 공개적 영역: 나도 알고 다른 사람도 알고 서로 잘 알고 있는 부분

  예 이름이나 성별, 직업 등
- 맹목의 영역: 남들은 잘 알지만 자기 자신은 모르고 있는 부분

  예 자신의 이상한 행동이나 습관, 특이한 말버릇, 독특한 성격 등

- 숨겨진 영역: 자기만 알고 남들은 잘 모르는 부분

  예 나의 약점이나 비밀, 콤플렉스 등
- 미지의 영역: 자기 자신에 대해서 나도 모르고 타인도 모르는 것

  예 무의식의 정신세계

'조해리의 마음의 창(Johari's window of mind)'은 인간관계의 발전 정도에 따라 변화를 보인다. 초기의 단계에는 미지의 영역이 넓게 나타나지만, 인간관계가 서로 친밀한 관계로 발전하게 되면 공개적 영역이 가장 넓게 나타난다. 공개적 영역이 넓을수록 관계가 발전하고 신뢰수준이 높다는 것을 의미한다.

인간관계 초기의 단계

공개적 영역	맹목의 영역
숨겨진 영역	미지의 영역

⇨

친밀한 관계로 발전한 단계

공개적 영역	맹목의 영역
숨겨진 영역	미지의 영역

③ 마음의 창의 유형

㉠ 개방형

- 대체로 인간관계가 원만하다.
- 적절하게 자기표현을 하고 다른 사람의 말도 잘 경청한다.
- 다른 사람에게 호감과 친밀감을 주어 인기가 있다.
- 지나치게 공개적 영역이 넓은 사람은 말이 많고 경박한 사람으로 비칠 수 있다.

자기공개 \ 피드백		
	공개적 영역	맹목의 영역
	숨겨진 영역	미지의 영역

㉡ 주장형

- 자신의 기분이나 의견을 잘 표현한다.
- 나름대로 자신감을 지닌 솔직하고 시원시원한 사람이다.
- 다른 사람의 반응에 무관심하거나 둔감하여 때로는 독선적으로 비칠 수 있다.
- 다른 사람의 말에 좀 더 진지하게 귀를 기울이는 노력이 필요하다.

자기공개 \ 피드백		
	공개적 영역	**맹목의 영역**
	숨겨진 영역	미지의 영역

㉢ 신중형

- 다른 사람에 대해서 수용적이며 신중하다.
- 다른 사람의 이야기는 잘 경청하지만 자신의 이야기는 잘 하지 않는다.
- 자신의 속마음을 잘 드러내지 않는다.
- 계산적이고 실리적인 경향이 있다.

- 내면적으로 고독감을 느끼는 경우가 많으며 현대인에게 가장 많은 유형이다.
- 자기 개방을 통해 다른 사람과 좀 더 넓고 깊이 있는 교류가 필요하다.

피드백

자기공개		
	공개적 영역	맹목의 영역
	숨겨진 영역	미지의 영역

㉣ 고립형

- 인간관계에 소극적이며 혼자 있는 것을 좋아한다.
- 다른 사람과 접촉하는 것을 불편해하거나 무관심하다.
- 고집이 세고 주관이 지나치게 강하다.
- 심리적인 고민이 많으며 부적응적인 삶을 살아간다.
- 인간관계에 좀 더 적극적이고 긍정적인 태도를 가질 필요가 있다.

피드백

자기공개		
	공개적 영역	맹목의 영역
	숨겨진 영역	**미지의 영역**

좋은 인간관계를 유지해 나가기 위해서는 맹목의 영역이나 숨겨진 영역, 미지의 영역을 가급적 줄이고 공개적 영역을 확장시켜 나가는 것이 바람직한 발전방향이다.

3. 존중과 소통의 사회

존중과 소통의 의미

존중의 의미

존중(尊重)의 사전적 의미는 '높이어 귀하게 여기다'는 뜻으로 영어로는 'respect'이다. '존중'은 사람이나 장점 등에 대한 경의, 가치 있는 것에 대한 찬양에서 나오는 말로(조용태 외, 2016) 다른 사람을 대함에 있어서 정중하고 사려 깊은 방식으로 대함으로써 그들이 존엄성을 가진 가치 있는 존재라는 것을 보여주는 것이다. 인간은 사물이 아니며 모든 사람은 존엄하게 대우받을 권리를 가지고 있다. 따라서 우리는 그들이 누구인지, 그리고 어떤 일을 해왔는지에 상관없이 존중으로써 그들을 대해야 한다(정창우 외, 2016).

타인을 존중해야 하는 이유를 유교에서는 '자기가 하기 싫은 일을 남에게 미루지 말라'고 가르치고, 기독교에서는 '남에게 대접받고 싶은 대로 남을 대접하라'라고 가르친다. 또한 불교에서는 인연사상을 통해 모든 것이 서로 상호 의존적인 관계를 맺고 있기 때문에 소중히 여기는 자비정신을 강조한다. 따라서 모든 이들을 자비정신으로 대해야 하며, 내가 존중받기 위해서는 먼저 타인을 존중해야 함을 가르치고 있다.

존중은 폭력, 혐오, 착취 등을 예방하는 데 중요한 기능을 하며, 대체로 자기존중, 타인존중, 생명존중으로 확대되는 특징이 있다.

소통의 의미

소통은 의사소통의 줄임말로 사전적 의미로는 '가지고 있는 생각이나 뜻이 서로 통함'을 의미하며, 라틴어 'communis'에서 유래되었다. 의사소통은 '두 사람 이상의 사람들 사이에서 언어적 또는 비언어적 수단을 통하여 서로의 감정, 행동, 태도, 신념, 정보, 사실 등을 공유하는 과정'으로 정의할 수 있다(조용태 외, 2016). 인간은 사회적 동물이기 때문에 타인과 관계를 맺으며 살아간다. 이러한 사회적 관계에서 소통이 이루어지지 않는다면 원만한 삶을 살아가는 데 많은 문제를 초래하게 된다. 따라서 의사소통은 다른 사람들과의 원활한 관계를 맺고 발전시킬 수 있도록 돕는 데 중요한 수단이다.

오늘날 우리는 인터넷의 급속한 발전으로 본격적인 디지털 시대에 살고 있다. 집단지성이 세계를 변화시키는 디지털 시대는 타인과의 소통과 협력이 중요하다. 애플(Apple)사의 최고 경영자였던 스티브 잡스(Steven Paul Jobs)는 "우리의 사업에서 혼자서는 더 이상 할 수 있는 일이 없습니다. 이제는 팀을 만들어야 합니다. 당신은 팀의 업무에 대해서 성실한 책임감을 가져야 합니다"라고 주장하였다(천세영 외, 2012). 이 말은 함께 일하기 위해서는 구성원 간의 소통능력이 무엇보다 중요함을 시사하고 있다.

타인에 대한 배려 중에서 가장 기본이 되는 것은 대화와 토론 등의 의사소통 역량이다. 이를 위해서는 바른 언어 사용이 무엇보다 중요하다. 사회 구성원들 간에 바른 언어의 사용은 효율적인 소통을 가져다준다. 바른 언어의 사용이 중요한 이유가 바로 여기에 있다. 사회공동체의 구성원 상호 간에 욕설과 비속어를 사용하는 것은 인성교육을 저해하는 주요 원인이 된다. 이러한 비속어의 사용은 사회폭력의 증가에도 상당한 영향을 미친다. 인터넷 매체의 급속한 발달과 SNS 등 쌍방향 의사소통의 대중화로 인해 욕설과 비속어 사용이 급증하고 있다. 어린 학생들은 초등학교에서부터 심각성에 대한 인식이 없이 무의식적이고 습관적으로 욕설과 비속어를 사용하고 있다. 욕설과 비속어의 의미를 교육함으로써 바른 언어 사용이 생활화되었다는 연구 사례를 볼 때, 학생들 스스로 문제를 인식하고 개선해 갈 수 있는 교육과 실천이 시급한 상황이다(천세영 외, 2012). 타인을 배려하는 언어 선택은 상대를 존중하는 마음과 소통의 효율성을 높이는 데 반드시 필요한 조건이다.

존중의 유형과 소통의 구성요소

존중의 유형

존중은 올바른 인성을 지니는 데 필요한 도덕적 가치이다. 흔히 존중은 자기존중, 타인존중, 생명존중으로 구분할 수 있으며(정창우 외, 2014; 조용태 외, 2016), 이들은 다음과 같은 특성을 지니고 있다.

첫째, 자기존중은 자신을 다른 사람과 대체할 수 없는 독자적인 가치를 지닌 존재로 대우하는 것이다. 매슬로우(Maslow)의 욕구계층이론에 따르면, 인간은 자기존중의 욕구, 즉 내적·외적으로 인정을 받으면서 어떤 지위를 확보하기를 원하는 욕구를 지니고 있다고 한다. 자기존중의 욕구는 두 가지 형태의 존중감으로 구분되는데 하나는 타인이 자신을 귀하게 여기는 존중감이고, 다른 하나는 스스로 자신을 존중할 때 갖게 되는 존중감이다. 타인으로부터 얻어지는 자기존중은 명성, 존경, 지위, 평판, 위신 혹은 사회적인 성공에 기반을 두게 되고, 자기 스스로에 대한 존중은 자기믿음, 적합성, 확신, 성취, 지배, 독립, 자유와 같은 감정 등을 포함한다. 사람은 자기존중 욕구의 만족을 통해 자신감, 유용감, 가치감을 갖게 된다.

둘째, 타인존중은 다른 사람도 자신과 동일한 존엄성과 권리를 지닌 존재로 대우하는 것이다. 타인을 존중하는 태도는 배려가 전제된 행위이다. 타인을 진정으로 존중하려면 먼저 자기 자신을 존중할 줄 알아야 한다. 자신을 존중하는 사람은 자신에 대한 열등감이나 수치심, 좌절감, 부러움 등의 감정과 분리된 상태로 타인을 존중할 수 있고, 타인의 행복을 진정으로 축복해 줄 줄 안다. 자신을 존중하지 못하는 사람은 타인의 행복에 기뻐하기보다는 자기비하, 열등감 또는 공격성을 느끼게 된다.

셋째, 생명존중은 생명체가 지닌 모든 대상과 자연생태계의 내재적 존엄성을 귀중하게 여기는 것이다. 국가생명윤리심의위원회는 '생명존중을 위한 선언문'에서 "생명은 소중하다. 우리는 생명을 무엇보다 더 사랑하고 존중해야 한다. 인간은 생명이 있음으로써 행복을 비롯하여 여러 가치를 추구하며 살 수 있다"고 제시하고 있다[1]. '생명존중을 위한 선언문'에는 생명존중을 위한 인식 개선의 필요성을 제안하는 전문과 네 가지 핵심가치, 실천방안이 담겨 있다. 특히 생명존중을 위한 핵심가치에는 자신의 생명을 소중히 여기고 '선물'로 인지하는 책임성, 다양성 존중과 불평등의 해소를 위한 생명의 평등성, 생명존중의 선행조건으로서 위협받지 않아야 한다는 생명의 안전성, 사회 구성원으로서 약자를 배려하고 함께 살아가는 생명의 관계성의 네 가지를 제시했다.

의사소통의 구성요소

의사소통이 원활히 이루어지기 위해서는 말하는 사람의 의견이나 감정을 효과적으로 전달하고 상대방의 메시지를 올바르게 해독하는 능력이 중요하다. 의사소통의 기본 모형은 메시지를 전달하는 송신자, 메시지를 전달받는 수신자, 전달내용이 되는 메시지, 메시지를 전달하는 채널, 환경, 메시지에 대한 수용자의 반응인 피드백, 메시지 전달을 방해하는 잡음의 일곱 가지 구성요소로 이루어진다(조규락 · 김선연, 2011).

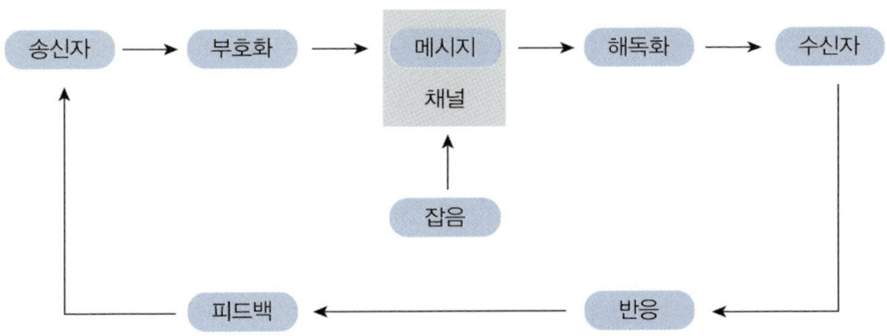

그림 6-1 의사소통 모형

1) 대통령 직속위원회인 '국가생명윤리심의위원회'는 2016년 5월 26일 생명 존중을 위한 선언문을 발표하였다.

① 송신자(sender)

송신자는 의사소통을 시작하는 사람으로 메시지를 만드는 사람이다. 송신자는 자신의 생각, 감정, 정보 등의 메시지를 전달하는 개인 또는 집단이 될 수 있다. 송신자가 수신자에게 전달할 메시지를 단어나 문자 등으로 전환하는 것을 기호화(encoding) 또는 부호화라고 한다. 의사소통 과정이 상호작용적이며 교류적이기 때문에 정보를 교환하며 서로 간에 그 정보를 공유한다. 또한 동시에 송신자와 수신자가 정보를 보내는 것도 가능하다.

② 수신자(receiver)

수신자는 전달자가 보내는 메시지를 받는 개인 또는 집단으로 한 사람일 수도 있고 여러 사람일 수도 있다. 커뮤니케이션이 상호작용적 성격을 갖고 있기 때문에 송신자는 메시지를 보내기도 하며 받기도 하는 것처럼, 수신자 역시 메시지를 받기도 하며 보내기도 한다. 수신자는 송신자가 보내는 내용을 접수하고(보거나, 듣거나, 느낀다), 메시지에 주의를 기울이며, 메시지를 자신의 경험이나 사전 지식을 통하여 해석(decoding)하고, 메시지의 내용을 기억하고 재생하며, 송신자, 채널, 환경, 잡음, 메시지 등에 반응한다.

③ 메시지(message)

메시지는 의사소통의 내용, 즉 교환되는 정보를 말하는데 이는 송신자에 의해 만들어진 자극들로 구성된다. 그 정보는 언어로 표현되거나 비언어적 형태로 표현되기도 한다. 메시지의 조직형태, 단어, 문법 및 양식이 메시지에 포함된다. 효과적인 메시지를 만들기 위해서는 내용을 어떻게 조직하는 것이 좋은가? 수신자에게 메시지를 명확하게 나타내는 단어는 어떤 것인가? 그 단어들은 어떤 구조로 제시되어야 하는가? 등을 고민하게 된다.

④ 채널(channel)

채널은 송신자가 메시지를 보내는 매개체이다. 의사소통에서 가장 일반적인 채널은 음성, 즉 소리이다. 또한 손짓이나 몸짓을 통한 메시지의 전달은 학생들의 시각을 통하여 수신되기 때문에 빛 또는 광선도 주요한 채널이 된다. 일반적인 의사소통 채널로는 책, 사진이나 그림, 영화, TV, 컴퓨터, 라디오 등이 있다.

⑤ 환경(environment)

환경은 의사소통에 참여하는 사람들을 둘러싼 외적·내적 분위기에 관련된 것이다. 환경에는 수신자의 태도, 의사소통 공간의 크기, 조명, 좌석 배치, 소음 등을 포함한다. 이 요인들은 의사소통의 효과성에 영향을 미친다. 최근 정보통신 기술이 발달하면서 라디오, 텔레비전, 컴퓨터, 스마트폰, SNS 등을 활용하여 의사소통이 일어나는 환경이 다양하게 나타나고 있다. 이에 따라 의사소통 상황이나 환경의 변화에 따라 의사소통이 어떻게 변화될 수 있는지에 대한 고려가 필요하다.

⑥ 피드백(feedback)

피드백은 수신자의 반응을 뜻한다. 예를 들어, 수신자가 대화 중에 시선이 창밖이나 스마트폰을 향하고 있다면 송신자의 메시지나 채널이 재미없거나 지루하다는 의미의 피드백을 송신자에게 보내는 것이다. 피드백의 중요한 기능은 커뮤니케이션 과정에서 전달된 메시지에 대한 수신자의 반응을 송신자가 다시 알아차릴 수 있도록 해주는 데 있다. 피드백을 통하여 송신자는 자신이 선택한 메시지나 채널의 효과성과 효율성을 확인할 수 있다. 즉, 커뮤니케이션이 제대로 이루어지고 있는지, 메시지가 제대로 전달되었는지 여부를 알려주는 것이다.

⑦ 잡음(noise)

잡음은 송신자가 메시지를 통하여 전하고자 하는 의미에 대해 간섭하거나 그것을 변화시키는 모든 것을 가리킨다. 일반적으로 잡음은 창밖의 자동차

소리, 에어컨 돌아가는 소리 등 물리적인 소음을 의미하지만, 날아다니는 파리나 너무 화려한 색상과 같은 눈에 보이는 것도 포함하며, 수신자의 마음을 혼란시키는 생각과 같은 심리적인 것들도 포함된다. 또한 메시지에서 의도하는 바를 단순히 훼방하기보다는 왜곡시키는 요인들도 잡음에 속한다. 예를 들면, 어떤 교사가 학생들의 주의를 집중시키기 위해 평소보다 큰 목소리로 말했다고 가정해 보자. 몇몇 학생들은 교사의 의도를 정확히 알아차리지 못하고, 큰 소리로 말하는 것이 교사가 화가 난 표시라고 추측할 수도 있다. 본질적으로 잡음이란 이처럼 메시지의 명확성, 정확성, 의미의 이해 혹은 기억을 저해하는 것들이다.

존중과 소통능력 함양하기

사이버 공간의 타인존중 방법

최근 정보통신 기술의 발달로 면대면 소통보다 스마트 기기나 SNS를 통한 비대면적 소통이 확대되고 있다. 이에 따라 사이버 공간에서의 예절인 네티켓에 대한 관심도 높아지고 있다. 네티켓(netiquette)이란 '통신망(network)'과 '예의범절(etiquette)'의 합성어로 네트워크 사용자들이 지켜야 할 예절로 상대에 대한 존중을 실천하는 것이다. 사이버 공간의 익명성과 비대면성을 이용하여 함부로 행동하는 경우가 있는데, 밝고 건강한 사이버 세상을 만들기 위해서는 서로를 존중하고 배려하는 태도가 필요하다.

미국 플로리다대학교 버지니아 셰어(Virginia Shea) 교수가 제시한 사이버 공간에서의 상대에 대한 네티켓의 핵심내용으로 존중을 실천하는 행동원칙은 다음과 같다.

① 가상공간에서 만나는 상대방도 인간임을 기억하라.
② 실제 생활에서 적용된 것과 같은 기준과 행동을 고수하라.

③ 현재 자신이 어떤 곳에 접속해 있는지 알고, 그곳 문화에 어울리게 행동하라.
④ 다른 사람의 시간을 존중하라.
⑤ 온라인상의 당신 자신을 근사하게 만들어라.
⑥ 전문적인 지식을 공유하라.
⑦ 논쟁은 절제된 감정 아래 행하라.
⑧ 다른 사람의 사생활을 존중하라.
⑨ 당신의 권력을 남용하지 마라.
⑩ 다른 사람의 실수를 용서하라.

이 밖에도 사이버 공간에서 네티켓을 통한 상대방에 대한 존중의 마음을 실천하기 위한 구체적인 행동으로는 다음과 같은 것들이 있다(우영효, 2015).

① 함부로 반말을 하지 않는다.
② 욕설, 비방을 하지 않고, 바른 말을 사용한다.
③ 입장 혹은 퇴실할 때 서로에게 인사를 나눈다.
④ 대화를 나누는 상대방을 존중한다.
⑤ 같은 글을 여러 번 반복해서 올리지 않는다.
⑥ 자료를 올리기 전에 바이러스 체크를 한다.
⑦ 음란물은 올리지 않는다.
⑧ 유익한 자료를 받았으면, 올린 사람에게 감사의 메시지를 보낸다.
⑨ 게임 종료 후 이기고 짐에 상관없이 정중히 인사한다.
⑩ 욕설이나 험담이 담긴 메시지를 보내지 않는다.

이 밖에 최근 사회적 문제가 되고 있는 사이버 폭력으로는 사이버 공간에서 다른 사람의 인격을 손상시키거나 수치심을 주는 등의 정신적 고통을 주는 행위로 명예훼손, 사이버 모욕, 사이버 스토킹, 사이버 성폭력 등이 있다. 사이버 폭력을 당하지 않도록 개인정보 관리를 철저히 함은 물론 사이버 폭력을 당하면 즉시 신고해야 한다. 특히 악플을 달아서 상대방이 심한 정신적 고통에 빠지거나 심지어는 자살에 이르게까지 하는 불행한 사건까지 일어났던 사실을 기억해야 한다. 최근의 선플 달기 운동은 매우 바람직한 현상이라고 할 수 있다.

효과적인 의사소통 전략

커뮤니케이션 효과에 대한 메러비언(Albert Mehrabian)의 연구에 따르면, 시각정보 55%, 청각정보 38%, 언어정보 7%의 효과를 가진다고 한다. 이러한 결과는 의사소통에서 언어정보가 7%밖에 영향을 안 주므로 중요하지 않다는 의미가 아니라, 몸동작이나 목소리의 변화를 함께 활용하면 효과적으로 메시지를 전달할 수 있다는 의미이다. 효과적인 의사소통을 위해 나-전달법(I-message), 초두효과와 최신효과, 적극적 경청 기법 등이 있다.

자신의 감정과 관련된 정보를 상대방에게 전달하는 것은 매우 중요하다. 토마스 고든(Thomas Gordon)이 창안한 '나－전달법'은 '나'를 주어로 하여 효과적으로 다른 사람에게 자신의 감정과 생각을 전달하는 대화기법이다. 사람들은 너무나 쉽게 상대방이 나의 감정을 안다고 생각하지만 우리가 효과적으로 자신의 감정과 생각을 표현하지 못한다면 다른 사람이 우리가 느끼고 생각하는 것들을 그대로 알고 이해할 수 없다. 나－전달법은 자신의 의사를 표현할 때 다른 사람의 감정을 상하게 하지 않게 하면서, 자신의 욕구를 표현하여, 상대방 스스로 행동을 수정할 수 있도록 하는 효과적인 표현기법이다. 대화에서 장애가 되는 방식이 나－전달법과 반대되는 너－전달법(You-message)이다. 너－전달법은 '너'를 주어로 사용하여 상대방의 행동이나 태도에 불만족스럽거나 상대방이 변화되기를 바랄 때 사용한다. 너－전달법은 상대방에게 공격받는 느낌을 주어 반감을 사거나 저항을 불러일으킬 수 있다.

나－전달법의 대화단계는 다음과 같다(홍경자, 2011). 첫째, 상황을 객관적으로 묘사한다. 예를 들면, 매번 지각하고 숙제를 해오지 않는 수철이라는 학생이 있다고 가정하면, "수철아, 네가 매번 지각을 하고 숙제를 해 오지 않으면..."과 같이 표현한다. 둘째, 나의 감정을 표현한다. 예를 들면, "나는 몹시 짜증이 나고 화가 난다"와 같이 표현한다. 셋째, 그 이유를 설명한다. 예를 들면, "왜냐하면 나는 네가 성실하고 책임감 있는 학생이기를 바라기 때문이야. 그리고 나의 말을 조금이나마 존중해 주기를 바라기 때문이야"라고 표현한다. 넷째, 좀 더 구체적으로 요청하는 바를 말한다. 예를 들면, "그러나 앞으로는 수업시간 3분 전까지 등교해 주겠니? 또 숙제를 일주일에 적어도 세 번은 해오겠니? 그리고 이런 약속을 이행하기 힘들 때는 그 사정을 미리 나에게 이야기해 주기 바란다. 내가 너를 도와주고 싶거든. 알겠지?"라고 표현한다.

의사소통 과정에서 초두효과와 최신효과를 활용하면 전달하는 메시지를 상대방이 효과적으로 기억하도록 도울 수 있다. 초두효과는 처음 제시된 정보 또는 인상이 나중에 제시된 정보보다 기억에 더 큰 영향을 끼치는 현상을 말한다. 따라서 메시지를 효과적으로 전달하기 위해서는 의사소통의 초기단계에서 핵심내용을 전달할 필요가 있다. 예를 들면, 프레젠테이션 도입 단계에서 전체 프레젠테이션의 개요를 제시하는 것이다. 최신효과는 초두효과와 반대로 최근에, 즉 마지막에 들어온 정보가 더 큰 영향을 끼치는 현상이다. 최신효과가 일어나는 이유는 사람의 단기기억 때문인데, 아무래도 마지막에 들어온 정보가 그전에 들어온 정보보다는 기억하기가 더 쉽기 때문이다. 예를 들면, 프레젠테이션 정리 단계에서 전체 프레젠테이션의 핵심내용을 요약해 주는 것이다.

비지시적 상담이론의 창시자인 칼 로저스(C. Rogers)가 제안한 적극적 경청은 커뮤니케이션 활동을 수행하는 데 있어 적극적인 청취태도에 대한 사고방식을 말하며 공감적 경청이라고도 한다. 적극적 경청의 태도에는 상대가 무엇을 느끼고 있는가를 상대의 입장에서 받아들이는 공감적 이해가 중요하고, 자신이 갖고 있는 고정관념을 버리고 상대의 태도를 받아들이는 수용의 정신, 자신의 감정을 솔직하게 전하고 상대를 속이지 않는 성실한 태도가 필수적이다. 적극적 경청을 위하여 비판적·충고적인 태도를 버리고, 상대가 말하고 있는 의미 전체를 이해하고, 단어 이외의 표현에도 신경을 쓰며, 상대가 말하고 있는 것을 피드백해 보고, 감정을 흥분시키지 않는 것 등이 중요하다. 적극적 경청은 커뮤니케이션을 위한 기본 태도이므로 관리·감독자나 튜터(tutor), 퍼실리테이터(facilitator) 등을 대상으로 대인관계 기술이나 코칭 기술을 향상하기 위한 교육에 채택되고 있다(한국기업교육학회, 2010). 의사소통에서 경청을 위한 비언어적 지시기법으로는 미소 짓기, 온몸이 상대방을 향하기, 상대방 쪽으로 몸을 기울여 다가가기, 머리 쓰다듬기, 어깨나 손등 토닥이기 등의 신체적 접촉, 눈맞추기, 고개를 끄덕여서 동의를 표현하기 등이 있다.

수동적 경청, 적극적 경청, 맥락적 경청

남의 말을 잘 듣는다는 것은 쉬운 일이 아니다. 어떤 이들은 상대방의 말을 잘 듣는 것보다 자신의 확고한 주장이 더 중요하다고 말하는 이들도 있다. 하지만 자신의 말을 하기 전에 남의 말을 잘 듣는 것이 자신의 말을 더 잘 할 수 있는 하나의 방법이다. 상대방의 말을 잘 들어야 자신의 주장도 더 근거 있고 명확하게 말할 수 있다. 뿐만 아니라 상대방의 이야기를 존중해야 내 이야기도 존중받을 수 있다.

상대방의 말을 잘 듣는다는 것은 수동적인 반응이 아니라 의식적인 선택이다. 상대방의 이야기에 귀를 기울이고 상대에게 관심을 갖고 상대방의 말을 들어주는 것은 상대의 생각과 감정을 상대의 입장에서 이해하는 것이다. 따라서 듣는 이는 상대방이 전달하고자 하는 말의 내용과 그 이면에 깔려 있는 기분, 감정, 의미 등에 귀를 기울여 듣고 자신이 이해한 바를 상대방에게 피드백해 줄 필요가 있다.

다음에 제시한 경청의 사례를 통해 경청이 왜 중요한지 그 중요성을 생각해 보고 경청의 유형에 대해서도 생각해 보자.

어느 날 저녁 신문을 보던 남편이 아내를 불렀다.

"여보, 이것 좀 봐. 여자들이 남자보다 2배나 말을 많이 한다는 통계가 실렸네! 남자는 하루 평균 1만 5천 단어를 말하는데, 여자들은 3만 단어를 말한다는 거야!"

이 말을 들은 아내가 말했다.

"남자들이 워낙 안 들으니까, 여자들은 늘 똑같은 말을 두 번씩 하게 되잖아요. 그러니까 두 배지!" 약 3초 후에 남편이 아내를 향해 물었다. "뭐라고?"

경청의 가장 낮은 수준을 이르는 '배우자 경청(spouse listening)'이란 용어가 있다. TV를 보면서 건성으로 듣는 것, "좀 조용히 해봐", "있다가 얘기해!" 하는 식으로 말을 종종 가로막기까지 하는 경청이 바로 배우자 경청이다. 가까운 사람의 말을 얼마나 안 듣길래 이런 용어가 생겨났을까?

'수동적 경청(passive listening)'이란 상대에게 주의를 기울이거나 공감해 주지 않고 그저 말하도록 놓아두는 것이다. 말을 가로막지 않는다는 면에서 배우자 경청보다는 나을지 모르지만, 이렇게 수동적으로 경청하면 말하는 사람은 주제에 집중을 못 하고, "어디까지 말했더라?" 하고 산만하게 된다.

'적극적 경청(active listening)'은 말하는 사람에게 주의를 집중하고, 공감해 주는 경청이다. 상대방과 눈을 맞추고 고개를 끄덕이며, "저런!", "그래서 어떻게 되었는데요?" 하는 추임새를 넣으면서 듣는다. 이렇게 적극적으로 경청해 주면 말하는 사람은 신이 나고 더 많은 아이디어를 얘기하게 되며 존중받는 느낌을 받는다.

경청의 최고단계는 '맥락적 경청(contextual listening)'이다. 이것은 '말하지 않는 것까지 듣는 경청법(listen beyond words)'이다. 말 자체가 아니라, 어떤 맥락에서 나온 말인가, 즉 말하는 사람의 의도, 감정, 배경까지 헤아리면서 듣는 것을 말한다. 가히 고수의 경청법이라 할 만하다.

커뮤니케이션 학자들에 의하면, 말은 전달하려는 메시지의 단 7%만을 운반할 뿐이다. 나머지 93%의 의미는 음성과 어조, 표정, 제스처 등에 실려 전달된다. 그러니 피상적으로 말만 듣는 것은 그야말로 거대한 빙산의 일각만 보는 것과 같다.

상대방이 잘 경청해 주면 마음을 열게 되고, 스스로 생각을 정리하게 되며, 새로운 아이디어를 만들어 낸다. 경청을 해주면 맥박이 정상화되고 혈압이 내려가며 엔도르핀이 솟는 신체적인 반응까지 나온다고 해서 치유효과까지 보고된다. 이렇게 좋은 경청을 우리가 잘 못 하는 이유는 무엇일까? 상대의 말이 '옳다, 그르다' 하는 우리 식의 판단, 성급하게 해결책을 제시하려는 급한 마음, 선입견 등 때문이다.

좋은 부모가 되고자 하면 적극적 경청은 기본이다. 나아가 같은 얘기라도 그 맥락까지 헤아려 듣는 맥락적 경청을 하면 그 자체가 자녀에게 줄 수 있는 귀중한 선물이다. 판단을 내려놓고 자녀의 얘기를 호기심을 가지고 깊게 들어볼 일이다.

출처: 한겨레신문(2007.12.2). http://www.hani.co.kr

4. 협동심과 배려심 기르기

협동과 배려의 의미

협동의 의미

협동(協同)이란 '힘을 합하여 서로 도움'이라는 뜻으로 동일한 효과를 발휘하기 위해 둘 또는 그 이상의 객체 간에 함께 일하는 것을 말한다. 즉, 상부상조를 의미한다.

협동은 공동체가 발전하고 번영하기 위한 필요조건으로 공동체의 가장 작은 구성단위인 가정에서부터 사회와 국가, 더 나아가 인류공동체에 이르기까지 모든 공동체의 흥망성쇠를 좌우하는 기본 요인이 된다. 이러한 협동의 미덕은 공동체 의식이나 연대성(solidarity), 조화정신과 깊은 관련성을 갖는다. 공동체 의식이나 연대성은 사회 구성원들의 상호 결합성을 의미하는 것이다(정창우, 2016).

협동과 비슷한 용어로 협력(協力)이라는 말을 사용한다. 협력이란 '서로 특정한 목적을 달성하기 위해 힘을 합하여 도움'의 의미를 지니고 있어 협동과 협력은 사전적인 의미로는 큰 차이를 보이지 않는다. 협동과 협력이라는 말은 영어로는 'cooperation', 'collaboration'이라고 하는데 두 단어 모두 '공통의 목적을 위해 함께한다'는 점에서는 차이가 없다. 하지만 '협동(cooperation)'과 '협력(collaboration)'은 주어진 과업을 해결하는 과정에서 차이를 보인다. '협동(cooperation)'의 경우에는 과제를 수행함에 있어서 '각각 과제에 대한 역할이 주어지고 그 역할이 완수되면 결과를 합치는 형식'을 취하는 데 반해 '협력(collaboration)'은 '각각에게 주어진 과제에 대한 역할을 수행하는 과정에서부터 함께 고민하여 하나의 동일한 결과를 만들어 내는 형식'을 따른다는 점에서 차이가 있다.

협동과 협력에 대한 예로 피자와 파전을 들 수 있다. '협동(cooperation)'은 역할이 분배된 대로 독립적인 작업을 한 후에 합쳐진 결과를 산출하게 되는데 이는 마치 피자와 같다. 하나의 원형 피자를 동등한 크기로 조각을 내고, 각자 할당된 조각만큼 자신의 취향을 고려하여 핫소스나 치즈가루 등을 뿌려 먹는다. 반면 '협력(collaboration)'은 일을 수행하는 과정에서 같이 고민하고 토론하여 결과를 산출해 내는 것으로 이는 마치 파전과 같다. 하나의 원형 파전이 만들어지면 젓가락으로 조각을 내고, 조각을 내는 데 어려움이 있으면 서로 도우며 조각을 내고, 그렇게 만들어진 조각은 크기나 형태에서 제각각으로 만들어진다(조용태 외, 2016).

배려의 의미

배려란 사전적 의미로 '도와주거나 보살펴 주려고 마음을 쓰는 것'으로 상호 의존성과 관계성을 기반으로 하는 개념이다. 배려를 영어로는 'consideration', 'care', 'concern' 등으로 사용된다. 배려는 넓은 의미에서 '인간뿐만 아니라 사물 및 자연환경의 상호작용'을 의미하며, 좁은 의미로는 '스스로 돌볼 수 없는 사람을 보살펴 주는 실천적인 행동'을 의미한다(김수동, 2005). 윤현진 역(2007)은 '배려란 내가 배려해 주고자 하는 사람의 관심, 이해, 필요를 수용할 수 있는 여지를 마련하기 위하여 나 자신의 특별한 가치들이나 관심들을 한동안 배제하는 것이다'라고 정의하면서, 배려하는 사람과 배려받는 사람의 관계를 규정하기 위한 기초로서 배려를 관계적인 의미로 규정하고 있다. 배려는 관계적 존재인 인간이 다른 사람의 행복이나 복지 등에 관심을 가지면서 그들의 필요나 요구에 민감하게 반응을 보이는 것을 의미한다. 즉, 타인에 대한 배려는 나와 타인 사이의 상호 의존적인 관계를 인식하는 바탕 위에서 타인의 필요와 행복에 책임을 느껴 그를 보살피고 돕는 도덕적 태도이다. 따라서 배려를 위해서는 타인의 고통에 대한 공감 및 연민, 타인과의 차이에 대한 인정과 잘못에 대한 용서를 포함하는 관용의 덕이 필요하다(정창우, 2016). 아울러 배려(caring for)는 상대방에게 말로써 관심을 표현하는 '돌봄(caring about)'과는 달리 상대방에 대한 걱정, 우려, 염려가 행동으로 옮겨지는 것으로 보다 실천적 의미를 담고 있다(김지은, 2016). 결국 배려란 상대를 도와주거나 보살펴 주려는 마음으로 이타적인 의도가 담겨져 있는 행동이라고 말할 수 있다.

협동과 배려의 요소와 특징

협동의 요소와 특징

우리 속담에 "백지장도 맞들면 낫다"라는 말이 있다. 이 말은 아무리 작은 일이라도 서로 도우면 쉽게 해결할 수 있다는 의미이다. 축구나 야구와 같이 단체경기에서는 아무리 뛰어난 선수라도 혼자서는 상대편을 이길 수 없다. 이기기 위해서는 팀원들이 서로 협력해야만 한다.

대학생활에서는 동아리 활동, 조별과제, 친구와의 공동 프로젝트 등을 통해 서로의 이해와 갈등을 조정하고, 타협하며 협동하는 방법을 배울 수 있다. 이러한 점을 중시하여 학습에서도 협동이 필요함을 강조하고 있는데, 권성호(2015)는 성공적인 협력학습의 기본 요소로 긍정적 상호 의존성, 면대면 상호작용, 개별적 책무성, 사회적 기술, 집단과정의 다섯 가지를 제시하여 학습의 협동성을 강조하고 있다.

첫째, 긍정적 상호 의존성은 구성원인 모든 학습자들이 상호 도움이 된다는 인식을 갖고 집단의 과제를 수행할 때 이루어진다. 따라서 집단 전체의 이익을 위해 그들 자신에게 맡겨진 역할을 수행해야 한다고 느낄 수 있어야 한다. 즉, 학습자들은 그들의 과제 수행이 다른 학습자에게 도움이 되며, 다른 구성원의 수행은 자신의 과제 수행에도 도움이 된다는 점을 인식해야 한다.

둘째, 서로에게 관심을 가져주고 개방적이며 허용적인 태도를 보여줌으로써 구성원 서로의 성공을 촉진하고 격려하는 증진적인 면대면 상호작용이 필요하다. 이와 같은 상호작용을 통하여 학습자들은 서로 효율적이며 효과적인 도움을 나눌 수 있으며, 문제해결에 필요한 정보와 자료들을 교환하여 학습과제를 신속하고 정확하게 완성할 수 있게 된다. 또한 이러한 상호작용은 서로 간의 신뢰감을 구축할 수 있도록 하며 학습동기에 대한 적절한 각성과 함께 긴장감과 불안감을 감소시키는 작용도 한다.

셋째, 개별적 책무성이다. 학습자 각자의 과제 수행이 집단 전체의 수행 결과에 직접 영향을 주며, 또한 집단 전체의 수행은 학습자 각자의 수행에 영향을 준다는 인식을 가질 수 있도록 해야 한다. 이 과정에서 학업성취능력이 우수한 학습자는 낮은 학습자들을 자발적으로 돕도록 하는 효과를 가져올 수 있다.

넷째, 사회적 기술이다. 협력학습은 공동의 집단목표를 달성하기 위해 서로를 경계하면서도 신뢰하며, 도움을 주고받고, 정확한 의사소통을 하며, 공동으로 문제를 해결할 수 있도록 독려하여야 한다. 이러한 사회적 인간관계 형성을 통해 지적인 면에서뿐 아니라 정의적인 면에 긍정적인 영향을 주게 된다는 점에서 협력학습은 경쟁적 학습이나 개별학습과 구분된다.

다섯째, 집단과정이다. 집단의 학습과제를 수행하는 데 있어 개별 학습자들의 역할이 도움이 되는지, 또한 학습활동이 집단과제 해결에 도움이 되는지의 여부에 따라 그 과제 수행의 계속 혹은 수정 여부를 결정한다.

이와 같은 협동의 요소는 학습에서만이 아니라 다양한 활동적 측면에서도 동일하게 작용한다는 점에서 협동을 실천해 나가는 데 있어서 고려해 볼만하다.

배려의 요소와 특징

배려는 공유, 공감, 책임 등의 가치와 위계 없는 것, 공동체, 특별한 것, 구체적인 것, 신체적인 것, 사적(私的)인 것 등의 특성을 지닌다(김수동, 2005). 김수동(2005)은 배려의 구성요소로 공감, 베풂, 비지시적 태도, 관계능력, 책임, 존경, 인격의 일곱 가지를 제시하고 있다.

공감은 미적・친사회적 감정으로서 반응성, 친화적 성격(personality)과도 관련된다. 베풂은 나눔, 소외되고 힘없는 사람들에 대한 적극적 헌신을 의미한다. 비지시적 태도는 지시, 간섭, 명령 등의 수직적 언행을 삼가고 부드러운 간접적 언어로서 상대방에게 정서적으로 감화시키고 행동을 자연스럽게 촉진하는 것이며, 질문, 인정, 격려 등을 적절히 사용함을 뜻한다. 관계기술은 확언, 포용, 전념으로 구성된다. 확언은 다른 사람이 발견하지 못하는 상대방의 좋은 점을 찾아 언어로써 알려주는 것이고, 포용은 타인을 내 사람으로 만드는 능력이며, 전념은 몰입(engrossment), 동기전환(motivational displacement)을 의미한다. 전념은 '상대방이 무엇을 원하고 있는가?'를 추론해 내는 능력과도 관련이 있다. 책임은 신중함, 인내심, 회피하지 않고 개선하는 능력과 통한다. 책임은 구체적으로 보살피면서 피배려자의 복지와 건강을 책임지는 특성을 지닌다. 존경은 상호존중, 행복감과 안녕감 등으로 이어지는 것이 특징이다. 타인을 존경하지 않는 사람들의 일반적인 특성은 자기중심적인 성향이 짙다. 남을 존경하는 사람은 그만큼 타인의 입장에서 현상을 이해하는 패러다임이 강하다. 존경은 존중보다 다소 고귀한 성격의 정서를 지니고 있다. 남을 존경하지 않는 사람이 타인의 복지를 위한 행위를 하기는 어렵다. 이것은 배려자의 눈으로는 주변에 존경할 만한 사람들이 많이 있어도, 배려자가 아닌 사람들은 그것을 인식하지 못하는 경향이 상대적으로 많다. 인격은 중후함, 변화, 모델링과 관련된다. 고요함(靜)과 부드러움(柔)의 세부요소를 지니는 중후함이 배려의 인격을 잘 드러낸다.

배려는 변화의 과정을 거쳐서 행복으로 인도하는 것을 목적으로 한다. 배려는 지루함과 상반되는 의미로, 조용한 변화를 일으키는 힘이다. 배려의 인격은 새롭게 타인의 모범이 되는 품성이다.

협동심과 배려심의 함양

인간은 사회적 동물이기 때문에 사회 구성원들의 상호 협력과 이해를 전제로 하는 인간관계를 통해서 개인의 삶의 의미를 지닌다. 함께 더불어 살아가기 위해서는 상대방을 배려하고 공동체의 과제를 함께 해결하려는 마음가짐이 필요하다. 조용태 등(2016)은 협동심 함양 방법으로 집단 구성원 존중하기, 집단 구성원 신뢰하기, 적극적으로 참여하기, 공 나누기를 제시하고 있다.

집단 구성원 존중하기

집단에는 다양한 능력과 특성을 지닌 구성원들이 존재한다. 집단의 목표를 달성하기 위해서는 구성원들이 서로 협력하고 적극적으로 참여해야 한다. 우수한 소수의 사람만 잘한다고 해서 훌륭한 결과가 얻어지는 것은 아니다. 다소 우수하지 않은 구성원들도 그들이 존중받고 있다고 느낄 때 집단에 소속감을 갖고 무언가 기여하고자 노력한다.

집단 구성원으로부터 무시당하고 배척받는 느낌을 받은 구성원은 부정적인 반응을 나타내게 되고, 그 분위기는 집단 전체에 부정적인 영향을 미친다. 따라서 전체 집단의 성취를 위해서는 우수하지 못한 구성원을 포용하고 존중하는 태도가 필요하다. 서로를 배려하고 존중할 때 더 큰 집단의 성취를 달성할 수 있다.

집단 구성원 신뢰하기

집단 구성원 간의 신뢰감은 공통된 경험의 장을 확대해 나가는 상호작용 속에서 서로의 노력과 행동을 통해 조금씩 쌓아가게 된다. 신뢰감을 형성하기 위해서는 '긍정적 표현'과 '비밀의 유지'에 있어서 다음과 같은 점에 주의해야 한다.

첫째, 긍정적인 표현은 집단 구성원이 의견을 제시할 때, 심리적인 안정감을 느끼면 자신의 의견이 관철되지 않더라도 부정적인 태도를 갖지 않는다. 또한 다른 의견을 적극적으로 표현할 수 있게 한다. 구성원들이 자유롭게 자신의 생각이나 의견을 표현할 수 있도록 나와 다른 의견에 대해서도 열린 마음으로 경청하는 태도가 필요하다.

둘째, 비밀의 유지는 집단 구성원 간의 신뢰 형성에 매우 중요한 기능이다. 누구에게나 자신의 이야기를 털어놓을 수 있고 사적인 비밀이 보장되는 대화상대가 되어 줄 대나무 숲이 필요하다. 서로의 비밀 유지를 위해 집단 구성원들이 서로 서약하거나 다짐받는 것도 집단의 신뢰감을 형성시키는 데 필요한 방법이다.

적극적으로 참여하기

집단에서 맡은 책임과 역할을 충실히 수행하는 것도 중요하지만 집단에 잘 참여하지 않는 구성원들이 참여할 수 있도록 조력하고 협력적인 분위기를 조성하는 것도 매우 중요하다. 집단활동이 개인생활과 상충될 때 이를 조정하기 위한 양보의 태도가 요구된다. 지나치게 개인적인 부분을 주장하여 집단 전체에 피해가 가지 않도록 양보하고 배려하는 태도가 필요하다. 개인생활과 집단활동 모두가 승리할 수 있는 지혜 또한 필요하다.

대학에서의 학과 공동체 활동에서 적극적으로 참여하는 태도에 대해 통합인성교재개발위원회(2014)에서는 다음과 같은 점을 제시하고 있다.

첫째, 학과 공동체 활동을 위해서는 모든 학과 구성원이 각자 공정하게 역할분담을 해야 한다는 의식을 갖는다.

둘째, 부득이하게 학과 공동체 활동에 참여할 수 없을 경우에는 양해를 구하고 되도록 참여할 수 있는 다른 방법을 찾아보는 노력을 한다.

셋째, 학과 공동체 활동에서 참여의 정도가 다를 수밖에 없다. 주도적으로 활동하는 사람은 책임감 및 사명감을 가지고, 다른 학생들은 그 사람들을 격려해 주는 문화가 필요하다.

넷째, 학과 공동체 활동에서는 '강제' 또는 '강요'가 있어서는 안 된다. 적극적으로 참여하는 학생에게 이익을 주는 방향으로 참여를 유도하는 것이 바람직하다.

이 밖에도 협동심과 배려심을 배우고 적성 및 진로를 탐색하는 데 동아리 활동 참여를 적극 추천하고 싶다. 동아리 활동은 학교라는 공간에서 학생들이 자유롭게 자발적으로 활동하는 모임이다. 학생들은 그 안에서 자신을 드러내면서 자기를 찾아가고 자기실현을 해나간다. 자아정체감을 형성해 나가는 시기인 만큼 자기 발견의 한 과정인 동아리 활동은 대학생활의 중요한 삶의 과정이며 교육의 또 다른 형태이다.

동아리는 사회성 함양의 장이라 볼 수 있다. 동아리는 동급생 관계 이외에 선후배나 이성과의 관계를 통해 좀 더 포괄적인 대인관계를 맺게 되며 높은 친밀감을 경험하게 된다. 그 과정 안에서 갈등과 화해를 반복하여 겪게 되며 사회적으로 성숙하게 된다. 갈등과정에서 동아리 활동을 그만두게 되는 경우도 종종 보지만 대부분 학생들의 경우 갈등의 과정을 해결하고자 하는 적극적인 노력을 보이며 고민의 시간을 보낸다. 동아리 활동은 선배에 대한 예의, 후배에 대한 배려 그리고 동료와의 팀워크 등의 훌륭한 사회적 기술을 익히는 터가 된다(이시형, 2004).

공(업적) 나누기

협동에서 중요한 것은 결과물에 대한 공정한 분배이다. 집단의 과제를 수행한 결과, 즉 '성취'에 대한 공은 집단 구성원들이 함께 나누어야 한다. 모든 구성원들이 각자의 역할과 임무에 최선을 다했기에 성공적인 결과를 얻을 수 있었다는 분위기를 조성할 필요가 있다. 특히 조직 내에서 책임져야 할 일이 발생하면 무조건 부하 직원이나 아랫사람에게 뒤집어씌우고, 생색낼 일이나 업적에 대해서는 무조건 상사의 업적으로 돌리는 일은 조직 내 협동을 저해하는 원인이 된다. 공을 합리적으로 나누는 일은 공동체 의식을 강화하는 요인이 된다.

반성적 사고활동 6-1

대인관계 성향 검사

[주제] 나의 성격 특성은 무엇이며, 나의 대인관계 성향은?

[방법] 본 검사는 대학생들의 개인적인 대인관계 문제를 파악하기 위한 비진단적 검사이다. 각 문항들은 대인관계의 상황 속에서 누구나 느낄 수 있는 문제들로 구성되었다. 가능한 한 피검사자들이 실생활에서 자신들이 경험했던 내용들을 중심으로 자신의 문제로서 지각할 수 있도록 전문가들에 의해 구성되었다. 제시된 검사문항을 너무 깊게 생각하지 말고 자신에게 해당된다고 생각하면 ○로, 아니면 ×로 체크해 내려간다.

[프로그램 내용]

1. 주도성(10문항)	O, X
1. 남보다 앞서서 일하기를 좋아한다.	
2. 남에게 충고를 잘한다.	
3. 나의 주장을 관철하려 한다.	
4. 다른 사람들이 나의 의견을 잘 따른다.	
5. 사람들을 지휘하려고 한다.	
6. 사람들과 함께 있을 때는 리더의 역할을 한다.	
7. 여러 사람 앞에서 의견 말하기를 좋아한다.	
8. 친구들과 어울리는 경우 내가 얘기를 많이 한다.	
9. 내가 계획하는 일에 여러 사람을 참여시킨다.	
10. 사람들이 내 주위에 모이도록 노력한다.	
2. 공격성(12문항)	**O, X**
11. 남들로부터 잘난 척한다는 말을 듣는다.	
12. 친한 친구라도 견해가 다르면 다툰다.	

13. 대화 중에 극단적인 표현을 많이 쓴다.	
14. 화를 잘 낸다.	
15. 화가 나는 일이 생기면 분풀이를 해야 한다.	
16. 토론을 할 때마다 언쟁을 한다.	
17. 남으로부터 화를 잘 낸다는 말을 듣는다.	
18. 상대방의 잘못을 짚고 넘어간다.	
19. 나에게 고통을 준 사람에게는 그만큼의 고통을 준다.	
20. 자존심이 상하면 참지 못한다.	
21. 작은 일에도 흥분한다.	
22. 마음에 안 드는 사람의 말은 반대한다.	
3. 사려성(12문항)	**O, X**
23. 남의 입장을 잘 이해한다.	
24. 남의 잘못을 너그럽게 이해한다.	
25. 대화를 나눌 때 상대방의 느낌에 유의한다.	
26. 타인의 칭찬을 받아들인다.	
27. 타인의 충고를 받아들인다.	
28. 상대방의 입장에 서서 이해한다.	
29. 실수로 당황하는 친구를 안심시켜 준다.	
30. 사람들과 함께 있고 싶다.	
31. 사람들과 친밀한 관계를 갖는다.	
32. 새로 알게 된 사람에게 호의를 베푼다.	
33. 여러 명이 함께 하는 일에 협조적이다.	
34. 사람들을 친절하게 대하려고 한다.	
4. 불신감(12문항)	**O, X**
35. 부모님은 사사건건 간섭하신다.	
36. 부모님은 내가 하는 일을 못마땅하게 여기신다.	
37. 부모님은 나보다 나은 점이 많다.	
38. 다른 사람이 하는 일을 믿지 못한다.	
39. 나에게 호의적으로 대하는 사람들도 믿지 못한다.	
40. 친구가 하는 말이라고 해서 솔직한 것은 아니다.	

41. 내게 접근하는 사람에게 경계부터 한다.	
42. 남으로부터 의심이 많다는 말을 듣는다.	
43. 타인의 말을 믿지 않는다.	
44. 광고의 내용을 믿지 않는다.	
45. 의지할 만한 친구가 없다.	
46. 부모님은 내가 의견을 말할 때 다른 얘기를 하신다.	
5. 경쟁성(12문항)	O, X
47. 나와 가치관이 다른 타인을 싫어한다.	
48. 친구가 한 일을 평가하기 좋아한다.	
49. 내 뜻대로 되지 않으면 속이 상한다.	
50. 남으로부터 지적을 받으면 오랫동안 마음이 언짢다.	
51. 누가 묻는 것에 모른다고 답하기가 싫다.	
52. 남이 충고해 주는 것을 좋아하지 않는다.	
53. 친구들보다 뒤지지 않으려 애쓴다.	
54. 남이 좋은 물건을 가지면 나도 갖고 싶다.	
55. 나보다 뛰어난 친구를 보면 앞지르고 싶다.	
56. 칭찬받은 일을 오랫동안 기억한다.	
57. 모임에 나갈 때 옷차림에 신경을 쓴다.	
58. 거울을 들여다보는 일이 자주 있다.	
6. 독립성(11문항)	O, X
59. 내 뜻대로 일을 처리한다.	
60. 쉬운 일보다 어려운 일에 매력을 느낀다.	
61. 지시를 받기보다 자발적으로 일하기를 좋아한다.	
62. 자신과 관련된 문제에 결정을 내리는 일이 부담스럽다.	
63. 무슨 일이든 스스로 결정한다.	
64. 내 스스로 계획을 세워 일을 수행한다.	
65. 마음 내키지 않는 일이면 싫다고 이야기한다.	
66. 나는 무엇을 할 것인가를 다른 사람이 결정하게 한다.	
67. 나는 동료들과 대등한 입장에서 활동한다.	
68. 나는 내 자신을 잘 안다.	

69. 언젠가는 내가 하고 싶은 일을 할 수 있을 것이다.	
7. 책임성(11문항)	**O, X**
70. 어떤 역할이고 맡아서 할 수 있다.	
71. 남으로부터 책임감이 강하다는 말을 듣는다.	
72. 내 인생은 내가 책임져야 한다.	
73. 남들이 신용 있는 사람이라고 한다.	
74. 책임질 수 없는 말은 하지 않는다.	
75. 맡은 일은 밤을 새워서라도 한다.	
76. 약속을 하는 경우 상대방보다 먼저 나간다.	
77. 남에게 빌린 것을 제때에 돌려주어야 직성이 풀린다.	
78. 나는 무슨 일에나 책임의 한계를 명백히 한다.	
79. 불쌍한 친구를 보면 도와준다.	
80. 노약자를 보면 자리를 양보한다.	
8. 우월성(11문항)	**O, X**
81. 나는 선택된 인간이라고 생각한다.	
82. 나보다 잘난 사람은 없다.	
83. 나는 다른 사람의 의견을 대수롭지 않게 여긴다.	
84. 친구들보다는 내가 유능하다.	
85. 나는 장점이 많다.	
86. 누구의 도움 없이 독자적으로 행동할 수 있다.	
87. 나의 성격이 변화될 필요성이 없다.	
88. 나의 용모에 자신이 있다.	
89. 친구들은 나를 부러워한다.	
90. 사람들은 나를 관심 있게 본다.	
91. 어떤 일을 끝내고 잘한 것 같은 생각이 오랫동안 남는다.	

[채점 및 해석]

8개의 차원별로 ㅇ표한 개수를 세어본다. ㅇ표가 상대적으로 많은 특성이 자신의 주된 대인관계 성향에 해당된다.

• 대인관계 성향 검사 차원의 구성요인

(1) 주도성-10문항(1~10번): 이 특성은 대인관계에서 자율적이며 주도적이고, 자신에 대해 자신감이 있으며 자신의 권리를 찾으려 하면서도 자신이 한 행동에 대해 책임감을 진다. 인간관계에서 적극적이므로 자신의 의견 등을 여러 사람 앞에서도 잘 표현하며, 자신의 의사를 관철하기 위해서 다른 사람을 설득하기도 한다.

(2) 공격성-12문항(11~22번): 이 특성은 대인관계를 경쟁적 입장에서 다른 사람을 공격적으로 대하고 권력에 대해 반항적이며 도전적이고 부정적인 면을 보인다. 언어의 표현은 주로 극단적이고 단정적인 것을 쓰며 자신의 감정을 통제하지 못하는 편이다. 다른 사람의 의견이나 입장보다는 자기 자신의 것을 더 중요하게 생각한다.

(3) 사려성-12문항(23~34번): 이 특성은 대인관계에서 온화하고 공감적이며 다른 사람의 입장을 먼저 살펴주는 특성이 있다. 그러므로 다른 사람들과 함께 있기를 좋아하며 호의를 베풀며 관계를 잘 유지하려 한다.

(4) 불신감-12문항(35~46번): 이 특성은 인간에 대해 불신감을 갖고 있으며, 대인관계에서 누구든지 일단 의심하는 특성을 나타낸다. 이 특성은 다른 사람보다도 자신에 대해서 더욱 믿음을 가지므로 다른 사람의 호의도 받아들이기 힘들다.

(5) 경쟁성-12문항(47~58번): 이 특성은 대체로 대인관계를 경쟁적 입장에서 보며 따라서 남의 간섭을 싫어하고 남에게 지기도 싫어한다. 또한 자기 입장을 중심으로 다른 사람을 대하므로 자신의 느낌이나 생각 등이 중요하다. 따라서 대인관계에서 이기적이며 자기 자신에게 유리한 상황만을 선택하려고 한다.

(6) 독립성-11문항(59~69번): 이 특성은 다른 사람에게 의존하기보다는 자기 방식대로 일을 처리하며 누구의 간섭을 받기보다는 주체적으로 계획을 세우고 스스로 결정한다. 대인관계에서 자발적, 모험적, 그리고 감정에 치우치지 않는 성향이 있다.

(7) 책임성-11문항(70~80번): 이 특성은 다른 사람에게 책임질 수 있는 말이나 행동을 하려고 한다. 다른 사람들에게 주로 신용 있고 책임 있는 사람이라는 말을 듣는다.

(8) 우월성-11문항(81~91번): 이 특성은 자기 자신의 능력에 대해 확신이 있으며, 자신에 대해 수용적이고 긍정적이다. 현재나 미래에 대해 긍정적인 시각을 갖고 있다.

출처: 김혜숙(2008). 전게서.

반성적 사고활동 6-2

나의 소통지수

※ 스스로 나의 소통지수를 파악하기 위한 것이다. 지금 내가 상대방 누군가를 만나는 상황을 머릿속에 그려보며 테스트를 해보자. 내용에 따른 체크리스트의 내용은 다음과 같다.

[검사 표기 방법]

체크리스트			
체크리스트	1점	전혀 그렇지 않다.	※ 해당란에 ∨표 하기
	2점	대체로 그렇지 않다.	
	3점	보통이다.	
	4점	대체로 그렇다.	
	5점	항상 그렇다.	

[검사 문항]

나의 소통 상황		체크리스트				
원칙	내용	1	2	3	4	5
공감의 원칙	1. 다른 사람을 만날 때 차이를 인정하는가?					
	2. 상대방에 대해 알고자 노력하는가?					
	3. 상대방의 감정과 생각을 이해하고 노력하는가?					
	4. 자기 이야기를 잘 하는가?					
경청의 원칙	5. 말하기보다는 상대방의 이야기를 듣는가? (이야기 양)					
	6. 상대방의 이야기를 진지하고 깊게 듣는가? (이야기 질)					

통합의 원칙	7. 약속 장소에 나갈 때 의상과 외모에 신경 쓰는가?					
	8. 대화하면서 제스처를 사용하는가?					
	9. 대화하면서 눈 맞춤을 하는가?					
스토리텔링의 원칙	10. 부드러운 억양으로 말하는가?					
	11. 막힘없이 많은 이야기를 할 수 있는가?					
	12. 다른 사람의 이야기 등 사례를 많이 말하는가?					
	13. 말할 때 짜임새, 구조가 있는가?					
명료성의 원칙	14. 말하고자 하는 바가 명확한가?					
	15. 말할 때 근거가 명확하고 논리적인가?					
반복과 자극의 원칙	16. 자기의 주장을 반복해서 적절히 강조하는가?					
	17. 자기만의 매력을 노출하기 위해 노력하는가?					
진정성의 원칙	18. 만났을 때 상대방을 배려하는가?					
	19. 만났을 때 상대방에게 집중하는가?					
	20. 말과 행동이 일치하는가?					
총점		( ) 점				

[결과 해석]

※ 1번부터 20번까지의 점수를 합산하여 총점을 구한 후 총점의 값에 해당하는 자신의 소통 유형과 내용을 확인한다.

총점의 값	소통 유형	내용
90점 이상	소통의 달인	• 어떠한 상황에서도 상대방과의 차이를 인정하고 소통을 시도한다. 경청을 통해 다른 사람이 말하는 내용을 먼저 받아들이고 자신의 의견도 상황에 맞게 전달한다. 항상 상대방을 배려하며 소통한다.
80점 이상-90점 미만	원활한 소통	• 사람들과 좋은 관계를 맺고자 스스로 노력한다. 물론 본인이 다른 문제로 고민하거나 상대방이 도를 넘는 행동을 하면 불통이 되기도 하지만, 소통하기 위해 꾸준히 노력한다. 주변 사람들에게 관계성이 좋은 사람으로 인정을 받는다. 매력적인 인간으로 주변에 사람이 모인다.
70점 이상-80점 미만	평범한 소통	• 소통의 중요성을 인식하고 소통하고자 시도하지만 안 되는 경우가 종종 발생한다. 특히 자신의 이익과 관련된 문제가 개입되면 소통보다는 일방적 주장으로 상대방을 설득하려고 한다. 하지만 이익과 관련 없는 정서적으로는 차이를 인정하고 상대방과 공감대를 형성하고자 노력한다.
55점 이상-70점 미만	일반적 소통	• 상대방이 처한 상황보다는 자신이 처한 상황을 더 중요하게 생각한다. 특히 자신의 매력을 높이는 것에 몰두하고 상대방에게 잘 집중하지 않아 소통이 잘 안 된다.
55점 이하	불통의 단계	• 차이를 인정하지 않을 뿐만 아니라 자신의 메시지 자체도 효과적으로 전달하지 못한다. 항상 인간관계에 있어 겉돌게 되며, 깊이 있는 관계를 형성하지 못한다. 더 심해지면 사람을 만나는 것 자체를 꺼리게 된다.

출처: 한국평생교육상담연구원(cafe.daum.net/leeyu1991(2020.1.20.)

Chapter 07

도전하는 생활

1. 도전과 성공

도전하는 인생

아름다운 도전을 하면서 하나씩 목표를 성취해 나가는 사람은 모든 사람에게 부러움의 대상이 된다. 이는 도전하는 삶이 아름다운 인생을 만드는 근본적인 요인이기 때문이다. 그래서 "도전하는 삶은 아름다운 인생이다."라는 말이 나오게 된 것이다.

도전은 사전적인 의미로는 '정면으로 맞서 싸움을 걺'이라는 뜻을 지니고 있는데 이는 어려운 일의 성취나 기록 경신 따위에 나서서 추구하는 목표에 도달하여 성취하는 것을 이르는 말이다.

이처럼 인생의 아름다움과 연계되어 있는 도전이라는 행동에 여러분들은 지금 도전하고 있나요? 지금 어떤 일에 도전을 하고 있나요? 아니면 앞으로 어떤 일에 도전하고 싶은가요? 스스로 자문자답해 보지만 시원한 대답을 하기에는 아직 아쉬움이 많이 남아 있으리라 생각된다.

조슈아 J. 마린(Joshua J. Marine)은 젊은이들의 도전과 관련하여 "도전은 인생을 흥미롭게 만들며, 도전의 극복이 인생을 의미 있게 한다(Challenges are what make life interesting overcoming them is what makes life meaningful)."라고 말하였다. 이는 도전하는 삶이 인생에 흥미를 주며 의미를 부여한다는 말이다. 아주 작은 일이라도 도전하면서 이를 극복하고 성취하는 삶이 흥미 있고 의미 있는 인생을 만든다는 의미이다.

도전은 목표를 가지고 목표를 향해 달려가는 양상을 보이지만, 실질적으로 도전의 모습을 엄밀히 분석해 보면 도전은 혼자만의 노력이라기보다는 도전하는 사람의 노력과 주변 사람들과 함께하는 화합을 통해 만들어진다. 그러니만큼 도전하는 사람에게는 주변에서 주는 응원과 격려가 매우 소중하다. 도전 앞에 어려움이 닥쳐와 흔들릴 때 누군가가 보내주는 격려는 어려움을 극복하고 온전히 성공을 향해 걸을 수 있는 큰 힘이 된다. 도전하는 사람은 단 한 사람의 격려도 소중하게 받아들이고 그렇게 받아들일 때 한 마디의 격려가 큰 힘으로 전환될 수 있게 된다.

도전하는 삶은 언제나 아름답다. 무언가 열심히 하는 사람이 보기에 좋은 것처럼 어떤 일에 도전적이고 열정적인 사람이 보기 좋다. 하지만 도전은 언제나 성공만을 가져오는 것은 아니다. 설령 능력이 부족해서 빈번하게 실패를 한다고 하더라도 그 사람이 보여주는 끈기와 절대로 포기하지 않는 의지가 보인다면 결과는 중요하지 않을 수도 있다. 단지 도전하는 삶이 아름다울 뿐이다. 끊임없는 도전은 불가능한 일로 보였던 것도 언젠가는 성공의 길로 들어서게 하고 그런 모습을 보는 사람들은 도전의 위대함에 감격하지 않을 수 없게 된다. 그래서 나태한 삶보다는 열정적인 도전을 추구해 가는 사람에게 우리는 큰 박수를 보내는 것이다. 도전은 시작이 어렵다. 그래서 시작이 반이라는 말이 있다. 시작에 용기를 갖는 도전이 필요하다.

도전이 주는 의미

당신에게 도전은 어떤 의미입니까? 도전이 갖는 의미는 사람마다 다를 수 있다. 앞에서 살펴본 바와 같이 도전이라는 것이 목표를 성취하기 위해 어려움을 극복하고 부단히 노력하는 것이기는 하지만 목표의 수준이나 주어진 여건, 선행 경험 여부 등에 따라 그 의미와 극복과정은 다소 차이를 보일 수 있기 때문이다. 일반적으로 도전이 갖는 의미는 다음의 몇 가지로 요약할 수 있다.

첫째, 도전은 목적을 이루기 위해 자신의 주관에 따라 행동하는 것이다. 도전은 목적을 이루는 것으로 목적 없이 도전하는 것이 있다면 그것은 진정한 의미의 도전이라고 말할 수 없다. 뭔가 필요에 의해서 그것을 얻으려고 하는 행동이 도전이므로 도전은 목적을 얻기 위한 행동이라고 의미를 부여할 수 있다.

둘째, 도전은 스스로를 변화시킬 수 있는 깨달음을 얻는 것이다. 도전을 해서 얻고자 하는 목적은 물질적인 것일 수도 있지만 정신적인 것일 수도 있고, 심리적인 것일 수도 있다. 이때 도전을 통해 정신적인 것이거나 심리적인 것이라고 한다면 변화와 깨달음이 도전의 목적이 될 수 있다.

셋째, 도전은 하기 두려운 일을 시도하는 것이다. 일반적으로 도전이라고 하는 것은 쉽게 성취되는 것보다는 성취하기 어려운 것이 대상이 된다. 그래서 도전은 하기 어렵고 두려운 일을 시도하는 것이다. 잘하는 일을 해서 누군가에게 자랑스러워 보이려고 하는 행동은 도전이 아니다. 뭔가 부족하고 불가능하다고 생각하는 것에 대해서 그것을 극복하기 위해 하는 행동이 곧 도전이다.

넷째, 도전이란 그동안 해보지 않았던 일이나 해 왔던 일을 더 잘할 수 있도록 하기 위해 노력하는 것이다. 기능적인 측면에서의 숙달을 이루는 것도 도전이 될 수 있다. 지금은 기능적으로 부족하지만 충분한 숙달을 통해서 더 잘할 수 있도록 노력하는 것도 도전이 될 수 있다.

다섯째, 도전이란 인생에서 한 번도 걸어보지 않은 길을 걷는 것, 임계치를 스스로 뛰어넘기 위해 노력하는 것이다. 지금까지 한 번도 경험하지 못한 부분까지 올라가 보고자 노력하는 것이 도전이다. 따라서 스스로의 한계를 극복한 경험이 있다면 그것은 충분히 가치 있는 도전이 될 수 있다.

여섯째, 도전이란 지금보다 한 단계 높은 목표를 설정하고 끊임없이 목표를 향해 노력하는 것이다. 도전은 반드시 해보지 않았던 일만 대상이 되는 것은 아니다. 지금까지 해 오고 있던 일이지만 지금보다 더 높은 수준의 성취를 목표로 하는 행동도 충분히 도전이 될 수 있다.

성공이란?

성공에 대한 정의는 이 세상을 사는 사람들의 수만큼이나 많으며 해석하기에 따라서는 얼마든지 달라질 수 있다. 성공이라는 말의 사전적인 의미는 '목적이나 뜻을 이룸', '사회적으로 명성과 지위를 얻음'이라고 설명하고 있다. 하지만 많은 이들은 성공을 단순한 목적을 이루는 것에서 나아가 '물질적 부(富)'와 연계시키는 경향이 있다. 돈과 물질의 소유가 과연 우리에게 평화를 주는가 하는 문제를 생각해 볼 때 부의 축적이 성공의 진정한 의미라고 설명하는 데는 한계가 있다. 물론 물질적인 소유가 우리에게 편리함을 주는 것은 사실이지만 성공으로 가는 데 있어서 필수적인 요소라고 보기는 어렵다. 물질적 부에 치우치다 보면 오히려 진정한 성공은 역설적으로 가장 큰 실패를 성공이라고 할 수도 있기 때문이다.

성공은 돈이나 물질을 소유하는 것 이상의 것을 의미한다. 자신이 인생에서 추구하려는 것이 무엇인지를 본질적으로 생각해 본다면 성공의 의미는 다르게 설명될 수 있다. 성공은 자신에게 성취감과 함께 건강, 원만한 인간관계를 배경으로 할 수도 있고, 자신의 재능과 능력의 실현을 바탕으로 하기도 하며, 성실함과 믿음이 될 수도 있으며, 다양하고 화려하게 삶을 즐기는 능력이 성공일 수도 있다.

인간은 자신에 의해 성공하기도 하고 실패하기도 한다. 사고(思考)라는 무기를 통해 스스로를 파괴하기도 하고, 기쁨과 평화를 만들어 내는 도구로 활용하기도 한다. 자신이 원하는 것이 무엇이든 간에 그 기본은 자신의 생각에서 비롯된다는 사실을 잊어서는 안 된다. 바로 그러한 사고를 통해서만이 자신이 원하는 것을 현실화하고, 그러므로 스스로를 성공한 사람으로 확신하고 그 성공을 계속 유지하려고 하게 된다(김만행 역, 1990).

성공에는 두 가지 기준이 있다. 첫 번째 기준은 다른 사람들의 평가에 의한 성공으로 다른 사람들이 자신을 보고 성공한 사람이라고 평가해 주는 것에 의한 것이고, 두 번째 기준은 스스로가 자신을 성공했다고 생각하는 것에 따른 것이다. 사실 성공이란 스스로가 성공했다고 생각하지 않는다면 그런 성공은 아무런 의미가 없다. 세상의 모든 사람들이 성공했다고 말한다고 하더라도 자신이 성공했다고 생각하지 않는다면 그런 성공은 소용이 없다. 성공은 스스로가 자신에게 내적으로 인식하고 인정하는 것이 무엇보다도 중요하다. 자신이 성공해야 한다고 생각한다면 그것은 누구를 위한 것인지 생각해 볼 필요가 있다. 자신을 위해서인가 아니면 다른 사람을 위해서인가? 다른 사람들의 평가에 맞춰 성공하려고 시도한다면 거기에는 여러 가지 문제가 수반되어 나타난다. 그것은 마치 다른 사람의 생활영역에 자신의 성공을 맞추려는 것과 같은 이치이다.

성공은 개인적인 것이어야 한다. 성공은 개인의 내면적인 곳으로부터 평가되어 나오는 것이어야 진정한 성공이라고 할 수 있다. 따라서 진정한 성공은 물질적인 것보다도 자신을 얼마나 변화시키고 발전시켰느냐에 따라 평가되어야 한다. 진정한 성공은 자신에 대한 성숙과 발전, 성취감, 믿음, 성실, 인정, 그리고 사랑 자체이다. 자신이 원하는 가치 있는 목적을 추구하고 사회구성원으로서의 역할을 성실히 수행해 나가는 데서 진정한 성공의 의미를 찾을 수 있다.

실패한 사람들의 특성

성공한 사람들의 의미나 특성은 역설적으로 실패한 사람들의 특성을 통해서도 읽을 수 있다. 우리는 흔히 실패한 사람들에 대해 평가하기를 게으르고,

능력이 부족하고, 불성실한 사람으로 규정하기 쉬우나 대부분의 사람들이 그렇지 않다. 오히려 실패한 사람들도 알고 보면 매우 영리하고 성실히 업무에 임하며 동시에 기술적으로도 뛰어난 사람들이 많다. 하지만 분명한 것은 그들이 보여주는 정서적·행동적 특성은 성공한 사람들과 명백한 차이를 보인다. 일반적으로 실패한 사람들은 다음과 같은 점에서 성공한 사람들과 다른 특성을 보인다.

첫째, 중도에 포기하여 성공에 이르지 못한다. 실패한 사람들은 대부분 목표 달성에 대한 의지가 부족하여 처음부터 포기하거나 실천을 위한 고통을 극복해 내지 못하는 사람들이다. 또한 성격이 급하여 성과가 나오기도 전에 성과가 확실하지 않다고 판단하고 미리 포기해 버리는 경향을 지닌 사람들이다.

둘째, 대인관계의 문제이다. 실패한 사람들은 대인관계가 원만하지 못하거나 대인관계에 있어서 리더로서의 역할에 소홀한 측면이 있다. 대부분 실패하는 리더십은 차갑거나 이기적이거나 의사결정에 있어서 우유부단한 특성이 있다. 매사의 의사결정에 있어서 위임하지 못하고 결정적으로 적절히 사람들을 선발하지 못한다는 특성이 있다. 리더로서의 역할을 수행하면서 자신이 스스로 이루는 과업보다는 그룹을 형성한 사람들에게 보다 많은 관심을 가지고 자율적인 의사결정이 가능하도록 해야 하는데, 모든 의사결정을 독단적으로만 하려 하니 구성원들이 적절하게 능력을 발휘하지 못하게 되는 것이 실패의 원인이다.

셋째, 팀을 구성하고 리드하는 능력의 부재이다. 리더는 구성원들이 팀을 형성하여 조직적으로 운영해 나갈 수 있도록 지원하고 협력해 주어야 하는데, 실패한 리더들은 팀을 리드하지 못하는 경향이 있다. 팀을 리드하지 못한다는 것은 리더로서 실격이다. 이 문제는 앞에서 언급한 대인관계능력의 부족과도 관련이 있는데, 리더가 구성원들의 능력을 믿고 업무를 위임하지 못하는 데서 문제가 발생하고, 경우에 따라서는 리더가 지나치게 자신이 해야 할 역할까지를 모두 위임하여 문제가 발생하는 경우도 있다.

넷째, 완벽주의 성향이 강한 리더의 문제이다. 완벽주의는 직장인들에게

'양날의 칼'과 같은 의미를 지니고 있다. 완벽을 추구하기 위해 스스로를 채찍질하고 더 높은 성과를 내는 데 치중하다 보면, 타인의 실수나 미숙한 부분을 이해하지 못하게 되고 책임을 추궁하게 되어 결정적으로 구성원 간의 대인관계에 균열이 생기는 원인이 된다. 따라서 지나친 완벽주의는 기업경영에 있어서 실패의 원인이 될 수 있다.

다섯째, 변화의 시기에 적절히 대처하지 못한 것 때문이다. 기업을 경영하면서 기술의 변화나 사회의 요구에 즉각적으로 대응해 나가지 않으면 자연스럽게 도태되는 결과를 초래하게 된다. 실패한 리더는 대부분 단일한 하나의 기술에 지나치게 의존하여, 새로운 기술을 습득할 수 있는 기회를 상실하거나 새로운 문화나 새로운 시장의 요구에 반응하지 못하여 실패의 늪에 빠지는 경우가 많다.

성공한 사람으로 남기 위해서는 실패한 사람들의 이와 같은 특성을 이해하고 이런 문제 상황에서 벗어날 수 있도록 부단히 노력해야 한다. 성공한 사람들은 대부분 목표를 세우되 실행될 수 있게 구체적으로 세우고, 항상 긍정적·적극적으로 생각하고 대처하며, 시간계획을 체계적으로 세워 소중한 것부터 먼저 하고, 긍정적으로 말하는 습관을 키워 나가고, 인간관계에서 친화력을 발전시켜 활용하고, 심신을 단련하여 에너지를 재충전하고, 목표달성을 위해 전력을 투입하여 열정적으로 노력하고, 끝까지 포기하지 않고 참고 견디는 정신의 소유자들이다(한만우, 2010). 물론 사람마다 능력이 다르고 개성이 다르며 각자의 인생관이나 가치관에 차이가 있기는 하지만 실패한 사람들의 특성을 거울삼아 자신의 정서를 잘 관리하고 조절해 나간다면 누구나 성공에 이를 수 있다.

존재의 의미

누구나 살아가야 할 이유가 있다. 그것은 바로 그 사람이 설정해 놓은 성공의 목표도 하나의 이유가 되겠지만 그 사람의 인생관도 하나의 이유가 될 것이다. 삶을 영위해 나가는 인생관도 중요하지만 성공을 향한 길을 걷다 보면 성공은 공짜로 얻어지는 것이 아니다. 성공은 일정한 대가를 지불해야 얻을 수 있다. 많은 사람들이 그러한 대가를 지불하면서까지 성공을 얻으려고 하는 것은 그만큼 성공이 지니고 있는 의미가 크기 때문이다.

배가 먼 바다로 나가 항해를 하다 보면 온갖 어려운 고통을 맞이하게 된다. 경우에 따라서는 엄청난 규모의 태풍을 만나 풍랑을 겪기도 하고, 쏟아지는 폭우 속에서도 어려움을 극복하면서 달려오다 보면 안전한 항구에 정착할 수 있게 된다. 배가 항해를 포기하고 항구에 정착해 있으면 가장 안전하다. 고통의 풍랑을 만나지 않고 고통의 폭우를 만나지 않는다. 하지만 항구에 정착해 있는 배는 안전이라는 편안함을 찾을 수는 있을지 몰라도 배로서 자신이 존재해야 하는 의미를 상실하게 된다. 배가 존재해야 하는 이유는 바다에 나가 고기를 잡아올 때 존재의 의미가 있는 것이다. 태풍을 만나든지 아니면 폭우를 만나든지 간에 모든 어려움을 극복하고 많은 고기를 잡아 항구로 들어올 때 배의 진정한 존재 의미가 있다. 배는 안전한 항구에 정박해 있기 위해 존재하는 것은 아니다.

인간의 삶도 마찬가지이다. 편안함 속에서 안정만을 추구하는 삶이라면 그 사람의 인생은 존재의 의미가 없다. 삶의 과정에서 어떠한 어려움을 만나더라도 그것을 슬기롭게 이겨내고 극복하면서 자신의 목표를 향해 질주해 나가 궁극적으로는 목표를 성취할 때 삶의 진정한 의미가 있고 그것이 바로 우리가 살아야 할 이유이다.

항구에 정착해 있는 배는 배의 존재감을 상실하듯이 인간도 편안함과 안이함을 추구함으로써 자신의 존재감이나 살아야 할 이유를 상실하는 일은 매우 안타까운 일이다.

배는 먼 바다에 나가 고기를 잡는 것이 존재의 이유이듯이 자신의 삶의 목표를 성취하기 위해 열정적으로 살아가는 것이 인간의 존재 이유이다. 그러한 이유가 성공을 가져다준다. 성공의 기쁨은 성공을 얻고자 하는 노력과 균형을 이룰 때 성취될 수 있다.

2. 성공을 위한 실행능력

성공의 기본 원리

거대한 비행기가 땅을 박차고 하늘로 높이 날기 위해서는 두 가지 조건이 갖추어져야 한다. 첫째, 시속 300km 이상의 질주이고, 둘째, 이러한 속도를 내기 위한 2.8km 이상의 활주로가 있어야 한다. 비록 시속 300km 이상의 속도로 질주한다고 하더라도 활주로의 길이가 짧으면 비행기가 충분한 양력을 받지 못하여 하늘 높이 날아오를 수 없게 된다. 인생에서의 성공적인 삶에도 몇 가지 조건이 필요하다. 대부분의 성공한 사람들은 공통적으로 성공의 조건으로 명석한 두뇌와 노력을 말한다. 어떤 실패에도 좌절하지 않고 도전하는 것이 성공을 만들어 내는 초석이 된다는 것이다. 오늘날 유용하게 쓰이고 있는 페니실린도 605번의 실패를 딛고 606번째에 성공하였다고 한다. 부단한 노력이 성공의 전제조건이 될 수밖에 없다.

인생에서 성공적으로 살기 위해서는 다음과 같은 몇 가지 기본 원리가 성취되어야 한다.

첫째, 성공은 원대한 목표가 동기를 부여한다. 성공하고 싶다면 자신의 잠재력을 찾아 도전정신을 자극할 만한 수준의 원대한 목표를 세울 필요가 있다. 원대한 목표는 자신의 한계를 뛰어넘어 도전적으로 행동하게 하는 원동력이 된다. 처음에 수립한 원대한 목표는 성취가 불가능한 상황으로 판단하기 쉽다. 그러나 목표가 높고 원대해야만 도전적인 생각이 들고 잠재능력을 발휘하고자 하는 의식이 작용하여 동기를 강화시킨다.

둘째, 양의 습성에서 벗어나 자율적이고 독립적이어야 한다. 양은 무리지어 생활하는 습성이 있다. 다른 동물과 달리 양은 자기보호를 위해서 무리를 떠나지 않는다. 모험이나 욕구에 대한 충족도 대부분 집단의 보호영역 안에서 이루어진다. 우리 주변에는 양의 습성을 갖고 생활하는 사람들이 있다. 하루하루를 누군가의 지시에 따라 자신의 생을 다른 사람의 명령에 의해 살아가는 사람들이다. 자신의 삶을 다른 사람에 의해 지배당하고 있고 자신의 미래를 다른 사람에게 맡기는 사람들이다. 이런 사람들은 자신에게 유리한 선택을 할 수 있는 기회를 다른 사람에 의해 박탈당하고 자신의 목표를 향해 나아가는 방법을 배우지 못하게 된다. 성공하기 위해서는 자신의 삶에 대해 스스로가 자율적으로 판단하고 독립적으로 행동할 수 있는 태도를 갖추어야 한다.

셋째, 성공은 내적인 기쁨에서 시작된다. 성공은 물질적인 것만이 아니다. 진정한 의미의 성공은 자신의 내면으로부터 얻는 즐거움과 기쁨이다. 내면적인 만족감을 통해 새로운 동기를 부여받고, 새로운 도전에 적극적으로 대응해 나가면서 내면적 기쁨을 찾을 수 있다. 이러한 내면의 기쁨이 성공의 출발점이다. 성공의 만족감을 자신이 느끼는 한 다른 사람에 의해 확인할 필요는 없다.

넷째, 목표를 향해 적극적으로 대처해 나가야 한다. 성공을 위해서는 모든 일에 적극적으로 대처하고 스스로 선택해야 한다. 자신의 생활에 대해 구체적인 계획이 없다면 성공적인 삶에는 도움이 되지 않을 뿐만 아니라 자아를 상실하게 하는 요인이 될 수 있다. 따라서 매사에 적극적으로 대처하고 행동화하면서 용감하게 부딪혀 이겨낼 때 성공을 향해 나아갈 수 있다.

다섯째, 긍정적 신념이 성공을 불러온다. 성공의 핵심은 확고한 신념을 불어넣어 주는 데 있다. 신념은 굳게 믿는 마음으로 자신의 발전과 주위 사람들의 삶을 향상시키는 데 필요한 행동을 동기화하는 역할을 한다. 신념을 가지고 대할 때 긍정적인 결과를 만들어 내는 에너지가 활성화되어 의식적으로 자신이 선택한 의도와 일치할 수 있다.

여섯째, 즐겁게 일하는 곳에 성공이 따라온다. 일하는 사람이 인생에서 성공할 수 있다. 즉, 사람들이 열심히 일한 대가가 바로 성공이다. 성공은 일의 부산물이며 일에 대한 결과를 말해 주는 것이다. 소극적인 자세로 일을 한다면 그 사람은 성공할 수 없다. 성공하고 싶다면 자신이 무슨 일을 하고 있는지를 명확히 인지하고 자신이 하는 일을 좋아하고 즐겁게 참여해야 한다. 자신이 하는 일이 재미있어서 즐겁게 참여할 때 성공은 따라오며, 성공할 가능성은 더욱 높아진다.

일곱째, 성공은 정신적인 것으로 누리는 것이 아니라 누림을 받는 것이다. 성공은 정신적인 것으로 느껴야 하는 것이다. 자신이 한 일이 아무리 훌륭한 삶의 목적과 관련된 일이라고 하더라도 자신이 느끼지 못한다면 스스로 성공했다고 느끼지 못할 것이다. 성공은 느끼는 것이 사람마다 각각 다르다. 인간의 지문이 모두 다르고 사물을 보는 시각의 차이가 있듯 성공을 스스로 느끼고 깨닫는 가치가 다르다. 그러므로 성공은 누리는 것이라기보다는 정신적으로 누림을 받는 것이다.

여덟째, 성공은 중단하지 않는 자만이 얻을 수 있다. 성공은 수많은 난관을 이겨내고 도달하게 되는 결과이다. 그러므로 일시적으로 실패를 경험하는 것은 실패한 것이 아니라 성공으로 가는 과정에 있는 것이다. 자신이 세운 계획대로 이루어지지 않아 실패했다고 한다면 그것은 실패가 아니라 성공으로 가는 과정이라고 할 수 있다. 성공하는 사람은 중단하지 않고 도전하고 인내하면서 앞으로 전진해 나갈 때 얻을 수 있다. 중단하는 자에게 성공이라는 결과는 오지 않는다.

소망을 현실화하기

인생에 있어서 성공과 실패는 자신의 생각에서 비롯된 결과이다. 현실을 명확하게 인식하고 자신이 지닌 잠재능력이 무엇인가를 깨닫고 이를 실천에 옮기는 일은 성공으로 가는 지름길이다. 자신이 소망하는 것을 현실에서 이루기 위해서는 다음과 같은 몇 가지 관점의 내용들이 실행되어야 한다.

첫째, 성공과 실패는 직접적인 사고의 결과이다. 인간의 행동은 대부분 자기 자신의 사고에 의해서 변화한다. 자신이 어떤 생각을 하느냐에 따라서 어떤 행동을 할 것이냐가 좌우되고, 행동의 변화 여부가 결정된다. 인간이 보다 높은 사고를 함으로써 자신의 여건이나 환경을 변화시킬 수 있고 이러한 변화는 자신의 위치를 향상시키고 자신이 바라는 일을 성취할 수 있게 해준다.

둘째, 탐욕과 이기심에서 벗어나야 한다. 자신이 바라는 것을 현실화하기 위해서는 동물적인 탐욕과 이기심으로부터 벗어나야 한다. 물론 동물적인 탐욕과 이기심을 완전히 없애라는 것은 아니다. 자신의 탐욕과 이기심을 어느 정도만 희생시키면 현실로 성취할 수 있다. 탐욕을 먼저 떠올리는 사람은 건설적인 사고나 구체적인 계획을 수립하는 일이 불가능해진다. 이 세상에 수많은 지혜의 업적들은 탐욕이나 이기심을 버린 순수한 사고에서 나왔으며 진리를 추구하는 데서 얻어진 결과이다. 성공을 현실화하기 위해서는 지나친 탐욕과 이기심에서 벗어나야 한다.

셋째, 성공은 비전과 이상이 만들어 준다. 이 세상 사람들은 비전과 이상으로 인해 소망을 가질 수 있게 된다. 그들의 소망이 없었다면 성공도 다가오지 않았을 것이다. 비전과 이상을 품은 사람들이 그들의 비전과 이상을 현실화시켰기 때문에 오늘날과 같은 아름다운 세상을 만들 수 있었다. 바란다는 것은 곧 성취한다는 것을 의미한다. 비전과 이상을 향해 인내심을 갖고 꾸준히 노력한다면 반드시 성취하게 되는 결과를 얻을 수 있게 될 것이다. 위대한 업적은 모두 처음에는 하나의 작은 소망에 불과했던 것들이다.

넷째, 성공은 노력의 결과이다. 따라서 성공을 현실화하기 위해서는 노력을 아끼지 말아야 한다. 성공한 사람들의 공통점은 자신의 목표를 달성하기 위해 부단한 노력을 해 왔다는 점이라는 것을 잊어서는 안 된다. 어떤 분야에서든 마찬가지로 그들은 성공을 위해 많은 노력과 피땀 흘린 노력의 결과로 성공을 얻을 수 있었다. 대부분의 실패한 사람들은 오만함이나 이기심, 불건전한 생각에 대한 노예가 되어 나약함과 비참함에 빠져들면서 자신들의 일에 방심한 결과 실패로 빠지게 된 것이다.

다섯째, 환경에 대한 극복이 성공을 가져온다. 환경이 아무리 우리를 슬프게 한다고 하더라도 이를 슬기롭게 극복해 낸 사람들은 대부분 성공이라는 열매를 얻을 수 있었다. 빈곤, 중노동, 교육받지 못함, 열악한 작업장 등 환경의 어려움을 대표하는 단어들 속에서 그들은 이러한 열악한 환경을 극복해 내고 변화된 삶을 성취함으로써 성공을 얻을 수 있게 되었다. 어떤 업적도 노력 없이 이루어진 것은 없다. 노력의 정도는 결과의 분량이라는 점을 잊어서는 안 된다.

성공리더십

성공적인 리더가 되기 위해서는 창조적인 자기관리에 철저해야 한다. 많은 경우 사람들은 다른 사람들로부터 충고, 지지, 격려, 도움 등을 필요로 한다. 이러한 것들은 자신의 발판을 확고히 해주는 역할을 하기 때문에 적절하게 활용하면 자기 발전에도 큰 도움이 된다.

실패한 기업을 대상으로 실패의 원인을 조사한 연구에 따르면, 대부분의 기업들이 실패의 원인으로 '리더에게 문제가 있다'고 응답한 것으로 나타났다. 이러한 결과에 의하면, 기업에 부실한 리더를 방치한 채 기업과 조직의 경쟁력을 강화한다는 것은 어불성설(語不成說)이다. 기업을 역동적으로 만들고 새로운 창조의 변화가 넘실거리는 역동의 장으로 만들기 위해서는 다음과 같은 점에 유념해야 한다.

첫째, 과업에 대한 뚜렷한 목표를 정하는 것이다. 리더는 목표를 세울 때 막연히 '노력하겠다', '잘하겠다', '향상시키겠다'라고 하는데 이러한 목표는 현실적으로 도움이 되지 않는다. 보다 구체적이고 명확한 목표 수립이 필요하다. 즉, 구체적으로 '몇 %', '몇 원', '몇 개를 달성한다'는 식으로 구체적인 수량으로 나타낼 수 있도록 목표를 설정해야 실행에 실질적인 도움이 된다. 막연한 목표의식이 '해도 그만, 안 해도 그만'이라는 의식을 형성하게 하는 원인이 된다. 목표를 보다 구체화하는 일이 우선되어야 한다.

둘째, 리더는 확고한 프로의식을 지녀야 한다. 리더는 누구보다도 강한 프로적 긍지와 자존심을 지니고 경쟁해야 한다. 최고의 프로는 잘못했을 때 자신을 용서하지 않고 엄격한 시련을 피하지 않고, 기량과 업적에 대한 집념이 몸에 배도록 하며, 기본에 충실하면서 원론을 중시하는 사람이다.

셋째, 리더는 '마이너스(minus) 발상'보다는 '플러스(plus) 발상'1)에 치중해야 한다. 리더는 가급적 '할 수 있다', '될 수 있다' 등의 긍정적 생각을 심어주어야 한다. 부정적 발상은 발전의 걸림돌이 되기 때문에 설령 팀원들이 '안 된다', '못 한다'라고 하는 식의 부정적 발상을 하고 있다면 리더는 이를 설득할 수 있어야 한다. 즉, '된다', '할 수 있다'는 식의 생각과 행동을 현실화할 수 있도록 응집력을 키우고 새로운 것을 창조해야 한다.

넷째, 리더는 항상 능동적 자세로 업무에 임해야 한다. 기업 전체의 상황 변화에 항상 민감하게 대처해 나가야 하며 그렇게 되기 위해서는 현장을 통달하고 있어야 한다. 특히 제품을 만드는 현장, 제품을 팔고 있는 현장, 고객이 있는 현장 등에 대해서는 완벽하게 알아야 한다.

다섯째, 리더는 구성원의 비판에 귀를 기울여야 한다. 남의 비판에 귀를 기울이는 것은 결코 쉬운 일이 아니다. 비판이란 나쁜 점을 발견하고 지적하는 것이니만큼, 상대방의 비판을 경청하고 이를 수용하여 문제점을 고치는 것이 좋다. 리더는 남이 나를 변화시켜 준다는 긍정적인 생각하에 비판을 적극 경청하고 이를 수용하는 태도에 대한 훈련이 필요하다. 비판을 받아들이지 못하는 사람은 결국 반성을 싫어하는 사람이며 변화를 거부하는 결과를 초래한다.

여섯째, 리더는 자기 계발에 대한 투자에 아낌없이 투자해야 한다. 리더는 자신의 능력 향상을 위해 항상 미경험 영역의 과제를 반갑게 받아들이고 이를 수용하기 위한 능력 향상에 적극적으로 대처해 나가야 한다. 새로운 시대에 따라 변화하는 새로운 가치관을 지니지 못하게 되면 앞으로의 환경 변화에 적응하기가 어렵기 때문이다.

뛰어난 리더일수록 안정적인 시기보다는 위기상황에서 능력을 더욱 확장시키고 발휘하는 힘을 지닌다. 조직을 운영하면서 리더는 구성원들 개개인의

1) 플러스(plus) 발상은 긍정적으로 생각하는 가치에 중점을 둔 사고로 문제가 생겨도 문제를 항상 좋은 쪽으로 생각하는 긍정적 사고방식을 말하고, 마이너스(minus) 발상은 부정적으로 생각하는 가치에 중점을 둔 사고로 문제가 생기면 문제에 압도되어 문제를 나쁜 쪽으로 생각하는 부정적 사고방식을 말한다.

자발성과 창의성을 어떻게 이끌어 낼 수 있을 것인가를 두고 고민해야 한다. 그 방법으로 물질적 보상보다는 구성원들 스스로가 문제를 정의하고 결정할 수 있는 자율성을 부여하는 것이 필요하다. 수동적으로 해결하는 데 익숙한 구성원들로부터는 문제해결을 위한 혁신적인 아이디어를 기대하기 힘들 것이다. 하지만 자발성과 창의성을 부여한 구성원들의 학습과 훈련이 반복되어 나가게 되면 머지않아 창의적인 문제해결 방식에 익숙하게 적응해 나가게 될 것이다. 리더는 구성원들에게 이러한 기회를 통해 변화시킬 줄 알아야 한다. 급류에서 배를 시험하기 전까지는 그 배가 얼마나 튼튼하게 지어졌는지를 모르는 것처럼 혹독한 시기를 맞이하게 되면 훌륭한 리더를 알 수 있게 되고 창의적인 구성원들의 역할이 얼마나 중요한지를 깨닫게 된다. 일의 결과에 대해 즉각적이고, 열성적으로 참여하며, 일의 진행과정에서도 적극적으로 동참해 나가는 것이 리더가 해야 할 과업이다.

3. 성공을 위한 전략

최소경로의 법칙

성공을 위한 목표지향적 일의 추진방식에는 두 가지 법칙이 있다. 하나는 최소경로의 법칙이고 다른 하나는 외부경로의 법칙이다.

최소경로의 법칙이란 주어진 목표에 도달하기 위해 가장 쉬운 경로를 택하여 행동하는 것을 말한다. 목표가 주어지면 누구나 가장 노력을 덜 들이고, 가장 경제적인 방법으로 목표에 도달할 수 있는 최소경로를 찾아 행동하게 된다는 것이다. 즉, 최소경로의 법칙이란 투자를 최소화하여 목표를 이루고자 하는 마음의 법칙이다. 예를 들어, '시험을 본다'라고 하는 과업이 주어졌다고 할 때 대부분의 사람들은 시험의 목적을 '실력을 향상시키는 일'이라는 관점에는 관심이 없고, 어떻게 해서든 이번 시험에서는 '좋은 성적을 올리기만 하면 된다'라는 목표에 일관되게 행동하게 된다. 이럴 경우 대부분 사람들의 행동 양상은 '점수만 잘 받으면 된다'는 식으로 목표지향적인 행동을 추구하게 되는데 이를 최소경로의 법칙이라고 한다. 시험에 대한 최소경로의 법칙에 의하면 시험은 점수를 올릴 만큼만 공부하면 된다고 보고 있다. 따라서 공부의 범위도 시험범위로 한정되어 성적을 올리는 일과 관련성이 없는 일은 가급적 불필요한 일로 보고 선택하지 않게 된다. 다만, 시험성적을 올릴 수 있는 최소한의 일만을 선택적으로 하게 되는데 이를 최소경로의 법칙이라고 한다.

이와는 달리 외부경로의 법칙은 목표에 도달하는 것에는 또 다른 경로가 존재한다. 그 경로가 보다 더 쉬운 것으로 보고 그 경로를 택하여 행동화하고자 하는데, 이를 외부경로의 법칙이라고 한다. 즉, 외부에 존재하는 가장 손쉬운 방법으로 목표 도달을 위한 행동방식을 선택하고자 하는 마음의 법칙이다. 시험에서의 외부경로의 법칙은 만약에 시험에서 커닝을 할 수 있다고 한다면 아마 커닝을 통해 시험성적을 올리는 것이 가장 쉬운 일일 것이다. 그렇게 되면 외부경로인 커닝이라는 행동을 목표지향으로 삼아 선택하게 되는데 이를 외부경로의 법칙이라고 한다.

최소경로의 법칙과 외부경로의 법칙은 공통적인 특성이 있다. 두 법칙 모두가 목표지향적인 법칙이라는 점이다. 두 법칙은 모두 결과를 중시하고 있어 과정상에 발생하는 에너지 소모나 열정의 낭비를 최소화하고자 한다는 점이다. 따라서 이들은 모두 에너지 투입을 줄이고 과정상의 고통을 최소화하려고 한다. 이들은 순수한 목표지향적인 일에서만 가능하다. 만약에 여기에 외적 동기를 부여하면 과정은 달라진다.

예를 들어, 오이를 깎는 일에 최소경로의 법칙이나 외부경로의 법칙이 적용된다고 하면 이들은 목표지향적인 일로 그 일은 재미없고 고통이 뒤따르는 행동이다. 그러므로 오이를 깎는 일에 최소경로의 법칙이나 외부경로의 법칙을 도입하여 투자를 최소화하려 할 것이다. 즉, 가급적 적은 비용으로 목표를 달성하고자 할 것이다. 그러다 보니 편법이 도입되게 되고 외부경로를 찾게 된다. 그러나 여기에 '오이를 예쁘게 깎는다'는 외적 동기가 작용되면 과정은 달라진다. 스스로가 오이를 깎는 일에서 과정상의 즐거움을 추가한 목표를 설정하게 된다. 기왕이면 즐겁고 유익하게 하는 방법을 찾게 되고, 그런 결과는 외적 동기를 통해 칭찬이라는 만족감을 얻게 된다. 외적 동기가 꼭 칭찬만은 아니다. 자신의 실력이 늘고 있다고 느낀다거나, 예쁘게 깎는다는 자각을 하는 등의 과정 중에 얻어지는 긍정적인 피드백이 모두 이에 해당된다. 이러한 외적 동기는 행복으로 가는 지름길이다. 오직 미래의 목표만을 위해 현재를 고통스럽게 하는 일은 행복한 삶과 거리가 멀고 성공과도 의미의 차이를 보인다.

SMART 법칙

성공을 위한 전략으로 흔히 사용하는 법칙이 SMART 성공법칙이다. SMART 성공법칙은 영어의 'Specific', 'Measurable', 'Action-oriented', 'Realistic', 'Timely'의 앞글자를 따서 붙여진 이름이다. SMART 성공법칙의 용어가 지니고 있는 의미는 다음과 같다.2)

첫째, S(Specific): 구체적이고 명확해야 한다. 모호하고 불분명한 목표는 피하자. 예를 들어, '언젠가는 부자가 될 거야'라거나 '이 분야에서 최고가 될 거야'라는 식의 막연한 목표는 달성 가능성이 희박하다. 목표는 구체적이고 분명할수록 달성 가능성이 높아진다. 예를 들어, '나는 서른다섯 살이 되는 해의 마지막 날까지 2천만 원을 저축하겠다'는 식으로 구체적이고 명확한 목표를 설정해야 달성이 쉬워진다.

둘째, M(Measurable): 오감을 통해 측정 가능해야 한다. 체중을 줄이기로 마음먹은 사람이 목표를 단지 '날씬해지는 것'으로 잡는다면 체중 감량에 실패할 가능성이 높다. 왜냐하면 자신의 행동 결과를 측정하고 판단할 수 있는

2) 출처: 블로그 상상플랫폼(imagination platform)(2015. 1. 16).

기준이 모호하기 때문이다. 변화의 정도가 오감을 통해 선명하게 관찰될 수 있어야 한다. '영어실력을 높인다'보다는 '하루에 단어 열 개, 한 달 동안 3백 개 외우기'가 달성 가능성이 훨씬 높다. 왜냐하면 수치로 확인할 수 있는 목표를 갖고 수치로 피드백을 받으면 그만큼 목표 달성 과정을 정확히 파악할 수 있기 때문이다.

셋째, A(Action-oriented): 행동중심적이어야 한다. 목표는 사고중심적인 것이 아니라 행동중심적이어야 한다. '친절한 사람'이 되는 목표를 갖는다면 달성하기가 어렵다. 왜냐하면 거기에는 행위가 명시되지 않았기 때문이다. 따라서 그것을 '지금껏 인사하지 않았던 이웃들에게 날마다 한 번 이상 미소 띤 얼굴로 인사한다'는 행동중심적인 목표로 바꾸어야 한다. 목표가 무엇이든 반드시 행위를 통해서만 달성이 가능하다.

넷째, R(Realistic): 실현 가능해야 한다. 우리가 세운 목표를 달성하려면 구체적이면서도 실현 가능한 작은 일부터 시작해야 한다. 알코올 과몰입자들의 자조모임인 금주동맹의 기본 강령 중 하나는 '오늘 하루만' 금주하기이다. 영원히 금주해야 한다는 각오는 부담이 너무 커서 오히려 금주계획을 포기하게 만들 수 있다. 그러나 '단 하루만'이라는 실현 가능한 목표를 설정하면 술과 거리를 두기가 더 쉽기 때문이다. 모든 계단은 한 계단씩 올라가야 한다.

다섯째, T(Timely): 시간 배정을 적절히 하고 즉시 실천해야 한다. 성과를 올리지 못하는 사람들의 특징 중 하나는 목표 달성에 소요되는 시간을 적절하게 배분하지 못한다는 것과 즉각 실천하지 않는다는 점이다. 성공적으로 목표를 달성하려면 소요시간을 충분히 예상하여 데드라인을 설정하여야 하고, 그렇다고 너무 길게 잡아 나태해지지 않도록 해야 하며, 일단 목표가 설정되면 결코 시작을 미뤄서는 안 된다는 점이다.

일만 시간의 법칙

일만 시간의 법칙은 영국의 저널리스트 출신인 말콤 글래드웰(Malcolm

Gladwell)이 쓴 자기계발서 『아웃라이어(Outliers)』에서 모차르트(Leopold Mozart)와 비틀스(The Beatles)의 사례를 설명하면서 성공한 사람들은 모두 열정과 인고의 시간을 가졌다는 사실을 밝혀내면서 사용한 용어이다. 즉, 무슨 일이든지 하루에 세 시간씩 십 년 동안 일만 시간을 투입하면 달인의 경지에 들 수 있다는 것이다. 일만 시간의 법칙은 부단한 노력이 얼마나 중요한지를 말해주는 것으로 끊임없는 노력만이 전문가로 이르게 한다는 의미를 지니고 있다. 말콤 글래드웰에 의하면, 모차르트가 세상에서 인정받기까지에는 10년이라는 인고의 시간이 걸렸고, 비틀스가 스타로 인정받게 되기까지에는 약 1,200회에 이르는 콘서트를 경험한 후에야 가능해졌다고 한다. 이러한 사례에서 알 수 있듯이 일만 시간의 법칙은 사람들이 꿈꾸며 이루고자 하는 목표에 도달하기 위해 필수적으로 갖추어 나가야 할 방법으로 인고의 시간을 제시하고 있다. 역설적으로 일만 시간의 법칙은 어느 분야에서도 이보다 적은 시간을 연습해서 세계적인 수준에 도달한 전문가는 탄생한 적이 없다는 말이기도 하다.

보편적으로 보았을 때 일만 시간의 법칙은 거의 모든 분야에 있어서 적용이 가능하다고 보인다. 그러나 누구나 일만 시간의 법칙을 따라 무엇인가에 도전한다고 하여도 자신의 재능과 맞지 않는다면 어려움이 있을 것이다. 미국 하버드대학교(Harvard University) 가드너(Howard Gardner) 교수는 인간의 재능을 일곱 가지로 구분하였다. 사람마다 각기 다른 특성이 있고 그에 따른 재능이 있다는 것이다. 따라서 그 재능이 무엇인지를 빨리 찾는 것이 중요하며 그 재능의 분야로 나아갈 때 빛이 날 수 있다는 의미의 이론을 주장하고 있다. 일만 시간의 법칙도 가드너의 이론에 따른다면, 자신의 재능과 합치를 이룰 때 효율성을 높여나갈 수 있고 지속 가능할 것이라고 보인다.

씨앗의 법칙

씨앗은 땅에 뿌려지면 초목의 생명으로 태어나 영원히 지속될 수 있다. 이는 자연의 섭리이며 우주 변화의 법칙이다. 씨앗은 홀로 싹이 나서 열매를 맺는 것은 아니다. 환경적인 요인인 온도, 물, 토양, 햇빛을 잘 만나야 성장하고 열매를 맺을 수 있다. 이러한 자연의 법칙은 우리 삶의 성공법칙과도 일치되는 부분이 많다. 씨앗이 싹을 틔워 자연의 섭리에 따라 순환하기까지의 과정이 마치 인간의 삶에서의 성공의 과정과 일치되는 부분이 많아 이를 적용한 원리를 씨앗의 법칙이라고 한다. 씨앗의 순환과정에서 우리에게 주는 의미가 마치 성공을 위한 실행원리처럼 이해되기 때문이다. 씨앗의 법칙은 다음과 같이 설명할 수 있다(이민규, 2014).

첫째, 먼저 뿌리고 나중에 거둔다. 거두려면 먼저 씨를 뿌려야 하고 원하는 것을 얻으려면 먼저 주어야 한다. 인과응보가 원인을 지어야 결과가 생기는 것이니 모든 일에는 시작이 있어야 끝이 있는 법이다. 집을 2층부터 짓는 방법은 없다.

둘째, 뿌리기 전에 밭을 갈아야 한다. 씨가 뿌리를 내리려면 준비가 되어 있어야 한다. 상대에게 필요한 것과 제공 시기 및 방법을 파악하라. 밭을 갈지 않고 심으면 싹이 나도 뿌리를 내리기 힘들고, 싹이 난 후에 밭을 갈려고 하면 뿌리를 다칠까 손대기 어렵다.

셋째, 시간이 지나야 거둘 수 있다. 어떤 씨앗도 뿌린 후 곧바로 거둘 수는 없으며 무슨 일이든 시작했다고 해서 즉각 그 결과가 있기를 기대하지 마라. 음식점 장사도 한 자리에서 1년은 열심히 뛰어보아야 성패를 알 수 있고, 글씨나 그림도 3년은 열심히 배워 보아야 소질이 있는지 알 수 있다.

넷째, 뿌린 씨는 전부 열매가 될 수 없다. 10개를 뿌렸다고 10개 모두에서 수확을 할 수는 없다. 모든 일에 성공만 있기를 기대하지 마라. 주식도 5종목 사서 2종목 올랐어도 총체로 플러스 났으면 잘 산 것이고, 세상에서 나를 좋다는 사람이 열에 일곱만 되면 당신은 괜찮은 사람이다.

다섯째, 뿌린 것보다는 더 많이 거둔다. 모든 씨앗에서 수확을 못 해도 결국 뿌린 것보다는 많이 거둔다. 너무 이해타산에 급급하지 말고 인생은 길게, 그리고 크게 보아야 한다. 알몸으로 왔다가 옷 한 벌은 입고 간다 하질 않았던가?

여섯째, 콩 심은 데 콩 나고 팥 심은 데 팥 난다. 선을 행하면 상으로 돌아오고(상선), 악을 행하면 벌로 돌아온다(벌악). 악을 행하는 것보다는 아무것도 하지 않는 것이 낫다. 이왕에 심으려거든 귀하고 좋은 씨를 가려서 심어라. 그러나 그보다 더 좋은 것은 세상에 유익한 것을 심는 것이다.

일곱째, 종자는 남겨두어야 한다. 겨울에 아무리 굶주리더라도 내년에 뿌릴 종자 씨는 남겨두어야 한다. 유비무환이요, 고진감래라, 당신이 남겨두어야 할 종자는 무엇인가? 노년을 위한 저축인가? 천국을 위한 자선인가?

4. 성공적인 협상과 위기관리

성공하기 위한 과정에서 대부분의 사람들은 위기상황을 만나게 된다. 막상 위기상황에 놓이게 되면 많은 사람들은 놀라움과 당황스러움에 어떻게 해야 할지를 몰라 우왕좌왕하게 된다. 그렇다면 위기상황에서 어떻게 대처하고 극복해 나가는 것이 현명한 것일까?

일반적으로 위기상황은 흥분상태, 평정심, 유대감 형성, 행동변화에 이르는 네 단계의 과정을 거치면서 진행된다. 따라서 위기가 발생하면 위기단계에 따라 상황에 적합한 대응전략을 세워 적절한 대응력을 발휘하는 것이 중요하다. 하지만 이러한 위기상황에 대한 대응력은 단순히 지식을 습득한다고 해서 되는 것이 아니다. 스스로의 감정을 통제하고 다스릴 줄 아는 도량이 있어야 하고, 다른 사람의 아픔을 공감하고 이해하며 신뢰감을 얻어 궁극적으로 행동변화를 이끌어 낼 수 있을 때 가능하다. 이러한 대응력을 갖추기 위해서는 평소부터 반복적인 훈련을 통해 도량과 공감을 습관화해 나가야 한다. 위기상황을 성공적으로 극복하여 현실에서 구현해 내는 것은 그만큼 어려운 일이며, 훈련과 수련이 필요하다.

협상에서 주도권 잡기

많은 사람들은 상대방을 설득하고 협상에서 이기기 위해서는 협상의 주도권을 잡고 있어야 한다고 생각한다. 그러나 반드시 그런 것은 아니다. 아이러니하게도 협상의 주도권을 잡고 진행하는 경우보다는 오히려 주도권을 놓고 진행할 때 성공적인 타협이 가능한 경우가 많다. 협상의 주도권을 잡으려고 하면 할수록 설득은 점점 더 멀어져 가는 경우가 많기 때문이다. 우리에게 궁극적인 목표가 있지만 목표에 너무 집착하면 오히려 목표를 이루지 못하는 것처럼 협상에서도 마찬가지이다.

공을 칠 때 움직이지 않고 정지되어 있는 공이 움직이는 공보다 치기가 더 쉬울 것이라고 생각하지만 막상 공을 쳐보면 정지되어 있는 공을 치기가 더 어렵다. 왜 그럴까? 움직이는 공은 계속 움직이기 때문에 내가 오래 생각할 여유가 없다. 다가오는 순간 즉각적으로 반응하지 않으면 안 된다. 날아오는 공을 보면서 이런저런 생각을 하다 보면 공이 지나가 버리기 때문에 그럴 여유가 없이 그냥 반사적으로 공을 쳐야 한다. 하지만 정지된 공을 칠 경우는 다르다. 정지되어 있는 공은 생각할 시간을 너무 많이 주기 때문에 오히려 공을 맞히기가 더 어렵다. 뿐만 아니라 정지된 공을 보고 있으면 잘 쳐야겠다는 욕심이 생기고 그런 시간이 길어지면 길어질수록 공은 예상과 전혀 다른 쪽으로 날아간다. 결국 자신에게 주어진 힘을 발휘할 때 너무 꽉 쥐지 말아야 한다. 자신이 갖고 싶다는 욕망이 크면 클수록 꽉 움켜쥐지 말고 살며시 내려놓는 마음이 필요하다. 대화와 협상에서도 마찬가지이다. 상대방을 설득해서 내가 원하는 방향으로 이끌어 가고자 한다면 내 욕심만 챙길 것이 아니라 나에게 주어진 주도권을 내려놓고 욕심을 비울 때 상대방은 설득된다. 따라서 협상에서도 협상의 주도권을 잡고 싶다면 대화의 주도권을 내려놓고 상대방의 이야기를 잘 들어주어야 한다. 대화를 진행함에 있어서도 자기중심적인 대화보다는 상대방의 관점에서 대화가 이루어지도록 유도해 나갈 때 성공적인 협상이 가능해진다.

협상에서 시간 관리

협상에서 시간은 매우 중요한 요인이 된다. 급하게 서둘러야 하는 상황에 놓이면 협상에서는 매우 불리한 상황에 빠지게 된다. 협상에서 상대보다 유리한 위치에 서기 위해서는 시간에 쫓기는 것이 아니라 시간적 여유를 갖고 접근하는 것이 필요하다. 즉, "시간은 우리 편이다(Time is on our side!)"라는 생각으로 협상에 임할 필요가 있다.

협상이 필요한 사건은 대부분 위기상황에 놓인 경우이다. 위기상황은 비교적 짧은 시간에도 여러 차례 수없이 반복되는 태도변화가 발생한다. 대부분의 위기상황은 촉발적 사건(precipitating event)을 매개로 발생한다. 촉발적 사건은 마치 화로에 갑자기 기름을 들이붓는 것과 같아서 순식간에 화력이 크게 번진다. 하지만 이 화로는 시간이 지나 연료가 소모되면 자연스럽게 불길이 사그라져 꺼진다는 점을 유념할 필요가 있다. 협상에서도 같은 원리이다. 감정이 올라오는 순간은 가급적 피하는 것이 좋다. 시간적 여유를 갖고 기다리면 감정이 자연스럽게 정화되어 꺼진 불의 상태로 돌아오기 때문이다. 협상에서 문제해결(problem solving)보다 감정배출(ventilation)이 더 중요하다고 하는 이유가 여기에 있다. 사람의 감정이라는 것이 자동차와 비슷해서 계속해서 굴러가기 위해서는 연료가 필요한데 연료가 지속적으로 공급되지 않으면 언젠가는 반드시 멈추게 되어 있다. 감정적으로 극도로 흥분한 사람에게 기름을 부어서는 안 된다. 감정이 폭발할 때 거기에 맞대응하기보다는 가만히 놓아두면 언젠가는 제풀에 지치게 된다. 연료가 바닥이 나기 때문이다. 그런데 그렇지 않고 누군가가 계속해서 감정을 자극하는 말을 하게 되면 지속적으로 연료를 공급하는 것과 같은 형국이 된다. 이런 상황에서의 협상은 아무것도 얻을 수 없다. 위기협상에 대해서 아무것도 아는 것이 없다면 차라리 아무런 대응을 하지 말고 그저 시간이 지나가기를 기다리는 것도 좋은 방법이다.

시간이 흘러감에 따라 사람들은 기본적인 욕구와 필요가 늘어나기 마련이다. 시간이 지나면 지날수록 배가 고파지고, 목이 마르며, 피곤해지고, 화장실에 가고 싶어지기 마련이다. 더구나 약물에 중독된 환자라면 약이 더욱 필요하게 된다. 이렇게 되면 처음에는 협상을 거부하던 대상자들도 협상가와 의사소통 채널을 구축할 필요를 느끼고, 자신의 요구사항을 충족시켜 줄 수 있는 사람은 협상가뿐이라고 생각하게 된다. 급하면 급할수록 주도권은 협상 대상자에서 우리 쪽으로 넘어오게 된다. 협상대상자들은 기본적인 욕구와 필요에 대한 충족이 더 급하게 여겨지기 때문이다. 위기협상에서 대체로 시간에 유리한 사람이 성공적 협상의 주도권을 잡는다. 위기상황에 놓이면 조급한 마음을 갖지 말고 차분하게 시간적 여유를 갖고 충분히 생각하고 판단할 필요가 있다. 협상에서도 시간을 끈다는 생각을 가지고 상대를 대할 때 유리한 고지를 선점할 수 있다.

입장 말하기

옛말에 "안방에 가면 시어머니 말이 옳고 부엌에 가면 며느리 말이 옳다"라는 말이 있다. 이는 사람들은 각자 자기 상황에 맞춰 이야기를 하기 때문에 이야기를 들어보면 이것도 맞고 저것도 맞는 것같이 들리는 상황을 표현한 말이다. 대화하는 사람들은 각자 자신의 입장을 가지고 말한다. 자신의 입장을 말하는 것이 극히 개인적이고 주관적인 이야기이기는 하지만 대화라는 것이 바로 입장을 말하는 것이기 때문이다.

하지만 대화에서 나타나는 근본적인 문제는 지나치게 자신의 입장만을 생각하고 말한다는 데 있다. 상황과 사태가 어떤 영향을 미쳤는지를 자신의 입장에서만 생각하기 때문에 문제가 발생한다. 서로의 입장을 이해하지 못한 채 각자 자신의 입장만을 이야기한다면 대화의 문은 닫힐 수밖에 없다. 대화란 근본적으로 서로의 입장을 말하고 들으면서 이해하기 위한 수단인데, 각자 상대방의 이야기는 듣지 않고 자신의 입장만 이야기한다면 대화를 통한 소통은 불가능해진다.

성적을 비관하여 자살하려고 옥상에 올라선 여학생이 있었다. 이 여학생은 반에서 1등, 2등을 다투는 우수한 학생이었는데 시험을 조금이라도 잘못 보면 엄마한테 엄청나게 야단을 맞는 학생이었다. 그런데 어쩌다가 또 시험을 망치게 되자 엄마에게 혼날 것이 너무도 무섭고 두려워서 고민을 하다가 결국 옥상 위 벼랑 끝에 서게 된 것이다.

그런데 이 학생에게 다가온 사람이 "학생, 학생이 죽게 되면 걱정할 엄마를 생각해 봐!"라고 말하자 그 학생은 뒤도 돌아보지 않고 바로 뛰어내려 버렸다.

또 다른 사례에서 한 학생이 성적비관으로 뛰어내리려고 옥상 난간에 올라갔는데, 경찰관이 신고를 받고 와서 대화를 시도하였다. 경찰관은 왜 그러는지 아저씨에게 이야기를 좀 해보라고 하였다. 그러자 그 학생은 "나한테는 아무도 없어요. 내가 죽어도 아무도 걱정하지 않을 거예요"라고 말하였다. 그런데 이렇게 말한 학생에게 경찰관이 "학생이 여기서 이러면 담임선생님이나 친구들이 걱정할 거야"라고 이야기하자 옥상 위에 올라선 학생은 "분명히 내게는 아무도 없다고 말했죠? 아무도 날 걱정하지 않는다고요"라고 이야기하고는 뛰어내렸다.

사례에서 볼 수 있는 공통적인 문제는 진정으로 상대방의 입장에서 그 사람의 이야기에 귀 기울여 들어주지 않는다는 것이다. 위기상황에서 협상을 하는 사람이 아직도 자신의 가치관이나 자신의 생각에만 집중하고 있게 되면 상대방과의 대화는 불가능해진다. 위기상황에서 협상에 임하는 사람은 자신의 가치관이나 자신의 생각, 자신의 준거를 모두 내려놓고 진정으로 상대방의 입장에서 상대방의 눈높이에서 세상을 바라볼 수 있어야 한다. 그럴 때만이 상대와 소통이 이루어지고 공감이 가능해진다. 결국 대화는 자신의 생각을 상대방에게 체계를 가지고 전달하는 것이며 상대방에게 승낙을 이끌어내기 위해서라도 상대방의 입장과 수준을 고려하여 입장을 말하는 것이어야 한다. 상대방의 입장은 안중에도 없고 자신의 의견만 관철하려고 하는 입장

말하기라면 소통에 문제가 있다. 제일 중요한 것은 상대방의 입장에서 대화를 맞춰나가는 것이다.

회복 탄력성

회복 탄력성(resilience)이라는 용어는 미국 긍정심리학의 창시자이자 펜실베이니아대학교(University of Pennsylvania) 교수인 마틴 셀리그만(Martin E. P. Seligman) 박사에 의해 처음 사용되었다. 회복 탄력성이란 자신에게 닥치는 온갖 역경과 어려움을 오히려 도약의 발판으로 삼아 역경을 이겨내는 힘을 말한다. 인생을 살면서 어려움이 닥쳤을 때 역경을 이겨내고 마치 오뚝이처럼 튀어 오르는 잠재적인 인간의 힘을 회복 탄력성이라고 한다. 즉, 타인의 말에 쉽게 낙담하지 않고 가벼운 질책에 좌절하지 않으며, 자신이 고수하는 신념과 철학을 바탕으로 말하고 행동하는 힘을 말한다.

회복 탄력성의 구성요소로는 자기조절능력, 대인관계능력, 긍정성과 같은 세 가지 능력과 아홉 가지 세분화된 요소로 구분되며 레이비치와 샤테(Reivich & Shatte)가 제시한 구체적인 요소는 다음과 같다.

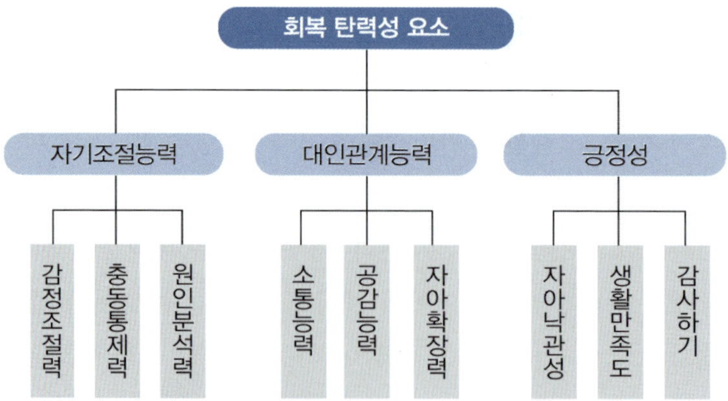

그림 7-1 회복 탄력성 구성요소

회복 탄력성의 요인 중 첫째로 자기조절능력은 스스로의 감정을 인식하고 조절하는 능력을 말한다. 자기조절능력의 하위요소에는 감정조절력, 충동통제력, 원인분석력이 있다. 감정조절력은 일상의 압박과 스트레스 상황에서도 평온을 유지할 수 있는 능력으로 스스로의 부정적 감정을 통제하고 긍정적 감정과 건강한 도전의식을 갖게 해주는 요인이다. 충동통제력은 기분에 휩쓸리는 충동적 반응을 억제하고 자신의 동기를 스스로 부여하고 조절할 수 있는 능력을 말한다. 원인분석력은 문제를 긍정적으로 바라보고 해결책을 정확히 진단해 내는 능력으로 진단과 함께 정확한 대처방안을 찾아낼 수 있는 능력을 포함한다.

회복 탄력성의 요인 중 둘째는 대인관계능력인데, 이 능력은 타인의 감정을 이해하고 공감함으로써 원만한 인간관계를 유지하는 능력을 말한다. 대인관계능력의 하위요소에는 소통능력, 공감능력, 자아확장력이 있다. 소통능력은 인간관계를 진지하게 맺고 오래도록 유지하는 능력이다. 공감능력은 다른 사람의 심리나 감정상태를 잘 읽어낼 수 있는 능력을 말하고, 자아확장력은 자기 자신이 다른 사람과 연결되어 있다고 느끼는 정도를 말하며, 자기 자신이 다른 사람과 연결되어 있다는 것을 자각하고 이를 통해 타인과의 관계 속에서 자신을 이해하는 능력을 말한다.

회복 탄력성의 요인 중 셋째는 긍정성인데 긍정성은 긍정적 뇌로 변화시키는 힘을 말한다. 긍정성의 하위요소로는 자아낙관성, 생활만족도, 감사하기가 있다. 자아낙관성은 주어진 상황은 언젠가는 좋아질 것이라는 믿음을 지니는 정도를 말한다. 이러한 자아낙관성은 지금의 상황을 내가 원하는 방향으로 이끌 수 있다는 자신감을 갖게 해준다. 생활만족도는 자신이 잘 할 수 있는 일을 통해 즐거움과 성취, 보람을 느끼는 정도를 말하는데, 평소에 자신의 강점에 집중하고 꾸준히 수행하여 긍정적 뇌로 단련시킴으로써 얻을 수 있다. 감사하기는 매사에 감사하는 마음을 갖는 정도로 긍정적 정서 향상 훈련에 도움을 준다.

회복 탄력성을 높이는 가장 좋은 방법은 강점에 집중하는 일이다. 실제 자신이 어떤 분야에 강점이 있는지를 정확하게 파악하여 활용할 필요가 있다. 회복 탄력성은 훈련을 통해 얼마든지 끌어올릴 수 있다는 점을 상기하여 좋은 자아 만들기, 웃기, 감사하기, 운동하기 등과 같은 긍정적 자아 만들기를 생활화하여 회복 탄력성을 높여 나가야 할 것이다.

반성적 사고활동 7-1

회복 탄력성 검사

※ 다음 질문들은 당신의 회복 탄력성에 대한 것을 알아보려는 것이다. 각 문장을 읽고 자신과 가장 관련이 깊은 내용에 V표를 하여라.

번호	질문내용	응답				
		전혀 그렇지 않다 (1점)	그렇지 않다 (2점)	보통이다 (3점)	약간 그렇다 (4점)	매우 그렇다 (5점)
1	나는 어려운 일이 닥쳤을 때 감정을 통제할 수 있다.	1	2	3	4	5
2	내가 무슨 생각을 하면, 그 생각이 내 기분에 어떤 영향을 미칠지 잘 알아챈다.	1	2	3	4	5
3	논쟁거리가 되는 문제를 가족이나 친구들과 토론할 때 내 감정을 잘 통제할 수 있다.	1	2	3	4	5
4	집중해야 할 중요한 일이 생기면 신바람이 나기보다는 더 스트레스를 받는 편이다.	5	4	3	2	1
5	나는 내 감정에 잘 휘말린다.	5	4	3	2	1
6	때때로 내 감정적인 문제 때문에 학교나 직장에서 공부하거나 일할 때 집중하기 힘들다.	5	4	3	2	1
7	당장 해야 할 일이 있으면 나는 어떠한 유혹이나 방해도 잘 이겨내고 할 일을 한다.	1	2	3	4	5
8	아무리 당황스럽고 어려운 상황이 닥쳐도, 나는 내가 어떤 생각을 하고 있는지 스스로 잘 안다.	1	2	3	4	5
9	누군가가 나에게 화를 낼 경우 나는 우선 그 사람의 의견을 잘 듣는다.	1	2	3	4	5

10	일이 생각대로 잘 안 풀리면 쉽게 포기하는 편이다.	5	4	3	2	1
11	평소 경제적인 소비나 지출 규모에 대해 별다른 계획 없이 지낸다.	5	4	3	2	1
12	미리 계획을 세우기보다는 즉흥적으로 일을 처리하는 편이다.	5	4	3	2	1
13	문제가 생기면 여러 가지 가능한 해결방안에 대해 먼저 생각한 후에 해결하려고 노력한다.	1	2	3	4	5
14	어려운 일이 생기면 그 원인이 무엇인지 신중하게 생각한 후에 그 문제를 해결하려고 노력한다.	1	2	3	4	5
15	나는 대부분의 상황에서 문제의 원인을 잘 알고 있다고 믿는다.	1	2	3	4	5
16	나는 사건이나 상황을 잘 파악하지 못한다는 이야기를 종종 듣는다.	5	4	3	2	1
17	문제가 생기면 나는 성급하게 결론을 내린다는 이야기를 종종 듣는다.	5	4	3	2	1
18	어려운 일이 생기면 그 원인을 완전히 이해하지 못했다 하더라도 일단 빨리 해결하는 것이 좋다고 생각한다.	1	2	3	4	5
19	나는 분위기나 대화상대에 따라 대화를 잘 이끌어 갈 수 있다.	1	2	3	4	5
20	나는 재치 있는 농담을 잘한다.	1	2	3	4	5
21	나는 내가 표현하고자 하는 바에 대한 적절한 문구나 단어를 잘 찾아낸다.	1	2	3	4	5
22	나는 윗사람과 대화하는 것이 부담스럽다.	5	4	3	2	1
23	나는 대화 중에 다른 생각을 하느라 대화내용을 놓칠 때가 종종 있다.	5	4	3	2	1
24	대화를 할 때 하고 싶은 말을 다 하지 못하고 주저할 때가 종종 있다.	5	4	3	2	1
25	사람들의 얼굴 표정을 보면 어떤 감정인지 알 수 있다.	1	2	3	4	5

26	슬퍼하거나 화를 내거나 당황하는 사람을 보면 그들이 어떤 생각을 하는지 잘 알 수 있다.	1	2	3	4	5
27	동료가 화를 낼 경우 나는 그 이유를 꽤 잘 아는 편이다.	1	2	3	4	5
28	나는 사람들의 행동방식을 때로 이해하기 힘들다.	5	4	3	2	1
29	친한 친구나 애인 혹은 배우자로부터 "당신은 나를 이해 못 해"라는 말을 종종 듣는다.	5	4	3	2	1
30	동료와 친구들은 내가 자기 말을 잘 듣지 않는다고 한다.	5	4	3	2	1
31	나는 내 주변 사람들로부터 사랑과 관심을 받고 있다.	1	2	3	4	5
32	나는 내 친구들을 정말로 좋아한다.	1	2	3	4	5
33	내 주변 사람들은 내 기분을 잘 이해한다.	1	2	3	4	5
34	서로 도움을 주고받는 친구가 별로 없는 편이다.	5	4	3	2	1
35	나를 정기적으로 만나는 사람들은 대부분 나를 싫어하게 된다.	5	4	3	2	1
36	서로 마음을 터놓고 얘기할 수 있는 친구가 거의 없다.	5	4	3	2	1
37	열심히 일하면 언제나 보답이 있으리라고 생각한다.	1	2	3	4	5
38	맞든 아니든 "아무리 어려운 문제라도 나는 해결할 수 있다"라고 일단 믿는 것이 좋다고 생각한다.	1	2	3	4	5
39	어려운 상황이 닥쳐도 나는 모든 일이 다 잘 해결될 거라고 확신한다.	1	2	3	4	5
40	내가 어떤 일을 마치고 나면, 주변 사람들이 부정적인 평가를 할까 봐 걱정한다.	5	4	3	2	1
41	나에게 일어나는 대부분의 문제들은 나로서는 어쩔 수 없는 상황에 의해 발생한다고 믿는다.	5	4	3	2	1

42	누가 나의 미래에 대해 물어보면 성공한 나의 모습을 상상하기 힘들다.	5	4	3	2	1
43	내 삶은 내가 생각하는 이상적인 삶에 가깝다.	1	2	3	4	5
44	내 인생의 여러 가지 조건들은 만족스럽다.	1	2	3	4	5
45	나는 내 삶에 만족한다.	1	2	3	4	5
46	나는 내 삶에서 중요하다고 생각한 것들은 다 갖고 있다.	1	2	3	4	5
47	나는 다시 태어나도 나의 현재 삶을 다시 살고 싶다.	1	2	3	4	5
48	나는 다양한 종류의 많은 사람들에게 고마움을 느낀다.	1	2	3	4	5
49	내가 고맙게 여기는 것들을 모두 적는다면 아주 긴 목록이 될 것이다.	1	2	3	4	5
50	나이가 들어갈수록 내 삶의 일부가 된 사람, 사건, 생활에 대해 감사하는 마음이 더 커져 간다.	1	2	3	4	5
51	나는 감사해야 할 것이 별로 없다.	5	4	3	2	1
52	세상을 둘러볼 때 내가 고마워할 것은 별로 없다.	5	4	3	2	1
53	사람이나 일에 대한 고마움을 한참 시간이 지난 후에야 겨우 느낀다.	5	4	3	2	1
총점						

[결과 해석]

유형	점수	해석
인재파	221점 이상	웬만한 불행한 사건은 당신을 흔들지 못한다.
	212~220점	상위 20% 인재에 속한다.
	201~211점	안심할 수는 있지만 상위 20%에 들도록 노력해야 한다.
노력파	191~200점	보통 사람들(한국인 평균 195점)
	181~190점	회복 탄력성을 높이기 위해 노력해야 한다.
나약파	171~180점	사소한 부정적 사건에도 쉽게 영향받는 나약한 존재이다.
	170점 이하	깨지기 쉬운 유리알이다. 너무 쉽게 상처받고 치유하기 힘들어 어려운 나날이 될 수 있다.

출처: http://cafe.naver.com/sohyangch(2014.1.20)

반성적 사고활동 7-2

성공 전략 세우기

※ 자신이 관심을 가지고 있거나 시급하게 해결해야 할 성공 분야가 있다면 하나를 선택하여 성공전략을 세워보자(예 30대 재테크 성공전략, 취업 성공전략 등).

1. 내용

2. 실천 계획 및 방법

3. 구체적인 전략

4. 평가 및 대책

Chapter

08

사랑이 넘치는 생활

1. 남자와 여자

화성에서 온 남자, 금성에서 온 여자

이 세상에는 남자와 여자가 있다. 그중에서도 인구의 반은 남자이고, 인구의 반은 여자이다. 우리 사회에서의 남자와 여자의 삶을 보면 적지 않은 면에서 서로 다르다.

옛날에는 남자와 여자가 가까이 만날 기회가 많지 않았고, 간혹 서로 만난다고 하더라도 서로 말과 행동을 조심하였다. 하지만 이제는 서로가 함께 어울릴 기회가 빈번하고 말과 행동에 있어서도 거침이 없어졌다. 남녀 상호 간에 자연스럽고 자유롭다는 장점은 있지만 남녀 간의 애틋함과 존중하는 마음이 부족하다는 점에서 아쉬움이 있다.

남자와 여자는 서로 다르다. 인간이라는 종에 속한다는 것만이 유일한 공통점일 뿐 생각하는 관점이나 발달한 능력, 표현하는 방식 등에서 서로 다른 차이를 보인다.

여자는 남자에 비해 언어를 사용하는 순발력이 뛰어나다. 반면에 남성은 공간지각능력이나, 손과 눈의 협응능력이 뛰어나다. 따라서 운전이나 기계 조립에 있어서 여성은 좀처럼 남성을 따라잡을 수가 없다. 이처럼 우리는 일상 곳곳에서 남녀의 차이를 겪는다. 남녀의 이런 생물학적 차이는 바로 뇌에 그 원인이 있다. 과거에는 남녀의 차이는 주로 사회적인 학습에 의해서 형성된 것이라고 생각했다. 하지만 오늘날 그 차이를 만드는 진짜 비밀은 우리의 뇌에 있다는 사실이 다양한 연구를 통해 밝혀졌다. 남녀의 뇌의 구조에는 거의 차이가 없지만, 신경호르몬이나 성호르몬 등으로 인해서 기능 면에 차이를 보인다는 것이다. 남녀의 뇌는 호르몬의 종류와 양, 호르몬이 분비되는 시점 등에서 차이가 있고, 그 결과 남녀는 그들이 주로 사용하는 말과 행동, 사고에 대한 접근방법에서 차이가 난다.

여자는 모든 것을 다 말로 하지만 언어표현능력이 부족한 남자는 그러지 못한다. 여자는 감각에 예민하지만 남자는 그러한 감각을 읽을 줄 모르고 미묘한 감정을 표현하는 데도 서투르다. 이러한 남자와 여자의 차이점에서 가장 중요한 것은 바로 서로 주된 감각기관이 다르다는 것이다. 오죽했으며 남자는 화성이라는 별에서 왔고, 여자는 금성이라는 별에서 온 동물이라고 했겠는가?

존 그레이(John Gray, 1992)는 『화성에서 온 남자, 금성에서 온 여자』라는 책에서 남녀는 다음과 같은 점에서 차이가 있다고 말하고 있다(정진선 · 문미란, 2008).

첫째, 남자와 여자의 가치관은 본질적으로 다르다.

둘째, 스트레스를 해결하는 방법이 다르다.

셋째, 이성인 상대방에게 동기를 부여하고 많은 것을 이끌어 내는 방법에도 차이가 있다.

넷째, 남녀는 서로 다른 언어를 사용한다.

다섯째, 남녀는 친밀감의 욕구가 다르고 원하는 사랑에 차이가 있다.

여섯째, 여자의 사랑은 마치 파도처럼 리듬 있게 오르내림을 반복한다.

일곱째, 남녀의 행동방식이 다르고 채점방식이 다르다.

여덟째, 어려움에 처했을 때 의사를 전달하는 방법이 다르다.

아홉째, 도움 청하기를 어려워하고 불만스럽게 느끼는 정도는 여자 쪽이 조금 더 심하다.

영국의 데일리 메일지(The Daily Mail)의 조사 결과에 의하면, '누구와 있을 때 가장 좋은가?'라는 질문에 대해 아내는 응답자의 70%가 '남편과 있을 때 좋다'라고 응답한 데 비해, 남편은 '혼자 있을 때 행복하다' 41.3%, '친구와 있을 때 행복하다' 22%, '아내와 있을 때 좋다' 18%로 나타나 남녀 간에 인식의 차이가 큰 것으로 나타났다.

남녀의 대화기법

남녀 간의 의사소통에서 남녀가 사용하는 화법에는 차이가 있다. 남자가 사건 위주의 사실적 결론을 중시하는 대화를 하는 데 비해, 여자는 결론보다는 그 과정에서 생기는 감정을 더 중시하는 대화를 한다. 여자는 남자에 비해 감정적 성향이 강하다. 따라서 여자는 대화를 통해 정서적 유대를 증진시키기 위해 함께 고민하고 소통한다. 여자들이 모이면 수다가 장시간으로 이어지는 것도 이 때문이다.

여자는 남자에 비해 섬세한 대화기법을 사용한다. 조사 결과에 의하면, 대화를 위해 하루에 사용하는 단어의 수가 남자의 경우 약 7천 개의 단어를 사용하는 데 비해 여자는 약 2만 개의 단어를 사용하고, 대화의 목적도 남자는 주로 문제해결인 데 비해 여자는 주로 공감을 목적으로 대화가 이루어지는 것으로 나타났다. 대화에 사용하는 언어에 있어서도 여자는 남자에 비해 대체로 단언의 형식보다 질문의 형식이 많으며, 남자들의 대화가 사건 위주인 반면 여자들의 대화는 느낌 중심인 것으로 나타났다. 여자들이 드라마나 영화를 보며 쉽게 주인공의 입장에 동화되거나 일상의 사소한 일에 감동을 받는 것도 여자만의 특유한 감정주의와 무관하지 않다. 여자는 언어를 순발력 있게 구사하는 능력이 탁월하기 때문에 남자와 여자가 싸우게 되면 남자는 얻는 것보다 잃는 것이 더 많다. 이는 여자의 언어능력을 남자가 따라잡지 못하기 때문이다.

여자가 언어능력이 뛰어난 데 반해 남자는 공간지각능력이 탁월하다. 공간지각능력이 뛰어나다는 것은 단순히 길의 위치나 방향을 가늠하는 것만이 아니라 사물의 형태, 차원, 비례, 동작 등을 체계적으로 분석하는 능력이 뛰어나다. 따라서 남자는 좁은 공간에서 주차를 한다거나 복잡한 물체를 조립하고 구성해 내는 능력이 여자보다 훨씬 뛰어나다. 이는 테스토스테론이 구조학적으로 여자보다 남자가 더 전문화되어 있어 남자의 뇌를 더욱 집중시키고 활성화시키기 때문인 것으로 알려졌다.

성과 성역할

인간이 사회화 과정을 거치면서 대부분의 사회에서는 문화적으로 성별에 따라 바람직하다고 규정된 일련의 성격, 태도, 선호경향, 행동 등을 규정하게 되는데 이를 성역할이라고 한다. 즉, 성역할이란 한 개인이 속해 있는 사회에서 규정하는 성에 적합한 행동 및 태도, 그가 속한 문화권 내에서 여자 또는 남자로서 특징지어질 수 있는 자질 혹은 성별에 따라 습득하게 되는 성격 특성, 태도, 행동 등을 말한다. 대표적인 성역할로는 남성에게는 '남성다움'을 여성에게는 '여성다움'을 요구하는 것과 같은 것이다. 이 밖에도 여성에게는 자기희생적, 표현적, 감정적, 의존적, 자녀양육, 타인관계 중시 등과 같은 역할을 요구하고, 남성에게는 자기주장적, 활동적, 발전적, 도구적, 독립적, 모험적인 것과 같은 사회적 역할을 요구하는 것이 성역할에 해당되는 것이다. 우리 사회에는 은연중에 이러한 성역할 이미지와 성역할의 서열구조가 형성되어 있어 학습을 통해 다음 세대에 전수되는 경향을 보여왔다. 따라서 사람들은 자신의 성별을 인식하면서 사회적 요구에 맞는 올바른 성역할을 하기 위해 자기의 성별과 일치하는 행동을 하려고 노력해 왔다.

최근에 와서는 사회변화와 함께 성역할에 대한 양상도 변화하여 점차적으로 남, 여 간의 성역할의 경계가 모호해지고 있으며, 정형적인 성역할을 강조하던 양상에서 벗어나면서 양성성이라고 하는 새로운 성역할의 모습이 등장하였다. 양성성이란 사회의 성역할 고정관념을 이루는 내용 중 바람직한 여성, 남성의 특성이 결합되어 공존하는 역할을 요구하는 것으로 양성성의 사람에게는 '여성답다', '남성답다' 등과 같은 것이 의미 없게 되는 상태이다. 성에 따라 주어진 역할이 정해져 있는 것이 아니므로 양성성에서는 남자가 해야 할 일이나 여자가 해야 할 일이라고 정해져 있는 것이 없다. 따라서 양성성의 사람은 다양한 행동 수행이 가능하고, 어떤 상황이든 문제해결이 가능하며 유연성을 지닌 적절한 반응으로 환경에 효과적으로 대처할 수 있다는 행동적 특성을 지니고 있다.

급변하는 사회에서 살아가고 있는 우리들은 고정적인 성역할의 개념에서 벗어나 유연하고 적절한 성역할을 갖는 것이 바람직하다. 즉, 남성과 여성으로서 가치 있는 측면의 속성을 모두 지닌 '양성성적인 인간'으로 보는 것에 주안점을 두어야 할 것이다. 그러기 위해서는 성장과정에서 양성평등에 대한 인식을 지닐 수 있도록 교육기회의 제공과 의식을 변화시킬 필요가 있다. 가장 바람직한 성역할은 기존의 성역할에 매이지 않고 융통성 있게 수행하며, 사회문화적 기대와 상황에 따라 양성성인 행동을 실천할 수 있도록 역할을 공유하는 것이다. 오늘날 성역할에 대한 개념은 과거와는 달리 그동안 성역할에 대한 고정관념을 깨고 양성성의 역할로 전환되고 있으며 양성평등의 교육이 점차로 확대되고 있는 실정이다.

2. 우정과 사랑

진정한 친구란?

한평생을 살면서 의미 있는 관계를 맺을 수 있는 진정한 친구를 세 명만 꼽을 수 있다면 그는 성공한 사람이라는 말이 있다. 그만큼 진정한 친구를 만나기가 쉽지 않다는 뜻이다. 그렇다면 왜 많은 사람들이 진정한 친구를 만나지 못하는 것일까? 아마 대부분의 사람들은 진정한 친구를 만드는 것보다 진정한 친구를 원하는 것에 관심을 두고 있기 때문이다. 원하는 것만으로는 진정한 친구가 만들어지지 않는다. 진정한 친구를 만들기 위한 노력이 뒤따라야 한다. 진정한 친구가 필요하다고 생각한다면 친구를 만들기 위한 노력에 아낌없이 투자해야 한다.

친구의 사전적인 의미는 '가깝게 오래두고 정답게 사귀어 온 벗'이다. 친구는 우리말로 '벗'이라고 하는데, 벗이란 '비슷한 또래로 친하게 지내는 사람' 또는 '뜻을 같이하는 사람'으로 정의된다. 이러한 친구와 나누는 정다운 애정을 '우정'이라고 한다. 친구 간의 우정은 연인관계의 사랑이나 가족관계에서 느끼는 가족애와는 다르게 구분한다. 친구관계는 다음과 같은 점이 특징적이다.

첫째, 상호 간에 대등한 위치의 인간관계이다.

둘째, 친밀하면서도 가장 순수한 인간지향적인 대인관계이다.

셋째, 인간관계 중 가장 자유롭고 편안한 관계이다.

넷째, 여러 가지 측면에서 유사점이 많은 관계로 서로 공유할 수 있는 삶의 영역이 넓다.

다섯째, 구속력이 적어 해체되기 쉽다.

그렇다면 진정한 친구란 무엇인가? 친구 간에 서로 신뢰를 바탕으로 이해하고, 어려운 시기에는 위로하고 격려하며, 때로는 서로에게 약이 되는 충고도 아끼지 않는 친구가 진정한 친구일 것이다. 좋은 친구는 서로 간에 좋은 점을 찾아 다른 사람에게 이야기해 주는 사람일 것이다. 친구는 내가 남에게 보여지기를 바라는 모습대로 나를 봐주는 사람이다. 그렇기 때문에 진정한 친구에게는 가장 좋은 모습을 기대하고, 서로가 서로를 실망시키지 않기 위해 최선을 다하게 된다.

우정의 원리

청소년기 우정은 청소년의 성장, 발달에 커다란 영향을 미친다. 이 시기의 우정은 동반자 기능, 자극기능, 물리적 지원 기능, 정서적 지원 기능, 사회적 비교 기능, 친밀감 및 애정 기능을 수행한다. 청소년기에 청소년들의 성장, 발달에 영향을 미치는 우정의 기능을 구체적으로 기술하면 다음과 같다 (Gottman & Parker, 1987, 이주희 외, 2008 재인용).

첫째, 동반자 기능으로 친구는 시간을 함께 보내고, 활동을 함께할 수 있는 동반자의 역할을 한다.

둘째, 자극기능으로 친구는 흥미 있는 정보를 제공하고 재미와 즐거움을 주는 기능을 한다.

셋째, 물리적 지원 기능으로 친구는 시간과 자원을 제공하고 필요할 때에는 도움을 준다.

넷째, 정서적 지원 기능으로 친구는 자신감을 갖도록 격려해 주고, 자신의 가치를 인정해 주며 수시로 피드백을 제공해 주는 기능을 한다.

다섯째, 사회적 비교 기능으로 친구와 비교해서 스스로 자신을 평가하는 기능을 한다.

여섯째, 친밀감 및 애정 기능으로 친구는 서로에 관한 것을 솔직하게 털어놓고 서로에 관해 공유하며 신뢰할 수 있는 인간관계를 형성해 준다.

친구 간의 우정을 지속시키는 일은 쉬운 일이 아니다. 우정을 발달시키고 유지하는 데에도 몇 가지 원리가 있다. 친구 사이의 건강한 우정을 지속시키기 위해서는 다음과 같은 점을 유념하여 실천해야 한다.

첫째, 자기 자신을 개방해야 한다. 친구 간의 관계를 발전시키기 위해서는 자기 자신에 대한 정보를 상대방에게 알려야 한다. 즉, 자신에 대한 정보를 솔직하게 개방해야 한다. 상대방에게 솔직한 자기 모습을 보여줄 때 좀 더 친밀한 관계를 맺을 수 있기 때문이다.

둘째, 지속적인 관심과 호의를 보여야 한다. 친구 간에 지속적인 관계를 유지하고 싶다면 상대방에게 관심을 보여주어야 한다. 내가 상대에게 관심을 보이지 않는데 어떻게 상대가 나에게 관심을 갖겠는가? 내가 먼저 나서서 말과 행동으로 관심을 표명하는 것이 필요하다.

셋째, 상대방을 인정하고 수용할 줄 알아야 한다. 진정한 친구란 서로 간에 취미, 성격, 가치관 등이 모두 같아야만 가능한 것은 아니다. 아무리 친한 사이의 친구라고 하더라도 개인의 인격과 독립성은 서로 존중해 주어야 한다. 나와 다르다고 해서 진정한 친구가 될 수 없는 것이 아니라 나와 다른 상대방을 인정하고 수용해 주어야 진정한 친구가 될 수 있다.

넷째, 함께할 수 있는 활동을 찾아서 한다. 지속적인 친구관계를 유지하기 위해서는 같은 활동을 함께할 수 있으면 좋다. 함께 활동을 하다 보면 즐거움도 함께할 수 있고, 힘든 일도 서로 도울 수 있는 기회를 갖게 되어 우정의 크기도 그만큼 더 커질 수 있다.

다섯째, 현실적인 도움을 교환한다. 진정한 친구가 가장 필요할 때는 어려움을 당했을 때이다. 그러므로 현실적으로 어려움에 부딪히게 되면 친구에게 적극적으로 도움을 요청하고, 또 도움이 필요할 때에는 적극적으로 나서서 도와주어야 한다. 힘들 때 가장 먼저 떠오르는 친구가 진정한 친구일 수 있다.

여섯째, 공공연하게 서로 비난하지 않고, 친구가 없을 때 서로 지지해 준다. 친구 간에 서로 비난하는 것은 바람직하지 않다. 경우에 따라서는 그것이 잘못 알려진 오해일 수도 있는데 이유나 원인도 모른 채 비난하기만 하는 것은 바람직하지 않다. 친구가 없더라도 항상 지지해 줌으로써 서로 의지하고 신뢰할 수 있어야 한다.

일곱째, 친구의 다른 관계에 대해 질투하거나 비난해서는 안 된다. 친구 사이에 나 이외의 또 다른 친구를 보고 비난하거나 질투해서는 안 된다. 친구가 나의 소유물도 아니고 나하고만 친해야 한다는 법이 있는 것도 아니기 때문이다.

여덟째, 상대방에 대한 신뢰를 지켜야 한다. 인간관계에서 가장 중요한 것이 신뢰다. 친구 간에도 신뢰가 깨지면 친구관계는 지속될 수 없다. 따라서 무엇보다도 신뢰를 지키는 일에 최선을 다해야 한다.

우정과 사랑의 차이

우정과 사랑은 어떻게 다른 것일까? 학자들은 사랑이 우정이라는 상태와 어떻게 다른지에 대해 오래전부터 연구해 왔다. 우정과 사랑 사이에는 관계의 초기부터 차이가 난다. 우정의 관계에서는 자신을 꾸며서 이상적인 사람으로 제시하려고 노력하지 않지만, 사랑의 관계에서는 애인이 되고자 상대에게 접근할 때부터 이상적인 사람이 되고자 노력하며 심지어는 상황을 꾸며서 연출하기도 한다. 연인관계로 이어갈 때까지 만남을 지속시키려는 것이다. 또 다른 사랑과 우정의 차이점은 사랑의 관계에서는 성적인 욕망을 충족시키려 한다는 점이다. 성적 욕망이 사랑의 충분조건은 아니지만, 필수조건으로 작용한다. 성적 욕망은 사랑이 없이도 수행이 가능하지만, 성적 욕망이 없는 사랑은 불가능하기 때문이다.

우정과 사랑에 대해 연구한 데이비스와 토드(Davis & Todd, 1982)에 의하면, 우정과 사랑을 비교했을 때 사랑이 다음과 같은 두 가지 측면에서 우정과 다른 특징을 보인다고 한다.

첫째, 열정적인 측면이다. 사랑하는 대상과의 관계에서는 무슨 일을 하든 항상 같이 있고 싶어 하고 오직 그 사람에 대한 생각으로 사로잡혀 있다는 것이다.

둘째, 보호적인 측면이다. 사랑하는 대상과의 관계에 있어서는 상대방을 위하는 일이라면 무엇이든지 하려고 하고, 상대방이 위험에 처하면 보호하기 위해 자기희생도 무릅쓴다는 것이다. 이 밖에도 이들의 연구에 의하면, 우정과 사랑은 수용, 신뢰, 존중의 측면에서는 거의 차이가 없고, 이해, 솔직함, 자발성, 상호협력의 측면에서는 다소 차이는 있으나 유사한 것으로 나타났다.

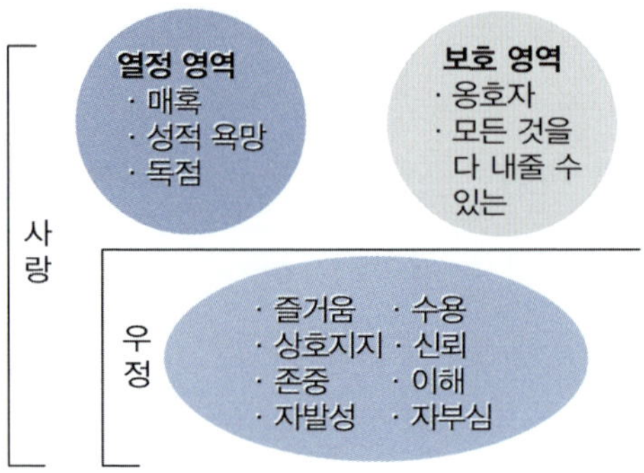

출처: 21세기 가족문화연구소(2002).

그림 8-1 사랑과 우정 영역

우정 싸움에 대한 패러다임

진정한 친구로 이어지는 과정에는 순탄한 길만 있는 것은 아니다. 서로 간에 의견충돌이 발생하기도 하고, 서로 다툼을 벌이기도 한다. 하지만 이러한 과정을 원만하게 극복해 나가야 진정한 우정으로 거듭날 수 있다. 친구 간에 생기는 갈등을 극복해 나가는 과정에는 다음과 같은 네 가지의 패러다임이 있다(이주희 외, 2010).

제1유형(패배 - 승리형)

이기고자 하는 욕구가 낮고 친구에 대한 배려가 높아 자신의 것을 포기하거나 양보한다. 따라서 친구만 자신의 욕구를 충족하게 된다. 그러나 솔직한 자신의 감정은 만족스럽지 못하며 표현되지 않은 감정의 찌꺼기가 남아 있어 우정관계가 견고해지지 못한다.

제2유형(패배 - 패배형)

두 사람이 서로의 욕구를 극단적으로 추구했을 때 생기는 결과로 결국 두 사람 모두 목적을 달성하지 못한다. 이러한 경우에는 친구의 존재를 수용할 수 있는 배려가 요구된다.

제3유형(승리 - 승리형)

이기고자 하는 욕구도 있으면서 친구에 대한 배려도 매우 높아 친구를 인정하면서 자신의 목표를 관철한다. 이러한 유형은 경쟁의 장이 아니라 협력의 장으로서 친구와 더불어 자신의 목표를 이루는 결과를 만들어 낸다.

제4유형(승리 - 패배형)

경쟁이 심하고 상호 신뢰가 결여된 상태에서 나타난다. 형제간의 비교, 운동경기 등에서의 승패가 우정관계에서도 나타나 승리 아니면 패배라는 이분법적 사고를 지닌 경우이다. 이기고자 하는 강한 승부근성으로 이기기는 하지만 친구를 희생시키는 결과를 가져온다. 친구에 대한 배려가 약한 경우에 나타나는 유형이다.

그림 8-2 우정 싸움의 패러다임

우정의 갈등원인

우정 사이의 갈등은 대부분 상호 간에 신뢰가 무너지면서 시작된다. 개인 간에 또는 집단 간에 차이는 있지만, 우정의 갈등은 대부분 친구를 무시하고 둘 중 한 사람이 우월감을 가지려고 하면서 시작되는 경우가 가장 많다. 누군가가 우월감을 갖게 되면 상대방이 위축되고 약자의 입장으로 변하게 되어 친구관계를 청산하거나 아니면 서로 맞서 경쟁하여 이기거나 해야 하는 선택의 길로 내몰리게 되면서 갈등은 시작된다. 이럴 경우 종종 한 사람이 스스로 약자로 변하여 상황을 받아들이고 친구인 상대방에 대한 지지자로 변함으로써 친구관계를 유지하는 경우도 있으나 대부분 수동적인 입장에서 억압받는 관계를 유지하게 된다. 이러한 친구관계는 분명히 불만과 갈등이 상존해 있게 되고 진정한 우정의 관계가 유지되지 못한다.

우정의 갈등은 친구 간의 성격차나 표현의 차이로 인하여 생기는 경우도 있다. 외향적인 친구와 내향적인 친구 간의 우정처럼 서로 상반된 성격으로 만나게 되면 서로 간에 갈등의 원인이 될 수 있다. 이는 서로 수용하지 못하게 되는 상황에서 발생하는 갈등이지만 서로 상반된 성격을 수용하게 될 경우 상호 보완적 작용을 하면서 발전적인 우정관계로 승화되기도 한다는 점에서 이러한 상황을 반드시 부정적으로만 볼 수는 없다.

이 밖에도 생활방식이나 가치관의 차이도 우정이 파괴되는 원인이 된다. 서로 간에 생활방식이나 돈을 쓰는 방식, 가치관, 여가를 보내는 방법 등에서 차이가 나면 서로 적응하지 못해 갈등을 만들어 내는 경우가 있다. 특히 경제적인 측면의 금전관계는 공평하면서도 유연하게 대처해 나가지 않으면 우정관계가 지속될 수 없다.

애착이란?

사람은 태어나는 순간부터 애착관계를 형성한다. 갓 태어난 아기의 경우에는 엄마와 접촉을 통해 애착을 형성해 나가는데, 이러한 어린 시절의 애착은 학습능력과 정서에 영향을 미치는 것으로 알려져 있다. 애착이란 대인관계에서 형성되는 친밀한 정서적 유대감이다. 애착이 형성되면 대상을 통해 심리적으로 따뜻함과 신뢰감을 받게 되어 함께 있으면 기쁘고, 어떠한 불안한 상황에서 위안을 받을 수 있는 대상이 된다. 이러한 애착의 형성은 사랑하고 협력하는 능력을 부여할 뿐만 아니라 자신감과 자존감을 발달시키는 데도 영향을 미친다.

애착을 형성하기 위해서는 친밀감을 키우는 것이 무엇보다도 중요하고, 상대방의 감정과 생각을 존중해 주어야 하며, 상대에게 상처가 되는 말이나 행동을 해서는 안 된다.

사랑의 능력과 애착

사랑의 능력은 일차적으로 부모와 자녀 간의 애착관계를 통해서 형성된다. 부모와 자녀 간에 형성된 애착의 관계는 크게 세 가지로 구분하는데 안정애착관계, 불안정(모호)애착관계, 회피애착관계이다. 안정애착관계는 행복하고 우호적이며 믿음직스러운 사랑의 관계를 말한다. 아이들이 함께 있다가 엄마가 자리를 뜨면, 자리를 뜨자마자 울음을 터뜨리다가 엄마가 나타나면 바로 뚝 그치는 아이들이 대부분 안정애착관계이다. 불안정애착관계는 격리에 대해 불안을 느끼는 관계로 사랑을 종종 소유적인 것으로 인식하고, 정서적으로 기복이 심한 경향을 보이는 관계이다. 아이들의 경우 엄마가 자리를 뜨고 난 후 한참 후에 울기 시작하고 엄마가 나타나더라도 한참을 달래도 쉽게 그치지 않는 아이들이 대부분 불안정애착관계이다. 회피애착단계는 친밀감을 두려운 대상으로 생각하고 정서적으로 기복이 심하며 질투심이 강한 특성을 보이는 관계이다. 이러한 관계에 있는 아이들의 경우에는 부모를 거부하고 멀어지려는 특성을 보인다. 엄마와 떨어져 있다가 다시 만나더라도 별로 반가워하지 않고 회피하려고 하거나 엄마보다는 오히려 엄마가 들고 있는 물건에 더 흥미를 보이는 특성이 있다.

애착에 문제가 생기면 기본적으로 대인관계의 신뢰감에 문제가 생긴다. 따라서 안정적인 애착관계를 통해서 신뢰와 사랑으로 발전시켜 갈 수 있는 능력을 육성해 주어야 한다.

사랑의 요소와 유형

스턴버그(Sternberg)는 사랑은 친밀감, 열정, 투신이라는 세 가지 요소로 구성된다고 보았다. 친밀감(intimacy)은 두 사람이 서로에게 느끼는 정서적 일체감으로 상대에 대해 가깝고 편하게 느끼며 서로를 잘 이해하고 의사소통이 원활하게 일어나는 것을 말한다. 친밀감은 만남의 횟수와 교제 기간에 비례하여 서서히 증가하지만, 어느 정도 수준에 이르면 증가하지 않으며 서로 친밀하다는 것을 의식하지 않게 된다.

열정(passion)은 사랑하는 관계에서 나타나는 낭만적·육체적 측면에서의 뜨거운 감정으로 성적 열망이다. 열정은 연인들을 생리적으로 흥분시켜 들뜨게 하고 사랑하는 사람과 일체가 되고 싶은 강렬한 욕망을 일으킨다. 열정은 오래 지속되기보다는 연인 간의 교제기간이 길어짐에 따라 강도는 감소하거나 다른 형태로 변화하는 것이 일반적이다.

투신(commitment)은 결심이나 헌신이다. 단기적으로는 사랑하기로 결심하는 것이고, 장기적으로는 사랑을 지키겠다는 헌신사랑에 책임을 지는 것으로서 상대방을 사랑하겠다는 결정과 행동적 표현을 말한다. 사랑에 대한 투신의 대표적인 행위는 약혼과 결혼이다. 이 밖에도 사랑의 징표로 커플링을 하거나 선물을 교환하는 것 등도 이에 해당한다.

사랑의 유형은 사랑의 세 요소인 친밀감, 열정, 투신을 기반으로 여덟 가지의 사랑 유형이 형성되는데, 그 유형을 구체적으로 살펴보면 다음과 같다(김은영 · 이규은, 2012).

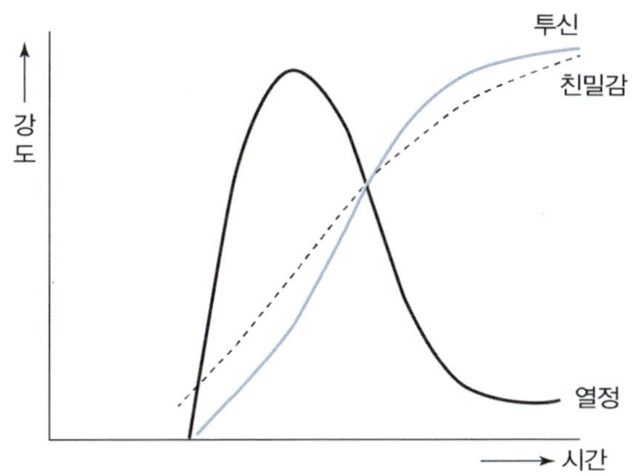

그림 8-3 시간에 따른 사랑의 변화

비사랑(non love)

세 가지 구성요소가 없는 상태로서 우리가 일상적으로 만나 지나치게 되는 많은 사람들과의 무의미한 대인관계가 이에 속한다.

우정(liking)

뜨거운 열정이나 상대에 대한 투신적 행동은 없지만 가까움과 따뜻함을 느끼는 상태로서 친구관계에서 느끼는 우정과 같은 관계이다.

짝사랑(infatuation)

짝사랑의 대상을 생각하거나 멀리서 보기만 해도 가슴이 뛰고 설레며 다리에 힘이 쭉 빠지는 등 신체적 흥분상태를 수반한 열정을 경험하게 된다. 그러나 상대에 대한 이러한 열정만 있을 뿐 서로 간에 친밀감이나 투신적 행동은 없다.

공허한 사랑(empty love)

연애시절의 열정도 없고 친밀감도 없고, 사랑도 없이 결혼이라는 투신적 생활만을 하는 부부가 이에 속한다. 또한 열정과 친밀감 없이 돈과 사회적 지위를 가진 늙은 남자와 결혼만 한 젊은 여자의 경우도 이에 속한다.

낭만적 사랑(romantic love)

서로 친밀하고 열정을 느끼지만 결혼과 같은 미래에 대한 약속이나 확신 없이 서로를 사랑하는 경우이다. 드라마나 영화 속의 사랑이 대부분 이러한 지고지순한 사랑을 표현하고, 대중매체가 사랑을 상품화하여 표현하지만 모든 사랑이 이렇게 낭만적이지는 않다. 그래서 드라마나 영화를 많이 본 미혼남녀는 이러한 낭만적 사랑의 형태로 결혼을 꿈꾸고 있지만 실제로 결혼생활은 그렇지 않기 때문에 실망하기도 한다. 사랑의 구성요소에는 친밀감과 열정뿐 아니라 투신도 뒤따른다는 것을 명심하여 현실의 결혼생활은 꼭 이런 낭만적 사랑이 아닐 수도 있다는 것을 기억하고 이성을 만나도록 하자.

허구적 사랑(fatuous love)

열정을 느껴 투신행위를 했지만 친밀감이 형성되지 못한 사랑의 경우이다. 만난 지 며칠 만에 열정을 느껴 약혼하고 보름 만에 결혼하는 투신식의 사랑을 말하는데 흔히 이런 사랑은 지속되기 어렵다.

우애적 사랑(companionate love)

친밀감과 투신행위는 있지만 열정이 없거나 식어버린 관계로 오랜 결혼생활을 한 부부간의 관계에는 이런 사랑이 흔하다.

완전한 사랑(consummate love)

성숙한 사랑이야말로 세 가지 요소를 모두 갖춘 이상적인 사랑인데 이런 사랑을 얻기 위해서는 많은 노력이 필요하다.

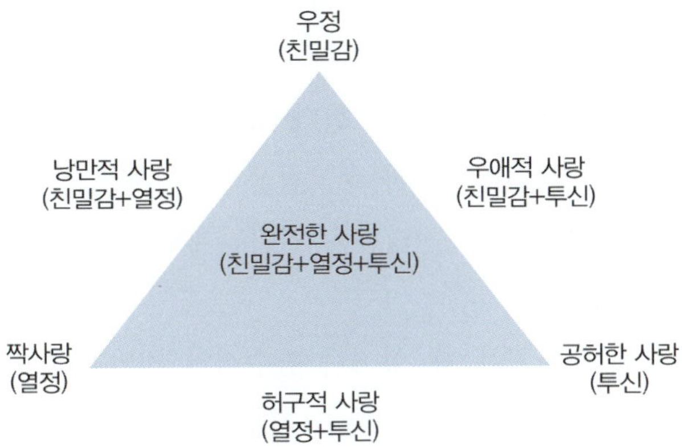

그림 8-4 사랑의 8가지 유형

3. 이성교제와 배우자 선택

친밀감과 연인

친밀감이란 지내는 사이가 친하고 아주 가깝게 여겨지는 느낌으로 자신의 내면을 다른 사람과 나누고자 하는 능력을 말한다. 이러한 친밀감은 자신은 물론 타인의 한계와 단점을 상호 간에 인정하고 수용하며, 서로 다른 차이점과 갈등을 극복하는 과정에서 형성된다.

친밀감은 일단 획득되면 다양한 관계와 정보를 공유하고 상호 조정해 나가는 것이 가능하고, 상호 간에 삶의 활력과 만족을 얻을 수 있다는 장점이 있다. 따라서 친밀감은 상호관계 속에서 형성되는 것이며, 함께 만들어 가는 상호 의존적인 것이다. 자신을 표출하고 알리는 활동을 통해 상대방과 공유할 때 친밀감은 형성된다.

이성 간의 연인관계는 친밀감을 기본적인 배경으로 한다. 친밀감이 없다면 이성 간의 연인관계는 불가능한 것이다. 즉, 이성 간에 상대방의 단점을 서로 인정하고 수용하며, 상호 간의 차이점과 갈등을 극복하는 과정에서 연인관계로 발전하는 것이다. 이러한 연인관계는 상호 간에 삶의 활력을 불어넣고 만족을 얻을 수 있는 기회를 부여한다. 연인관계는 자기를 잘 알리고 표현하며 가지고 있는 것을 상대방과 주고받을 때 이루어진다. 그렇게 함으로써 친밀감이 형성되고 이러한 친밀감은 연인관계로 발전하여 서로에게 좋은 영향력을 미치게 된다.

연인관계로 발전해 나가는 데 있어서 필수적인 친밀감의 요소로는 폭, 개방성, 깊이를 든다. 세 요소의 정도나 크기에 따라 친밀감이 달라진다는 의미이다. 또한 친밀감의 형성을 방해하는 장애요인으로는 거부에 대한 두려움, 낮은 자존감, 분노 등이 있으며, 이와는 반대로 친밀감을 촉진시키는 행동으로는 상대방을 인정해 주는 일, 자기노출, 노력과 열정 등이 있다.

이성교제의 기능

친밀감이 발전하여 남녀가 서로 개방된 마음으로 사귀어 가까이 지내는 연인이 되면 이성교제가 시작된다. 이성교제는 사랑의 시작으로 서로 다른 성이 만나 서로 친밀감을 가지고 어울리며 가까이 지내는 것을 말한다. 남녀 간에 사랑을 하고 사랑을 통해 배우자를 선택하는 일로 발전하는 것은 자연스러운 과정이다. 따라서 폭넓은 이성교제를 통해 인격적으로 조화를 이루어 나가고 배우자를 선택하는 일은 행복한 삶을 위한 필수조건이다. 이성과의 관계를 발전시켜 나가려면 이성과의 상호작용을 위한 새로운 장이 필요하며 그러한 필요에 의해 이루어진 것이 이성교제이다. 일반적으로 이성교제가 갖는 기능에는 다음과 같은 점이 있다(김은영 · 이규은, 2012).

첫째, 이성교제는 오락적 기능을 가진다. 함께 함으로써 서로 즐거운 시간을 보낸다.

둘째, 상대가 근사한 용모를 가졌을 경우에 또래 간의 인기를 통해 성취감을 준다.

셋째, 이성교제의 경험은 정체감 형성과 발달에 기여한다. 특히 실연의 경험은 자아의식을 성숙시켜서 인격형성에 도움을 준다.

넷째, 이성교제는 청년기의 사회화 과정의 일부로서 다른 사람과 어울리는 법을 배우고 예의범절을 배우며 사회적 기술을 배우게 한다.

다섯째, 이성과 의미 있는 관계를 가짐으로써 친밀감 형성에 대해 배우게 한다.

여섯째, 이성교제는 성적 탐구의 장(場)이 된다.

이성교제, 무엇이 문제인가?

사람이 성장해 나가는 과정에서 일정한 연령에 도달하게 되면 자아의식의 발달로 인해 이성에 대해 관심을 갖는 것은 자연스러운 현상이다. 따라서 성숙한 남녀의 이성교제는 반드시 필요하다. 이성교제를 통해 남녀 간에 상호작용을 배우고 상대방에 대한 이해를 통해 배우자를 선택하기 때문이다. 이성교제는 상당히 매력적이지만 동시에 위협적일 수도 있다. 이성교제는 타인과의 관계규정에 대한 연습과 훈련이다. 이성교제는 즐거움을 가져올 뿐만 아니라 이성 간의 생활에 흥미와 새로운 의미를 가져다주는 기회가 되기도 한다. 그럼에도 불구하고 우리 사회에서는 이성교제로 인해 다양한 문제가 발생하고 있다. 이성교제가 가져오는 문제점으로 다음과 같은 점을 지적할 수 있다.

첫째, 이성 간에 이중기준의 문제이다. 이성교제를 하다 보면 남녀 간에 상호 관련된 다양한 문제에 직면하게 된다. 그런데 이러한 문제에 있어서 대부분 남녀 간에 인식의 차가 있다. 즉, 이중기준을 갖게 된다는 것이다. 이러한 이중기준은 이성교제의 경험이 많지 않은 청소년들에게 더 큰 문제로 부각되는데, 이는 서로의 다른 성에 대한 이해와 인식의 차이에서 온다.

둘째, 외모에 대한 집착과 제한된 인간관계의 문제이다. 이성교제를 하다 보면 신체나 외모에 대한 지나친 집착으로 이성을 지나치게 의식해 외모에 대한 열등감 혹은 우월감을 갖게 된다. 뿐만 아니라 이성교제를 하는 동안 상대방에 대한 지나친 집착으로 폭넓은 인간관계를 형성해 나가는 데 장애가 될 수 있다.

셋째, 데이트 불안이다. 사회적 경험이 풍부하여 대인관계에 능숙한 사람들에게는 문제가 되지 않지만 사회적 경험이 부족하여 대인관계를 위한 사회적 기술이나 자기 확신이 부족한 경우에는 데이트에 불안이 발생할 수 있다. 데이트 불안감을 갖게 되면, 이성을 회피하게 되고 결국에는 친밀한 관계로 발전시키지 못해 이별을 반복하게 되는 문제가 발생한다.

넷째, 혼전 성관계와 같은 원하지 않는 성적 압력의 문제이다. 이성교제에서 발생하는 성적 욕망을 압력으로 해결하려는 문제가 발생한다. 이 과정에서 상대방이 원하지 않는 키스나 애무 등과 같은 성적 활동을 하게 되고, 이럴 경우에 대부분 피해 당사자가 여성이라는 점에서 문제가 심각하다. 그렇다고 해서 무조건적으로 거부하게 되면 이성교제가 중단되게 되므로 여성은 상황에 맞는 대처, 즉 남성의 감정을 상하지 않게 하면서 성적 친밀도를 낮추거나 적절하게 거절해 나가야 하는 어려움에 처하게 된다. 또한 혼전 성관계와 같은 너무 이른 나이에서의 성경험은 신체적 발달을 저해할 뿐만 아니라 돌이킬 수 없는 상처를 가져올 수도 있다는 점에서 문제가 심각하다.

다섯째, 데이트 성폭력의 문제이다. 데이트 성폭력은 다른 폭력과는 달리 보고되지 않는 경우가 더 많은 것으로 알려져 있다. 그 이유로는 많은 여성들이 성폭력에 대해 자신을 부끄럽게 생각하고, 사회적으로 비난 받는 것이 두려워 다른 사람에게 알려지는 것을 원하지 않기 때문이다.

여섯째, 데이트 폭력의 문제이다. 데이트 폭력은 데이트 중에 발생하는 폭력으로 우리가 생각하는 것보다 상당히 빈번하게 발생하는 것으로 알려져 있다. 이성 간에 만나서 대화를 하다 보면 남녀 간에 의견차가 생기기 마련인데 이러한 의견차가 폭력으로 변질되어 발생한다는 데 문제가 있다. 데이트 과정에서 발생하는 폭력에 대한 최근 연구 결과에 의하면, 폭력비율이 30% 내외에 이르는 것으로 나타났다. 폭력양상에는 물건 던지기, 따귀 때리기, 떠밀기 등이 가장 많은 것으로 나타났다.

일곱째, 부모의 반대 및 이해의 부족이다. 데이트 상대자에 대한 부모의 반대나 이해 부족으로 인해 발생하는 갈등문제가 있다. 자녀들은 성인이라는 인식하에 독립적으로 행동하려고 하지만 부모들은 여전히 자녀의 데이트와 배우자 선택에 영향을 주려고 하는 경향 때문에 발생하는 문제이다. 부모들이 반대하는 이유로는 경제적 계층 문제, 종교문제, 학력차이 등이 주를 이루고 있다.

여덟째, 일과 학업에 대한 지장이다. 이성교제로 인해 일이나 학업에 지장을 받게 된다는 점이다. 데이트를 핑계로 공부를 안 하게 되고, 이로 인해 학업에 지장을 받기 때문이다.

성과 사랑

인간의 성적인 행동에 대한 윤리적 가치는 시대, 사회적 환경, 문화 등에 따라 변화한다. 성에 대한 가치에 따라 성윤리를 바라보는 시각도 변화해 왔는데, 성에 대한 성윤리의 입장으로는 보수주의, 자유주의, 사랑주의가 있다.

보수주의는 우리 사회의 전통적인 시각에서 성을 바라보는 관점으로 성을 쾌락추구로 보기보다는 종족보존이라는 관점에서 바라보는 입장이다. 따라서 보수주의자들의 입장에서 결혼이란 부모로서의 양육과 역할에 대한 책임을 전제로 이루어지는 것이며, 성에 대한 안정성을 보장해 줄 수 있는 것이라고 믿는다.

자유주의는 성을 쾌락에 초점을 맞추어 최대한의 성적 자유, 성적 환희를 추구하며, 성에서는 사랑을 전제로 하지 않는다고 보는 입장이다. 따라서 이들은 낯선 이와의 성관계는 모험과 환희의 감정을 주며 성적 쾌락을 강화할 수 있는 것이라고 보고, 훌륭한 성에는 사랑이나 책임이 문제가 되지 않는다고 본다.

사랑주의는 중도주의라고도 하는데 사랑이 있는 성은 옳은 것이고 사랑이 없는 성은 부도덕한 것이라고 보는 입장이다. 이들은 사랑이 있는 성만이 성의 고유가치를 유지할 수 있고 인간의 존엄한 가치와 도덕성을 실현시켜 줄 수 있다고 본다.

성에 대한 이러한 윤리적 가치의 변화는 그 사회에 다양한 성문제를 야기하고 있다. 혼전 성행동이나 순결, 임신, 동성애, 동거, 낙태 등과 같은 문제들이 성 윤리적 측면에서 해결되어야 할 과제이다.

배우자 선택이론

결혼의 선행단계로 배우자를 선택하고 결정하게 된다. 오늘날 배우자의 선택은 사회적 기능보다는 개인적 가치관이나 사랑을 더 중시하는 경향이 있다. 특히 배우자 선택의 준거로 애정, 사랑, 성격 등을 중시한다는 점에서 배우자 선택의 관점에 대한 관심이 높아지고 있다. 배우자를 선택하는 것과 관련된 이론을 살펴보면 다음과 같다(곽소정, 2012).

첫째, 부모 이미지 이론이다. 부모 이미지 이론은 부모의 이미지와 같거나 비슷한 사람을 배우자로 선택한다는 이론이다. 대부분 사람들은 그동안 함께 했던 부모와의 생활습관이나 행동양식이 있어서 부모와 유사한 사람을 선택함으로써 안전감과 예측성을 제공받게 된다는 것이다.

둘째, 보완욕구 이론이다. 보완욕구 이론은 같은 욕구를 상이한 정도로 갖고 있을 때 욕구는 보완적일 수 있다는 점에서 배우자를 자신과 다른 특성을 지닌 사람, 즉 자기와 다른 성격을 지닌 이성에게 관심을 갖고 상호보완적 특성을 중시하여 선택한다는 것이다. 예를 들면, 내성적인 성격 소유자가 외향적 성격의 배우자를 선택한다거나, 지배적 특성을 지닌 사람이 복종형의 배우자를 선택하는 것과 같은 경우이다.

셋째, 출생순위 이론이다. 출생순위 이론은 배우자를 선택함에 있어서 가족 내 자녀의 출생순위를 중시하는 선택을 말한다. 이는 출생순위가 개인의 성격이나 행동에 영향을 미친다는 점을 강조한 데서 발단이 된 이론으로, 예를 들면 막내가 배우자로 맏이를 희망하는 경우와 같은 선택이다.

넷째, 교환이론이다. 교환이론은 배우자를 남성, 여성이라는 하나의 상품으로 인식하고 상품을 중심으로 교환한다는 개념의 이론이다. 따라서 투자한 비용보다 더 많은 이득을 얻고자 하는 선택을 중시하는 방식이다. 이들은 결혼을 통해 보상적인 결과를 극대화시키려는 데 초점을 맞추고 있으며, 극대화를 위한 요인으로는 경제력, 가문, 학력 등과 같은 사회적 가치 특성과 인성, 매력, 연령 등과 같은 개인적 특성을 고려대상으로 한다.

다섯째, 공평이론이다. 공평이론은 상호관계에서 상대에게 부여한 만큼 받는 것이 공평하다고 생각하고, 이익이 되는 교환보다는 공정한 거래에 초점을 둔 이론이다.

여섯째, 여과망 이론이다. 여과망 이론은 케르코프와 데이비스(Kerkoff & Davis, 1962)에 의해 최초로 배우자 선택의 여러 가지 요인을 발달적 모형으로 제시한 이론이다. 여과망 이론에 의하면, 배우자 선택은 단순한 사회적 배경과 욕구에 의해 결정되는 것이 아니라 여러 가지 여과망을 거치면서 선택되는데, 사회적 배경, 가치관, 흥미, 보완적 욕구 등이 관계 진전에 더 큰 영향을 미친다고 보았다. 우드리(Udly, 1971)는 데이트로부터 결혼에 이르기까지 6개의 여과망을 거치면서 최종적으로 한 사람을 선택하게 된다고 보았다. 6개의 여과망으로는 가까이 있는 사람과 결혼한다는 근접성 여과망, 상호 매력을 느끼는 사람과 결혼한다는 매력 여과망, 유사한 사회적 배경을 가진 사람과 결혼한다는 사회적 배경 여과망, 유사한 태도와 가치관을 가진 사람과 결혼한다는 의견일치 여과망, 상호보완적 관계에 있는 사람과 결혼한다는 상호보완성 여과망, 결혼할 준비를 잘 갖춘 사람과 결혼한다는 결혼준비상태 여과망 등이 있다.

일곱째, 자극-가치-역할 이론이다. 이 이론은 머스타인(Murstein, 1978)에 의해 제안된 이론으로 여과망 이론을 보완, 발전시킨 것이다. 배우자를 자유롭게 선택하는 상황에서 각자 가지고 있는 장점과 단점의 교환가치에 따라 서로가 매력을 느껴 선택하게 된다는 이론이다. 이 이론에서는 이성교제에 대한 관계발전에 영향을 주는 요인으로 자극, 가치, 역할을 제시하고 있다. 이 이론의 첫 번째 단계는 자극단계로 자극단계에서는 만남을 통해 서로가 상호 매력을 느끼고 교제를 시작한다고 보았다. 두 번째 단계는 매력발산 단계로 시작 전 외모, 명성 등과 함께 직접적인 상호작용을 통한 자질 평가가 이루어지는 단계이다. 세 번째 단계는 가치비교 단계로 대화를 통해 인생, 정치, 종교, 결혼, 성에 대한 가치관을 비교하고, 중요한 사항과 관련한 가치관 등에서 서로에게 매력을 느끼는 단계이다. 네 번째 단계는 역할조화 단계로 현재와 결혼 이후의 역할수행능력과 상호 역할기대를 고려하여 판단한다. 역할기대가 일치하고 적절하다고 판단하면 결혼을 선택하게 된다.

4. 결혼과 가족

결혼은 왜 하는가?

결혼은 혼인이라는 용어와 동의어로 사용된다. 일반적으로 법률상으로는 '혼인'이라는 용어를 사용하고 결혼이라는 용어를 사용하지는 않는다. 결혼과 혼인은 같은 의미로 사용하지만 제도나 법률적인 면을 중시할 때에는 혼인이라는 용어를 사용하고, 상호관계나 인간관계를 중시할 때에는 결혼이라는 용어를 사용한다.

결혼이란 성장한 두 남녀가 이성교제를 통해 서로 사랑하고 서로 부부가 되기를 원하면 결혼이라는 형식을 빌려 결합하게 되는 것을 말한다. 결혼을 통해 최초의 가족 간의 인간관계가 시작된다. 따라서 결혼은 남녀 간의 두 사람의 결합이라는 단순한 의미로 볼 수도 있지만 가족과 사회가 유지되는 수단이라는 측면의 복합적 의미로도 해석할 수 있다. 결혼은 다음과 같은 몇 가지 의미로 해석될 수 있다.

첫째, 결혼은 사회적으로 승인된 남녀의 성관계이다.

둘째, 결혼은 일시적인 관계가 아니라 영속적인 관계이다.

셋째, 결혼은 권리와 의무의 관계를 갖는다.

넷째, 결혼은 전 인격적 관계이다. 부부는 성적·정서적·경제적·사회적 측면에서 동시적인 관계를 맺고 있으며, 가장 사적이면서도 포괄적인 관계를 유지하는 전인격적 관계이다.

사람들이 결혼을 하는 이유는 무엇일까? 물론 사람마다 결혼관에 차이가 있듯 그 이유나 목적에도 차이가 있을 수 있다. 일반적으로 사람들이 결혼을 하는 이유에 대해 다음과 같은 점으로 설명한다.

첫째, 사랑을 실현하기 위함이다. 결혼을 하는 이유 중 가장 큰 동기는 사랑하는 사람과 함께 살고 싶다는 것이다. 즉, 사랑의 실현을 위해 결혼이라는 형식을 취하는 것이다.

둘째, 결혼을 하는 이유는 성적인 욕구를 충족하기 위한 합법적 과정이다. 성숙한 남녀의 성욕구를 표현하기 위한 것이고 결혼은 이를 합법화하는 과정이며 결혼을 통해 안정감과 만족감을 얻고자 한다.

셋째, 결혼을 통해 남녀 간의 경제적 협력과 안정을 이루기 위함이다. 부부간에 경제적인 협력을 통해 안정을 찾고 상호 협력하기 위한 것이다.

넷째, 자녀를 출산할 기회를 갖기 위한 것이다. 적절한 시기에 자녀를 갖기 위한 욕구를 결혼을 통해 성취하고자 함이다.

다섯째, 정서적 안정감을 찾기 위함이다. 결혼은 개인에게 부부라는 관계를 통해 정서적 안정과 함께 감정적 지지자를 얻어 더 친밀한 일대일 관계를 갖게 되기 때문이다.

여섯째, 결혼은 성인으로서의 독립된 신분을 얻게 되는 기회가 된다. 결혼을 통해 부모로부터 독립하고 독립된 신분을 유지하기 때문이다.

일곱째, 결혼은 사회적 기대에 부합하기 위함이다. 우리 사회는 남녀가 성인이 되면 결혼을 해야 한다고 생각한다. 특히 가족주의가 강한 우리 사회에서는 결혼을 하지 않으면 주변으로부터 강한 압력을 받게 된다. 그런 압력으로부터 벗어나기 위해서는 결혼이라는 과정이 필수적이다.

결혼생활을 통해 가정을 꾸려나가는 과정을 보면 최근의 사회변화에 따라 부부역할도 변화하고 있다. 아담스(Adams, 1980)는 부부역할의 변화경향을 전통주의, 신전통주의, 평등주의로 구분하고 있다.

전통주의는 부부역할이 뚜렷하여 남편과 부인은 양분된 역할을 수행하는 것으로 부부가 유별하다는 의미를 담고 있다. 신전통주의는 여성의 사회진출 증가에 따른 사회적 역할은 인정하지만, 가족 안에서의 남편의 역할에서는 유연성이나 상호협력이 인정되지 않는 것으로 남성우월적인 가치의식이 지배하는 역할분담을 말한다. 이에 반해 평등주의는 부부간에 남녀의 인격체를 존중하고 한 인간으로서의 자신의 삶의 목표나 능력에 따라 원하는 역할을 선택적으로 수행하도록 하는 것을 말한다. 평등주의에서는 부부간의 역할 수행방식에 따라 그 유형을 부부직업형(dual career), 역할공유형(role sharing), 역할 전환형(role reversal)으로 구분한다.

결혼은 해도 후회, 안 해도 후회한다

일반적으로 사람은 누구나 자율성의 욕구와 친밀성의 욕구를 지니고 있다. 많은 사람들은 이 두 가지의 욕구를 만족시키기 위해 부단히 노력한다. 자유를 위해 목숨을 바치는 일이 일어나는 것도 바로 인간의 이러한 자율성에 대한 욕구 때문이다. 일찍부터 연인을 찾아 헤매는 이유도 인간의 이러한 친밀성의 욕구를 만족시키기 위함이다.

대부분의 사람들은 친밀성의 욕구를 만족시키기 위해서 결혼을 한다. 하지만 결혼을 하고 나면 결혼으로 인해 자신의 친밀성은 충족시켜 주지만 자율성의 욕구를 침해받게 된다. 가족이라는 울타리 안으로 들어가 자신이 수행해야 할 책무성이 뒤따르기 때문에 자율성에 제한을 받게 된다. 그래서 결혼한 사람들이 이 자율성의 제약 때문에 잠시나마 후회를 한다.

반대로 자율성의 욕구를 채우기 위해 결혼을 하지 않는 이들도 있다. 그렇게 되면 자율성의 욕구를 만족시키는 데는 문제가 없지만, 연인을 만나지 못해 친밀성의 욕구를 채우지 못하게 되고 그로 인해 외로움을 경험하게 된다. 결혼을 하지 않은 사람들이 후회하는 이유가 여기에 있다.

결혼이라는 사실을 일방적인 측면에서만 보지 말고 다양한 측면에서 바라볼 필요가 있다. 그리하여 결혼생활을 통해 자율성과 친밀성을 보완적으로 활용할 수 있는 방안을 모색해 나가는 것이 필요하다.

약화된 가족기능

결혼은 우리 사회에서 인륜지대사로 여겨왔으며, 일정한 연령에 도달하면 남녀에 있어서의 결혼은 당연시되는 삶의 통과의례로 받아들여졌다. 하지만 이러한 결혼과 가족에 대한 문화나 의식은 시대와 사회, 지역의 환경에 따라 다양한 형태로 변화해 왔으며, 결혼에 대한 인식 또한 누구나 해야 하는 필수적인 과정이 아니라 다양한 생활양식 가운데 하나로 선택하는 것으로 인식되고 있다. 하지만 분명한 것은 오늘을 사는 현대인들에게 가족이라는 구조는 가족 구성원들 간의 애정과 친밀한 관계를 통해서 정서적 지원과 개인적 성장·성숙을 가능하게 하며, 휴식과 새로운 에너지 공급원으로서의 역할을 해왔다. 즉, 현대사회에서 가족은 첫째, 성 및 애정의 기능, 둘째, 자녀출산의 기능, 셋째, 자녀양육 및 사회화의 기능, 넷째, 경제적 기능, 다섯째, 정서적 안정 및 지지의 기능, 여섯째, 사회적 지위 부여의 기능 등을 수행해 왔다.

영어로 가족은 'Family'이다. 'Family'라고 하는 낱말의 어원은 "Father And Mother I Love You"에서 온 말로 "아버지, 어머니 나는 당신을 사랑합니다!"의 뜻을 내포하고 있다. 즉, 'Family'의 어원은 "Father And Mother I Love You"의 문장에서 각각 단어의 첫 글자들을 따와서 합성하여 만들어진 것이다. 이렇게 가족이란 부부를 중심으로 한 친족관계의 구성원들이 따뜻한 사랑으로 엮어져 만들어진 집단이다. 그래서 '가족'이라는 말만 들어도 눈물이 핑 돌고 가슴이 멍해지는 것 같은 느낌이 다가오는 따스한 단어가 바로 가족이다. 하지만 최근 들어 가족의 역할이나 기능이 약화되면서 여러 가지 문제점이 나타나고 있다. 오늘날의 가족은 다음과 같은 모습으로 변화되었다.

첫째, 전통적인 가족관의 의식이 쇠퇴되고 있다. 현대 사회의 가족관은 부모 부양에 대한 의지가 약해지고 자녀의 성공을 부모의 행복과는 별개로 바라보는 새로운 가족관이 등장하였다.

둘째, 가장으로서의 권위보다는 부부관계가 우선시되고 있다. 부부의 관계는 서로의 사랑에서부터 출발하여 부부 사이와 가족의 인간관계를 훌륭히 할 수 있도록 부부의 관계를 중시한다.

셋째, 가족의 규모가 축소되고 있다. 자녀의 수가 축소되면서 부부로 구성된 가족, 부부와 자녀로 구성된 가족이 대부분이다. 특히 자녀출산율이 낮아지면서 자녀의 수가 한 명에 불과한 가족이 증가하여 가족의 규모가 축소되는 현상을 보이고 있다.

넷째, 가족의 보호기능, 부양기능이 감퇴되고 있다. 전통적인 가정에서는 부모가 자녀를 출산한 후에는 가정에서 가족을 보호하고 부양하는 의무를 책임져 왔다. 하지만 최근 들어 이혼 가정이나 별거가족, 무자녀 가족 등이 증가하면서 가족이 수행해야 할 보호기능이나 부양기능이 감퇴되고 있다.

다섯째, 가족주기상의 변화가 일어나고 있다. 2006년 호주제의 폐지로 직계가족의 원리가 약화되고, 점차 만혼화로 인하여 혼인율이 감소하고 있다. 이혼율도 꾸준히 증가하여 2022년의 경우 하루 평균 약 250건(쌍)이 이혼을 하고 있다. 가족의 확장기는 첫 자녀의 출생에서 비롯되는데, 이러한 주기는 점차 늦어지는 변화를 보이고 있다.

여섯째, 주부의 가사노동이 경감되고 여가시간이 증가하며 가사도 공동으로 부담하는 변화를 보이고 있다. 최근에 결혼하는 젊은이들은 맞벌이 부부가 대부분이어서 가사노동을 주부중심이 아니라 부부 공동중심으로 전환하고 있다.

일곱째, 다양한 가족형태가 증가하고 있다. 최근 다문화 가족을 비롯하여 일인가족, 조손가족 등 다양한 가족형태가 등장하고 있다. 이에 따라 다양한 가족형태에 대한 사회적 인식의 변화와 지지를 위한 기반이 마련되어야 할 것이다.

사랑은 자존감과 연결된다

사랑은 자존감과 연결된다고 주장한 라만나와 레이드만(Lamanna & Reidmann, 2011)은 결혼생활을 하는 부부의 유형을 H형 부부, A형 부부, M형 부부의 세 가지의 유형으로 구분하였다.

A형 부부는 A라는 글자가 나타내듯이 두 사람이 서로 의지하고 사는 부부관계를 말한다. 이들은 강한 부부정체감을 갖고 있지만, 개인적 자존감이 별로 없는 상태의 부부이다. 그것은 자신의 자존감이 배우자의 의존에서 나오

는데 상대에 대한 욕구가 강하기 때문에 자존감이 별로 없다. 이 유형의 부부는 배우자가 여러 문제에 대해 책임을 지고 처리해 준다. 이 유형은 부부관계가 위기를 맞이하더라도 이혼을 원한다고 서로 말로만 할 뿐, 둘 다 아직 서로에게 많은 기대와 미련을 갖고 있는 부부의 유형이다. 서로 의지하고 원망하는 일을 반복하지만, 내 행복은 내가 책임져야 한다는 의식을 강하게 지니고 있는 부부유형이다. 죽고 못 사는 부부로 서로에 대한 사랑 때문에 하나가 죽으면 따라 죽을 기세이다.

H형 부부는 영어 글자 H처럼 서로가 각자 욕구에 충분히 만족하여 홀로 서 있는 것을 형상화한 부부이다. 이 유형은 상호 간에 대립적인 형태를 보이는 유형으로 부부간에 서로 의견충돌이 심하고 자존감이 높은 사람들의 만남이다. '너만 잘 났냐? 나도 잘났다'와 같은 관계적 특성을 이루고 있어 서로 합의점을 찾기가 어려운 경우이다. 이들은 서로에게 거의 영향을 받지 않으며 부부라고 하는 연대감이 그렇게 강하지 않은 유형이다. 한 사람이 관계의 끈을 놓아도 상대방이 거의 느끼지 못할 정도의 사람들이다. 서로 다른 개인이 한 집안에서 하숙하면 사는 것과 흡사한 유형의 부부이다.

M형 부부는 M자의 가운데 대각선이 의미하듯 상대에게 손을 내밀어 손을 잡고 함께 살아가는 유형이다. 이 유형은 부부간에 이상적인 유형으로 독립적이며 상호 이해관계를 형성하고 있는 부부유형이다. 서로 독립된 자아를 형성하면서도 상호 의존해 나가며 자기를 사랑할 줄 아는 이들이 누구누구의 남편으로서, 또는 누구누구의 아내로서만이 아니라 독립된 개체로서 자신의 삶을 살면서 남편, 아내로 연결되는 연계된 삶을 사는 사람들이다. 이들은 서로 높은 자존감을 지니고 배우자가 성장할 수 있도록 돕는 일을 선택한다. 능력은 있지만 배우자와 함께 하는 관계를 선택하여 충실하게 실행하려는 노력과 정서적 지원을 아끼지 않는 유형이다. 일반적으로 세 유형 중 M유형의 부부 사이에서 자란 아이들이 성장해서 원만한 인간관계를 유지하는 일에 잘 적응한다고 한다. 세계적으로 유명한 사람들이 대부분 이 유형의 가정 안에서 성장한 것으로 알려져 있다.

부부갈등과 의사소통

부부관계에 갈등을 표출하는 부부의 역기능적인 의사소통 방식에는 권위지향형, 소심지향형, 불성실지향형, 희생지향형, 지배지향형이 있으며 유형별로 다음과 같은 특징이 있다(반신환 · 유 옥, 2011).

첫째, 권위지향형 의사소통의 남편은 계층서열의식이 강하고 체면을 중시한다. 부인을 무시하고 장점보다는 단점을 지적하고 비난하여 부인으로 하여금 두려워서 복종하게 한다. 전통적 가부장적 제도에서 볼 수 있다.

둘째, 소심지향형은 과거에 집착하는 보수적인 성향을 지니고 있다. 의사소통에 불평불만이 많고 무슨 일이든 소극적이며 비관적이다. 비사교적인 경향이 있고 남편보다 아내들이 이 유형에 많다.

셋째, 불성실지향형은 정확한 답변을 회피하고 거짓말을 하며 무책임한 말을 하는 특성이 있다. 자신의 무력감이나 부정행위를 숨기려는 방어전략을 사용하며 임시변통적인 말로 둘러대는 경우가 많다.

넷째, 희생지향형은 쉽게 결정을 못 하고 말할 때 딴전을 피우거나 무조건 동의하고 해야 소용없다는 생각을 한다. 표면적으로는 수용하지만 내면적으로는 비판적인 태도를 가진다.

다섯째, 지배지향형은 남편의 경우 아는 척, 잘난 척, 호언장담을 잘 하고 자신의 능력을 과시하면서 상대방을 명령적 · 지시적으로 지배하려 한다.

부부관계는 어느 유형의 관계가 바람직하다고 단언하기 어렵다. 무엇보다도 부부관계에서는 누가 누구를 지배하고, 누가 누구를 더 사랑하고, 누가 누구를 비판하고의 개념이 아니라, 서로가 사회적으로 동등한 위치에서 평등한 관계를 유지하며 사랑하는 관계가 유지되도록 하는 것이 무엇보다도 중요하다.

결혼 갈등의 근원을 찾아라

결혼은 연애가 아닌 실생활이다. 따라서 부부간에 서로를 공감하고, 이해하고, 배려하는 생활이 필요하다. 무엇보다도 부부간에 신뢰를 갖고 서로 의지할 수 있는 믿음과 긍정의 에너지를 넣어주어야 한다. "부부관계는 5 : 1이다"라는 말이 있다. 부부간에 다섯 번 잘 해주고 한 번 싸운다는 뜻이다. 물론 '자식관계의 3 : 1(세 번 잘해 주고 한 번 야단친다)이나, 고부간의 1000 : 1(천 번 야단치고 한 번 칭찬해 준다), 직장 상하 간의 100 : 1(백 번 야단치고 한 번 칭찬한다)' 보다는 낫지만 현대적인 부부의 관계에서는 바람직하지 못하다. 동등한 입장에서 상호 간에 인격을 존중하는 발전적이고 목표지향적인 삶을 추구해 나가야 한다. 부부간에 발생하는 결혼 갈등의 근원으로 다음과 같은 점이 있다.

첫째, 좋아하지 않는 행동의 실행이다. 배우자의 갈등 중에 가장 큰 요인은 배우자가 상대방이 좋아하지 않는 일(늦거나 거짓말 등)을 하는 것이다.

둘째, 아는 것과 행동하는 것에 대한 불일치이다. 즉, 배우자의 지각과 실제 행동과의 불일치 문제이다. 아는 것은 알고 있는 대로 실행에 옮겨야 불만족의 원인을 제거할 수 있다.

셋째, 가치관의 차이이다. 부부 사이에는 가치관의 차이가 있기 마련이다. 이때 서로 다른 가치관을 이해하고 수용하는 자세가 필요하다. 서로 자신의 가치관을 고수하려는 완고함이 문제의 원인이 된다.

넷째, 부부간에 균형 잡힌 일관성 있는 규칙의 부재이다. 부부간에는 상대가 규칙에 동의하지 않거나 일관성이 없는 규칙으로 발전될 때 갈등의 원인이 된다.

다섯째, 통솔력의 불균형이다. 부부관계에서 서로가 서로를 지배하려고 하는 경향이 있다. 즉, 서로 통솔력을 발휘하려고 한다. 이때 통솔력이 힘의 균형을 잃게 되면 갈등의 원인이 된다.

여섯째, 일에 대한 스트레스 문제이다. 배우자가 직업에서 스트레스를 받을 때, 집에 돌아와 아이들을 돌봐야 할 때에는 스트레스가 발생하기 마련이고, 이러한 스트레스는 부부간에 갈등의 원인이 된다.

일곱째, 역할기대와 수행의 모순이다. 부부간에 기대되는 역할 수행에 실패하게 되면 문제가 발생하여 갈등의 원인이 된다.

여덟째, 의존과 독립의 부조화 문제이다. 결혼을 통해 부부가 의존성, 독립성, 상호의존성의 세 가지 특성을 충족시키고자 하지만 이러한 욕구가 부조화를 이루면서 갈등의 원인으로 작용한다.

이와 같은 결혼 갈등을 해소하기 위해서는 부부 사이의 효율적인 의사소통이 이루어져야 한다. 효율적인 의사소통을 위해서는 무엇보다도 먼저 부부간의 자기 개방이 필요하다. 솔직한 자기 개방을 통해 상대에 대한 이해를 높여 나갈 수 있도록 해야 한다. 또한 상대방의 말을 경청하고 수용하는 태도를 가지며 상대방의 감정을 이해하기 위해 노력해야 한다. 가급적 긍정적인 표현을 통해 상대방을 칭찬하는 일에 인색하지 말고 부정적인 표현은 가급적 줄여나가고 조심스럽게 접근해야 한다. 항상 '사랑해!', '미안해!', '고마워!' 등과 같은 진실한 마음을 담은 표현을 통해 상호 간에 마음을 따뜻하게 감싸줄 수 있어야 한다.

이혼에 따르는 문제들

이혼은 부부관계를 인위적으로 해체시키는 일이다. 이혼은 한 가족을 붕괴시키는 일로 이로 인해 발생하는 다양한 문제들이 개인적인 문제로 끝나는 것이 아니라 다양한 사회적 문제를 야기하는 원인이 된다. 대체로 긍정적인 측면보다는 부정적인 측면이 많다는 점에서 이혼으로 인한 가족 구성원들의 갈등과 충격을 최소화하고 적절한 대책을 마련해야 할 것이다. 부모의 이혼은 편부모 가족을 낳게 하고 정상적인 부모의 모델을 잃게 됨으로써 자녀의 성장 발달에도 좋지 않은 영향을 미친다. 따라서 이혼에 대한 문제를 쉽게 생각할 것이 아니라 심사숙고하는 자세가 필요하다.

일반적으로 부모의 이혼이 자녀의 발달에 미치는 영향과 관련하여 에머리(Emery, 1988)는 정상적 가족보다 비행 소년 소녀가 될 확률이 높고, 자녀는 공격적이고 비난적이며, 자기를 통제하는 능력이 부족하고, 순종적이지 못한 경향이 있다고 하였다. 부모 이혼의 결과는 부모 역할 모델의 부재 현상과 성적 동일시 대상을 잃게 됨으로써 자녀의 성격 발달, 도덕성 발달, 사회성 발달에 영향을 미친다. 이혼이 자녀에게 미치는 영향은 다음과 같이 요약할 수 있다.

자녀 양육의 문제

이혼으로 인해 발생하는 문제 중 가장 어려운 것은 자녀 양육의 문제이다. 자녀들에게 이혼은 자신들의 동일시 대상이 사라지게 됨은 물론이고, 정서적으로 치명적인 영향을 받게 되어 부정적인 경험을 많이 하게 된다. 이로 인하여 성역할의 형성에도 부정적인 영향을 미친다. 또한 부모의 이혼은 편부모 가족을 낳게 하고 정상적인 부모의 모델을 잃게 됨으로써 자녀 발달에 좋지 않은 영향을 미친다.

경제적인 문제

이혼은 경제적인 측면에도 큰 문제로 부각된다. 이혼 후에 소득이 줄고 생활수준이 낮아지게 되면서 생활에 어려움을 겪게 된다. 특히 노동시장에서 여성의 임금이 낮고 취업 기회가 제한되어 여성의 경우 경제적인 여건이 불리할 수밖에 없다. 더구나 여성이 자녀를 양육하게 될 경우에는 경제적인 어려움이 가중되며 자녀의 양육으로 인하여 취업의 어려움이 생기는 등의 이중고를 겪게 된다.

정서적인 문제

이혼은 자녀의 정서적인 문제에도 영향을 미친다. 부부라는 관계를 어느 날 갑자기 끊어 내는 데는 인생에 대한 절망과 방황을 느끼기 마련이다. 이혼자의 자살률이 결혼자보다 3~4배 높은 것도 이러한 정서적인 충격과 무관하지 않다. 이혼으로 인하여 심리적인 충격을 받은 사람들의 경우 인간관계를 두려워하고 사회적 모임을 회피하는 경향이 있다. 이로 인하여 사회적 관계망이 무너지거나 약화되는 경우가 많다.

친척 간의 문제

이혼은 친척관계에도 문제를 발생시킨다. 어느 날 다가온 이혼으로 인하여 그동안 가지고 있던 친척관계가 모두 사라지는 문제가 발생한다. 지금까지 관계를 맺었던 친척관계가 이혼으로 인하여 하루아침에 붕괴되고 가족의 결합마저 끊어버리는 문제가 발생한다. 친척관계의 붕괴는 고립감이나 소외감이 증폭되는 원인이 된다.

사회관계의 문제

사회적인 관계에서도 이혼은 문제로 대두된다. 지금까지 맺어 온 친구나 사회적 관계가 이혼으로 인해 전처럼 지속적으로 유지되기가 어렵기 때문이다. 배우자의 친구와의 관계가 끊어지는 것은 물론이거니와 배우자와 관련된 모든 사람들과의 관계를 이혼하기 전처럼 유지하기는 상당히 어렵다. 이러한 사회적 관계의 파괴는 직장생활을 유지하는 데도 악영향을 미친다.

반성적 사고활동 8-1

나의 우정지수 조사

※ 다음은 나와 친구와의 우정관계를 알아보기 위한 문항입니다. 문항을 읽고 해당되는 칸에 ∨표를 하여 총점을 계산하시오.

번호	질문문항	응답		
		거의 그렇지 않다 (1점)	가끔 그렇다 (3점)	늘 그렇다 (5점)
1	공통의 취미 또는 생각을 가지고 무엇인가를 하면서 지낸다.			
2	좋은 것, 맛있는 것이 있으면 꼭 서로 나누어 쓰거나 먹는다.			
3	서로의 생각, 느낌이나 의견을 솔직히 이야기한다.			
4	지금의 우정이 계속 유지될 것을 굳게 믿는다.			
5	잘못한 일이 있으면 솔직히 말하고 용서를 구한다.			
6	어떤 경우에도 친구를 무시하지 않는다.			
7	친구의 이야기를 잘 들어준다.			
8	친구의 이야기를 듣고 그에 대한 답변, 충고를 성심껏 해준다.			
9	친구의 좋은 점, 본받을 점을 이야기해 준다.			
총점				

[해석]

- □ 45점 이상: 우정을 지키려는 태도가 매우 좋고 대화와 타협으로 친구와의 갈등을 해결하려는 타입
- □ 35~44점: 마음으로 우정을 지키고 싶지만 행동이 따라주지 않는다. 가끔 싸우기도 하지만 곧 친구의 마음을 풀어주려고 노력하는 타입
- □ 34점 이하: 친구와의 우정을 지키기보다는 자신의 이익을 생각하고, 친구를 이해하려 하지 않고 자신의 의견과 생각만을 주장하는 타입

출처: 안선모(2005). 토마토 친구. 변함없는 친구 사귀기 비법. 계림닷컴.

반성적 사고활동 8-2

'좋은 친구로서의 나' 점검하기

※ 다음은 '좋은 친구로서의 나'의 모습에 대해 알아보기 위한 문항입니다. 문항을 읽고 해당되는 칸에 V표를 하여 총점을 계산하시오.

번호	질문문항	응답				
		전혀 그렇지 않다 (0점)	그렇지 않은 편이다 (1점)	보통이다 (2점)	그런 편이다 (3점)	매우 그렇다 (4점)
1	나는 나만의 특이한 습관을 말한다.					
2	내가 한 일들 중에서 죄책감을 느끼는 일들을 말한다.					
3	여러 사람 앞에서 하고 싶지 않은 일을 말한다.					
4	나의 가장 깊은 감정들을 표현한다.					
5	내 자신에 대해 내가 좋아하는 것, 싫어하는 것을 말한다.					
6	인생에서 나한테 가장 중요한 것을 말한다.					
7	나 자신에 대해서 말한다.					
8	나의 가장 큰 걱정거리를 말한다.					
9	내가 한 일들 중에서 자랑스러운 일들을 말한다.					
10	다른 사람들과의 가까운 관계에 대해서 말한다.					
총점						

[해석]

- 0~10점: 나를 다른 사람에게 개방하자! 내가 나를 꺼내 놓지 않으면 나를 이해하고 나에게 다가오는 사람은 없다.
- 11~30점: 조금만 솔직해진다면 좋은 친구
- 31~40점: 가장 친한 친구와 나는 비밀이 없는 사이. 서로 어려운 점을 나눌 수 있는 좋은 친구

출처: Miller, L. C., Berg, J. H., & Archer, R. L. (1983). Ppeners: Individuals who elicit intimate self-disclosure. Journal of personality and social psychology, 44(6), 1234-1244.

반성적 사고활동 8-3

사랑의 유형 검사

※ 다음은 라스웰(Lasswell, 1980)이 분류한 사랑의 유형을 검사하는 50개 문항이다. 자신이 생각하는 사랑이 무엇인지를 떠올리면서 해당란에 V표를 하여라.

번호	질문문항	응답	
		그렇다	아니다
1	나는 '첫눈에 반한다'는 것이 가능하다고 생각한다.		
2	나는 한참 지난 다음에야 비로소 내가 사랑하고 있음을 알았다.		
3	우리들 사이의 일이 잘 풀리지 않으면 나는 소화가 잘 되지 않는다.		
4	현실적인 관점에서 나는 사랑을 고백하기 전에 먼저 나의 장래 목표부터 생각해 보지 않으면 안 된다.		
5	먼저 좋아하는 마음이 얼마 동안 있은 다음에 비로소 사랑이 생기게 되는 것이 원칙이다.		
6	애인에게 나의 태도를 불확실하게 해두는 것이 언제나 좋다.		
7	우리가 처음 키스하거나 볼을 비볐을 때, 나는 성기에 뚜렷한 반응(발기, 축축함)이 오는 것을 느꼈다.		
8	전에 연애상대였던 사람들 거의 모두와 나는 지금도 좋은 친구 관계를 유지하고 있다.		
9	애인을 결정하기 전에 인생 설계부터 잘 해두는 것이 좋다.		
10	나는 연애에 실패한 후 너무나 우울해져 자살까지도 생각해 본 적이 있다.		
11	나는 사랑에 빠지면 너무 흥분되어 잠을 이루지 못하는 때가 있다.		
12	애인이 어려운 처지에 빠지면, 비록 그가 바보처럼 행동한다 하더라도 힘껏 도와주려고 노력한다.		
13	애인을 고통받게 하기보다는 차라리 내가 고통을 받겠다.		
14	연애하는 재미란 두 사람의 관계를 발전시키면서, 동시에 내가 원하는 것을 거기서 얻어내는 재주를 시험해 보는 데 있다.		

15	사랑하는 애인이라면 나에 관하여 다소 모르는 것이 있다 하더라도 그것 때문에 그렇게 속상해하지는 않을 것이다.		
16	비슷한 배경을 가진 사람끼리 사랑하는 것이 가장 좋다.		
17	우리는 만나자마자 서로가 좋아서 키스를 했다.		
18	애인이 나에게 관심을 보이지 않으면 나는 온몸이 쑤시고 아프다.		
19	나의 애인이 행복하지 않으면 나도 결코 행복해질 수 없다.		
20	대개 제일 먼저 나의 관심을 끄는 것은 그 사람의 외모이다.		
21	최상의 사랑은 오랜 기간의 우정으로부터 싹튼다.		
22	나는 사랑에 빠지면 다른 일에는 도무지 집중하기 힘들다.		
23	그의 손을 처음 잡았을 때 나는 사랑의 가능성을 감지했다.		
24	나는 어떤 사람과 헤어지고 나면 그의 좋은 점을 발견하려고 무진 애를 쓴다.		
25	나의 애인이 다른 사람하고 같이 있는 것 같은 생각이 들면 도저히 견딜 수 없다.		
26	나의 애인 두 사람이 서로 알지 못하도록 교묘하게 재주부린 적이 적어도 한 번은 있었다.		
27	나는 매우 쉽고 빠르게 사랑했던 관계를 잊어버릴 수 있다.		
28	애인을 결정하는 데 한 가지 가장 고려해야 할 점은 그가 우리 가정을 어떻게 생각하는가 하는 것이다.		
29	사랑에서 가장 좋은 것은 둘이 함께 살며, 함께 가정을 꾸리고, 함께 아이들을 키우는 일이다.		
30	애인이 원하는 것을 위해서라면 나는 기꺼이 내가 원하는 것을 희생시킬 수 있다.		
31	배우자를 결정하는 데 있어서 가장 먼저 고려해야 할 점은 그가 좋은 부모가 될 수 있겠는가 여부이다.		
32	키스나 포옹이나 성관계는 서둘러서는 안 된다. 그것들은 서로 충분히 친밀해지면 자연스럽게 이루어지는 것이다.		
33	나는 매력적인 사람들과 바람피우는 것을 좋아한다.		
34	나와 다른 사람들과 사이에 있었던 일을 애인이 알게 된다면 매우 속상해할 것이다.		
35	나는 연애를 시작하기 전부터 나의 애인이 될 사람의 모습을 분명히 정해 놓고 있었다.		

36	만일 나의 애인이 다른 사람의 아기를 갖고 있다면, 나는 그 아기를 내 자식처럼 키우고 사랑하며 보살펴 줄 것이다.		
37	우리가 언제부터 서로 사랑하게 되었는지 정확히 알 수 없다.		
38	나는 결혼하고 싶지 않은 사람하고는 진정한 사랑을 할 수 없을 것 같다.		
39	나는 질투 같은 것은 하고 싶지 않지만, 나의 애인이 다른 사람에게 관심을 가진다면 참을 수 없을 것 같다.		
40	내가 애인에게 방해물이 된다면 차라리 나는 포기하겠다.		
41	나는 애인의 것과 똑같은 옷, 모자, 자전거, 자동차를 갖고 싶다.		
42	나는 연애하고 싶지 않은 사람하고는 데이트도 하고 싶지 않다.		
43	우리들의 사랑은 이미 끝났다고 생각될 때도 그를 다시 보면 옛날 감정이 되살아나는 때가 적어도 한 번쯤은 있었다.		
44	내가 가지고 있는 것은 무엇이든지 나의 애인이 마음대로 써도 좋다.		
45	애인이 잠시라도 나에게 무관심해지면, 나는 그의 관심을 끌기 위하여 때로는 정말 바보 같은 짓도 할 때가 있다.		
46	깊이 사귀고 싶지는 않아도, 어떤 상대가 나의 데이트 신청에 응하는지를 시험해 보는 것도 재미있는 일이다.		
47	상대를 택할 때 고려해야 할 한 가지 중요한 점은 그가 자신의 직업을 어떻게 생각하는가 하는 것이다.		
48	애인과 만나거나 전화한 지 한참 지났는데도 아무 소식이 없다면, 그에게 그럴만한 이유가 있기 때문일 것이다.		
49	나는 누구와 깊게 사귀기 전에 우리가 아기를 가지게 될 경우 그 쪽의 유전적 배경이 우리와 잘 맞는지부터 먼저 생각해 본다.		
50	가장 좋은 연애관계란 가장 오래 지속되는 관계이다.		

[결과 처리]

- 아래 표를 이용하여 '그렇다'에 응답한 문항의 번호에 ○표를 한 후 합산하여 ( )안에 그 수를 써넣는다.
- 사랑의 유형별로 '그렇다'에 응답한 비율을 산출한다.
- 높게 나타난 사랑의 유형을 바탕으로 자신의 사랑의 유형을 해석한다.

척도명	동료적 사랑	열정적 사랑	논리적 사랑	유희적 사랑	이타적 사랑	소유적 사랑
문항번호	2	1	4	6	12	3
	5	7	9	14	13	10
	8	17	16	15	19	11
	21	20	28	26	24	18
	29	23	31	27	30	22
	32	33	38	33	36	25
	37	35	42	34	40	39
	50	41	47	46	44	43
			49		48	45
합	(　　)/8	(　　)/8	(　　)/9	(　　)/8	(　　)/9	(　　)/9
비율(%)						

[해석]

- **동료적인 사랑(storge):** 많이 만나고 같이 지내다 보니 자연스럽게 친근해짐. 편안함을 느낌. 서로 도움을 주고받고 상대의 약점과 강점을 있는 그대로 받아들이는 사이. 하루라도 못 보면 못 살 것 같은 열정은 없어도 오래된 친구처럼 서로 깊게 신뢰하고 상대방에 대한 과한 요구도 하지 않음
- **열정적인 사랑(eros):** 로맨틱한 사랑. 성적인 사랑이라고도 하는 열정적인 사랑. 독특하고 심리적으로 각성시키고 성적인 충동을 유발하며 떨어져 있는 동안 상대를 그리워함. 사랑의 속도가 매우 빠름. 이성보다는 감성이 앞서는 사랑
- **논리적인 사랑(pragma):** 현실과 이성의 고삐를 늦추지 않는 범위 내에서 사랑함. 자신들의 배경, 취미, 가치, 개성 등을 따짐. 어느 정도 전제들이 합당할 때 사랑을 느끼고 다가감. 사랑을 하는 방식이 사려 깊고 사랑의 진전을 참고 견디는 입장
- **소유적인 사랑(mania):** 광적인 사랑으로 상대방을 소유하거나 소유가 되어야 사랑이라고 생각함. 가장 위험하고 극단적인 감정에 휘말려 노예가 되고 마는 사랑. 상대를 소유했다고 생각되면 흥분과 환희로, 소유에 실패했다고 생각하면 극단적인 분노와 절망감으로 심적 고통을 받음. 사랑 유형 중 가장 문제가 되는 중독적인 사랑
- **이타적인 사랑(agape):** 헌신적이고 무조건적인 사랑. 수용과 배려를 아끼지 않는 사랑. 부모와 자식 사이처럼 이성 간에도 사랑은 주는 것이라 생각하고 실천하는 사랑. 상대를 위해 기꺼이 고통과 희생을 감수하는 사랑. 진정한 사랑을 위해 물러서기도 함
- **유희적인 사랑(lotus):** 사랑을 정서적인 관계에서 승리하는 것으로 보고 시합하는 것으로 여김. 사랑의 서약이나 약속을 원하지 않음. 여러 상대와의 만남과 사랑을 원함. 상대방의 욕구나 입장에 무관심하고 자기만족을 중요하게 여김. 성적인 대상으로 즐기려 할 뿐 결혼까지 가는 것을 고려 안 함. 바람기가 있다는 말을 종종 들음

출처: 강문희 외(2008). 인간관계의 이해. 학지사, pp. 132-135.

Chapter 09

성찰이 있는 생활

1. 성찰과 자기인식

성찰이란?

성찰(省察, reflection)은 '자신이 한 일을 깊이 되돌아보는 일'을 말한다. 성찰이란 기존에 없던 생각을 새롭게 만들어 내는 것이 아니다. 내가 스스로 알고 있던 것, 그러나 내 안의 자신의 생각에 사로잡혀 드러내지 못했던 것들을 끄집어내어, 있는 그대로 인정하고, 그것을 다시 내 안으로 받아들이는 과정이다. 따라서 성찰은 문제도 내 안에 있고, 해결책도 내 안에 있다. 그러나 그것을 발견하고 끄집어내는 일은 결코 쉬운 일이 아니다.

성찰은 어떤 눈으로 보느냐가 매우 중요하다. 즉, 어떤 관점으로 나, 타자, 세계를 보고 인식하느냐의 문제이다. 이성중심의 결정적인 방식으로 이를 바라보게 되면 분리라고 하는 결과를 만들어 낸다. 따라서 이성중심의 결과로 나타나는 것들, 즉 우월한 것과 열등한 것, 문명과 원시 등과 같은 성찰은 분리를 정당화하는 결과를 만들어 낸다.

성찰(省察)은 자기의 마음을 반성(反省)하고 살피는 것이다. 그래서 성찰을 자아성찰이라고도 한다. 스스로가 자기(自己)가 누구인지를 살펴보는 것이 성찰이다. 삶에 대한 성찰은 자신의 삶을 스스로가 어떻게 살아왔는지 되돌아보고 잘한 것은 무엇이고, 또한 잘못한 것은 무엇인지 살펴보면서 잘못된 것을 반성하고 앞으로 어떻게 할 것인지를 점검하는 것이다.

성찰은 자신이 스스로를 돌아보는 시간이다. 일상적인 생활에서는 내가 나를 돌아보기보다는 남이 나를 돌아보는 것이 일반적이다. 그래서 성찰의 시간이 필요하다. 일상에서 보여주었던 남이 나를 돌아보는 범위에서 벗어나 스스로를 돌아보면서 힘들었던 부분, 만나고 싶지 않았던 부분, 불편했던 부분들을 만나보는 것이 성찰이다. 성찰의 시간이 아니어도 우리는 스스로를 볼 수 있는 기회는 많다. 하지만 진정한 자신의 모습이 부정적일 때 이를 긍정적으로 수용할 수 있는 사람이 많지 않다. 대부분의 사람들은 직접적인 충고를 이해하고 수용하기보다는 고슴도치처럼 바로 날을 세우고 바로 반격하거나 변명을 하기에 바쁘다. 그럼에도 불구하고 그런 충고를 계속한다면 그것은 서로에게 상처가 될 수 있다. 각자의 인생이지만 서로 도와주고 도움을 받을 수 있다는 것은 정말 좋은 일이지만 이것이 서로 해가 된다면 너무 안타까운 일이다. 내가 타인을 보는 시각에는 이러한 문제가 있다.

내가 충고하면서 자신의 충고를 받아들일 수 없는 일은 없을 것이다. 만약 그런 일이 발생한다면 그 말에 성찰을 해야 한다. 내가 무엇을 하든지, 어떤 생각을 하든지 간에 왜 그런지에 대해 깊은 관심을 보여야 하는 것이 성찰이다.

성찰은 자신을 돌아보는 내적 활동이다. 날마다 반복되는 일상에서 벗어나 잠시 자신의 생각과 행동을 되씹어 보는 시간이다. 그래서 어떤 이들은 성찰을 '자신의 삶을 소재로 기도하는 시간'이라고 말하기도 한다.

성찰은 우리의 사고나 신념체계가 가지고 있는 왜곡을 수정하고 발전적인 학습으로 지향해 가기 위한 동인(動因)의 역할을 하기도 한다. 그래서 이러한 성찰은 개인적 성찰과 사회적 성찰로 구분하는데, 개인적 성찰은 자신의 경험을 성찰하는 것이고, 사회적 성찰은 특정 팀 구성원들 간의 협력적 관계를 성찰하는 것이다.

자기인식이란?

성공적인 사회생활을 위해서는 올바른 자기인식이 필수적이다. 자기인식이란 자신을 아는 것을 말한다. 자신을 알지 못하면 다른 사람도 잘 알지 못한다. 자신의 장점이 무엇이고 단점이 무엇인지를 명확히 아는 것도 자기인식에 해당된다. 자신의 장점이 무엇이고 단점이 무엇인지를 명확하게 알고 있다면, 아마 그 사람은 다른 사람에게도 그런 점이 있다는 것을 알게 될 것이다. 그러면 다른 사람과 지혜롭게 처신하여 서로 소통하려고 노력할 것이며 서로 이익이 되는 방향으로 만남을 가질 것이다. 또한 각자가 좋은 쪽으로 양보하거나 베풀려고 할 것이다. 그래서 자신을 바르게 인식하는 것이 중요하다.

자기인식이란 자기 자신의 특성과 감정을 이해하는 것이다. 즉, 자신을 있는 그대로 객관적으로 바라보는 것을 말한다. 자신의 감정과 행동의 원인이 되는 동기를 아는 것으로 자신의 좋은 점과 부족함을 모두 아는 것이 자기인식이다. 결국 나 자신이 어떤 사람인지를 깨닫는 것이 자기인식이라고 할 수 있다. 자기인식을 하게 되면 자신의 감정을 이해하게 되어 스스로 자신에게 동기부여를 하고 아울러 높은 성과를 창출하는 데 영향을 미친다. 자기인식이 높은 리더일수록 긍정적이고 다른 사람들에게 동기부여를 잘하여 높은 성과를 창출하게 된다. 반면에 자기인식 수준이 낮은 사람은 부정적인 근무 환경을 조성하여 성과를 낮추고 구성원의 업무 몰입도를 떨어뜨리는 결과를 가져온다.

자기인식을 실천한다는 것은 무의식적인 것을 의식화해 가는 과정이다. 무의식적인 것을 의식화함으로써 인간은 자기 자신의 본성과 위대한 조화를 이루며, 삶 속에 평안을 찾을 수 있게 된다. 올바른 자기인식은 불안이나 분노의 지점에서 나를 멀리 떨어지게 한다. 그 불안이나 분노의 기원이 자신의 무의식에 있음을 알게 되기 때문이다.

사람들은 자기인식에 대해 다양하게 표출한다. 자신에 대해 신뢰가 두터운 사람으로 표출되기도 하고, 모든 일을 자기중심적으로 해야 직성이 풀리는 방식으로 표출하기도 하며, 자신에게 소중한 사람으로 표출하기도 한다. 이처럼 사람들의 자기인식에 대한 표출방식은 겉보기와 다를 수도 있어서 소통에는 세심한 배려가 필요하다.

자기인식은 자기실현으로 가는 유일한 길이다. 완전한 자기실현이 불가능하더라도, 우리가 우리의 삶을 더욱 평안한 상태로 회복해 내기 위해서는 '자기실현이라는 불가능'에 가까이 다가가려는 노력이 있어야만 한다. 자기실현을 위한 자기인식의 과정에는 끊임없는 훈련과 지속적인 노력, 무수하고 고도화된 지식, 지혜 등이 필요하기 때문에 이를 결코 만만하게 생각해서는 안 된다.

자기인식이 중요한 이유

자기인식이란 무엇인가? 자기인식이란 자기에 대한 존재인식으로서 자기의 존재적 가치와 소중함을 인식하고 깨닫는 것을 말한다. 자기인식은 자신에게 매우 중요하다. 왜냐하면 대부분의 사람들은 자신이 인식한 그대로 행동하기 때문이다. 자기에 대한 인식이 부정적이면 부정적인 행동으로 나타나고, 긍정적이면 긍정적인 행동으로 표출한다. 따라서 자신을 어떻게 인식하느냐 하는 문제는 자신의 행동과 직결된다.

일반적으로 사람들은 자신을 부정적으로 인식하기도 하고 긍정적으로 인식하기도 하지만 여기서 말하는 자기인식이란 자신을 '있는 그대로', '사실적으로' 깨닫는 것을 의미한다. 자기에 대한 인식은 부정적인 측면보다는 긍정적인 측면으로 인식하고 깨닫는 것이 삶에 있어서 희망적이며 바람직한 일이다. 즉, 자신을 소중한 존재로 인식하여 자기존중감이나 자존감을 높일 수 있도록 하는 것이 중요하다.

프랭크(Frank)에 의하면, 우울증이란 자존감이 지극히 저하된 상태로 자신의 인간적 가치를 찾지 못하여 나타나는 증상이라고 설명하고 있다. 즉, 스스로에 대해 무가치한 존재라고 인식할 때 우울증이 유발된다는 것이다. 다시 말하면, 자신이 스스로에 대해 어떻게 인식하느냐에 따라 우울증이 발생하게 되며 우울증의 원인이 되는 자기인식은 중요한 심리적 요인이라는 것이다.

자기인식은 그 사람의 행동과 정서에 영향을 미치는 매우 중요한 심리적 요인이다. 자기 자신에 대해 어떻게 인식하느냐 하는 것이 그 삶의 행동과 심리적 정서 발달에 지대한 영향을 미친다는 점에 올바른 자기인식의 중요성이 있다. 대부분의 우울증 환자들은 생활 속에서 자신에 대해 긍정적인 측면보다는 부정적인 측면을 더 강하게 인식하는 데서 시작된다. 우울증 환자들은 일상에서도 긍정적인 사건보다는 부정적인 사건을 더 강하게 인식하면서 자신에 대해 부정적으로 평가하는 경향성이 커지면서 나타나게 된다.

자신이 타인으로부터 인정받는 일은 자기생각과 감정에 대한 정확한 지각과 인식을 갖게 하는 요인이 된다. 상대방의 의견을 존중하면서 상대방의 가치를 인정해 주는 일은 자신이 사랑받는 존재라는 자기인식을 갖게 한다는 점에서 우리 사회에 인정하고 배려하는 문화의 정착이 요구된다.

동물도 자기를 인식한다

외형적 자기를 인식하는 데 가장 손쉬운 것이 거울이다. 거울 속에 비친 모습을 보면서 자기를 인식한다. 인간은 보통 18개월 정도부터 자기를 인식하는 것으로 알려져 있다. 한 살 정도 아이의 얼굴에 빨갛게 볼연지를 그려 놓고 거울을 보여주면 아이들은 나이에 따라 다양한 반응을 보인다.

평균적으로 18개월 이전의 아이들은 거울 속에 나타난 빨갛게 그려진 볼연지의 자기 모습을 보고도 아무런 반응이 없는데 이는 자기를 인식하지 못하기 때문이다. 하지만 18개월이 지난 아이들에게 보여주면 얼굴에 묻은 빨간 점을 잡으려 하거나 손가락으로 가리키는 등의 반응을 보인다. 이는 자기를 인식하기 때문에 나타나는 행동이다.

침팬지나 돌고래, 코끼리 등과 같은 동물들도 자기를 인식하는 것으로 알려져 있다. 하지만 우리가 인간과 가장 가깝다고 생각하는 원숭이는 오히려 침팬지보다 지능이 떨어져 훈련이 없이는 거울을 보고 자기를 인식하지 못하는 것으로 알려져 있다. 2015년 중국 상하이 생물과학연구소의 연구진에 의하면, 원숭이를 거울 앞에 세워 놓고 레이저 포인트를 얼굴에 쏘아주며 자기인식에 대한 실험을 했는데 일정한 훈련을 거치면 원숭이도 거울 속 자신을 인식할 수 있다는 연구 결과를 발표하였다. 원숭이를 거울 앞에 세워 놓고 얼굴에 레이저 포인트를 쏘았을 때 처음에는 반응을 보이지 않던 원숭이가 훈련을 통해서 반응을 보이는 연구 결과를 얻어냈다. 원숭이가 얼굴에 쏘아준 레이저 포인트 부위를 만질 때마다 먹이를 주었더니 12일에서 38일간의 훈련을 마친 후에는 원숭이 7마리 중에서 5마리의 원숭이가 거울을 보고 빨간 레이저 포인트의 위치를 정확하게 짚어냈다는 것이다.

동물도 훈련을 통해 자기인식을 할 수 있는 만큼 인간에게도 올바른 자기인식을 갖도록 하는 교육과 자기수련이 필요하다. 올바른 자기인식을 갖게 되면 다른 사람을 생각하고 배려할 수 있는 마음을 갖게 된다. 고등동물만이 할 수 있다는 유일한 활동인 예술능력도 자기인식이 있어야 나타나게 된다. 자아인식의 영역은 진화론적으로 인간이 될 수 있는 또 하나의 관문이다.

자기인식의 요소

자기인식에 대한 부정적 평가는 자기인식에 대한 다양한 하위요소에 영향을 미친다. 자기인식에 대한 하위요소에 대해 제임스(William James)는 크게 세 가지로 구분하였는데, 그것은 물질적 자기(material self) 요소, 심리적 자기(psychic or spiritual self) 요소, 사회적 자기(social self) 요소 등이다.

물질적 자기(material self)는 자신의 육체와 관련된 특성, 자신의 소유물 등과 같이 자신을 이루고 있거나 자신과 관계된 가시적인 물질적 측면의 요소를 말한다. 즉, 외모나 신체적 매력, 신체적 건강, 체력, 가족의 재산 등이 물질적 자기에 해당된다.

심리적 자기(psychic or spiritual self)는 자신의 심리적 특성과 관련된 요소로 자신의 성격, 능력, 적성 등과 같이 자신의 내면적 특성과 관련된 요소를 말한다. 즉, 성격이나 성격적 매력, 지적 능력, 자기조절능력, 지식수준, 학업성적, 인생관, 가치관 등이 심리적 자기요소에 해당된다.

사회적 자기(social self)는 타인과의 관계 속에 나타나는 자신의 위치, 신분, 소속 등과 관련된 요소를 말한다. 사회적 자기인식의 구조는 구성요소나 인식의 정도에 따라 차이를 보인다. 이는 자기인식의 구조가 개인에 따라 다르고 자기인식을 구성하는 요소에 대해 사람마다 부여하는 중요성이 다르기 때문이다.

자신을 어떻게 인식하느냐 하는 문제는 미래의 자기 모습과도 직결된다. 어떻게 자신을 인식하느냐에 따라서 그 사람의 미래는 확연히 달라진다.

건강한 자기인식은 공감적 반응에서 생긴다. 공감적 반응은 자기만의 관점이 아닌 타인의 처지나 생각을 이해하는 힘을 말한다. 부모가 자녀의 행동이나 생각에 대해 자신의 관점에서 질책하지 않고 이해와 사랑으로 안아줄 때 공감능력이 생긴다. 또한 자녀가 자신의 감정이나 생각을 부모에게 말할 때 그 감정과 생각이 타당함을 인정해 줄 때 건강한 자기인식이 형성된다.

2. 자아존중감 키우기

자아존중감이란?

자아존중감(自我尊重感, self-esteem)은 자신의 가치에 대한 판단이나 그러한 판단과 관련된 감정을 말하며, 자신의 존재에 대해 인지적으로 형성된 것이 자아개념이고 자기 존재에 대한 느낌이 자아존중감이다(Simon & Blyth, 1987). 즉, 자아존중감은 자신이 사랑받을 만한 가치가 있는 소중한 존재이고 어떤 일을 해낼 수 있는 유능한 사람이라고 스스로 믿는 마음과 같은 것으로 자신의 특성을 긍정적이나 부정적으로 평가하는 데 활용되는 요소로 작용한다.

자아존중감과 유사하게 사용되는 개념으로 '자기사랑(self-love)', '자기존경(self-respect)', '자기수용(self-acceptance)', '자기평가(self-evaluation)', '자기가치(self-worth)' 등이 있다. 일반적으로 높은 자아존중감을 지닌 사람은 자신에 대한 정체성을 명확하게 지니고 있고, 명확한 정체성을 지닌 사람은 높은 자아존중감을 가지고 있다. 자아존중감이 높은 사람과 낮은 사람은 여러 측면에서 차이가 있다. 예를 들어, 자아존중감이 높은 사람은 친사회적인 경향이 있지만 낮은 사람은 반사회적인 행동을 보일 가능성이 높다. 이처럼 자아존중감은 그 사람의 인지, 행동, 경험 등을 결정하는 데 있어서 매우 중요한 요소로 작용한다.

자아존중감은 객관적이고 중립적인 가치판단이라기보다는 주관적인 가치판단이다. 따라서 자아존중감에 대한 인식을 객관화하기 위해서는 자신을 객관화시키는 작업이 필요하다. 자아존중감을 간략하게 자존감이라고도 부르는데, 사람들은 자존감과 자존심을 혼동하는 경향이 있다. 자존감과 자존심은 다른 개념이다. 자존감은 상황과 관계없이 일생 동안 이어지는 데 반해 자존심은 상황에 따라 나타나는 일시적인 만족감이다. 또한 자존감과 자존심이 모두 스스로를 존중한다는 의미에서는 같지만, 존중의 원천이 무엇인가라는 측면에서는 차이가 있다. 자존감은 자신이 스스로에 대해 상황에 관계없이 존중하는 것이라고 한다면, 자존심은 누군가 상대가 있어서 상대와의 비교를 통해 자기만족감을 얻는 것이다. 이와 비슷한 용어로 자부심이 있는데, 자부심 역시 자신의 능력이나 노력에 의해 좋은 결과를 가져왔을 때 나타나는 일시적인 자기만족감이다.

자아존중감은 가치, 능력, 통제의 세 가지 차원으로 구성되어 있다. 가치의 차원은 내가 나를 가치 있다고 생각해서 얼마나 긍정적으로 판단하고 좋아하는지, 혹은 다른 사람들이 자신에 대해 얼마나 가치 있다고 여기고 좋아하는지에 대한 평가의 차원이다. '나는 내가 좋아' 혹은 '사람들은 나를 좋아해'와 같은 것이 평가 차원의 예의 대표적인 경우이다.

능력의 차원은 나에게 맡겨진 과제나 내가 정한 목표를 완수하고 성취할 수 있다고 생각하는 믿음을 말한다. 예를 들어, '나는 숙제를 늘 잘 해놔', '나는 내가 하고 싶은 일을 끝까지 꼭 해낼 수 있을 거야' 하는 경우와 같은 예가 대표적이다.

마지막으로 통제의 차원은 내가 내 주변에서 벌어지는 상황에 영향을 미칠 수 있고 통제할 수 있다고 느끼고 믿는 정도를 말한다. 통제 차원에서 자신을 부정적으로 평가하는 사람은 '나는 무슨 일을 해도 안 돼. 운이 안 따라주니까'라고 생각하겠지만, 긍정적으로 평가하는 사람은 '내가 이 상황에서 할 수 있는 일은 이거야. 이걸 내가 잘 해낸다면 상황이 나쁘게 흘러가지는 않을 거야'라고 생각하게 될 것이다. 이와 같은 세 가지 차원에 대해 자신을 긍정적으로 판단하는 사람을 '자아존중감이 높은 사람'이라고 평가하고, 반대로 전반적인 차원에서 자신을 부정적으로 판단하는 사람을 '자아존중감이 낮은 사람'이라고 평가한다(Damon & Hart, 1982).

자아존중감에 영향을 미치는 요인으로는 주변 사람들과 함께 나누는 대화나 문화권마다 중요하게 생각하는 가치의 차이, 그리고 남녀의 성차와 같은 것들이 있다. 이러한 요인들은 자아존중감 형성에 영향을 미친다.

인간이 동물과 구분되는 주 요인 중의 하나가 바로 '자각'이다. 자각에 의하여 우리는 자아정체감을 정의하고 그러한 자아정체감을 좋아하거나 싫어하는가에 대한 판단을 내릴 수 있는 능력을 가지고 있다. 자아존중감의 문제는 이처럼 자신에 대한 가치판단에 대한 개인의 수용능력과 관련되어 있다. 만약에 자신의 어떤 일면을 싫어하고 거부하게 되면, 자신의 마음은 손상받기 쉽고 삶은 활력을 잃게 된다. 자신에 대해 스스로 비판하거나 거부하는 것은 커다란 고통을 준다. 자기 부정은 결과적으로 공부나 직장의 일에 도전하려는 마음, 사람을 만나는 것, 취업을 위해 면접을 보는 것, 어떤 일에 몰두하려는 마음을 사라지게 한다. 또한 다른 사람들에게 개방적이고, 성적 관심을 표현하고, 관심의 대상이 되고, 도움을 요청하고, 문제를 해결하려는 능력을 스스로 제한하는 결과를 초래한다(이위환 · 김용주, 2009). 따라서 자아존중감은 정신건강의 핵심적 역할을 한다. 자기의 가치를 존중하는 자아존중감이 없는 삶은 자신을 스스로 고통에 처하게 만든다.

우월감과 열등감

우월감과 열등감은 동전의 앞면과 뒷면의 관계와 같다. 우월감에 해당하는 말을 영어로는 'superiority complex'라고 하는데, 이는 '스스로 남보다 뛰어나다고 여기는 생각이나 느낌'을 말한다. 이와는 달리 열등감은 영어로 'inferiority complex'라고 하는데, 이는 '자기를 남보다 못하거나 무가치하게 낮추어 평가하는 마음'을 의미한다. 우월감과 열등감은 인간에게만 존재하는 것은 아니다. 다음의 사례를 보면 동물에게서도 우월감이나 열등감에 해당하는 것이 있다는 것을 짐작할 수 있다.

장닭이 짝짓기를 원할 때는 다짜고짜로 암컷을 덮치는 것이 아니라 한쪽 날개를 땅에 끌며 모종의 시위를 한다. 그 시위에 눌려서 암컷은 납작 엎드리는 자세를 취하게 되고, 그제야 힘센 장닭은 힘이 약한 다른 수탉들이 선망하는 시선으로 바라보는 가운데 유유히 암컷을 소유한다. 수탉에게도 감정이 있다면 그가 저 시위동작을 할 때에 느끼는 감정에는 필시 우월감이 섞였을 법하고, 힘이 약해서 감히 도전은 못 하고 부러워하며 바라보기만 하는 다른 수탉들이 느끼는 감정에는 열등감이 섞여 있을 법하다.

출처: 김태길(2010). 삶이란 무엇인가 삶과 그 보람, p. 200.

인간은 누구나 우월감과 열등감을 지니고 있다. 자신의 잘났음에 대해서는 남에게 과시하고 싶어 하고 자신의 못났음에 대해서는 다른 이들에게 가리고 숨기고 싶어 하는 마음은 공통적이다. 자신의 열등감보다는 우월감을 키워나가는 것이 자신에게 긍정적이다. 우월함과 탁월함은 자신에 대한 자아존중감을 높여주고, 자아에 대한 긍정적 인식을 키워주기 때문이다. 인간의 우월함에 있어서 내면세계에 대한 우월성은 크게 두 부류로 구분한다. 하나는 재능의 우월성이고 다른 하나는 심성의 우월성이다. 재능의 우월성은 머리가 좋거나 손재주가 뛰어난 사람을 말하며, 심성의 우월성은 도덕적으로 고매한 인품을 지니고 있는 사람을 말한다.

우리 사회에서는 전통적으로 훌륭한 사람이 갖추어야 할 조건으로 신언서판(身言書判)을 준거로 제시해 왔다. 이는 사람이 네 가지 조건을 갖춤으로써 자아존중감이 높아진다고 본 것으로, 신언서판이라 함은 신수(身手), 말씨(言力), 문필력(文筆力), 판단력(判斷力)을 총칭하는 말이다. 자아존중감을 통해 미모와 재능과 심덕을 갖춘 탁월한 인품으로 우월감을 키워주고자 했던 생각에는 오늘날의 우리 사회와 다르지 않다고 보인다.

우월감과 열등감은 공통점이 있다. 우월감이나 열등감은 모두 타인과 비교하면서 자신을 판단한 가치라는 점이다. 다른 사람보다 여건이나 상황이 좋으면 우월감을 느끼고, 다른 사람보다 여건이나 상황이 나쁘면 열등감을 느낀다. 어떤 절대적인 기준에 의한 것이 아니라 누구와 비교하느냐에 따라서 결과가 달라진다. 따라서 우월감과 열등감은 자신의 마음 문제라고 할 수 있다. 동일한 여건이나 상황에 있어서도 자신이 어떻게 마음을 먹느냐에 따라 결과가 달라질 수 있다.

우월감이 언제나 긍정적인 효과만을 가져다주는 것은 아니다. 열등감 못지않게 우월감도 긍정적인 결과보다는 부정적인 결과를 가져올 수 있다. 자기 자신이 다른 사람보다 월등히 뛰어나다는 우월감은 열등감에 대한 방어로 나타나는 경우가 있기 때문이다. 자기 기만적인 우월감은 긍정적인 영향보다는 부정적인 영향을 미친다. 일상생활에서 어떻게 열등감과 우월감을 지혜롭게 다스려 나갈 것인가에 대한 문제는 우리가 해결해야 할 지속적인 과업이다.

주관적 해석과 인지적 왜곡

어떤 사태나 상황에서 문제가 발생하게 되면 대부분의 사람들은 객관적으로 문제를 인식하기보다는 주관적인 관점에서 문제를 해석하려는 경향이 있다. 이와 같이 문제사태를 객관적으로 해석하지 않고 자기 나름대로 주관적인 관점에서 해석함으로써 사실과 동떨어진 사실로 인지하는 것을 인지적 왜곡(歪曲)이라고 한다. 즉, 인지적 왜곡이란 현실을 항상 비현실적인 방법으로 해석하는 그릇된 사고습관이나 사고방식으로 의사소통을 방해하는 원인이 되며 자아존중감과 밀접한 관련이 있다. 인지적 왜곡은 인간 대뇌의 의식과 감각작용에 밀접하게 연결되어 있는 그릇된 습관으로 대부분의 경우에 본인이 스스로 깨닫지 못하고 의식하지 못하는 경우가 많다. 일반적으로 인지적 왜곡이 일어나는 경우는 다음과 같다.

첫째, 지나친 일반화는 왜곡을 불러일으키는 원인이다. 어떤 사건이나 상황을 보고 마치 그것이 세상의 원리인 것처럼 설명하거나 해석하는 경우이다. 이런 사고양식은 전반적인 경우를 두루 살피고 가능한 객관적인 자료를 근거할 어떤 법칙이나 원리를 세운 뒤 검증하는 과정이 생략되어서 법칙이나 원리를 변질시키거나 축소시킬 위험성이 있다.

둘째, 단정적으로 이름을 붙이는 경우이다. 사물이나 사건 혹은 인물 등에 대해 상투적인 이름을 붙여 마치 그것이 세상의 전부인 것처럼 현실을 보는 경우 인지적 왜곡이 일어날 수 있다. '남자는 전부 늑대다'와 같은 경우가 대표적인 예이다.

셋째, 선택적으로 선별하여 인식하는 경우에 인지적 왜곡이 발생할 수 있다. 다양한 경험 속에서 일부 부정적인 것만을 선별적으로 인지한다거나 혹은 긍정적인 것만을 선별하여 인지하는 것을 말한다. 이럴 경우에 의사소통에 장애를 일으켜 인지적 왜곡이 발생할 수 있다. '난 그림에 소질이 없어' 등과 같은 것이 대표적인 예이다.

넷째, 이분법적 사고를 하는 경우이다. 대부분의 사건이나 상황에 대해 이분법적 사고로 양분하는 경우에 인지적 왜곡이 일어날 수 있다. 선과 악, 흑과 백, 성공과 실패 등과 같이 양분된 상태만을 인정하고 중간지대나 애매모호한 상황을 인정하지 않음으로써 왜곡이 발생하게 된다.

다섯째, 지나친 자기 비난과 자책의 경우이다. 잘못된 결과에 대해 자신이 하지 않은 사실까지 자기 탓으로 돌리면서 스스로 비난하고 자책하는 경우에 인지적 왜곡이 발생할 수 있다. '세상에 되는 일 하나도 없네'와 같은 경우가 대표적인 예이다.

여섯째, 모든 사건과 상황을 자기와 연관시키는 경우이다. 세상의 모든 일에 자기가 개입되어 있다고 여기면서 다른 사람의 주목을 받고 있다고 생각하는 경우에 인지적 왜곡이 발생할 수 있다. '모든 것이 다 나 때문이야'와 같은 경우가 대표적인 예이다.

일곱째, 지레짐작해 단정한 경우이다. 어떤 상황이나 일에 대한 의사결정에 있어서 객관적이고 신중한 검토 없이 자기 방식대로 결론을 내리고 상대방의 의도에 대해서도 자기 나름대로 단정해 버리는 경우에 인지적 왜곡이 일어날 수 있다. '그 사람이 그럴 리가 없어. 안 봐도 비디오야'와 같은 경우가 대표적인 예이다.

여덟째, 통제오류가 발생할 경우이다. 세상의 모든 일을 스스로 통제할 수 있다고 믿는 경우이거나 아니면 이 세상에 아무것도 뜻대로 되는 것이 없다고 믿는 극도의 무기력감을 지니고 있는 경우에 인지적 왜곡이 발생할 수 있다. '이번에도 안 될 거야. 되긴 뭐가 돼?'와 같은 경우가 대표적인 예이다.

이와 같은 인지적 왜곡은 현실을 비현실적으로 해석하는 잘못된 습관이다. 인지적 왜곡은 사고의 문제로 그릇된 판단과 비현실적인 신념이 뿌리 박혀 있어 자신을 객관적으로 이해하고 인식하는 데 장애가 된다. 왜곡은 부정확한 자아를 인식하게 되는 원인이 되고 사태를 처리해 나가는 데 있어서 이성적인 판단보다 감정에 따르게 한다는 점에서 문제가 크다.

3. 인간의 존엄성

존엄한 인간

인간은 존엄하다. 이 말은 인간이라는 이유만으로 사람은 그 존재가치가 있으며, 그 인격은 존중받아야 한다는 의미이다. 존엄(尊嚴)이라는 말은 도덕이나 윤리, 사회학에서 흔히 사용하는 단어이다. 한 개인이 지니고 있는 가치로움을 나타내는 말로 인간은 누구나 존중받고 윤리적인 대우를 받을 권리를 지니고 태어났음을 의미한다. 따라서 인간이 존엄하다는 말은 그 사람의 사회적 지위나 문화적 업적과 무관하게 사람은 누구나 인간이라는 사실만으로 존엄하다는 것이다. 그런 이유로 국가 간의 분쟁이 발생했을 때나 자국민이 납치되었을 때 그들을 구출하기 위해 많은 손실을 감당하면서까지도 인간을 소중하게 여기고, 지진이나 재해가 발생했을 때 인간의 생명 구출을 최우선으로 하는 것도 모두 이런 연유이다. 인간의 생명을 그 무엇보다도 값진 것으로 여기는 것은 바로 인간의 존엄성에서 출발한다.

그렇다면 왜 인간은 존엄한 것인가? 아니, 인간은 누구나 예외 없이 존엄하다고 단언할 수 있는 것일까? 우리 사회에는 사람다운 이성이나 염치가 전혀 없는 사람들도 있고, 인간이라고 보기에는 도저히 이해가 되지 않는 극악무도한 사람들도 있다. 과연 우리는 이런 사람들을 존엄하다고 받아들일 수 있는 것일까?

우리가 흔히 말하는 '인간은 존엄하다'라는 말은 사실적인 판단의 문제가 아니라 가치판단의 문제이다. 따라서 우리가 '인간은 존엄하다'라고 말할 때에는 '인간다운 인간'이라는 명제의 가정하에서의 정의이다. 즉, 인간의 존엄성을 수용하는 명제는 '인간이 인간다움을 지니고 있는 한, 인간은 존엄하다'는 의미이다.

그렇다고 해서 존엄한 인간을 '도덕적으로 높은 경지에 달한 소수의 인격자들의 존재'라고 단정 지을 수는 없다. 인간의 존엄성은 소수의 사람들에게만 해당되는 것이 아니라, 적어도 대부분의 사람들은 존엄한 존재라는 뜻이다. 그러므로 우리는 '인간다움을 잃지 않는다'는 말의 뜻을 '도덕적인 인간으로서 성장할 수 있는 가능성을 지녔다'는 의미로 이해해야 한다. 즉, 인간다운 인간으로서 성장할 가능성을 지니고 있기 때문에 존엄한 존재로서 인정하는 것이다. 만약 도덕적으로 높은 경지에 도달한 사람들만이 존엄하다고 한다면, 그들은 인간인 까닭에 존엄한 것이 되며, 사실상 '존엄하다'는 평가를 받을 수 있는 사람은 극소수의 인물들에게만 국한될 것이다.

우리가 '인간은 존엄하다'라고 말할 때에는 특수한 소수의 사람들만이 존엄하다는 뜻으로 말한 것은 아니다. 그렇다고 해서 '사람의 탈만 썼으면 그가 아무리 교활하고 파렴치하며 잔인하다고 하더라도 인간은 존엄하다'라는 뜻도 아니다. 인간의 존엄성의 근거를 인간이 간직한 어떤 가능성에서 찾을 수밖에 없다. 그러한 가능성을 간직하고 있는 한, 사람은 누구나 존엄하다고 보지 않을 수 없는 것이다. 따라서 만약 이 세상의 모든 사람에게 그런 가능성을 인정할 수 있다면 사람은 누구나 예외 없이 존엄하다고 말할 수 있다(김태길, 1986). '도덕적인 인간으로서 성장할 수 있는 가능성'이 있다면 인간은 누구나 존엄하다고 말할 수 있으며, '도덕적 인간'은 평화스러운 사회생활을 영위하는 데 필요한 보통수준의 덕성을 갖춘 사람을 말한다.

사람다움이란?

예로부터 유교에서는 사람 사이에 소통이 제대로 이루어져야 사람다움을 나타낼 수 있다고 하였다. 사람다움을 향해 다가가는 것은 성장해 가는 자신을 만나는 것과 같다. 다음의 사례에서 사람다움의 의미를 생각해 보자.

선생님이 학생들에게 물었다.
"너희들은 장차 어떤 사람이 되고 싶으냐?"
이 물음에 학생들은 각자 자기의 생각을 다양하게 대답하였다.
"저는 위대한 학자가 되겠습니다."
"저는 세계적인 갑부가 되어 우리나라 경제에 도움을 주겠습니다."
"저는 훌륭한 정치가가 되어 이 나라의 정치발전에 보탬이 되겠습니다."
그러자 교실 한쪽 구석에 있던 학생이 이렇게 대답했다.
"저는 사람다운 사람이 되고 싶습니다."
이 학생의 대답에 선생님은 깜짝 놀라며 다시 물었다.
"그 이유가 무엇이냐?"
그러자 그 학생은 조금도 망설이지 않고 대답하였다.
"아무리 높은 자리에서 큰일을 하고 명성을 떨친다 해도 사람다운 사람이 아니라면 동물과 다를 바 없습니다. 저는 사람다운 사람이 되고 싶습니다."
이 학생이 훗날 미국의 20대 대통령이 된 제임스 가필드(James A. Garfield)이다. 가필드는 어렸을 때부터 대통령이 되겠다는 원대한 포부를 말하지 않았지만, 사람들에게 항상 사람다운 사람이 되겠다고 말하였다. 그는 평생 사람다움을 추구하면서 자신의 생각을 실천하고자 노력했던 사람이며, 결국 그는 자신의 말처럼 사람다운 사람으로서 살아간 사람이다.

대부분의 사람들은 자신이 소망하는 무엇인가 되고자 하는 일에 몰입한다. 한발만 뒤로 물러서서 생각해 보면 무엇이 되고자 하는 꿈보다 먼저인 것이 있다. 바로 사람다움을 추구하는 일이다. 사람다움을 추구하다 보면 분명히 그 사람은 훌륭한 사람이 되게 되어 있다. 설령 그가 남들로부터 존경받는 존재가 되지 않더라도 그는 이미 사람다움으로 성공했기 때문이다.

지혜로운 사람은 다른 지혜롭지 않은 사람들과 달리 인(仁)의 가치를 깨닫고 이를 이롭다고 여긴다. 하지만 진정으로 어진 사람은 인(仁)이 단순히 이롭다는 것에서 떠나 그 인(仁) 자체에서 편안함을 느낄 정도로 인(仁)에 가깝고 인(仁)을 실천하는 사람이다.

'인간의 존엄성'과 '사람다운 삶'은 현대의 인권론과 전통적 인륜론이 서로 공유했던 핵심관념이었다. 그런데 인간존엄성의 근거와 사람다운 삶의 구체적 양상에 대해서는 전통적 인륜론과 현대의 인권론이 서로 견해를 달리했다.

현대의 인권론자들은 대개 이성과 양심으로 인간의 존엄성을 뒷받침하고, 인간은 존엄하므로 여러 권리를 누릴 자격이 있으며, 권리를 누리는 삶이 사람다운 삶이라고 주장한다. 하지만 인간이 금수와 구별되는 참다운 인간의 존엄성은 인간의 도덕적 본성에서 유래하는 것이다. 같은 맥락에서 진정으로 사람다운 삶은 단순히 인권을 누리는 삶이 아니라 인륜을 실천하는 삶이어야 한다. 따라서 인간의 여러 권리는 인륜을 벗어나지 않는 범위에서 누려야 하며 그렇게 하기 위해서는 다음의 두 맥락을 지켜야 한다(이상익, 2016).

첫째, 인권은 '사람다운 사람'만이 누릴 수 있는 권리로 해석되어야 한다. 인권은 인간으로서 누구나 지닐 수 있는 합당한 권리이지만 이성을 바탕으로 한 '사람다움'을 근거로 삼아야 한다. 즉, '이성을 합당하게 사용할 수 있음'에서 찾아야 한다.

둘째, 인권의 구체적 내용은 인륜을 해치지 않는 범위로 제한되어야 한다. 인권은 다른 사람에게 피해를 주는 방종과 같은 개념으로 사용되어서는 안 된다. 양심을 바탕으로 한 '인간의 진정한 안내자'로서의 권리가 인권이다.

인격과 인격교육

인격(personality)이란 '도덕적 의미에서의 사람된 자격'을 의미한다. 즉, 인간으로서의 자격으로 인간의 본성적인 측면에서 각 개인이 인간이라는 종에 속한다는 이유로 지니는 고유성과 가치를 말한다. 우리는 흔히 '인격을 갖추어야 한다'라고 말할 때의 인격은 '인간이 실천을 통해 일상생활에서 추구해야 할 도덕적 성품'을 말한다. 인격과 인격교육에 대한 구체적인 개념과 인격교육 내용을 살펴보면 다음과 같다(이규은, 2010).

인격이란 '사람으로서의 품격'을 말하며, 개인의 강건함뿐만 아니라 지적(知的), 정서적(情緒的)으로 완전한 인간적 품격을 지닌 사람됨을 의미하는데, 인격의 정의는 각 분야에 따라 다소 차이를 보이고 있다. 인격교육이란 인격형성에 초점을 맞추어 궁극적으로 인격의 완성을 목표로 하는 교육으로, 지식만이 아니라 실천수업을 통해 학생들이 지식과 더불어 체험을 하고 인격자로서 성숙해 가는 것을 돕는 교육이다. 즉, 인격교육은 체계적인 이론에 의한 교육실천이라기보다는 도덕교육 전반과 관련된 광범위한 문제들을 일관하고 있고, 도덕적 인격을 함양하고 전통적으로 바람직하다고 여겨져 온 도덕적 덕목들을 적극적으로 가르치자는 것이며, 실천을 통하여 가르치고 거기서 이론적인 문제들을 다루는 것이다(강경화, 2005).

인격교육은 대면교육의 특성을 지니고 있다. 따라서 학교에서의 청소년 인격교육은 학생과 교사의 인간관계에 의해 좌우된다(조정호, 2017). 학교교육에서의 인격교육에 대해 피터스(R. S. Peters)는 세 가지 기준을 충족시킬 때 그 의미를 부여할 수 있으며, 그것이 곧 교육받은 사람의 조건이라고 하였다. 그 기준으로 피터스는 가치 있는 것을 전달함으로써 그것에 헌신하는 사람을 만든다는 의미를 가질 것, 지식, 이해 또는 어떤 종류의 지적인 안목을 길러주는 일로써 무기력하지 않을 것, 학습자의 의식과 자발성을 무시하는 전달과정은 무시될 것 등을 제시하였다. 피터스는 학교교육에서 가르쳐야 하는 가치로운 것에 대해 '아주 기본적인 개념구조와 위대한 인물들이 축적해 놓은 문화유산에 입문시키고 자유, 평등, 인간존중 등의 정당화된 가치를 전달함으로써 단순히 알기만 하는 사람이 아니라, 교육받은 사람을 길러내야 한다'라고 설명하고 있다(권혁환, 2011). 다시 말해서, 인격교육이 되어야 하고, 지식전달교육이 되어서는 안 된다는 것이다.

교육의 궁극적인 목표는 '인간다운 인간의 육성'에 있으며, 우리나라의 교육목표도 '인간다운 인간'을 육성하는 전인교육을 지향하고 있다. 여기서 '인간다운 인간'이란 '사람으로서 품성'을 지닌 사람을 의미하고, 이는 바로 '인격자'를 뜻한다. 리코나(T. Lickona)에 의하면, 인격교육의 목표는 자기중심주의에서 탈피하여 협동과 상호존중을 지향하는 것, 도덕적으로 생각하고 느끼고 행동하는 것, 학교와 교실에 공평함, 따뜻한 배려, 정당한 권위와 민주적 가치에 의한 존중심에 바탕을 둔 하나의 도덕적 공동체를 만들어 가는 것이라고 한다(Lickona, 1991).[1] 결국 인격교육은 인격자로서의 자질을 갖춘 도덕적 공동체를 형성해 나갈 수 있도록 하는 것을 목표로 한다고 할 수 있다. 그렇다면 우리나라 학교교육에서의 인격교육은 어떻게 추진되고 있는가? 우리나라 학교교육에서 인격교육을 살펴보면, 1995년 이후 '실천중심의 인성교육 강화'라는 지침을 통해 인격교육의 방향을 제시하고 있다.[2] 그 구체적인 내용으로는 '학교급별로 학생의 발달수준에 맞도록 체계화된 인격교육을 실시하고, 정규교과 전체에 포함하여 실시한다'라고 제시하여 지금까지의 인성교육 방법을 개선하여 실천중심의 인격교육을 강화할 것을 그 방향으로 제시하고 있다. 또한 도덕과 교육과정에서도 학생들의 도덕적 덕과 인격의 형성을 지향하는 내용으로 '다양한 도덕문제에 대한 성찰과 탐구를 통해 바람직한 가치관을 확립하여 각자 자율적이고 통합적인 인격을 형성'하도록 하고 있다. 따라서 학교교육에서 실천되고 있는 인격교육은 학교교육의 하나의 목표로서, 실천중심의 교육활동을 통해 도덕적 덕과 인격의 형성을 지향하는 성찰과 탐구중심의 교육을 중시하고 있다 할 것이다.

인격교육의 내용은 도덕적 판단과 의사결정을 중시했던 합리적 도덕교육론자들이 반대해 왔던 구체적인 도덕적 가치들로서, 그 내용은 학교와 지역사회에 따라 달라질 수 있다. 리코나는 인격은 행동에서 나타나는 활동적 가

1) 리코나는 훌륭한 인격은 아는 것, 선을 바라는 마음, 선을 행하는 것으로 구성된다고 보았다.
2) 우리나라에서는 1995년 5월 31일에 발표한 '신교육 체제 수립을 위한 교육개혁 방안'에서 학교교육에서의 인격교육 방안을 구체적으로 제시하고 있다.

치로 이루어진다고 보고, 하나의 행동적 가치가 하나의 덕으로 완성될 때 비로소 인격이 발달한다고 보고 있다. 버츠(Butts)는 인격교육의 내용으로 정의, 자유, 평등, 다양성, 권위, 프라이버시, 참여 등의 덕목을 강조하면서 시민교육의 부활을 통해 되살려야 한다고 주장하며, 인격교육의 내용으로는 다음과 같은 것들을 제시하였다(Vitz, 1972).

첫째, 도덕적 개념이나 원리보다는 도덕적 행동, 즉 좋은 습관의 계발을 중시한다. 이는 인격교육이 단순히 지식을 전달하는 교육이 아니라 일상생활에서 실천되고 실현될 수 있는 실천중심의 교육이라는 점에서 좋은 습관을 형성해 나가는 것을 중시한다.

둘째, 관례적이고 일상적인 도덕적 이슈에 초점을 맞춰 내용을 선정한다. 즉, 진실을 말하는 것, 과제를 성실히 이행하는 것, 정당한 권위에 복종하는 것 등과 같은 것이다.

셋째, 인격교육은 사회 어느 한 단체나 기관 대상이 아니라, 사회 전체를 대상으로 한다.

넷째, 도덕적 행동은 영속적이고 확산적인 강화를 필요로 하므로 다양한 기법과 내용을 포함한다. 인격교육에서의 도덕교육은 일회적이고 일시적인 것이 아니라, 비교적 영속적인 개념을 가진 습관화, 생활화에 초점을 두고 있어 그에 적합한 교육방법이 필요하다.

다섯째, 중요한 가치들은 영속적이고 친근한 사람들 사이의 상호작용이므로 이를 포함한다. 인격교육의 가치나 덕목은 영속적인 상호작용을 전제로 하기 때문이다.

여섯째, 공식적인 교육과정은 올바른 가치와 행동의 전수와 일관되게 상응하는 방식 속에서 제시되어야 하고, 가치의 전수에 있어서는 집단 속에서의 삶을 강조한다.

이와 같이 인격교육의 내용은 목적에 따라 여러 가지를 포함할 수 있다. 그것은 인격교육이 사회의 요구에 부합하여 변화하고 성장하기 때문이다. 세계의 많은 나라들은 국가가 요구하는 인간상을 양성하기 위하여 노력하고 있으며, 인격교육을 강화해 나가고 있다. 특히 민주시민 국가에서는 민주시민 교육의 이름으로 시민성 함양에 총력을 기울이고 있다. 다만, 이러한 교육적 노력으로 실천되는 인격교육의 내용을 보면, 그 나라의 역사적·문화적 특수성에 따라 차이를 보인다. 따라서 인격교육의 방법에 있어서도 지역적 여건과 특수성을 반영하여 다양화, 즉 인격교육의 중심이 무엇이냐에 따라 덕교육의 내용이 중심이 되기도 하고, 도덕적 판단과 절차를 중시하는 원리 교육의 내용이 중심이 되기도 하며, 이를 통합한 통합적 인격교육의 내용이 중심이 될 수도 있다.

4. 아는 것과 행동하는 것

구족계란?

구족계(具足戒)란 불교에서 쓰는 말이다. 출가한 사람이 정식 승려가 될 때 받는 계율을 구족계라고 하는데, 구족이란 말은 '충분하게', '완전하게', '완벽하게' 갖춘다는 뜻이다. 불교에서는 구족계를 받아야 진정한 스님이 된다고 여긴다. 불가에서 비구와 비구니가 지켜야 할 계율로, 비구에게는 250계, 비구니에게는 348계가 있다. 흔히 출가했다고 하는 것은 사미계(沙彌戒)를 받았다는 뜻이고, 구족계를 받게 되면 정식으로 승려가 된다. 비구(니)의 계품(戒品)이 갖추어진다(具足)는 뜻으로 해석한다. 승려가 된다는 것은 모든 계가 완전히 구비되었다는 의미로 구족계(具足戒)라고 한다. 비구나 비구니임을 구족(具足)하는 일 또는 비구와 비구니가 받는 계(戒)를 의미한다. 구족계가 되면 스스로 겸손하며 부끄러운 행동을 금해야 한다. 마치 세계 각국의 문화와 언어는 달라도 사람 사는 기준은 모두 비슷해 인의예지신(仁義禮智信)이라고 하는 삶의 나침반과 같은 덕목을 수행자는 구족계에서 철저히 지켜야 한다.

불가에서만이 아니다. 인간에게도 구족계와 같은 사람됨을 갖추었다고 할 수 있는 기준이나 자격이 있다. 과연 인간에게 있어서의 구족계란 무엇일까?

앎과 행함의 차이

'안다는 것(知)'과 '행한다는 것(行)'은 마치 수레의 두 바퀴와도 같고 새의 양 날개와도 같아서 어느 하나만을 취하고 다른 하나를 버릴 수 있는 것이 아니다. 아는 것도 아는 것 나름이기는 하지만 우리가 '진실로 안다(眞知)'는 것은 행하므로 이어지는 것이다. 행하므로 이어지지 않는 대부분의 것들은 제대로 알지 못하고 수박 겉핥기식의 인지에 지나지 않기 때문이다. 즉, 선을 행하고 악을 행해서는 안 된다는 점을 아는 것이 진실로 아는 것이다.

지식은 공부하면 얻을 수 있을지 모르겠지만, 지혜는 행함을 통해 배운다. 행함을 통해 자신이 한 실수의 결과에서 배우고 발전하는 데서 지혜를 얻게 되는 것이다. 많은 지식을 갖고 있다고 해서 지혜로운 것은 아니다. 경험과 삶을 통해 얻는 지혜가 더 현명한 것을 흔히 볼 수 있다. 경험을 통해 얻은 지혜는 책을 통해 습득한 지식과 많은 차이가 있다. 책을 통해 얻은 지식은 행함에 있어 차이를 보이기 때문이다. 행함에 주저하지 않는 사람이 많이 아는 사람보다는 더 지혜로울 수 있다. 알고 있지만 행동하지 않는 것은 알지 못해서 행동하지 않는 것과 다를 바 없다. 안다면 아는 만큼 행동으로 보여야 한다. 인생에서 가장 큰 간격은 아는 것과 행함의 차이에서 오는 격차이다. 인생은 아는 만큼 행동할 수 있고, 아는 만큼 변화할 수 있고, 아는 만큼 성취할 수 있기 때문이다.

인간이 언제나 지혜로운 것은 아니다. 아인슈타인(Albert Einstein)은 인간의 어리석음에 대해 자신도 인간의 어리석음의 끝이 어디인지 모르겠다고 지적한 바 있다. 그는 "이 세상에서 끝을 알 수 없는 것 두 가지가 있는데, 그중에 하나는 우주이고, 또 다른 하나는 인간의 어리석음이다"라고 말하였다. 인간의 어리석음 중에서 가장 큰 어리석음은 아는 것을 행하지 않는 것이다.

인간이 알려고 노력하는 배경에는 그것을 행하고 성취하려는 데 근본적인 목적이 있다. 그럼에도 불구하고 아는 것을 행하지 않고 행하지 않음으로써 성취하지 못한다면, 그것은 아는 것이 아니며 인간으로서의 지혜로움과는 거리가 멀다. 행하는 것이 선이라면 잠시 자신이 행함으로써 손해를 보고 손실이 있다고 할지라도 선함을 행하는 것이야말로 사람다운 삶을 추구하는 근본 사상이다. 앎과 행의 일치를 보이는 것이야말로 진정한 사람다운 삶이다.

깨달음

깨달음(enlightenment)이란 '제대로 모르고 있던 사물의 본질이나 진리 따위의 숨은 참뜻을 비로소 제대로 이해할 수 있게 되는 것'이라고 정의된다. 이러한 깨달음은 자신의 노력과 수행을 통해서 얻을 수 있다. 깨달음은 절대로 누군가에 의해 주어지는 것이 아니고, 실존해 있어 나타나는 것도 아니며, 정보 속에 들어 있는 것도 아니다. 어딘가에 들어 있는 것은 다른 사람의 깨달음이지 나 자신의 깨달음이 되지 못한다. 자신의 깨달음은 돈으로 살 수 있는 것도 아니고 권력과 명예를 이용하는 것도 아니다. 나 자신의 내면을 채워 나갈 때 얻을 수 있게 된다. 나 자신의 내면에 있는 것이 바로 자아(自我)이며, 자아를 채워나감으로써 깨달음을 얻을 수 있고 진리를 알게 되며, 진리를 통해 참된 자아의 의미의 깨달을 수 있다.

깨달음은 먼 데 있는 것이 아니다. 또한 우리가 다가간다고 해도 쉽게 붙잡을 수 있는 것이 아니다. 물론 그렇다고 해서 붙잡을 수 없는 초월의 세계도 아니다. 깨달음은 자신의 존재와 하나 됨으로써 느끼는 자연스러운 상태이다. 만물의 참된 본성을 이해하는 것이다. 세상을 원망하기 이전에 나 자신을 이해하려고 노력하다 보면 모든 것이 세상이 잘못된 것이 아니라 내가 바라보는 마음이 잘못되었다는 것을 알게 되는데 이것이 바로 일종의 깨달음이다. 깨달음을 얻고자 한다면 자신의 마음을 비워 현상세계에 대한 실상을 바르게 이해해야 한다. 자신과 타인이 더불어 하나 되어 건강한 삶을 살아가기 위한 방책을 찾아가는 것이다. 그러므로 깨달음을 얻기 위해서는 무엇인가에 집착하거나 화내거나 뭔가를 얻기 위해 안달하고 있는 자신의 모습을 객관적으로 바라볼 수 있어야 한다. 객관적인 자아를 통해 나 자신만이 아니라 모두가 하나라는 진리의 진실을 깨닫게 된다. 깨달음은 안락한 존재의 환희가 아니다. 진정한 깨달음은 나를 깨닫는 것이며 이러한 깨달음이야말로 어떻게 살아가는 것이 사람다운 삶인지를 우리에게 가르쳐준다.

5. 자신의 모습 되돌아보기

성찰의 생활화

오늘날 우리 사회는 복합적 체제 안에서 다원적 특성을 보이면서 그 어느 때보다도 개인들 간의 상호의존성이 심화되고 있다. 인간은 사회적 존재라고 하는 특성을 도입하지 않더라도 복잡해진 상호의존성은 혼자서는 온전히 살아갈 수 없는 사회로 변모하고 있다. 잘 분화되고 조직화된 의식주와 같은 물질적 삶은 말할 것도 없고, 인간으로서의 존재감과 자존감을 비롯한 정서적·정신적 삶 역시 다른 사람들과의 유대와 사회적 상호작용에 의존해 살아가고 있다.

이러한 복잡한 사회 속에서 자신의 가치관에 따른 올바른 삶의 방식을 지켜나가기 위해 필요한 것이 바로 자기성찰(self-reflection)이다. 자기성찰이란 스스로 자신의 마음을 반성하고 살피는 일이다. 이러한 자기성찰은 자기반성을 뛰어넘어 자기 점검과 자기 방향 설정까지를 포함한다. 그래서 자기성찰은 자신의 잘못에 대한 반성을 통해 자기 착각이나 오만에 빠지지 않고 앞으로의 삶에 대한 바른길을 스스로 찾아간다는 점에서 그 중요성이 있다. 사회가 복잡화되고 다원화되면서 이제는 자기성찰이 필요한 시대가 왔다.

자기성찰을 생활화하면 매우 좋다. 자기성찰의 생활화를 통해서 자기성찰력을 향상시키면 삶을 바라보는 안목이 달라진다. 자기성찰력이 높은 사람은 상황에 따라 행동변화의 가능성이 매우 높다. 즉, 자신의 행위를 조절할 수 있는 능력을 지닌다. 따라서 애매하고 해독하기 어려운 상황들에 직면해 있을 경우에도 보다 더 효과적으로 직무를 수행할 수 있는 가능성이 높다. 자기성찰을 통해 단순한 행동교정을 얻는 것보다는 근원적인 가치관의 변화를 경험하는 것이 바로 진정한 자기성찰이다. 진정한 삶의 목적을 발견하고 목표를 설정하는 데 있어서 자기성찰은 필수적인 과정이다.

'성찰의 시간'이라는 글을 통해서 진정한 성찰의 의미와 성찰이 필요한 이유에 대해서 스스로를 성찰해 보자.

성찰의 시간

실상사 도법스님을 찾아간 그해, 그 날은 공교롭게도 크리스마스였다. 한 해 끄트머리, 새해 아침 독자들에게 전하는 메시지를 위해 찾아간 자리. 도법스님은 2001년 2월 시작한 천일기도를 끝내고 새로운 형태의 평화운동체인 '지리산생명결사'를 만들어 '생명과 평화를 가꾸고 얻는 일'을 시작한 터였다. 스님이 산문을 넘어서지 않고 생명과 평화와 민족화해를 위해 기도에 매달리는 동안에도 전쟁은 났고 생명은 파괴되었으며 이전투구, 갈등과 반목은 깊어졌다. '무엇을 얻으셨나요?'라고 물었다. 우문(愚問)이었다. 스님은 "기도는 무엇을 추구하던지 일차적으로는 자기성찰"이라고 말했다. 성찰은 밥 먹고 물 마시는 것같이 해야 하는, 우리 삶에 있어 절대적으로 필요한 것. 우리 삶의 어떤 것도 성찰을 통해서만 비로소 진짜를 볼 수 있다고 스님은 강조했다. "희망적인 삶을 살고 싶다면 자기성찰의 시간을 많이 가져야 한다. 성찰의 삶을 통해 거품은 걷어내고 환상은 깨고, 참된 가치들을 드러내는 삶을 살게 되면 자연스럽게 희망의 길이 열리게 된다." 고단하고 분주한 일상에서도 성찰의 시간을 가질 수 있다면 얼마나 좋겠는가. 스님은 그리 어렵지 않은 일이라고 단언했다. 가장 좋은 방식은 걸음을 생활화하는 것. 묵묵히 걷는 시간, 온몸을 써서 걷게 되면 '나의 생명'이 정상적으로 작동하게 된다고 했다. 스님의 조언대로 '그런 과정

속에서 자기 소리를 더 충실하게 듣게 되고, 그 들음을 통해서 쓸데없는 거품이 걷히기도 하고 환상이 깨지면서 삶의 참된 가치들이 현실로 작동하게 된다'면 걷지 않을 이유가 없다. 며칠 전 꽤 이름난 식당에 갔다. 예전 같으면 자리가 부족할 점심시간이었는데 의외로 한산했다. 1시간 정도 머무는 동안 몇 개 안 되는 테이블도 채 차지 않았다. '손님이 많이 줄어든 것 같다'라고 했더니 주인아저씨가 답했다. "나라가 어수선하잖아요. 좀 참아야지요. 좋을 때도 있으면 안 좋을 때도 있는 것 아니겠어요." 위안이라도 될까 싶어 건넸던 인사말에 돌아온 주인아저씨의 답이 오히려 위안이 됐다. 대한민국의 힘은 이렇게 착한 국민들로부터 나오는 것이 아닐까 싶었다. 한 해가 가고 있다. '성찰을 통해서만 비로소 진짜를 볼 수 있다'는 스님의 말씀을 떠올린다. 주위를 둘러보니 '나'를 성찰하게 하는 풍경이 적지 않다. 온 나라가 혼란에 빠져 있는 세밑, 우리에게 진짜 '성찰의 시간'이 필요하다.

출처: 전북일보 인터넷신문(http://www.jjan.kr), 2016.12.30.

성찰은 삶의 양식

자기성찰이란 자신의 언행을 반성하고 살피는 것이다. 예를 들어, 사람이 혼자서 무인도에 갔을 경우에는 자신이 활발한 사람인지, 수줍음이 많은 사람인지, 공격적인 사람인지, 아니면 냉정한 사람인지 알 수가 없다. 고립된 상태에서 자신을 안다는 것은 어려운 일이다. 사람은 사람과의 관계를 통해서만 자신을 알 수 있다. 그 관계 안에서 끊임없이 자신을 돌아보는 것이 곧 성찰이다. 그래서 성찰을 통해서 자신을 잘 알 수 있게 된다고 말한다. 자기성찰은 정신을 집중하면 언제, 어디서든 가능하다.

성찰은 자기성장에도 필요하지만, 우리가 인식하지 못하는 잘못된 것을 찾아주고 바로잡는 데도 도움이 된다. 성찰을 통해서 현재 자신의 모습을 분명하게 인식하고 자신이 진정으로 원하는 것이 무엇인지 깨달으며, 자신이 원하는 삶을 향하여 나아갈 수 있게 된다. 그런 의미에서 성찰의 시간은 처음에는 의미 없는 것으로 쉽게 지나칠 수 있는 순간으로 인식되지만, 시간이 지나고 성찰의 시간이 확대되면서 성찰은 궁극적으로 자신의 삶의 방향을 제시해 줄 수 있는 순간이라는 사실을 깨닫게 된다. 그런 의미에서 성찰은 올바른 삶을 살아갈 수 있도록 해주는 '삶의 양식'이라고 말할 수 있다.

현대 사회는 개인과 조직 간에 매우 복잡하게 연계되어 있어서 사람들 사이의 관계와 의존의 양상이 매우 복잡하다. 어떤 의미에서 보면 개인의 삶이 온전히 개인적이지 않아서 많은 사람들과 함께 공존하지 않으면 안 된다. 즉, 타인의 존재를 인정하고 배려하지 않으면 곤란한 상황에 빠지게 된다. 그래서 주변에는 종종 다른 사람들과 더불어 살아간다는 단순한 사실을 망각했다가 의도치 않은 사건에 휘말리는 사람들도 볼 수 있다. 이렇게 현대 사회가 복잡하게 얽혀 있고 상호 의존성이 큰 사회일수록 타인의 입장을 이해하고 공감하는 태도가 필요하다. 내 생각과 기준만을 고집하기보다는 타인의 입장에 공감하고 배려하는 태도가 필요하다. 이러한 타인의 입장을 공감하고 배려하는 인식은 자기성찰에서 나온다. 복잡하고 다변화하는 사회에서 자기성찰의 생활화를 강조하는 이유가 여기에 있다.

자기성찰은 내 삶이 소중한 만큼 다른 사람의 삶도 소중하게 생각하고 배려하는 마음을 만들어 낸다. 즉, 자기성찰이 타인의 삶을 인정하고 공감해주는 원동력을 생성해 내는 것이다. 따라서 성찰을 통해 서로 이해하고 존중하는 마음이 인식된다면 사람들 사이의 갈등은 크게 줄어들고 사회도 훨씬 원만한 사회로 변모하게 될 것이다. 자신의 모습이 타인에게 어떻게 비칠까 성찰하는 노력이 성숙한 사회를 만든다. 그래서 자신의 내면을 비춰보는 성찰을 삶의 양식이라고 하는 것이다.

반성적 사고활동 9-1

자아존중감 점검하기

1. 미래에 다가올 자신의 성공 가능성에 대해 어떻게 생각하고 있는가?

※ 1(거의 불가능하다)에서 10(성공을 확신한다) 사이의 숫자를 적어라.

1	5	10
(거의 불가능하다)	(보통이다)	(성공을 확신한다)

점수	이렇게 점수를 준 이유는?
(　　　　)점	

2. 자신의 능력에 대해 어떻게 생각하고 있는가?

※ 다음에서 자신이 느끼는 가장 비슷한 생각을 하나 골라 해당되는 곳에 ∨표를 하여라.

- ㅁ 여러 분야에 뛰어난 능력을 가지고 있다.
- ㅁ 어느 한 분야에 뛰어난 능력을 가지고 있다.
- ㅁ 여러 분야에 보통 이상의 능력을 가지고 있다.
- ㅁ 어느 한 분야에 보통 이상의 능력을 가지고 있다.
- ㅁ 여러 분야에 보통의 능력을 가지고 있다.
- ㅁ 어느 한 분야에 보통의 능력을 가지고 있다.
- ㅁ 어느 한 분야도 내세울 만한 능력을 가지고 있지 않다.
- ㅁ 무능력하고 무기력한 사람이다.
- ㅁ 이 사회에 전혀 도움이 되지 않는 사람이다.
- ㅁ 이 사회에 큰 피해를 주는 사람이다.

그렇게 생각하는 이유는?

출처: http://cafe.naver.com/sohyangch(2014.1.20)

반성적 사고활동 9-2

내 모습 돌아보고 특성 파악하기

※ 자신의 모습을 돌아보고 내 자신의 특성을 파악해 보는 활동이다. 다음에 제시된 12개의 상반된 형용사를 짝지어서 그 성질의 정도를 7등분 하였다. 자신의 특성이 실제로 어디에 해당하는지를 찾아 해당하는 곳에 ○표를 한 다음 자신의 특성에 대해 정직한 결론을 내려 보아라. 결론으로 ( )안에 들어갈 말을 주어진 아래의 칸 안에 구체적으로 써넣어라.

번호									
①	다정한	3	2	1	0	-1	-2	-3	냉정한
②	선한	3	2	1	0	-1	-2	-3	악한
③	정직한	3	2	1	0	-1	-2	-3	가식적인
④	안정된	3	2	1	0	-1	-2	-3	불안정한
⑤	분명한	3	2	1	0	-1	-2	-3	애매한
⑥	아름다운	3	2	1	0	-1	-2	-3	추한
⑦	밝은	3	2	1	0	-1	-2	-3	어두운
⑧	현명한	3	2	1	0	-1	-2	-3	우둔한
⑨	유능한	3	2	1	0	-1	-2	-3	무능한
⑩	가치 있는	3	2	1	0	-1	-2	-3	무가치한
⑪	외향적인	3	2	1	0	-1	-2	-3	내향적인
⑫	부지런한	3	2	1	0	-1	-2	-3	게으른

□ 결론: 나는 나 자신에 대해 (   ) 사람이라고 생각하고 있다.

출처: 투게더 인성교육연구회(2016). p.81.

Chapter 10

숨과 쉼이 있는 생활

1. 숨과 쉼의 의미

기식의 숨과 휴식의 쉼

숨은 '사람이나 동물이 코 또는 입으로 공기를 들이마시고 내쉬는 기운 또는 그렇게 하는 일'로 정의되며 호흡이라는 말과 상통한다. 이렇게 정의되는 숨은 우리의 삶에 있어서 모든 것의 기본이 된다. 우리는 음식을 먹지 않아도 살 수 있고 물이 없어도 어느 일정 기간은 살 수 있다. 하지만 숨이 없이는 단 몇 분도 살 수가 없다. 이렇게 숨은 우리의 삶에 있어서 생명과 직결된 모든 것의 기본이다. 그래서 숨을 생명의 근원이라고 한다. 그럼에도 불구하고 우리는 삶 속에서 숨을 잘 인식하지 않은 채 살아가고 있다.

숨은 우리 신체와 긴밀하게 연관되어 있다. 숨을 통해 신체의 건강이 유지된다. 또한 숨은 우리의 마음과도 깊은 연관성을 지니고 있다. 감정의 상태가 화가 나 있거나 짜증이 날 때에는 깊은 숨이 쉬어지지 않는다. 흥분하거나 기쁠 때도 마찬가지이다. 숨이 자연스럽고 깊게 이루어질 때 우리의 몸과 마음은 동시에 이완되고 모든 것에 여유를 갖고 생각하게 된다. 이렇게 우리의 삶은 숨의 방식과 연관이 있다.

숨과는 달리 쉼은 '하던 일을 그만둠'으로 정의되며 휴식이라는 말과 상통한다. 모든 생물에게 휴식이 필요한 것은 말할 필요가 없을 만큼 중요하다. 특히 사람들에게 쉼이란 꼭 필요한 것이다. 쉼은 휴식이라는 뜻만 있는 것이 아니라 호흡이라는 뜻도 포함돼 있다. 정당한 쉼이 주어지지 않는 삶은 잠깐 쉬어가는 것이 아닌 정지의 삶을 맞게 된다. 사람에게 숨이 꼭 필요한 것처럼 쉼도 필수불가결한 것이다. 쉼은 퍼져나가면 약이 되지만 욕망은 퍼져나가면 독이 된다. 쉼은 욕심이 아닌 호흡의 일부이다. 잠시의 휴식이라는 쉼이 없다면 영원한 휴식으로 변모할 수도 있다. 그만큼 시기적절한 쉼이 중요한 것이다. 쉼은 휴식이기 때문이다. 숨이 생명의 근원이라고 한다면 쉼은 그 생명을 건강하게 해주는 역할을 한다. 그래서 쉼은 곧 건강이다.

호흡이라는 측면에서 숨은 곧 쉼이다. 우리가 흔히 '숨을 쉰다'라고 말하는 것에서처럼 '숨'과 '쉼'은 서로 의미가 통한다. 지금도 전라남도 지방에서는 '쉼'이 '숨'의 방언으로 사용되어 숨을 쉬기도 하고, 쉼을 쉬기도 한다. 즉, 같은 의미로 모두 통용되는 말이다. 우리는 잠깐 쉴 때 '숨 돌리고 하자'라고 하는 말을 사용하는데, 이때의 '숨'과 '쉼'은 같은 의미로 사용되는 것이다. 우리의 삶에는 숨과 쉼이 동시에 존재해야 한다. 숨과 쉼이 있는 곳에 생명과 휴식이 있기 때문이다.

숨을 기식(氣息)이라고 하고 쉼을 휴식(休息)이라고 한다. 기식은 '숨을 쉼 또는 그런 기운'이라고 정의되지만, 휴식은 '하던 일을 멈추고 잠깐 쉼'이라고 정의된다. 숨과 쉼은 같은 의미를 지니고 있으면서도 서로 다른 뜻을 담고 있다. 숨이 '생명이 있는 삶'을 의미한다면, 쉼은 '휴식이 있는 삶'을 의미한다. 숨과 쉼은 모두 우리 삶에서 떼어낼 수 없는 공존의 가치를 지니고 있다. 우리의 일상에서 숨과 쉼이 공존할 때 생명과 휴식을 불어넣어 건강하고 행복한 삶을 영위할 수 있게 된다. 생명이 있는 삶, 휴식이 있는 삶은 숨과 쉼이 함께 할 때 가능한 일이다.

일과 쉼의 조화

현대인의 특징 중의 하나가 '바쁘다'는 것이다. 어른이나 아이 할 것 없이 모두가 바쁘게 살아간다. 너무 바빠서 자신이 어디로, 어떻게 살아가고 있는지조차 의식하지 못하고 산다. 그렇게 살아가다 보니 매사를 서두르지 않을 수 없다. 서두르는 일은 이미 한국인의 문화로 자리를 잡은 지 오래다. 쉴 새 없이 움직이고 바쁘게 살 수밖에 없는 것이 현대인들의 현실이다. 남보다 더 많이 소유하고 남보다 더 빨리 성공해서 인정받으려니 조급하게 서두르고 바쁘게 움직이지 않으면 안 되는 것이 현대인들이다. 진정한 안식 없이 바쁘게 살다 보니 각종 현대병에 시달리고 있다.

더 많은 재화에 목적을 두고 일상을 바쁘게 쉬지 않고 일하는 삶으로 내몰려 살다보니, 자신도 모르는 사이에 일중독자(workaholic)가 되어 버린 사람을 주변에서 흔히 볼 수 있다. 이는 물질만능의 가치관이 현대인의 삶을 망가트리고 있는 단편적인 사례이다. 일이 우리의 삶을 풍요롭게 해야 하는데 오히려 지나친 욕망으로 행복한 삶을 파괴하고 있는 것이다.

인간은 일을 통해서 보람을 느끼고 자긍심을 키워간다. 일을 함으로써 자유를 느끼고 존재의 가치를 깨닫게 된다. 일을 함으로써 자신이 가진 능력이 무엇인지 발견하게 된다. 뿐만 아니라 일을 통해서 자신의 정체성을 확립해 나가고, 자아를 발견할 수 있게 된다. 오히려 일을 하지 못하는 사람들이 공허함에 빠지고, 좌절하고, 상실감에 빠져들게 된다.

일을 하는 것은 바람직한 것이지만 일에 종속되는 일은 결코 바람직하지 않다. 일에 종속되면 휴식조차 제대로 갖지 못하고 인간다움을 상실하게 된다. 일에 종속되지 않기 위해서는 쉼을 통해서 자신과 만남의 시간을 가질 필요가 있다. 혹자들은 성찰을 통해 만나는 자신과의 만남은 무의미한 시간이라고 생각할지 모른다. 그러나 진정한 쉼을 통해 만나는 시간은 자아를 발견하고 자신의 성장과 회복에 도움이 되는 시간이다. 쉼은 성장과 회복의 시간이다. 그래서 쉼이란 인간에게 있어서 반드시 필요한 것이다.

쉼은 일을 전제로 하지 않고서는 진정한 쉼이 될 수 없다. 쉼이 지나쳐 과도하게 휴식과 레저를 즐기려는 현대인의 욕구는 사회를 병들게 하고 인간다움을 잃게 만든다. 이러한 사람들은 땀을 흘려 일하는 것보다 수고하지 않고 더 많은 돈을 받을 수 있는 일을 더 높게 보고 선호할 것이며 일은 단순히 레저와 휴가를 위해 돈을 벌기 위한 어쩔 수 없는 필요악으로 여길 것이다. '일'에 대한 다양한 오해는 '일'에 대한 진정한 가치와 의미를 발견할 때 바로잡을 수 있다. 누구나 쉬는 사람은 일하고 싶어 하고 일하는 사람은 쉬고 싶어 하기 마련이다. 이것은 일과 쉼의 관계가 손의 안팎과 같기 때문이다.

성실한 노동과 함께 참된 쉼을 누릴 줄 아는 문화가 올바른 문화이다. 그러기 위해서는 일하는 것과 노는 것을 이분법적으로 사고하고 판단하는 단계를 넘어서야 한다. 이성주의적 일의 문화와 감성주의적 놀이의 문화 사이의 균형을 잃으면 안 된다. 일과 놀이의 바른 균형과 리듬 속에서 삶이 조화를 이룰 때 삶은 풍성해질 수 있다.

건강한 삶은 육체적인 건강과 생명에서만 오는 것이 아니다. 육체적인 것만이 아니라 정신적인 것과 사회적인 생명까지 모두 온전한 상태이어야 가능하다.

적절한 쉼은 생산성의 향상에도 도움이 된다. 쉼의 의미를 아는 이들에게는 실패의 확률이 지극히 낮다. 자신을 몰아붙이는 사람치고 행복한 사람은 드물다. 건강에 집착하는 사람치고 건강한 사람을 보기 어려운 것과 마찬가지이다. 적당한 운동은 약이지만 과하면 독이 된다. 일과 쉼도 균형을 이룰 때 약이 될 수 있다.

쉬어야 하는 멈춤에도 두 종류가 있다. 하나는 쉬기 위해 멈추는 경우이고, 다른 하나는 쉬지 않고 달리다가 고장이 나서 어쩔 수 없이 멈추는 경우이다. 쉬기 위해 멈추면 휴식과 충전과 여유를 얻게 되지만, 고장이 나서 멈추게 되면 뒤늦은 후회와 회한만이 되돌아온다.

일이 중심이 된 문화는 생명을 파괴한다. 이러한 병적 현상을 극복하기 위해서는 쉼이라는 안식의 개념을 되찾아 올바로 정립해야 한다.

2. 내 마음 들여다보기

자아(自我)란?

자아란 '나'를 말하는데 자기 자신에 대한 의식이나 관념으로 정신분석학에서는 원본능(id), 초자아와 함께 성격을 구성하는 한 요소로 욕망과 양심을 조정하는 역할을 한다고 본다. 일반적으로 자아는 이성의 발달에 따라 변화를 겪으면서 '분리된 나'에서 '통합적인 나'로 확장되면서 발달한다. 자아에 대해 연구해 온 프로이트(Sigmund Freud)는 인간 정신의 구조는 성본능의 에너지인 리비도(libido)의 공급이나 충족을 통해 실현된다고 보고, 인간의 마음에는 의식, 무의식, 전의식을 가로지르는 구성요소로 원본능(id), 자아(ego), 초자아(superego)가 있다고 보았다. 프로이트는 인간의 정신을 빙산(iceberg)에 비유하면서 의식과 전의식, 무의식의 관계를 다음과 같이 설명하고 있다(김은영·이규은, 2012).

물 표면에 떠 있는 작은 부분을 의식, 물속에 잠겨 있는 큰 부분을 무의식, 그리고 파도에 의해서 물 표면으로 나타났다 잠겼다 하는 부분을 전의식으로 보았다. 의식은 한 개인이 감각기관을 통해서 인식하는 모든 행위와 감정들을 말한다. 우리가 눈으로 보고 느끼는 모든 것들이 의식의 수준에 해당한다. 인간에게서 의식은 빙산의 일각에 지나지 않는다는 것이다. 전의식은 조금만 노력하면 각성수준으로 끌어올릴 수 있는 이용 가능한 의식이다. 전의식은 의식의 부분은 아니지만 주의를 집중하면 의식으로 떠올릴 수 있는 생각이나 감정이다. 무의식은 빙산의 수면에 잠겨 있는 밑부분과 같은 것으로 욕구나 충동이 들어 있는 깊고 접근할 수 없는 곳으로 생각하였다. 무의식은 자신이 전혀 지각하지 못하는 정신생활의 부분으로 개인이 자신의 의식으로 떠올릴 수 없는 생각이나 감정들을 포함하여, 감각기관으로 인식할 수 없는 마음 깊은 곳에 감추어져 있는 정신세계이다. 따라서 인간의 본능, 열정, 억압된 관념과 감정 등을 포함한다. 무의식은 인간의 사고와 행위를 통제하는 보이지 않는 힘으로 우리가 의식하지는 못하지만 의식보다도 우리의 행동에 더 큰 영향을 미친다. 프로이트는 모든 정신과정이 무의식으로부터 기원하며 인간을 지배하는 주된 의식수준은 무의식이며 무의식이야말로 가장 중요한 의식수준이라고 보았다. 또한 프로이트는 인간의 성격구조를 원본능(id), 자아(ego), 초자아(superego)로 나누어 설명하고 있다.

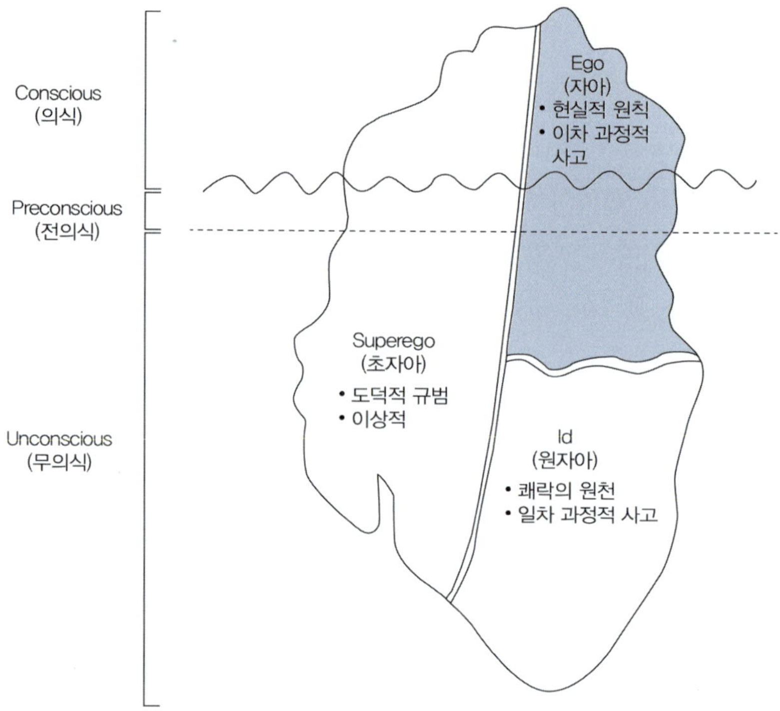

그림 10-1 프로이트의 성격구조

원본능(id)은 원초아라고도 하는데 본능적 욕구로서 선과 악의 가치판단을 내포하지 않는 중립적인 특징을 가진다. 원본능은 신생아 때부터 존재하는 정신에너지의 원초적 저장고이며 사람이 사고하고 행동할 때 사용하는 모든 정신적 에너지가 충족되기만을 바라는 힘들로 구성되어 있다. 원본능은 기본적인 생물학적 반사와 본능적인 욕구를 관장하는 곳이다. 원본능 안에는 본능적 충동 중에 성적·공격적 본능과 리비도가 있다. 원본능의 특성은 쾌락의 원리(pleasure principle)에 순종하며, 여기서 생기는 리비도는 충족되기를 호소하는 욕구의 형태를 갖고 있다. 인간은 이를 충족시키면 쾌감으로, 충족시키지 못하면 고통으로 경험하게 된다. 따라서 원본능의 욕구충족을 위해서는 현실과의 상호작용이 필요하며 이 필요에 대처하는 것이 자아의 역할이다. 원본능은 무한한 원시적 에너지 저장체계로 한 개인의 가능성이 저장되어 있는 보고라고 할 수 있다.

자아(ego)는 현실의 원리(reality principle)에 지배를 받는다. '먹고 싶다', '먹어서는 안 된다'와 같은 갈등 사이의 평화를 지키기 위해 존재한다. 인간은 도덕성과 무관하게 태어났으며, 다만 성장과정에서 선악의 감정에 대한 결과는 보상과 처벌을 통해 형성된다는 것이다. 결국 자아는 한 인간에게 성격의 집행자 또는 경영자의 역할을 한다. 자아는 환상, 소원, 상상으로부터 현실을 구분할 줄 알며 논리적인 사고를 수행함으로써 현실세계에서 생활하는 것을 도와준다. 즉, 생활 속에서 주변 현상에 적합한 행동을 하도록 도와주는 역할을 한다.

초자아(superego)는 우리의 양심으로서 옳고 그름을 가리는 것으로 우리가 추구하는 사회의 도덕이나 윤리규범을 말한다. 사람들은 어렸을 때부터 사회가 요구하는 행동의 기준(standard)을 받아들이는데 그 내용이 초자아의 일부가 된다. 또한 성장하면서 교육이나 사회화를 통해 사회적 가치와 도덕을 내면화시키면서 사람들은 내적 가치를 발달시킨다. 이러한 내적 가치에 따라 행동한 것이 선의 감정범위 안에 있으면 선으로, 선의 감정범위를 벗어났을 때에는 악으로 감정을 가지게 된다. 이러한 내재적 가치를 초자아라고 한다. 초자아는 양심과 자아이상(自我理想)으로 구성되는데 양심은 '해서는 안 된다'를 대표하며 자아이상은 '해야만 한다'를 대표한다.

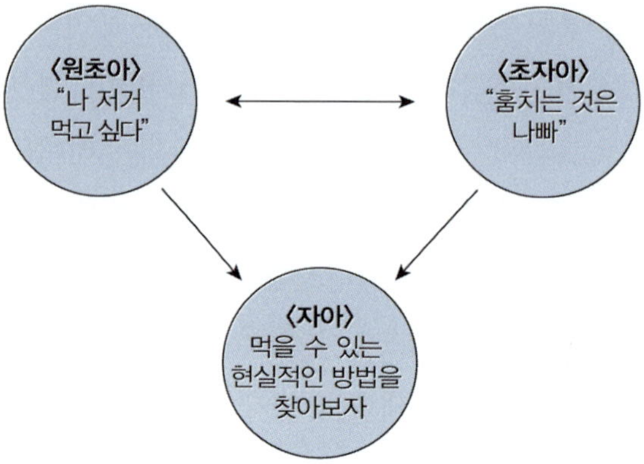

그림 10-2 본능, 자아, 초자아의 상호작용 관계

사회적 원리에 따라 이상적이고 완전한 가치를 지향하는 초자아는 원본능에서 분화되어 나와 원본능을 사회화시킨 것으로 우리가 가끔 양심의 가책을 느끼는 것은 원본능의 충동이 표현될 때마다 이상적 가치를 추구하는 초자아가 죄의식을 느끼게 하기 때문이다(김혜숙 외, 2008). 일반적으로 사람들은 자아에 의해 통제되는 행동일 경우에는 현실적이고 사회적으로 용납되는 행동이며, 원본능이나 초자아에 의해서 지배되는 행동일 경우에는 보통 부적응적인 행동이거나 신경증적인 것이 대부분이다.

자아실현

자아실현이란 인간이 자신의 잠재적 가능성을 창조적으로 발휘하고 실현하는 것을 현실화하는 것을 말한다. 즉, 자기 능력을 마음껏 발휘하면서 자신의 꿈을 이루는 것이다. 자아실현에 대해 프롬(Erich Fromm)은 "인간의 특유한 잠재적 가능성을 인간이 실현하는 것, 곧 그의 힘의 사용"이라고 하였고, 매슬로우(Abraham Maslow)는 "성장동기가 계속적으로 충족되는 것"이라고 하였으며, 브라멜드(Theodore Brameld)는 "문화에 의해서 성립된 사회 속에서 자신의 가능성과 잠재력을 발휘하는 것"이라고 하였다.

매슬로우에 의하면, 인간의 욕구는 5단계로 구성되는데 아래 단계의 욕구가 충족되면 점차적으로 상위 단계의 욕구를 만족시키기 위해 나아가게 된다는 것이다. 그러나 최고의 수준에 이르는 자아실현의 욕구는 완전한 만족이란 있을 수 없는 것이고 완전한 만족을 위해 지속적으로 자기성장과 발전을 실현해 나감으로써 충족시켜지는 욕구라고 설명하고 있다.

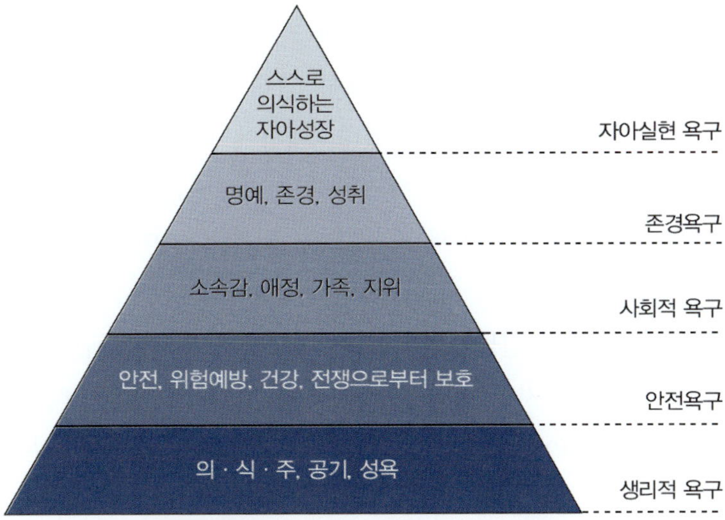

그림 10-3 매슬로우의 욕구단계 이론

이러한 과정을 통해 자아실현을 이룬 사람들은 자신의 욕망을 충족하면서 자신의 삶의 방식대로 삶에 만족하면서 꿈을 실현한다. 자아를 실현하고자 하는 일에 성공한 사람들은 인내와 인고의 과정을 통해 성취한 결과에 대해 만족해하면서 일반적으로 다음과 같은 행동 특성을 보인다.

첫째, 현실을 효율적으로 지각하고 불확실성을 인내한다. 자아실현의 과정에서 경험한 다양한 체험을 바탕으로 현실을 바라봄으로써 현실을 비교적 정확하게 인식하고 미래에 대한 불확실한 결과를 현실화하기 위해 참아내는 일을 성실히 수행한다.

둘째, 자신과 타인을 있는 그대로 수용한다. 자신이나 다른 사람들과 관련된 정보를 받아들이는 데 있어서 오해하거나 왜곡하는 일 없이 있는 그대로를 긍정적으로 받아들이는 경향이 있다.

셋째, 사고와 행동이 자발적이다. 일상생활 속에서 발생하는 여러 가지 문제에 대해 타율적이고 소극적이기보다는 자발적이고 적극적으로 참여하고 행동한다.

넷째, 자기중심적이 아니라 문제중심적이다. 일상생활을 접하는 데 있어서 이기적이고 자기중심적인 사고로 접근하는 것이 아니라 객관적이고 문제중심적으로 접함으로써 객관적인 시각에서 보게 된다.

다섯째, 창의적이며 유머감각이 있다. 매사에 다양한 측면에서 사태를 바라보고 창의적인 사고로 문제를 해결하려 한다. 또한 일상생활 속에서 매사에 긍정적인 태도로 접근하면서 밝은 모습에 유머를 더해 주변 사람들의 호감을 사는 행동을 한다.

여섯째, 문화에 의한 길들이기에 저항적이다. 생활의 모습이 고의적이거나 비습관적인 것은 아니지만 어떤 형식이나 체면에 의해 행동하는 것을 싫어하고 그 사회의 문화에 길들여져 자신의 의도와 다르게 행동하는 것을 싫어한다.

일곱째, 인류의 복지에 관심이 많고 객관적인 관점에서 인생을 바라본다. 인류사회의 복지 구현이라고 하는 넓은 측면에서 사회를 바라보고 자신만을 생각하는 이기적인 생각보다는 사회집단 전체의 복지를 중요시하는 행동으로 기부, 봉사 등에 적극적이다.

여덟째, 삶에서 접하는 기본적 경험에 깊이 감사할 줄 안다. 삶에 대한 인식 자체가 부정적이기보다는 긍정적인 인식으로 접근하기 때문에 모든 사소한 일에 대해서도 감사하는 마음으로 대한다.

아홉째, 소수의 몇 사람들과 깊고 만족스러운 인간관계를 형성한다. 사회관계를 비교적 좁게 형성하나 사회관계를 형성한 사람들과는 깊은 인간관계를 맺는 특성이 있다.

이상에서 살펴본 바와 같이 자아실현에 성공한 사람들은 그들 나름의 생활방식이나 사고의 특성에서 서로 다른 차이를 보인다. 그러나 이들이 서로 다른 행동 특성이 있다고 하더라도 그 특성이 불변의 진리이거나 불변의 행동으로 존재하는 것은 아니다. 자아실현과 삶의 목적에 대한 관점도 시대의 변화에 따라 변화하는 경향을 보이고 있다. 과거에는 물질적 풍요나 생활의 안정이 자아실현의 궁극적인 목표라고 한다면 오늘날은 삶의 질을 중시하고 지적으로나 심미적으로 만족을 느끼며, 사랑과 존경의 욕구를 충족시켰을 때 자아실현이 이루어졌다고 한다. 이와 같은 변화경향은 과거의 자아실현이 객관적 지표에 초점을 둔 것이라고 한다면, 오늘날의 자아실현은 주관적 지표에 중점을 둔 관점으로 변화되어 나타난 결과라고 할 수 있다.

삶에 대한 나의 태도

지금 내가 살아가고 있는 삶에 대한 태도를 뒤돌아볼 필요가 있다. 무기력하고 의지가 약하고 삶에 대한 도전의식이 부족한 자세로는 하루하루가 무의미한 삶이 될 수밖에 없다. 어려움에 처해 있을 때, 삶에 나태해질 때 가끔씩은 주변 사람들을 통해 자신의 진정한 내면을 볼 수 있게 된다. 실패와 연민의 삶에서 벗어나 용기와 지혜를 얻을 수 있어야 한다.

어느 따뜻한 봄날 공원길을 지나고 있었다. 거기서 나는 매우 충격적인 광경을 보았다. 그 광경은 단 10초에 불과했지만 나는 인생에서 10년 동안 배운 것보다 더 많은 것을 배웠다.

그때 나는 2년간 식료품점을 운영하던 중이었다. 하지만 가게가 잘되지 않아 저축해 놓은 돈은 모두 탕진하고 빚만 늘어 가게 문을 닫아야 할 형편이었다. 일자리를 구하기 위해서는 돈이 필요했고 나는 은행으로 돈을 빌리기 위해 가는 길이었다. 당연히 힘도, 신념도 없이 터덜터덜 길을 걷고 있었다.

그때 갑자기 길 아래로 한 사람이 오고 있었는데 그는 두 다리가 없었다. 그는 롤러스케이트의 바퀴를 떼어 붙인 조그마한 나무상자에 앉아 있었다. 그는 양손을 이용하여 바퀴를 돌렸다. 나와 눈이 마주치자 미소를 지으며 "안녕하세요? 좋은 아침입니다"라고 활기찬 목소리로 인사를 했다. 나는 그 광경을 본 순간 형언하기 어려운 감동을 느꼈다. 초라한 자신의 모습이 너무나 부끄러웠다. 두 다리가 없는 사람이 저렇게 행복한데 나는 무엇인가? 나도 충분히 행복할 수 있다는 자신감이 올라왔고 가슴이 뛰기 시작했다.

은행에 가서 백만 달러를 융자할 생각이던 나는 이백만 달러를 융자받을 용기가 났다. "캔자스시로 가서 일자리를 찾아볼까?" 하던 생각도 "일자리를 얻기 위해 캔자스시로 가겠다"라고 마음먹었다. 그날 이후 내 침대의 벽에는 다음과 같은 문구가 걸려 있다.

"나는 신발이 없기 때문에 우울하다. 그런데 나는 길거리에서 발이 없는 한 사람을 만났다."

출처: 김만행 역(1990). 성공적인 삶을 위하여, pp. 27-28 재구성.

자신보다 못한 사람을 생각하면서 축복을 깨달을 때 자신의 삶에 대한 진정한 의미를 새롭게 인식하게 된다. 자신에게 스스로 질문을 던져볼 필요가 있다. "너는 지금 왜 걱정하고 있는가?" 아마 대부분의 사람들이 자신의 걱정이 무의미한 것이라는 것을 곧 깨닫게 될 것이다. 사람들은 살아가면서 대부분 쓸데없는 생각으로 많은 시간을 보낸다. 하루 중 자신이 한 생각 중에 필요한 생각은 10%에 불과하다고 말하는 사람도 있다. 쓸데없이 보내는 90%의 생각에 집중할 필요가 있다. 90% 중에서 얼마만큼 필요한 생각으로 전환시킬 수 있느냐가 성공과 밀접한 관계가 있다.

'파레토 법칙(Pareto's Law)'이라는 원칙이 있다. '20 대 80의 법칙' 또는 '2 대 8 법칙'이라고 알려진 이 법칙은 '전체 결과의 80%가 전체 원인의 20%에서 일어나는 현상'이라는 것을 의미한다. 예를 들어, 20%의 고객이 백화점 전체 매출의 80%에 해당하는 만큼 쇼핑을 하는 현상을 설명할 때 이 용어를 사용한다. 이탈리아의 경제학자인 파레토(Vilfredo Pareto)에 의해 만들어진 이 법칙은 80%와 20% 사이의 상관관계를 다른 여러 분야에 적용한 결과 공통적인 원칙을 발견하게 되면서 유명해졌다. 사회현상에서 나타나는 다양한 통계자료를 분석한 결과 80 : 20 법칙이 여러 분야에서 발견되었기 때문이다. 20%의 인구가 80%의 돈을 가지고 있고, 20%의 근로자가 80%의 일을 하고 있으며, 20%의 소비자가 전체 매출액의 80%를 차지하고, 자신이 받는 우편물의 20%가 80%의 만족감을 주고 있으며, 즐겨 입는 옷의 80%는 옷장에 걸린 옷의 20%에 지나지 않는 등 여러 분야에서 공통적인 현상으로 나타났다. 중요한 것은 핵심적인 소수가 다수보다도 더 큰 일을 하고 있다는 점이다. 파레토의 원칙을 생각한다면, 우리가 언제나 무슨 일이든 하고 있어야 한다는 생각은 잘못된 생각이다. 그것보다 더 중요한 것은 우리가 20%가 되어 삶을 주도적으로 사는 것이다.

최근에는 파레토의 법칙에 반대되는 개념으로 '롱테일의 법칙(Long Tail Theory)'이 주목받고 있다. 롱테일의 법칙은 미국의 크리스 앤더슨(Chris Andersen)이 고안한 법칙으로 '주목받지 못하는 다수가 핵심적인 소수보다 더 큰 가치를 창출하는 현상'을 말한다. 그 대표적인 사례가 구글(Google)의 수익 구조이다. 구글은 대부분 광고를 통해 수익을 창출하는데, 구글 광고 수익의 대부분은 소수의 대기업이 아닌 다수의 소규모 업체로부터 만들어진다는 것이다.

소수의 사람들도 사회의 구조와 움직임 안에서 중요한 역할을 한다. 자신의 삶에 대해 작고 미세한 힘이나 역할의 무의미성으로 인식하지 말고 사회에서 반드시 필요한 사람이라는 인식으로 전환할 필요가 있다. 자신의 삶을 주어지는 것이 아니라 만들어 간다는 생각으로 주도적인 삶을 살아갈 수 있는 태도로 전환하자.

3. 건강한 생활

3신 관리하기

"어떻게 사는 것이 잘 사는 것인가?"에 대한 문제는 오래전부터 많은 사람들이 고민해 온 문제이다. 이 세상 사람들은 누구나 인생을 잘 살고 싶어 하고, 보람 있게 살고 싶어 하지만 그러한 소망을 이루기 위해서는 먼저 건강하게 살고자 하는 소망이 성취되어야 가능한 일이다. 최근 들어 건강을 유지하기 위한 방법으로 3신 관리기법이 강조되고 있다. 3신이란 인간을 이루는 세 가지 요소, 즉 육신, 기신, 지신을 말한다. 이러한 3신을 건강하게 관리하기 위해서는 다음과 같은 건강관리 기법이 실천되어야 한다(황종국, 2005).

첫째, 올바른 식생활의 실천이다. 가급적 도정하지 않은 낟알을 이용하여 직접 혼합곡밥을 지어 먹는 식사법이 실천되어야 한다.

둘째, 완벽한 노폐물의 배설이다. 우리 몸에서 진행되는 모든 생리작용은 중성의 체액조건에서 영위되고 있으므로, 생리작용이 진행됨에 따라 필연적으로 생성되는 산성 노폐물을 그때그때 중화하지 않으면 생리작용에 큰 장애가 된다. 중화를 위해서는 알칼리성 식품을 먹고 약알칼리수를 마시며 장을 깨끗하게 하여 배변과 배뇨를 순조롭게 해야 한다.

셋째, 건강 호흡법을 실천하는 일이다. 심호흡, 복식호흡, 단전호흡을 아침, 저녁으로 실천하는 것이 좋다.

넷째, 적절한 기혈의 순환을 돕는 일이다. 적절한 육체적 활동과 스포츠, 결가부좌와 물구나무서기, 심신의 이완 등을 통해 기혈의 순환을 돕는 것이 필요하다.

다섯째, 환경에너지의 철저한 관리이다. 환경에너지는 기온, 자기, 기압, 음이온, 태양광선, 방사능, 지하에너지(수맥) 등으로 이를 철저히 관리하여 건강상태를 유지하도록 한다. 건강상태란 에너지의 순환상태이므로 환경에너지를 철저히 관리해서 에너지의 순환상태를 양호하게 유지해야 한다.

여섯째, 완벽한 수면이다. 완벽한 수면을 위해서는 침실의 환경에너지를 잘 관리해야 한다. 침실에서 눕는 방향은 가급적 남북방향보다는 동서방향을 취하는 것이 에너지의 흐름을 좋게 한다. 침대와 침구의 요건을 점검하고, 온돌의 장점을 활용한다. 수면 중 올바른 자세를 유지하고, 수면의 질을 평가하여 개선하도록 노력한다.

일곱째, 올바른 마음가짐과 명상생활의 실천이다. 모든 육체의 병은 잘못된 생각과 그릇된 마음에서 시작된다. 마음가짐과 행동을 항상 바르게 하고 각별한 주의를 해야 한다. 저차원적 욕심을 버리고, 작은 나보다 큰 나를 위해 살아야 건강에 도움이 된다.

여덟째, 건강한 성생활의 실천이다. 성을 저차원적인 육체적 욕망을 목적으로 하지 말고, 고차원적 사랑과 기적의 조화를 달성하기 위한 수련의 마음자세로 대해야 한다.

아홉째, 철저한 위생생활의 실천이다. 주변 환경에 산재해 있는 오염요인으로부터 자신을 보호하는 일을 매일매일 적극적으로 실천해야 한다.

3웰의 생활화

3웰이란 웰빙(well-being), 웰다잉(well-dying), 웰에이징(well-aging)을 말한다. 일상에서 3웰을 생활화하는 것은 건강한 삶과 밀접한 관계가 있다. 사람이 사람답게 사는 것을 웰빙(well-being)이라 하고, 사람답게 죽는 것을 웰다잉(well-dying)이라고 한다. 여기에 덧붙여서 사람답게 늙는 것을 웰에이징(well-aging)이라고 한다. 영국의 심리학자 브롬리(Dick Bromley)는 "인생의 4분의 1은 성장하면서 보내고, 나머지 4분의 3은 늙어가면서 보낸다"고 말하였다. 이러한 브롬리의 정의는 인간의 수명이 연장되면서 점점 더 그 의미가 부각되고 있고, 사회의 노령화나 노인문제와 연계되어 있어 큰 주목을 받고 있다.

웰에이징(well-aging)은 '행복하게 잘 늙어간다'는 의미이지만, 사람이 말처럼 그렇게 행복하게 늙어간다는 것은 쉬운 일이 아니다. 인생의 흐름을 축구경기에 비유하면 삶에도 축구경기처럼 전반전과 후반전이 있다. 일반적으로 인생을 살아가는 과정을 보면 전반전에는 대부분 사람들이 자기의 목표를 성취하기 위해 불철주야 노력하는 데 시간을 보낸다. 하지만 삶의 후반전에 들어서게 되면 대부분의 사람들이 자기에게 주어진 삶의 진정한 의미를 성취하기 위해 노력한다. 그뿐만이 아니다. 인생에도 자연의 흐름처럼 사계절이 모두 존재한다. 어린 시절 소년기가 인생의 봄이라고 한다면, 청년기는 여름이 되고, 장년기는 결실을 거두는 인생의 가을이며, 노년기는 추운 날로 인생의 겨울이다. 이와 같은 풍파를 모두 겪으면서도 아름답게 늙어가기 위해서는 다음과 같은 일을 실천해야 한다.

첫째, 아름답게 늙어가기 위해서는 일을 놓지 말아야 한다. 어느 90세 노인이 퇴직 후 보낸 시간을 가장 후회한다고 말한 것처럼 노인이라고 해서 정년퇴직 후의 시간을 죽음을 기다리는 시간으로 보내서는 안 된다. 누구나 나이가 들면 질병, 고독감, 경제적 빈곤, 역할 상실이라는 어려움을 맞이하게 된다. 이를 극복하기 위해서는 열정을 잃지 않아야 하는데, 그러기 위해서는 일이 있어야 한다. 사소한 일이라도 소일거리를 갖자.

둘째, 인간관계가 매우 중요하다. 초라한 삶을 보내지 않기 위해서는 대인관계를 잘 유지해야 한다. 노인이 되어 가장 중요한 인간관계가 친구와 가족이다. 노년기에는 가급적 인간관계를 '나' 중심이 아니라 '믿음' 중심으로 유지해야 한다. 그러기 위해서는 인간관계에 있어서도 이제는 사랑, 여유, 용서, 아량, 부드러움을 담고 있어야 한다. 미국의 카네기멜론대학교(Carnegie Mellon University)에서 인생에서 실패한 이유가 무엇이라고 생각하는가에 대해 조사를 한 결과에 의하면, '전문적인 기술이나 지식의 부족'이라고 답한 사람은 15%에 불과하고, 나머지 85% 사람들은 '잘못된 대인관계 때문이다'라고 응답한 것으로 나타났다. 그만큼 인간관계는 살아가는 데 있어서 매우 중요한 부분을 차지한다.

셋째, 웰에이징(well-aging)을 위해서는 종교관에 대한 인식 전환도 필요하다. 종교에 대한 인식 전환은 대신관계(對神關係)를 말하는데, 종교에 대한 믿음이나 의지를 말한다. 노년기가 되면 인간을 의지하기보다는 믿음을 의지하는 것도 하나의 방법이다. 자신의 내면적 믿음과 신뢰는 정신건강과 관련이 깊다. 믿음을 가까이하면 정신연령과 영적연령도 더욱 젊어질 수 있다.

4. 여가가 있는 삶

여가활동의 중요성

여가(recreation)란 '일이나 공부에서 벗어난 자유시간'으로 정신적 자유와 휴식, 즐거움을 추구하는 선택적 활동을 말한다. 이는 단순한 쾌락을 추구하는 놀이활동(play)과는 구별된다.

여가활동은 일상에서 생긴 피로와 스트레스를 풀어주고 다양한 인간관계를 활성화시킬 수 있으며, 평소에 자신이 배우고 싶었던 것들을 배워 자기계발도 해나갈 수 있는 등 다양한 기능을 수행한다. 여가활동을 통해 얻을 수 있는 것으로는 다음과 같은 점이 있다.

첫째, 건강을 유지할 수 있다. 여가는 다양한 스포츠 활동을 통해 건강을 유지하는 데 도움이 된다. 둘째, 자신의 소질과 재능을 키울 수 있다. 자신의 잠재적 능력을 향상시켜 재능을 키울 수 있는 기회를 가질 수 있다. 셋째, 사회에 봉사하는 활동을 함으로써 보람을 느낄 수 있다. 직업 이외의 다양한 사회적 참여를 통해 봉사할 수 있는 기회를 가질 수 있다. 넷째, 피로를 풀 수 있다. 여가시간을 이용하여 신체적·정신적 긴장과 피로를 풀 수 있다. 다섯째, 즐거움을 얻을 수 있다. 여가를 통해 얻는 즐거움은 생활에 활력소가 되어 학습이나 일의 능률을 오르게 한다.

이와 같은 여가활동은 건강하고 의미 있는 삶을 위해서 반드시 있어야 할 필수적 요소이다. 여가활동의 방법으로는 건강한 육체를 유지하기 위한 적절한 운동, 가족과 함께 떠나는 여행, 친구들과 함께하는 취미생활, 세상의 체험을 간접적으로 경험하는 독서나 영화 감상, 가볍게 떠날 수 있는 배낭여행, 자전거 하이킹이나 등산 등이 있다. 이러한 여가의 활성화는 삶의 활력을 회복시켜 주고 사기와 삶의 만족도를 증진시키며 자율적 결정 능력의 증진과 삶에 대한 통제력 능력을 향상시켜 주는 긍정적 기능을 한다.

쉬는 것도 경쟁력이다

흔히 여가활동은 휴식이라는 낭비적 관점에서 바라보는 시각도 없지는 않다. 하지만 여가는 낭비가 아니다. 좋은 휴식은 재창조이다. 행복하고 활기찬 여가를 즐기는 것은 또 하나의 경쟁력을 증진시키는 일이다. "잘 노는 사람이 일도 잘 한다"라는 말이 괜히 생겨난 말이 아니다. 좋은 휴식은 일에 있어서도 재창조의 기능을 수행한다는 것이다. 나를 위한 시간을 갖지 않으면 주체적으로 삶을 엮어나갈 수 없듯이 여가 없이는 창조적인 삶이 만들어질 수 없다. 창조라는 것은 열심히 해서 되는 것이 아니다. 창조적으로 길을 뚫고 앞으로 나아가기 위해서는 잘 쉬어야 한다. 창조적이기 위해서는 쉼이 있는 삶이 매우 중요하다. 따라서 창조적인 삶을 위해서는 나를 위한 시간을 가져야 한다. 그것이 곧 경쟁력을 갖는 것이다. 여가활동이 다음과 같은 점에서 경쟁력을 높여준다.

첫째, 여가활동은 긍정적인 기분을 유발하는 직접적인 효과를 지니고 있다. 여가를 잘 보내고 오는 사람들은 대부분 기분이 매우 좋아져서 돌아온다. 이는 여가생활이 우리의 일상생활로부터 벗어나 자유로운 시간을 즐길 수 있는 기회가 되어 여가가 긍정적인 기분을 유발하기 때문이다.

둘째, 기본적인 내재적 욕구를 충족시킬 수 있다. 여가는 일이나 공부와 무관한 시간이기 때문에 평소에 하고 싶었던 다양한 욕구를 충족시켜 자아실현의 기회를 마련해 준다.

셋째, 대인관계를 촉진시킨다. 여가생활을 통해 취미와 관련된 활동에 참여할 수도 있고, 새로운 집단에 구성원으로 참여하여 활동할 수 있는 기회도 마련되기 때문에 대인관계를 넓히는 데도 도움을 준다.

넷째, 개인의 정체감 형성에도 도움을 준다. 여가생활은 자신의 특기를 키우고 그를 통해 자신이 원하는 직업을 가질 수 있는 기회를 마련해 주기도 한다. 따라서 이러한 자신의 특기와 재능을 발현할 수 있는 기회를 통해 자신의 정체성을 형성하고 확인해 나가는 데 도움을 준다.

다섯째, 사회적으로 사회통합의 유지와 응집력을 강화시켜 준다. 여가는 집단활동을 통해 구성원의 일탈을 방지하고 응집력을 강화하는 역할을 하며 사회적 문화유산의 전승과 발달에 중요한 역할을 한다.

채움과 비움의 조화

여가가 주는 긍정적 효과에 대해 지금까지 건강 유지와 체력 향상, 스트레스 해소, 노동의 재창조, 사회생활의 적응력 배양, 자아실현의 욕구 충족, 사회적인 통합, 문화의 전승과 발달 등에 대해 논의해 왔다. 그러나 여가의 진정한 의미는 '채움과 비움의 조화'에 있다. 이를 쉽게 설명한다면 '일과 여가의 조화'라고 할 수 있다.

모든 이치가 그러하듯 사람의 삶에서도 마찬가지이다. 무엇이든지 채움이 있으면 비움이 있어야 하고, 비움이 있어야 채움이 가능하다. 무한한 채움은 존재하지 않는다. 부족함이 있어야 채움이 이루어지고 인간은 이러한 부족한 부분에 대한 채움을 통해 기쁨을 얻는 것이다. 이러한 기쁨 때문에 인간은 지속적으로 채워나가기 위해 노력하는 것이다. 그런데 부족함이 없다고 가정해 보자. 거기에는 채움의 필요성이 없게 되고 채움의 필요성이 없다는 것은 기쁨이 없다는 의미이다. 비움을 통해서 기쁨을 만들어 낼 수 있는 기회를 마련하는 일에도 주력해야 한다. 이러한 비움이 바로 여가이다. 그러므로 비움과 채움의 조화는 바로 노동과 쉼의 조화이다. '노동과 쉼의 조화', '일과 여가의 조화', '채움과 비움의 조화'를 통해서 모든 사람들에게 주말이 있는 삶을 살아갈 수 있도록 하는 것이 중요하다. 부탄이나 바누아투의 국민들이 행복지수가 높은 이유 중의 하나가 일과 여가의 조화였다는 사실을 기억한다면 우리들의 여가가 삶에 어떠한 영향을 미치는지 짐작할 수 있을 것이다.

여가활동이 반드시 무엇인가를 해야만 한다고 생각하는 것은 잘못이다. 때로는 아무 일도 하지 않으면서 가만히 쉬는 것도 여가를 보내는 한 방법이다. 여가는 재충전의 기회라는 점을 인식할 필요가 있다. 쉴 때는 푹 쉬고, 놀 때는 열정적으로 놀며, 일할 때는 집중력을 모아 몰입할 필요가 있다. 자동차를 운전하면서 빨리 가야 한다는 생각으로 졸음을 무릅쓰고 고속도로를 달리는 것은 매우 어리석은 일이다. 잠깐의 휴식이 운전에 방해가 되는 일이라고 생각하는 것은 잘못된 생각이다. 보통 사람들이 저지르는 잘못 중의 하나가 바로 여가나 휴식에 대한 잘못된 인식이다. 휴식 없이 늘 제 몸을 혹사하는 사람들은 얻는 것보다 잃는 것이 더 크다는 것을 알아야 한다. 사람의 뇌도 쉬어야 제 기능을 발휘한다.

채움과 비움의 조화를 통해 쉴 때는 푹 쉬고, 놀 때는 열정적으로 놀고, 일할 때에는 집중력을 발휘하여 일할 수 있도록 환경을 만들어 나가는 것이 행복을 향한 길이다.

직업활동과 인간관계는 우리 삶의 중요한 두 축이다. 그러나 이 두 영역이 균형과 조화를 이루면서 살아간다는 것은 쉽지 않다. 특히 업적을 우선시하는 경쟁사회에서 삶의 비중이 직업활동인 일보다 앞설 수 있다는 것은 쉽지 않다. 일에 대한 비중이 지나치게 높아지면 일중독증(workaholism)에 빠지게 된다. 일중독자(workaholic)는 일에 대해 강박적으로 매달리는 사람으로 늘 일에 쫓기며 살아가는 사람이다. 이들은 자신을 혹사하는 업무습관으로 인해 다양한 신체적 증상이 나타나게 되며 인간관계에서도 부적응 현상이 나타난다. 이러한 일중독증은 직업과 관련된 일에서 사생활을 많이 희생당하게 되며 일중독이 과로사나 과로자살의 원인이 되기도 한다. 일중독자는 일에 대한 집념이 강하고, 강박관념이 강하기 때문에 정신적으로 자유롭지 못하다. 일 자체가 자존심의 모체가 되므로 오로지 일에 의존하는 경향이 강하며, 휴가나 휴식을 취할 때는 금단현상이 나타나기도 한다. 이들은 대부분 일에 대해 거절을 하지 못하고, 이로 인해 소화기 계통의 질병, 고혈압, 위장병, 우울증, 강박증 등 질병에 시달린다. 자신의 건강과 가족 및 대인관계를 위한 조화로운 삶이 필요하다.

워커홀릭

워커홀릭(workaholic, 일중독자)은 'work'와 'alcoholic'의 합성어로, 일중독자(一中毒者)를 지칭하는 말이다. 일중독증은 생활의 양식이어야 할 일이나 직업에 사생활을 많이 희생하여 일만 하는 상태로 일에 중독된 사람을 가리킨다. 이러한 일중독자는 일이나 직업에 빠져서 종종 과로사나 과로자살의 원인이 되기도 하여 우리 사회의 새로운 사회문제로 등장하고 있다.

심리학자들은 일중독이 되는 것은 마치 술이나 마약에 탐닉되는 것처럼 점진적으로 진행되는 것으로 보고 있다. 마릴린 마로비츠(Marilyn Machlowitz)는 일중독자를 '일을 오랫동안 그리고 열심히 하려는 욕망이 본질적으로 강하며, 일하는 습관이 업무가 요구하는 수준이나 동료 및 상사의 기대를 항상 초과하는 사람'이라고 정의하고 있다. 이런 사람들은 "일 윤리만큼 윤리적인 윤리는 없다"라는 인생관을 갖고 있어 일이나 직장에서 다른 사람보다 더 많은 일이나 더 높은 성과를 내야 만족할 수 있고 나아가 그 일이 중단되면 견디기 어려운 불안감이나 상실감에 빠지게 되는 사람들이라고 설명하고 있다(이관춘, 2013).

일이나 직업은 여가와 반대적 성격을 지니고 있어서 일이 우리에게 긴장이나 구속, 강제, 책임, 의무 등을 따르게 한다면 여가는 반대로 이완, 해방, 자발, 자유, 비의무 등을 가져다준다. 따라서 일과 여가가 일상의 삶에서 조화를 이루어 균형 있고 조화롭게 이끌어 주면 좋겠지만 복잡한 현대 생활에서 일과 여가의 조화로운 생활은 제한적일 수밖에 없고, 일이나 직업에 치우치다 보면 습관적으로 워커홀릭(일중독자)에 빠지게 된다.

일중독에 빠지면 사람들은 본래 자신의 내면적 목표나 욕구를 상실하게 되고 사생활이나 가정생활을 희생하며 오로지 직장 내 일이나 인간관계에만 몰입하게 한다. 일중독자들은 이로 인해 심신에 과중한 스트레스를 받게 되고 일에 대한 좌절감으로 종종 우울증이나 불안, 초조 등에 빠지기도 한다.

일중독에서 벗어나기 위해서는 무엇보다도 먼저 환자 자신의 강한 의지가 필요하다. 일중독에서 벗어나고자 하는 강한 의지로 취미생활을 갖고 자신의 일상생활의 습관을 변화시켜야만 일중독으로부터 벗어날 수 있다. 또한 규칙적인 운동이나 하루 여섯 시간 이상의 충분한 수면을 갖도록 하는 것이 중요하며, 가급적 일 년에 일주일 이상은 일에서 완전히 벗어나 휴식을 취하는 것을 생활화하려는 노력이 뒤따라야 한다.

여가활동의 가치

여가라는 개념은 기본적으로 산업사회(産業社會) 이후에 등장한 개념이다. 산업사회 기술의 발전과 인권 강화에 의해 노동자의 자유시간이 증가한 이후 주목을 받아 온 현상이다. 산업기술의 발달로 기계가 작업에 효율성을 더하자, 일반 노동자들은 많은 시간의 일을 단축할 수 있었다. 그에 더불어 노동 시간 외의 구속되지 않은 오락, 이를테면 스포츠 행사나 연극 등을 즐기게 되면서 여가라는 개념이 등장하게 되었다.[1]

여가활동은 생산활동과 소비활동을 제외한 나머지 시간에 행해지는 활동으로 흔히 레저(leisure)라고도 한다. 여가활동은 사람들이 일상의 과정에서 만들어지는 심리적 압박이나 피로, 스트레스를 풀기 위한 시간이다. 최근 들어 노동시간이 점차 감소되면서 사람들은 더 많은 자유시간을 누릴 수 있게 되었고, 이러한 자유시간을 의미 있게 보내기 위한 다양한 여가활동이 등장하게 되었다. 다양한 여가활동은 몸과 마음에 활력을 찾아주고 사람과의 관계를 더 좋게 만들 수 있다는 장점이 있다. 최근에 많이 이루어지고 있는 여가

1) 위키백과(www.wikipedia.org, 2020.1.20.)

활동으로는 여행, 관광, 쇼핑, 외식(外食), 연극, 영화, 음악 감상, 놀이공원이나 박물관, 미술관 등의 관람 등이 있다. 여가활동이 우리 사회에 주는 가치로는 다음과 같은 점을 들 수 있다.

첫째, 현대인들에게 즐거움과 활력을 준다. 여가활동은 복잡하고 인공적인 도시 환경에 노출된 현대인들에게 일상에서 벗어나 자연과 함께함으로써 즐거움과 활력을 얻는다.

둘째, 스트레스를 완화하고 정신적·심리적으로 평정심을 회복할 수 있다. 여가활동은 정신적으로 기분이 좋아지고 스트레스를 완화할 수 있으며 성취감과 자신감을 얻을 수 있는 기회가 된다.

셋째, 자연에 대한 소중함과 위대함을 체험할 수 있게 된다. 자연과 함께하는 여가활동을 통해 자연의 위대함과 아름다움, 소중함을 느낄 수 있는 기회가 된다.

넷째, 원만한 사회적 관계를 유지하는 데 도움이 된다. 여러 사람과 함께하는 여가활동을 통해 새로운 관계를 형성하고 발전시킴으로써 원만한 사회적 관계 유지에 도움이 된다.

다섯째, 신체적으로 건강한 체력을 유지하는 데 도움이 된다. 신체활동 중심의 여가활동은 몸을 튼튼하게 해주고 체력을 기를 수 있는 기회가 되어 건강한 체력유지에 도움이 된다.

여섯째, 자신의 능력을 계발하고 발전시키는 데 도움이 된다. 여러 사람들과 어울려 여가활동에 참여하는 가운데 자신의 적성과 흥미, 성격, 사회성 등을 이해하고 이를 계발하며 발전시키는 데 도움이 된다.

일곱째, 행복한 삶을 위해 능동적으로 생활하고 긍정적인 삶을 실천하는 데 도움이 된다. 스스로 선택한 여가활동을 구체적으로 계획하고 실천하는 가운데 삶을 능동적·주도적으로 이끌게 되어 삶에 대한 긍정적인 인식을 갖는 데 도움이 된다.

여덟째, 도전과 모험을 통해 강인한 정신력을 기르고 삶에 대한 긍정적 태도를 갖게 된다. 여가활동을 통해 도전의식과 함께 강인한 정신력을 기르는 데 도움이 되며, 어려움을 극복해 내는 과정 속에서 삶에 대한 긍정적인 태도를 갖고 어려움을 겸허히 수용할 줄 아는 태도를 갖게 된다.

반성적 사고활동 10-1

일중독 성향 조사

※ 다음 질문들은 당신의 일중독 성향에 대한 것을 알아보려는 것이다. 각 문장을 읽고 자신과 가장 관련이 깊은 내용에 V표를 하여라.

번호	질문내용	응답			
		전혀 그렇지 않다 (1점)	거의 그렇지 않다 (2점)	거의 그렇다 (3점)	항상 그렇다 (4점)
1	나는 대부분의 일에서 남의 도움을 받기보다 혼자서 해내려고 한다.				
2	나는 누군가를 기다려야 하거나 천천히 진행되어 오래 걸리는 것을 잘 참지 못한다.				
3	나는 시간에 쫓기며 바쁘게 사는 경향이 있다.				
4	어떤 일을 한창 하고 있을 때 누가 방해하면 짜증이 난다.				
5	나는 많은 일에 손을 대서 늘 바쁘다.				
6	나는 동시에 여러 가지 일(예 빵을 먹으며 전화하고 메모를 함)을 하는 경향이 있다.				
7	나는 내가 감당할 수 있는 일을 넘어 지나치게 많은 일에 관여하는 경향이 있다.				
8	나는 뭔가 일을 하고 있지 않으면 마음이 편하지 않다.				
9	나는 내가 하는 일의 가시적인 성과를 중요시한다.				
10	나는 일의 진행과정보다 최종 결과에 더 많은 관심을 가진다.				
11	내게는 왠지 일들이 신속하게 진행되는 것같이 느껴질 때가 많다.				

12	나는 일이 내 계획대로 진행되지 않는 것을 견디기가 어렵다.				
13	나는 내가 이미 해답을 얻은 질문에도 계속 매달리는 경향이 있다.				
14	나는 미래의 일에 대해서 생각하고 계획하는 데 많은 시간을 쓴다.				
15	나는 동료들이 일을 중단한 후에도 계속하는 경향이 있다.				
16	나는 사람들이 나의 완벽한 기준에 미치지 못하면 화가 난다.				
17	나는 내 맘대로 통제할 수 없는 상황에 있으면 매우 불편하다.				
18	나는 일을 할 때 스스로 최종 기한을 정해 놓고 내 자신을 압박하는 경향이 있다.				
19	나는 일하고 있지 않을 때 느긋하게 쉬기가 어렵다.				
20	나는 친구와 지내거나 취미 또는 여가활동을 하는 데보다는 일을 하는 데에 더 많은 시간을 보낸다.				
21	나는 과제 수행 시 준비가 제대로 되기도 전에 일을 빨리 착수하기 위해 과제에 뛰어드는 경향이 있다.				
22	나는 사소한 것이라도 실수를 하면 마음이 매우 불편하다.				
23	나는 배우자(연인)나 가족과의 관계보다는 나의 일에 대해서 더 많은 생각과 시간과 에너지를 투여한다.				
24	나는 가족의 생일이나 기념일을 잘 잊으며 중요하게 생각하지도 않는다.				
25	나는 충분한 자료의 검토 없이 중요한 일을 일단 벌이고 보는 경향이 있다.				
총점					

[해석]

- 25~54점: 당신은 일중독과 거리가 멀다. 비교적 건강한 업무습관을 지니고 있으며 일과 인간관계를 균형 있게 영위하고 있다.
- 55~69점: 당신은 약간 일중독 성향이 있다. 일에 다소 강박적으로 매달리는 경향이 있으며 인간관계를 소홀히 할 수 있다. 앞으로 이런 경향이 더욱 심해져서 일중독증에 빠질 가능성이 있으므로 주의가 필요하다.
- 70~100점: 당신은 일중독 성향이 높다. 인간관계의 중요성을 인식하고 가족, 연인, 친구에게 좀 더 많은 관심을 기울이는 것이 필요하다. 아울러 강박적 업무습관으로 인해 신체적·정신적 건강을 손상할 가능성이 있으므로 주의를 요한다.

반성적 사고활동 10-2

자아실현 검사

※ 다음은 자아실현에 대해 어떻게 느끼고 있는지를 알아보기 위한 질문들이다. 문항을 하나씩 잘 읽고 자신이 해당하는 응답란의 번호에 ○표 하시오.

번호	질문내용	응답			
		그렇지 않다	어느 정도 그렇지 않다	어느 정도 그렇다	그렇다
1	나의 감정에 부끄럽지 않다.	1	2	3	4
2	다른 사람이 내게 기대하는 것을 해야만 한다고 느낀다.	4	3	2	1
3	사람들은 본질적으로 선하고 믿을 만하다고 믿는다.	1	2	3	4
4	내가 사랑하는 사람에게도 화를 낼 수 있다.	1	2	3	4
5	내가 하는 일은 다른 사람들이 인정해 주는 것이 항상 중요하다.	4	3	2	1
6	나는 내 자신의 약점을 수용하지 않는다.	4	3	2	1
7	사람들에게 찬성해야 하는 것이 아니더라도 그들을 좋아할 수 있다.	1	2	3	4
8	나는 실패가 두렵다.	4	3	2	1
9	나는 복잡한 영역의 것들을 분석하고 단순화시키려는 시도를 하지 않는다.	4	3	2	1
10	다른 사람들에게 인기를 얻는 것보다 자기 자신이 되는 것이 더 낫다.	1	2	3	4
11	내가 특별히 헌신해야 하는 인생의 사명이 없다.	4	3	2	1

12	비록 내가 감정을 표현함으로써 바람직하지 못한 결과가 온다고 해도 나는 감정을 표현할 수 있다.	1	2	3	4
13	다른 사람을 도울 만한 책임감을 느끼지 못한다.	4	3	2	1
14	부적절하게 행동할 것 같은 두려움이 항상 성가시다.	4	3	2	1
15	내가 사랑을 주기 때문에 사랑을 받는다.	1	2	3	4
총점		(		)점	

[채점방식]

- 2, 5, 6, 8, 9, 11, 13, 14번 문항의 점수를 역산한 후, 기타 문항의 점수를 더한다.
- 총점의 숫자로 자아실현의 정도를 파악한다.

[결과 해석]

- 총점의 숫자가 높을수록 현재 시점에서 자아실현이 더 많이 실현되었다는 것을 의미한다.

Chapter 11

품격 있는 생활

1. 삶의 품격

품격 있는 삶이란?

사람은 누구나 품격 있는 삶을 희망한다. 그렇다면 품격 있는 삶이 무엇이냐고 묻는다면 어떻게 대답해야 할까? 사전적인 의미로 '품격'은 '사람 된 바탕과 타고난 성품'으로 '품위'는 '사람이 갖추어야 할 위엄이나 기품'으로 정의된다. 따라서 품격 있는 삶에 대한 사전적 정의는 '사람 된 바탕이나 성품에서 느껴지는 위엄이나 기품이 고급스러운 삶'이라고 할 수 있을 것이다. 그런 고급스러운 기품이 무엇이냐고 다시 묻는다면 대답하기가 쉽지 않을 것이다.

인간의 삶이란 어떤 수단과 방법을 가리지 않고 단순히 명줄을 잇는 것만이 아니다. 태어나서부터 죽음 직전까지의 시간을 어떻게 살아가느냐에 따라 전혀 다른 품격으로 남는다. 어떻게 살아가느냐와 관련된 것이 곧 삶의 품격이다. 따라서 삶의 품격은 사회적 지위, 명예, 소유하고 있는 지식이나 재산과는 별로 상관이 없다. 다른 사람과 얼마나 공존하였으며, 자신의 영혼과 얼마나 함께 살고 있는지가 삶의 품격과 관련된다. 인간의 행복은 삶을 바라보는 태도에 있지 충족에 있는 것이 아닌 것처럼 영혼과 삶은 깊은 관련이 있다. 영혼은 '올바른 나'와 연계된다. 따라서 품격 있는 삶은 항상 예의 바르고 성실하며 덕을 베푸는 일을 바탕으로 한다. 항상 공존을 전제로 하는 것은 물론이고 여기에 더하여 세상에서 아름답고 따뜻한 마음을 나누고 사랑하는 좋은 사람으로 한평생 정을 나누는 신뢰 깊은 삶이 바로 품격 높은 삶이라고 할 수 있다.

타인의 행복을 침해하는 사람은 결코 행복한 삶을 누릴 수 없다. 품격 있는 삶은 결코 나 혼자 행복한 삶이 아니다. 나와 우리, 세상이 함께 행복해지는 삶이다.

품격 있는 삶의 조건

품격 있는 삶은 두 가지 관점으로 구분할 수 있다. 하나는 윤리와 도덕적인 측면에서의 삶이고 다른 하나는 생각과 태도적인 측면에서의 삶이다. 윤리와 도덕적인 측면에서 본 품격 있는 삶은 '덕스러운 삶'이고, 생각과 태도적인 측면에서 본 품격 있는 삶은 '격(格)을 더하는 삶'으로 두 측면의 삶은 모두 품격 있는 삶이라 할 수 있다. 이 밖에도 최인철(2018)은 품격 있는 삶을 살아가기 위한 조건으로 다음과 같은 점을 제시하고 있다.[1]

첫째, 자기중심성을 극복하기 위해 노력하는 삶이다. 품격 있는 삶을 위해서는 자기중심성을 깨뜨리기 위해 세상으로 나아가야 한다. 인간은 자신이 세상의 보편적인 존재라고 믿고 싶어 한다. 자기의 생각, 기호, 가치, 정치적 성향이 지극히 상식적이며, 다른 사람들에게도 널리 공유되어 있다고 믿고 싶어 한다. 상식을 들먹이는 이유도 상식적인 나와 비상식적인 소수를 구분하려는 것이다. 이 세상은 나를 포함한 상식적인 다수와 비상식적인 소수로

1) 최인철(2019). 행복을 발견하고 의미를 찾아 품격 있는 삶으로 나아가기: 품격 있는 삶. https://blog.naver.com/god3193/221700979833 (2019. 11. 8.)

이루어져 있다고 믿는 믿음이 인간의 본능이다. 이렇게 자기중심적 사고를 하는 이유는 자기와 비슷한 사람들과 어울리기 때문이고 비슷한 사람을 통해 자신을 합리화하기 쉽기 때문이다. 지리적, 물리적 공간을 바꾸는 일은 자신이 접하는 사람을 바꾸는 일이고 그것을 통해 의식의 지평을 넓히는 일이라는 인식을 가질 필요가 있다.

둘째, 여행의 가치를 아는 삶이다. 삶의 품격을 높이기 위해서는 여행을 통해 개방성을 확보해 나가야 한다. 새롭고 낯선 환경을 의도적으로 접하려는 노력의 대가들은 단지 예술가들, 여행가들만의 삶이 아니다. 개방성(openness)은 심리학에서 '한 개인의 정신적·경험적 삶의 깊이와 넓이, 그리고 독창성과 복합성'이라고 정의한다. 편협한 사고, 외부세계와의 단절, 새로운 사상과 예술에 대한 무관심, 동일성에 대한 압력은 우리의 정신을 폐쇄적으로 만든다. 이런 조직과 사회, 개인에게서는 혁신적인 성과가 나오기 쉽지 않다. 외부 세계와의 접촉은 우리 안의 개방성과 창의성을 불러일으킨다. 여행은 단순한 레저가 아니며, 이주는 생계를 위한 고육지책만이 아니다. 그것들은 개인에게는 확장된 자아, 개방적 자아를 심어주는 일이고, 사회에게는 미래를 위한 장기 투자다. 무엇보다 삶의 품격을 세우는 일이다. 이동을 꿈꿔야 한다. 소수를 품어 안고, 다양성을 추구해야 한다. 다수의 힘으로 소수, 이주자, 이단아를 단죄하여 동질성만을 추구하는 어리석음을 멈춰야 한다. 이사를 하거나, 제3의 공간을 만들거나, 여행을 하거나 이동하면서 누리는 행복은 자신에게만 국한되지 않는다. 그들이 가져오는 여행의 공기는 주변인의 의식을 확장시키고, 주변을 행복하게 만든다.

셋째, 냉소적이지 않은 삶이다. 품격 있는 삶을 지키기 위해서는 냉소적인 태도를 경계해야 한다. 냉소주의자의 특허인 적대적 태도, 공격성, 분노는 건강에도 좋지 않은 영향을 끼치면서 인간관계에도 역풍을 불어닥치게 한다. 냉소적인 사람들에게는 협동의 기회가 주어지지 않는다. 신뢰를 바탕으로 하는 교류 관계에서 서로 간에 제공하는 기회가 그들에게는 찾아오지 않기 때문이다. 냉소는 짧은 쾌감을 일으키지만 건강, 인간관계, 수입, 성취 등 삶의 많은 분야에서 거센 역풍을 만나게 한다. 냉소적 불신은 의식의 미세먼지와 같다. 늘 뿌옇게 세상을 보고 있으니 좋을 게 없다. 더욱이 냉소주의자들의 불신, 비웃음, 공격성, 우울은 주변 사람들까지 우울하게 만든다.

넷째, 질투하지 않는 삶이다. 품격 있는 삶을 살기 위해서는 남을 낮게 여기지 말고 나보다 낫게 여겨라. 질투는 개인을 넘어 집단에서 조직적으로 집단현상을 만든다. 화합과 협동이라는 대의명분을 등에 업고 탁월한 소수를 은밀하고, 조직적으로 괴롭힐 때 질투는 개인의 감정을 넘어 소수를 향한 다수의 갑질이 되고 모두를 해치는 결과를 가져온다. 나보다 더 낮은 사람을 만나 우월감을 느끼며 사는 인생보다 나보다 더 나은 사람들을 만나 배우고 성장하는 인생이 진실로 축복받은 행복한 삶이다.

다섯째, 한결같이 노력하는 삶이다. 품격 있는 삶은 성과보다는 과정의 기쁨을 느낄 줄 안다. 비록 노력만으로 최고 수준의 전문성이 획득되는 것은 아니더라도 노력의 양과 성취의 정도가 비례한다는 것은 분명한 사실이다. 마음으로 간절히 원하고 노력하면 비록 성취하지는 못할지라도 크게 벗어나지 않기 때문이다.

여섯째, 가정이 아름다운 삶이다. 품격 있는 삶은 나쁜 가정을 좋은 가정으로 바꾸는 것이다. '가정'이란 우리가 이미 가지고 있는 전제, 상식, 이론에 기초하여 생각하고 행동하고 판단하도록 한다. 가정은 주어진 정보를 넘어서게 하는 강력한 힘으로 작동한다. 한 개인이 세상에 대해 지니고 있는 가정들은 인격을 만들어 낸다. 그러므로 인격수양이란 나쁜 가정을 좋은 가정으로 만드는 과정이다.

일곱째, 죽음을 인식하며 사는 삶이다. 죽음은 삶의 또 다른 조각이다. 품격 있는 삶은 죽음을 인식하며 사는 삶이다. 시간이 얼마 남지 않았다는 자각은 우리가 만나는 사람들과 우리가 하는 일의 의미를 더욱 명확하고 뚜렷하게 만든다. 그리고 그 폭도 대폭 축소되는데 그 과정에서 본질에 가까워진다. 나를 싫어하는 사람들, 만나면 기분 나쁜 사람들, 꼭 나갈 필요가 없는 의무감이 사라진다. 이런 사람들에게 미움받는 것이 인생에 큰 의미가 없다는 것을 깨닫게 되고 자신에게 진짜 중요하고 의미 있는 것에 더욱 집중하게 한다. 죽음에 대한 자각은 우리의 삶을 '재미'에서 '의미'로 옮겨놓는다. 일상의 모든 행위에서 의미를 발견하게 되고 세상에 우연이란 없으며, 실패에서도 교훈을 발견하게 된다. 그리하여 비로소 인생이 하나의 스토리임을 깨닫게 된다.

품격 있는 말을 사용하라

말은 단순히 의사소통만을 목적으로 하지 않는다. 말은 생각이나 감정을 전달하는 위대한 도구다. 누구나 세상을 살아가면서 사용하는 보편적인 능력이지만 말은 사용하는 사람에 따라 사용법이 다 다르다. 말로 천 냥 빚을 갚는 사람이 있는가 하면 평생 동안 쌓아 온 것을 한마디의 말로 일순간에 무너뜨리는 사람도 있다.

말은 마음의 소리로 말에도 품격(品格)이 있다. 품격이라고 할 때의 한자 '품(品)'은 흥미로운 구조를 가지고 있다. 입구가 세 개 모여 만들어진 글자이다. 말이 쌓이고 쌓이면 그것이 곧 한 사람의 품성(品性)이 된다는 뜻이다.

"말이 씨가 된다"는 말처럼 그 사람이 평소에 어떤 말을 하는가를 보면 그 사람의 생애를 유추해 볼 수 있다. 즉, 그 사람의 됨됨이를 알아보려면 그가 어떤 말을 하는지를 알아보면 짐작이 된다. 매사를 부정적이고 비판적인 말로 대화를 하는 사람은 머지않아 자신이 하고 있는 말처럼 부정적으로 된다.

어떤 단어로 어떤 말을 하느냐는 매우 중요하다. 말 한마디가 그 사람의 격(格)을 표현하기 때문이다. 말 한마디가 그 사람의 귀격(貴格)을 나타내기도 하고, 천격(賤格)을 나타내기도 한다. 귀격의 말투는 사람을 사람으로 대하는 말투이지만, 천격의 말투는 사람을 사람으로 보지 않는 말투이다.

이처럼 말에는 사람의 됨됨이가 서려 있다. 무심코 던진 말 한마디에 그 사람의 품성이 드러난다. 말은 품성이다. 품성이 말하고, 품성이 듣는 것이다. 따라서 말은 곧 그 사람의 인격이라고 말할 수 있다.

같은 말이라도 어떻게 말하느냐에 따라 상대방과의 소통의 여부가 결정된다. 말의 품격은 인품에서 비롯된다. 세 치 혀가 빚어내는 소리의 조합에 의미가 부여되는 순간 초강력의 힘을 발휘한다는 점에서 품격 있는 말로 귀격을 지닌 사람이 되도록 해야 한다.

2. 예절 바르고 정직하게

예절의 의미

'예절(禮節)'이란 삶을 영위하는 데 필요한 기본적인 도리인 '예(禮)'의 기본인 '예의(禮儀)'와 '범절(凡節)'의 준말로 예의는 사람들과 사회생활을 하기 위하여 상호 간에 존경을 나타내기 위하여 필요한 말투나 몸가짐이고 범절은 이를 행하는 일의 절차나 순서이다. 즉, 예절은 '사람이 사람답게 이 세상을 살아가는 데에 지켜야 할 필요한 도리요, 질서'라고 할 수 있다.

예절이란 일정한 생활문화권에서 오랜 생활관습을 통해 하나의 공통된 생활방법으로 정립되어 관습적으로 행해지는 사회계약적인 생활규범이다. 예절은 인간이 사회적 과정을 통해 오랫동안 살아오면서 자연스럽게 터득한 내면적 질서가 외현으로 발현된 아름다운 삶의 지혜로서의 '형식'이라고 말할 수 있다(Kohlberg, 1968; Kohlberg, 1983). 이러한 형식은 더불어 사는 사람다움의 지혜인 바, 사랑과 자비, 예와 인, 그리고 덕으로써 타인을 대하는 것이다. 따라서 예(禮)는 우리가 더불어 살아가면서 어떤 사람의 됨됨이를 평가하는 기준이자 척도가 된다(허재복, 2016).

예절과 비슷한 용어로 '예의'가 있다. '에티켓(etiquette)'이라고도 불리는 '예의(禮儀)'는 공손함과 예절을 표현하는 의식이다.[2] 예의는 경의를 표하는 몸

2) 원불교 대사전과 위키백과의 내용을 바탕으로 재구성.

가짐으로 존경의 뜻을 표하기 위해 예(禮)로써 나타내는 말투나 몸가짐, 사람이 사람과의 관계 속에서 존경을 표하기 위해 마땅히 가져야 할 행동을 가리킨다. 에티켓은 프랑스어의 '에띠께뜨(étiquette)'로부터 왔으며, 동시대 또는 전통적인 규범에 의거하여 특정한 사회집단의 사회적 행동에 대한 기대를 가리킨다. 에티켓은 실내·외에서의 에티켓, 남녀 간의 예의, 복장, 길흉사, 식사예절 등 생활 전반에 걸친 예절을 포함한다. 예절(禮節)은 또한 삶의 행복을 가꾸기 위한 삶의 형식 가운데 중요한 요소 중의 하나이기도 하다. 삶의 형식으로서 예절은 인간의 삶 전반에 용해되어 있어야 한다. 말씨나 마음씨나 몸가짐은 참으로 중요하다. 그 정도에 따라 삶의 지평은 확대되기도 하고 삶의 깊이가 한층 심오해지기도 한다. 삶은 형식과 내용이 상호 조화를 이룰 때 둘의 관계는 더욱 인격적이게 되어 마침내 행복을 공유할 수 있게 된다(허재복, 2016).

예절은 서로 다르지만 대부분의 문화권에서는 타인에 대한 배려와 존중, 감사가 기본 정신이다. 옛말에 "하나를 보면 열을 안다"라는 속담이 있다. 사람의 됨됨이는 그 사람의 사소한 행동 하나하나에서 묻어 나온다는 뜻이다. 오늘날처럼 사회적 관계가 복잡해지고 경쟁사회가 될수록 예의범절은 그 사람의 경쟁력이 된다. 다시 만나고 싶고 신뢰할 수 있으며 만나면 안심이 되는 사람은 예의범절이 몸에 밴 사람이다(한국인성개발연구원, 2016). 예절은 우리가 약속해 놓은 하나의 생활방식이다. 예절이라는 약속은 어떤 형식상의 절차에 따라 이루어진 것이 아니고 누구든지 다 그렇게 하기 때문에 하나의 관습이나 버릇이 되고 그 관습이 쌓여서 약속으로 된 것이다.

정직의 의미

정직(正直)은 '사람이나 사람의 성품, 마음 따위가 바르고 곧음'을 나타내는 말로, '어떠한 상황에서도 생각, 말, 행동을 거짓 없이 바르게 표현하여 신뢰를 얻는 것'을 의미한다. 즉, 정직은 간단히 말해서 '거짓말하기를 중단하는 것'을 말한다. 세상을 살면서 거짓말하기를 중단한다는 것은 쉬운 일이 아니다. 거짓말이 난무하는 세상에서는 거짓말에 기반을 두고 판단하고, 크고 작은 거짓말로 굴러가는 상황이 연속적으로 나타나기 때문에 정직하기란 매우 어렵다. 정직한 자신을 만들어 가기가 어려운 만큼 오늘날 사회에서는 다른 사람이 정직하기를 기대하지 않는 측면도 있다. 오히려 어떤 경우에는 다른 사람들이 거짓말을 하도록 상황을 만들거나 강요하기도 한다.

어떤 진술이 거짓말이냐 아니냐, 즉 정직한 진술이냐 아니냐를 결정짓는 정직의 개념은 세 가지로 구분된다. 첫째, 그 진술이 실제로 사실이냐 아니냐 하는 사실성에 바탕을 둔 판단이고, 둘째, 말하는 사람이 듣는 사람을 속이려는 의도가 있었느냐 하는 의도의 여부이고, 셋째, 말하는 사람이 그 진술을 할 때 스스로 그 진술을 믿고 있었느냐 하는 믿음의 여부이다. 일반적으로 성인은 정직을 판단할 때 이 세 가지 요소를 모두 고려하여 판단하며, 그중에서도 말하는 사람의 믿음에 가장 큰 비중을 둔다(정현주 외, 2006).

플래너건(O. Flanagan)은 정직과 관련하여 정직, 즉 진실을 말하는 것은 첫째, 진실을 말하는 것이란 무엇인가?, 둘째, 진실을 말해야 하는 상황은 언제인가?, 셋째, 진실을 말하는 방법은 어떻게 하는 것인가? 등을 학습하여 익혀둘 필요가 있다고 주장하였다. 따라서 여러 상황에서 정직하게 진실을 말해야 하는 상황을 구별하여 찾아낼 줄 아는 것도 중요하다고 강조하였다. 예를 들어, 직접적으로 진실을 말해야 하는 상황이나, 재치를 요구하는 상황, 허언이나 선의의 거짓말을 요구하는 상황, 누가 묻느냐에 따라 거짓말 또는 틀린 정보를 요청해야 하는 상황 등이 있을 수 있다. 이러한 상황들은 명백한 거짓이 되지 않는 정직의 개념 구조에서 비롯된다. 정직에 대한 개념의 비결정성을 정리한 존슨(M. Johnson)은 정직은 네 가지 측면에서 의도를 파악해야 한다고 주장하였는데, 첫째, 화자가 그 진술이 참이라는 것을 믿으며, 둘째, 화자가 청자를 속이려는 의도를 하지 않았을 경우이며, 셋째, 그 진실이 사실적으로 참인 경우이며, 넷째, 솔직한 정보를 공유함으로써 청자를 도우려는 의도가 있는 것이어야 한다고 보았다(송영민, 2009).

정직에 대한 개념과 관련한 장희선(2015)의 연구에 따르면 정직의 개념으로 가장 중시하는 가치는 진실성, 준법성, 충실성, 정의성, 원칙주의의 다섯 가지로 나타났으며, 이 중에서 '진실성'을 가장 중요하게 인식하고 있는 것으로 밝혀졌다. 그 다음으로는 '원칙주의'를, 그 다음으로는 '준법성'을 중요하게 생각하고 있었으며 정직에 대한 구체적인 행동으로는 '거짓말하지 않기, 진실만 말하기, 속이지 않기' 등을 중요하게 인식하고 있었다.

예절과 정직의 특성

정직(正直)의 도덕적 가치는 오래전부터 상반된 개념으로 논쟁의 대상이 되어 왔다. 의무론적인 관점에서는 거짓말이 본래 잘못된 것이고 상황이나 문화적 맥락과 관계없이 항상 부정적인 가치를 지닌 것으로 주장하지만, 사회문화적 관점에서는 거짓 언어나 행동이 문화나 사회적 관습으로 규정된 것으로 보고, 문화권마다 어떤 특정한 맥락 안에서의 거짓말을 용인하거나 심지어는 권장하기도 하여 긍정적인 가치를 갖는 것이 특징이다. 더 나아가 의무론적 관점에 대해서 오히려 많은 서구사회에 존재하는 개인주의적 관점을 드러내는 것일 뿐이라고 주장하기도 한다. 아시아 문화권에서는 정보에 대한 개인적인 권리, 선택의 자유, 그리고 정신건강에 대한 관심은 거짓말의 도덕적인 의미를 평가하는 데 결정적인 요인들로 필수적이지 않다. 오히려 집단의 조화, 화합, 때로는 신성한 힘 등이 거짓말이 옳은 것인가 아니면 그른 것인가를 결정짓는 요인이 되기도 한다(정현주 외, 2007).

정직의 하위요소는 솔직성과 용감성이 있다. 솔직성은 '자신이나 타인에게 진실하고 솔직하며 거짓말을 하지 않는 것'을 말하며, 용감성은 '위기나 위협, 도전, 난관, 고통으로부터 위축되지 않고 저항이 있더라도 자신의 신념을 지키는 것'을 말한다. 따라서 용감성에는 실수나 잘못을 숨기지 않고 인정하는 일도 이에 해당된다.

정직은 개인에게만이 아니라 조직에서도 통용된다. 일반적으로 조직의 정직성이라 함은 국가의 정직성, 정치인의 정직성, 사회 전체의 정직성 등이 포함되는데, 이러한 정직성이 향상되지 않고서는 개인의 노력만으로 정직성을 달성하기 어렵다. 조직의 상부에서부터 시작된 거짓이 조직의 하부로 내려오면서 거짓의 크기가 작아지고 일상화되는 것은 이러한 조직의 정직성에 문제가 있기 때문에 나타나는 현상이다. 어떤 조직에서든 간에 초심을 잃지 않고 사람답게 보고, 사람답게 생각하고, 사람답게 행동할 때 정직하고 투명한 조직의 운영이 가능해진다. 무신불립(無信不立)이라는 말이 있다. '믿음이 없으면 일어설 수 없다'는 의미이다. 신뢰가 주는 강한 힘은 정직함에서 비롯된다.

사람들이 사회생활을 해나가는 데에는 서로 지켜야 할 약속과 의무가 있다. 그리고 안정을 위해 지켜야 할 질서와 원칙, 분별이 있어야 하는데 이것이 곧 예절이고, 예의이다. 예절을 지키기 위해서는 조직생활에서 때와 장소에 따라 상황판단, 분별력이 필요하다. 상대방을 배려하는 마음을 가진 사람이 되기 위해서는 제일 친밀한 관계인 가족들과의 예절이 먼저 갖춰져야 한다. 예의와 예절을 갖추면 상대방에게 인정받고 사람다운 대접을 받는다. 자신의 모습이 아름답고 귀한 존재가 되기 위해서는 예의범절이 바른 사람이 되어야 한다. 그럴 때 주변 사람들로부터 존경받고 인정받는 사람이 된다.

예절의 종류는 어떤 기준에 의해 구분하느냐에 따라 다양하게 나뉠 수 있다. 범국민예절생활실천운동본부(2016)는 총체적인 관점에서 예절의 종류를 다음과 같이 구분하고 있다[3].

첫째, 예절의 본질에 따라 구분하면 정성(誠), 공경(敬), 사랑(愛)으로 나뉜다.

둘째, 예절의 목적에 따라 분류하면 자기를 바르게(修己) 하는 자기관리(自己管理)와 남을 상대(治人)하는 대인관계(對人關係)로 나누어진다.

셋째, 예절의 성격을 중심으로 나누면 자신의 마음을 바르게 하고 몸을 닦아(正心修身) 스스로를 규율하는 법도(自律的 法度), 사람 노릇 하며 사는데 지키

3) www.yejeol.or.kr(2023. 6. 17.)

는 생활윤리(生活倫理), 사람으로서의 의식예절(倫理的 儀禮), 사회생활을 하는데 그렇게 하기로 정한 계약질서(契約秩序), 사회에서의 예절제도(社會的 典禮), 조직·단체·국가를 유지·경영하기 위해 강제되는 타율강요(他律强要), 법률이나 정치 관련 제도(政治的 法制) 등으로 구분된다.

넷째, 예절이 행해지는 범위·영역을 기준으로 나누면 개인의 예절이라 할 수 있는 수신예절(修身禮節), 가정생활의 가정예절(家庭禮節), 사회생활에서 지켜야 하는 사회예절(社會禮節), 국민으로서의 의식절차인 국민의례(國民儀禮), 국가 간의 예절인 국제의전(國際儀典) 등이 있다.

다섯째, 예절을 행하는 방법과 상태를 중심으로 구분하면 정신(心), 몸차림(身), 의사소통(言), 기거동작(動), 위계질서(止) 등에 관한 종류가 있다.

여섯째, 예절의 기능 면에서 보면 홀로를 삼가(愼獨)는 대내대자적(對內對自的) 작용과 상대를 편안하게(安人) 하는 대외대타적(對外對他的) 활용이 있다.

일곱째, 예절의 형질(形質)로 가름하면 의사의 형태로 마음속에 내재하는 실제(實際)와 일정한 약속방식에 따라 상대에게 인식시키는 수단인 격식(格式)이 있다.

3. 도덕지수 갖추기

도덕지수(MQ)란?

지능지수(IQ), 감성지수(EQ)와 더불어 아이들의 성장에 또 하나의 중요한 지수가 될 '도덕지수(MQ)'라는 개념은 미국 아동심리학자 로버트 콜스(Robert Coles) 교수가 그의 저서 『아이들의 도덕지능(The Moral Intelligence of Children)』에서 사용한 말이다. 그는 선하고 남을 배려할 줄 아는 아이들이 성공한다는 것이다. 그가 말하는 도덕지수(MQ)는 단순히 부모의 말을 잘 듣고 순응하는 것을 높게 평가하여 나타난 것이 아니라, 사회생활에서 다른 사람들과 잘 지내고 올바르게 처신하는 것을 평가하여 나타낸 지수라는 것이다. 어린이들의 도덕지수는 도덕적인 규칙들을 암기하거나 교실에서의 추상적인 토론, 가정의 순응교육에 의해서 길러지지 않는다는 것이다. 로버트 콜스 교수는 도덕지수는 아이들이 스스로 다른 사람들과 어떻게 하면 잘 지낼 수 있는가를 보고 듣고 겪으면서 변한다는 것이다.

다가올 미래사회에서는 IQ(Intelligent Quotient: 지능지수)가 높은 아이보다는 MQ(Moral Quotient: 도덕지수)가 높은 아이가 성공한다는 것이다. 정보화 시대가 도래한 이후로 급속도로 변화하는 세상에서 전문적 지식으로는 차별화하기가 어려워진다는 것이다. 오히려 직장생활에서 자신이 다른 사람에게 모범을 보이며 헌신과 참여를 이끌어 내는 사람, 즉 높은 도덕지수를 지닌 사람이 차별화에서 성공할 수 있다는 것이다. 도덕은 사람으로서 지켜야 할 도리와 규범, 세상을 바로 보는 가치관을 말하는 것이기 때문에 도덕지수가 높은 사람이 남을 섬길 줄 알며 함께 성공하는 법을 안다는 것이다. 따라서 도덕지수를 갖춘 사람이 성공할 수 있다는 것이다.

사람다운 삶을 위해서는 사회가 점점 더 높은 도덕성을 요구한다. 많은 것이 자동화되고 투명해져서 더 이상 비리를 감추고 살 수 있는 세상이 아니다. 아무리 높은 부와 명예도 도덕적이지 않고 윤리적이지 못하다면 한순간에 날아갈 수 있다.

도덕성 길러주기

도덕지수(MQ)를 키우는 데는 부모의 역할이 매우 중요하다. 특히 초등학교 시기는 도덕성을 형성시키는 데 있어서 가장 중요한 시기로 알려져 있다. 부모로서 자녀의 도덕지수를 높이기 위해 실천해야 할 내용을 요약하면 다음과 같다.

첫째, 부모가 본보기가 되어야 한다. 부모의 행동은 자녀에게 직접적인 영향을 미치게 되므로 매사에 부모의 행동이 자녀에게 본보기가 되어야 한다.

둘째, 부모의 언행이 일치해야 한다. 부모의 말과 행동이 일치하지 않으면 자녀들은 부모의 행동을 보면서 도덕적 갈등에 빠지게 된다. 따라서 일치된 행동을 통해 자녀들의 도덕성 함양에 도움이 되도록 하여야 한다.

셋째, 불우한 사람들에 대한 봉사체험에 동행하여야 한다. 자녀들과 함께 불우한 이웃돕기, 어려운 친구 돕기 등의 봉사활동을 통해 자녀들의 도덕지수를 높일 수 있도록 한다.

넷째, 자신의 문제를 스스로 해결하도록 한다. 자녀가 고통스럽고 어려운 일이라고 해서 자녀의 일을 부모가 대신해 주어서는 안 된다. 어렵고 힘들어도 자신의 문제는 자신이 스스로 해결하도록 독려한다.

다섯째, 많은 친구들과 어울려 지내도록 한다. 여러 사람들과 생활하면서 다른 사람을 포용하는 법을 배우고, 선행과 악행에 대한 기준을 스스로가 결정해 나갈 수 있도록 한다.

여섯째, 잘못에 대해 솔직하게 사과하고 받아들일 수 있도록 한다. 부모도 인간이기 때문에 실수를 하기 마련이다. 이럴 때 부모가 솔직하게 자신의 잘못을 인정하고 사과하는 모습을 보이고 문제점을 개선하려는 태도를 보여야 한다.

일곱째, 자녀와 함께 대화 나누기를 실천해야 한다. 대화를 통해 자녀의 고민을 들어주고 부모의 고민도 자녀들과 이야기를 나누는 것이 필요하다. 부모가 자녀에게 고민을 털어놓으면 자녀들은 부모가 자신을 믿는다고 생각하며 자긍심을 느낀다.

여덟째, 가족단위의 토의문화를 만들어야 한다. 한 달에 한 번 정도 가족회의를 열면 민주적인 절차도 배우고 의견의 조정 과정과 타인의 의견에 대한 수용력도 길러줄 수 있다. 또한 가족회의를 통해 가족 구성원으로서의 역할과 책임의식도 심어줄 수 있다는 점에서 도덕지수를 높이는 데 긍정적이다.

낯선 사람들 사이의 윤리

자기가 좋아하는 사람을 사랑하고 싫어하는 사람을 미워하는 것은 인간의 자연스러운 성향이고 손쉬운 삶의 모습이다. 그러나 인간이 이러한 모습으로 자연스럽게 그리고 자연 그대로만 살았더라면 인간이 동물에 비해 아무것도 자랑할 게 없었을 것이다. 과학에 있어서이든 도덕에 있어서이든 인간의 인간다움은 자연을 극복하고 자연을 넘어서는 데서 나타난다(김태길 외, 1993). 따라서 인간은 자연적인 삶의 형태에서 벗어나 도덕적인 규범을 통해 발전해 나간다. 인간의 욕망이라는 덫을 유지한 채 자연스러운 삶을 유지한다면 우리 사회에 약육강식은 불가피한 일이었을 것이고 그렇게 된다면 인간의 모습은 적대적인 모습 그대로 동물적인 삶이었을 것이다.

삶의 모습에서 혈연관계에 있다고 다정한 친구가 되고 그렇지 않다고 적으로 미워한다면 그것은 야생동물들 사이에 발생하는 텃새와 다름이 없는 것이다. 낯선 사람들과 같은 공간에서 윤리라고 하는 도덕적 관계를 유지하면서 살아가고 있는 것이 바로 인간이다. 따라서 이러한 관계적 삶에서는 반드시 이성이 뒤따라야 한다. 인간은 동물이면서도 이성을 가진 동물이라고 하면서 다른 동물과 구분하는 것도 이와 관련이 있다. 이성을 가지고 있다는 것만으로도 우리는 인간이 되고 중요한 이성이라고 하는 본질을 공유하게 된다. 동물과의 차이에 있어서 그 어떤 것도 이성을 가졌다는 차이보다 중요한 것은 없다. 그런 의미에서 이성은 보편적이라고 할 수 있다. 혈연과 지연이라고 하는 것이 하나의 개인이나 집단 내에 존재하는 특수성이라고 한다면 이성은 인간에게 있어서 누구나 공유하고 있는 보편성을 지니고 있다고 할 수 있다.

인간은 이성을 지니고 있기 때문에 진정한 인간다운 삶은 이성의 명령에 따른 삶이다. 이성이 보편성을 지니고 있다면 이성에 의한 삶도 보편적이다. 비록 지연과 혈연은 달라도 이성에서는 같을 수 있는 것이 바로 이 때문이다. 하지만 인간은 신이 아니기 때문에 이성 또한 육체라고 하는 환경요인에 갇혀 영향을 받는 불완전한 이성이다. 그러므로 서로 상호 간에 대화와 타협을 통해 인간의 불완전성을 상호 보완해 나가야 한다. 이러한 대화와 타협의 결과로 만들어진 것이 규율이고 규범이다. 인간에게는 규율과 규범에 따르는 도덕적 삶이 필요한 이유가 여기에 있다. 가까운 사람에게는 도덕적이고 예의 바르다가도 낯선 사람에게는 상관없는 사람이라고 생각하고 무례하고 부도덕한 것은 바람직하지 않다. 흔히 볼 수 있는 인간의 이러한 모습은 낯선 사람에게 배타적인 모습으로 인간의 이중적인 모습이다. 낯선 사람과의 관계에도 예절이라는 인간적인 모습이 존재한다.

사양하는 마음이 예절의 실마리이다. 사양한다는 것은 나보다 다른 사람을 먼저 앞세우는 일이다. 가까운 사람이 없는 공간에서는 사양보다는 남을 제치고 자신을 앞세우는 이기적인 모습이 일반화되어 있다. 낯선 공간에서의 이러한 모습은 타율적이고 이중적이다. 낯선 사람과 함께 있는 공간에서 서로는 아무런 상관없는 사람이라고 생각하고 함부로 굴다가 상대방이 학교 선배라는 것을 알고 무례함에서 벗어나 예의를 지키는 모습은 행동원리나 윤리관에 있어서 이중적이다. 뿐만 아니라 이런 모습은 인간의 도덕적 행동이 이성이나 보편적 원리에 입각한 것이라기보다는 자연적이고 우연적이며 타율적이라는 것을 말해 주는 예이다. 인간다운 삶을 위해서는 이러한 모습에서 벗어나 도덕적 성숙과 윤리적 삶의 실천을 통해 자율적이고 도덕적인 인간의 모습으로 변모해야 한다.

4. 정서적 자기조절

정서의 발달

인간은 감정의 동물로 자신의 감정상태에 따라 반응하고 행동한다. 그 사람이 현재 지니고 있는 감정상태를 가리켜 '정서(emotion)'라고 하는데, 정서는 그 사람의 흥분된 감정으로 신체적 변화를 수반한다. 예를 들어, 불안이라고 하는 정서를 경험하게 되면 몸이 굳어지고 가슴이 떨리며 손에 땀이 나고 얼굴이 붉어지는 등의 신체적 증상이 나타난다. 조용하고 편안한 분위기에서 음악을 들으며 찻잔을 앞에 두고 있으면 행복감에 젖어들게 되는데, 이때에는 몸의 근육이 이완되고 편안해지는 신체적 변화를 경험하게 된다. 흔히 이러한 감정상태를 정서라고 하는데, 감정이라는 말과 같은 의미로 사용된다.

정서는 생후 3개월부터 발달하기 시작하는 것으로 알려져 있다. 가장 먼저 쾌·불쾌의 정서가 발달하고 생후 5개월이 되면 분노와 혐오의 감정이 발달하며 생후 7개월 후에는 공포에 대한 정서가, 생후 10개월부터는 애정과 기쁨의 정서가 발달한다.

정서의 발달은 성숙에 의한 발달도 있지만 학습에 의해서도 발달한다. 정서가 학습에 의해 발달되는 경우는 조건형성의 과정을 통해서 발달한다. 행동주의 심리학자인 왓슨(J. Watson)은 인간의 학습에 의한 정서발달은 무조건 자극과 조건 자극이 짝지어짐으로써 형성된다고 보았다. 뿐만 아니라 정서의 학습은 모방을 통해서도 발달한다. 살아가면서 다른 사람의 행동을 보고 이를 따라 하는 모방을 통해 공포, 분노, 기쁨과 같은 정서를 학습하게 된다. 개에게 물렸던 경험이 개에 대한 공포감을 만들어 낸다거나, 다른 사람이 슬퍼하는 상황을 보고 동일한 상황이 자신에게 주어지면 자신도 슬퍼하는 것과 같은 반응이 그러한 예이다. 이와 같이 정서는 경험이나 모방을 통해서 발달해 나간다.

하지만 정서는 적응하는 과정에서 다양한 문제를 야기할 수 있다. 정서적으로 나타나는 자극에 대해 직접적으로 즉각적인 반응을 하면서 환경에 적응해 나간다면 별다른 문제가 있을 수 없다. 하지만 우리 사회는 개인적인 정서를 즉각적으로 반응하고 적응해 나가지 못하도록 통제하고 억제하는 사회적 구조를 지니고 있다. 따라서 각자가 정서적 반응이나 행동을 스스로 억제하게 통제해 나가야 하며, 그렇게 함으로써 억제된 정서가 해소되지 않은 채 심성의 한구석에 축적되어 환경에 적응해 나가는 데 있어서 여러 가지 문제를 일으키는 요인이 되고 있다. 예를 들어, 어린 시절 표출해 내지 못했던 분노가 청년기에 이르러 반사회적 행동으로 공격적인 감정을 표출하는 것과 같은 것들이다.

만성적인 불안이나 부정적인 정서가 장기간 지속되면 자율신경의 흥분이 장기화되어 건강에 영향을 미친다. 자율신경의 장기적인 흥분은 신체기능을 저하시키고 신체 세포조직을 손상시켜 각종 질병의 원인이 된다. 이러한 현상은 쉽게 정상화되지 못하여 결국 정신질환으로 전환된다는 점에서 매우 심각한 문제이다.

플라시보 효과

플라시보 효과(placebo effect)란 약의 효능이 없는 전혀 다른 물질을 약으로 위장하여 환자에게 투여했을 때, 환자가 약의 효과에 대해 긍정적으로 인식함에 따라 실제로 환자의 병세가 호전되는 약의 효과가 나타나는 현상으로 '위약효과'라고 부르기도 한다.

'플라시보'란 말은 '마음에 들도록 한다'는 뜻의 라틴어에서 나온 말로 플라시보 효과는 사람들이 스스로 어떻게 생각하고 무엇을 믿느냐에 따라서 현실이 달라질 수 있다는 것을 보여주는 대표적인 현상이다. 이러한 플라시보 효과를 이용하여 선의의 거짓말을 정당화하는 경우도 볼 수 있다.

플라시보 효과와 반대의 개념으로 노시보 효과(nocebo effect)가 있다. '노시보'라는 말은 라틴어의 '나는 상처를 입을 것이다'라는 뜻에서 유래된 말로 진짜 약을 줘도 환자가 효과가 없다고 생각하면 약효가 나타나지 않는 현상을 말한다. 이러한 노시보 효과는 약효가 없는 가짜 약을 주었을 때 병세가 호전되는 플라시보 효과와는 정반대의 현상이다. 플라시보 효과를 '긍정의 힘'이라고 한다면, 노시보 효과는 '부정의 힘'이라고 말할 수 있다.

스트로크 주고받기

스트로크(stroke)란 인간 인정의 기본 단위로 피부접촉, 표정, 감정, 태도, 언어, 기타 여러 형태의 행동을 통해서 상대방에게 표현되는 반응이다. 인간은 누구나 자신의 존재를 인정받기 위한 욕구를 가지고 있다. 인간은 모두 스트로크를 필요로 하며, 인간의 삶이란 스트로크를 추구하기 위한 것이라고 말할 수 있을 만큼 인간은 스트로크 지향적 동물이다. 유아기의 접촉이나 애무와 같은 신체적 스트로크 욕구는 성장한 뒤에 칭찬과 승인의 정신적 스트로크 욕구로 이행된다. 인간 행동의 동기는 모두 스트로크를 주거나 받는 것으로 구성되어 있기 때문에 어떤 종류의 스트로크가 교환되느냐에 따라서 인간관계의 질이 결정된다(정진선 · 문미란, 2008). 이와 같은 스트로크의 유형은 크게 세 가지로 구분되는데 언어적 스트로크와 비언어적 스트로크, 긍정적 스트로크와 부정적 스트로크, 조건부 스트로크와 무조건부 스트로크가 그것이다.

언어적 스트로크란 말을 통해 칭찬해 주거나 인정해 주는 것이고 비언어적 스트로크는 신체적 접촉을 통한 표현방식을 말한다. 긍정적 스트로크는 상대방을 기분 좋게 만들어 정서적으로 지지해 주는 것으로, 긍정적인 이해와 평가, 마음을 주고받는 사랑 등이 이에 해당되고, 부정적 스트로크는 상대방에게 부정적인 정서 유발을 자극하는 것으로 묵살이나 왜곡, 관심의 부족 등이 해당된다. 조건부 스트로크는 특정 행위에 대해 주는 것으로 거짓말한 아이에게 꿀밤을 주는 행위나 심부름해 준 아이에게 칭찬해 주는 것과 같이 어떠한 행동이나 조건에 대해 주는 반응이다. 무조건부 스트로크는 어떠한 이유나 조건이 필요 없이 '네가 옆에 있어 주기만 해도 행복해'라는 것과 같은 방식의 반응을 말한다.

스트로크는 누가 어떠한 내용으로 언제 주느냐에 따라 그 효과가 달라진다. 상대방이 가장 바라는 것으로 적절한 시기에 주게 되면 가장 큰 효과를 얻을 수 있다. 효과적인 스트로크를 많이 준다는 것은 그만큼 두 사람과의 관계가 깊어질 수 있다는 의미이다. 특히 어린 시절의 스트로크에 대한 경험은 그 사람의 성격 형성에 영향을 줄 뿐만 아니라 대인관계에도 영향을 미친다.

분노와 적개심

모든 죄의 근원은 화에서 시작된다고 한다. 분노로 인하여 몹시 화를 내어 이성을 잃게 되면 제대로 절제와 통제가 이루어지지 않아 투쟁, 복수, 폭행, 적개심 등을 유발하여 정의와 사랑을 침해하는 범죄를 일으키게 된다는 것이다.

분노는 좌절에 대한 정서적·생리적 반응이다. 개인에게 필요한 욕구 충족이 봉쇄되었을 때 신체가 일으키는 감정이 분노이다. 분노를 통해 혈액 속에 특정한 화학성분을 방출시켜 상대방에게 이 성분으로 하여금 자신을 민첩하고 위협적으로 보이도록 하기 위한 것이 분노이다.

이와 비슷한 유형으로 적개심(敵愾心)이 있다. 적개심이란 '상대방을 적이나 또는 적으로 여기는 분개하는 마음'을 말하는데, 이는 마치 자신이 다른 사람을 죽이고 싶은 정도의 감정을 뜻한다. 하지만 적개심은 분노와 달리 보통 사회적으로나 양심적으로 용납되지 않는 감정이기 때문에 억압된다. 즉, 자신의 의식적인 생각이나 의도에 없는 것처럼 느끼는데 이것은 사실 없는 것이라기보다는 사람이 사회적으로 살기 위해 생득적으로 지닌 방어기제로 나타나는 현상이다. 이와 같이 억압된 감정들은 결코 사라지지 않고 무의식적으로 내재되어 있어 다양한 방법으로 의미화되어 사람들의 내면에 잔재되어 있다는 점이 문제이다. 따라서 사람에게 만성적인 분노는 내면에서 부정적인 작용을 하여 건강을 해치는 원인이 되기도 한다.

드라이커스(Rudolf Dreikurs)는 사람들이 화를 내는 것은 "이성을 잃어서가 아니라, 이성을 활용하여 화를 내는 것"이라고 하였다. 즉, 사람들이 화를 낸다는 것은 자신이 원하는 바를 얻기 위한 목적으로 분노를 사용하고 생존을 위해서 필요한 하나의 책략으로 여긴다는 것이다. 분노는 일종의 반응에 의한 학습의 결과이며 연습과 노력에 의해 조절될 수 있다.

분노가 언제나 불의이고 악이며, 죄를 형성하는 것만은 아니다. 자신의 가치가 상대방에게 침해당했을 때 이를 회복하기 위해 양심의 반작용으로 분노가 일어나기도 한다. 이러한 경우의 분노는 불의를 용서하지 못해 일어나는 의분에 해당되며, 이러한 의분은 정의를 회복하는 원동력이 되기도 한다.

분노가 우리에게 미치는 영향을 긍정적인 면과 부정적인 면으로 구분하여 제시하면 다음과 같다.

〈표 11-1〉 분노의 긍정적인 면과 부정적인 면

구분	긍정적인 면	부정적인 면
행동	• 건전한 분노는 변화, 발전, 생산성을 낳는 원동력이 된다.	• go over the top[4] 현상을 유발한다. • 폭행, 살인 등의 범죄행위나 반사회적 행동을 유발한다.
목적 달성	• 분노에 담겨 있는 힘은 목표 달성을 위한 힘으로 작용할 수 있다.	• 대인관계에서 갈등의 요인으로 작용하여 목적 달성에 어려움을 수반한다.
감정	• 스트레스를 방출한다. • 개방성을 증진시킨다.	• 불안, 신경증, 지나친 긴장, 우울 등 정신건강에 악영향을 미친다. • 고혈압, 관상성 심장병, 암 등 신체 건강에 악영향을 준다.

4) 한 번 분노를 일정 수준으로 표출하고 나면 그 다음부터는 더 높은 수준으로 상승해야 효과

분노조절장애란?

자신의 감정을 제대로 통제하지 못하고 스스로 조절할 수 없는 상태를 분노조절장애라고 한다. 분노조절장애는 정신과적으로 심각한 질병이다. 하지만 대부분의 분노조절장애 환자들은 자신이 조절하지 못하는 분노를 자신의 책임으로 보지 않고 다른 사람에게 미루며 자신을 정당화하고 있어 병원을 찾거나 치료를 위해 적극적으로 나서지 않는다는 데 문제의 심각성이 있다. 분노조절장애를 가진 사람들은 보통 극단적으로 감정을 표출하는데 표출하는 장애증상에는 두 가지가 있다. 하나는 평소에 얌전하던 사람이 충동적으로 화를 폭발시키는 경우이고, 다른 하나는 습관적으로 폭발시키는 경우이다. 분노조절장애는 초기에는 충동적으로 반응한다. 그러나 분노도 학습의 결과에 의한 것이기 때문에 시간이 지남에 따라 습관적으로 변하는 것이 일반적이다. 따라서 정도가 심각하기 전에 조기에 치료를 받는 것이 중요하다. 분노조절장애가 생기게 된 원인을 정확히 파악하여 마음을 다스리는 것이 중요하다. 마음이 약해지면 사소한 문제에 대해서도 상처와 충격을 받아 분노조절장애가 심화되기 때문이다. 분노조절장애를 치료하기 위해서는 스스로 분노의 원인을 돌아보게 하고, 스스로 조절할 수 있도록 도와주는 것이 필요하다. 본인의 노력이 중요하지만 주변에서도 분노가 생기지 않도록 도와준다거나 분노를 조절할 수 있도록 협력하는 일도 필요하다.

감정 조절하기

감정을 무조건적으로 억압하는 일은 바람직하지 않다. 억압된 감정은 대부분 무의식에 쌓여 있다가 적절하지 못한 시기에 적절하지 못한 방법으로 폭발하기 때문이다. 그렇다고 해서 전혀 통제하지 않고 무방비 상태로 놓아두는 것도 바람직하지 않다. 통제받지 않는 감정은 건강에 영향을 미쳐 심신에

가 나타나는 현상을 말한다.

상해를 주거나 정신병리 현상을 일으키는 원인이 되기 때문이다. 감정 조절은 분노, 불안, 슬픔과 같은 부정적 감정에도 필요하지만 기쁨, 사랑, 기분의 고조와 같은 긍정적 감정에도 필요하다. 자식에 대한 과잉보호나 조증(躁症)이 대표적인 예이다. 감정 조절을 통해 균형을 맞추는 일이 무엇보다 중요하다. 바람직한 감정 조절 방법으로는 첫째, 부정적인 감정이 가급적 오랫동안 지속되지 않도록 하고, 둘째, 긍정적 감정이나 부정적 감정 중 한 성향의 감정을 지나치게 갖지 않도록 하며, 셋째, 가급적 긍정적 감정이 부정적 감정보다 높은 비율을 차지하도록 관리하고, 넷째, 감정이 항상 이성을 바탕으로 통제될 수 있도록 해야 한다.

인간의 감정 중에 가장 격렬하고 조절이 잘 안 되는 것이 분노이다. 종종 분노를 다른 상대를 통해 대신 표출하는 방식을 선택하는 사람들이 있다. 즉, 물건을 던진다거나, 혼자 딴 곳을 향해 소리친다거나 하는 방법이다. 이러한 효과를 카타르시스(catharsis)라고 하는데, 이는 '비극을 봄으로써 우울함, 불안감, 긴장감 등이 해소되어 마음이 정화되는 것'과 같은 방식으로 '감정의 배설'이라고 한다. 어떤 심리학자는 상대에게 직접적인 위해를 가하는 것이 아니라면 카타르시스도 하나의 좋은 방법이라고 주장하기도 한다. 그러나 현대 심리학에서는 이와 같은 화풀이 방식의 분노 해소는 자신의 감정 정화에 별 도움이 되지 못한다고 결론을 내리고 있다. 분노의 폭발은 감성두뇌를 흥분시켜 사람들로 하여금 더욱 화가 나도록 할 뿐이지 가라앉히지는 못한다고 본다. 화를 내는 것이 더 큰 화의 원인이 된다는 것이다.

분노가 올라올 때에는 가급적 자신을 통제하여 잠시 관심을 다른 곳으로 돌릴 필요가 있다. 일반적으로 사람이 화가 나서 분노를 통해 생리호르몬이 증가하여 혈액 속에 특정한 화학성분을 최고의 수준으로 방출하는 데 걸리는 시간이 20분으로 알려져 있다. 이 시간 동안에는 모든 신경이 화풀이 할 대상에게 향해지고 이성적 사고가 마비된다. 우리가 흔히 '눈에 보이는 게 없다'라고 하는 상태가 바로 이 시간 동안이다. 이 시간 동안에만 관심을 다른 곳으로 돌리면 분노는 어느 정도 해소할 수 있다. 따라서 이 시간 동안 잠시

산책을 한다거나, 먼 산을 바라본다거나, 가볍게 호흡을 한다거나 하는 방법을 이용하는 것이 좋다. 그렇게 자신을 차분하게 가라앉힌 후에 자신이 의도하는 바에 따라 자기주장을 펴는 것이 좋다. 분노에 차서 하는 말은 논리도 부족하고 감정적이어서 상대가 수용하지도 않는다. 분노가 오를수록 상대방과의 대화에 있어서는 상대에 대한 평가보다는 자신의 감정을 표현하는 것이 바람직하다. 화가 나면 논리적인 의사 표현보다는 흔히 상대를 비난하거나 상대의 인격을 모독하는 말을 하기 쉽다. 이럴 때일수록 자신의 감정을 명확히 표현하여 전달하는 것이 중요하다. 상대방의 입장에서는 아무리 잘못한 일이 있다고 하더라도 자신의 인격을 무시한다고 생각하게 되면 어떤 말도 수용하지 않는다.

5. 나눔의 기쁨, 자원봉사활동

자원봉사활동이란?

자원봉사는 라틴어 'voluntas(자유 의지)'라는 단어에서 유래된 말이다. 사전적인 의미로는 '사회 또는 공공의 이익을 위한 일을 자기 의지로 행하는 활동'이라고 정의한다. 즉, 자원봉사활동은 어려운 이웃을 단순히 '돕는 것'이 아니라 자기 의지대로 '받드는 것'으로서, 다른 사람의 인격을 존중하면서 자발적으로 도움을 주는 것을 말한다.

자원봉사활동 기본법 시행령의 정의에 따르면 자원봉사활동이란 "개인 또는 단체가 지역사회 · 국가 및 인류사회를 위하여 대가 없이 자발적으로 시간과 노력을 제공하는 행위를 말한다."라고 정의하고 있다. 이처럼 자원봉사활동은 일반적으로 무보수로 참여하는 활동으로 생각한다. 무보수로 인력을 제공함으로써 사회복지시설이 시설과 인력을 제값을 주고 고용하는 데 드는 비용을 자원봉사를 통해 기부하는 것이다. 자원봉사로 얻는 결과는 그 사람이 하는 일이 얼마만한 효과를 주느냐에 따라 달라질 수 있다.

자원봉사활동은 자유의사에 의해 자발적으로 하는 실천행위 그 자체이며 복지사회를 만드는 데 적극적으로 참여하는 의도적, 계획적인 일상 활동이라 할 수 있다. 즉, 시민의식을 기초로 지역사회를 위해 보다 살기 좋고 밝은 생활로, 상호연대하면서 구축해 가는 끊임없는 활동이다.

자원봉사활동은 자신이 원해서 하는 경우이므로 가능하다면 많이 할수록 좋다. 진정한 자발성과 봉사성을 바탕으로 한 자원봉사인지의 여부는 지속성에서 알 수 있다. 봉사 단체에서 자원봉사자를 볼 때 가장 강조하는 부분이 바로 지속성이다. 외압에 의해서 하는 자원봉사활동은 일시적이고 목적적이기 때문에 지속성을 유지하는 데 한계가 있다.

자원봉사활동을 하는 동기에 대해서는 사람마다 각각 다를 수 있다. 일반적으로 자원봉사활동을 하는 사람들에게 이유를 물어보면 봉사활동을 하고 나면 그만큼 행복해지기 때문이라고 한다. 아마도 진정한 애타심이 자원봉사활동을 하는 이유 중에 하나가 된다는 이야기일 것이다. 하지만 애타심만으로 봉사활동에 지속적으로 전념하기는 불가능하다는 주장을 하는 이들도 있다. 이러한 주장을 하는 사람들은 애타심 이외에 복합적으로 작용하는 동기가 지속성을 만들어 낸다고 주장한다. 이들은 자원봉사활동을 통해서 자신의 삶의 질을 높이는 데 도움이 되기 때문이라고도 한다. 즉, 자원봉사활동이 자원봉사자 자신의 삶을 윤택하게 만들어 준다는 것이다. 이것은 봉사활동의 가장 중요한 동기가 될 수 있는 부분이기는 하다. 봉사활동을 하면서 봉사자는 다른 사람들과 어울릴 수 있으며, 사회활동을 유지할 수 있다. 무엇보다도 삶의 다른 영역에서는 느끼기 힘든 끈끈한 유대감을 얻을 수 있다는 점이 많은 사람에게 봉사활동을 하는 이유가 된다.

자원봉사활동의 의미도 최근 들어 확대되는 양상을 보이고 있다. 과거에는 자원봉사활동을 단순히 어려운 이웃을 돕는 행위로 인식해 왔지만, 최근에는 돌봄과 연대정신을 통해 사회 문제를 해결하는 활동에까지 그 의미를 확대해 나가고 있다. 이렇게 확대된 의미에서의 자원봉사활동은 단순히 지역문제를 벗어나 국가의 공익사업, 더 나아가서는 국제적인 문제해결에까지 그 범위가 확대되고 있다. 자원봉사활동을 통해서 지구촌의 공동체 문제의 해결은 물론이고, 다른 사람을 돕고자 하는 욕구를 만족시키면서 삶의 의미를 찾고 자아를 실현할 수 있는 것이다.

자원봉사활동의 주체와 영역

자원봉사활동이 활성화되면서 많은 분야의 사람들이 많은 봉사활동에 참여하고 있다. 자원봉사활동에는 활동을 운영하는 주체도 다양하고 활동 분야도 각양각색이다. 따라서 자신의 역량에 맞춰 효과를 극대화할 수 있는 분야로의 참여가 바람직하다.

자원봉사활동에 참여할 때에는 자원봉사활동의 목적이나 내용을 명확하게 이해하고 참여해야 한다. 자원봉사활동의 취지나 목적을 바르게 이해하지 못하게 되면 도움을 주기보다는 오히려 기관에 피해를 줄 수도 있기 때문이다. 또한 자원봉사활동 중에는 주어진 봉사일정을 반드시 준수해야 한다. 자원봉사로 참여한 봉사자가 시간 약속이나 일정 계획을 지켜주지 못하게 되면 진정한 도움이 되지 못한다. 무엇보다도 주어진 시간과 일정을 책임감 있게 완수해 내는 것이 중요하다. 최근 가장 빈번하게 이루어지고 있는 자원봉사활동의 활동 주체와 활동 내용 및 성격에 대한 내용을 요약하여 표로 제시하면 다음과 같다.

〈표 11-2〉 자원봉사활동의 주체와 성격

활동주체	활동 내용 및 성격
청소년	• 교육과정에서 자원봉사활동을 제도적으로 요구함 • 15-19세에서 가장 높은 참여율을 보임 • 봉사학습이라는 차원에서 강조됨
대학생	• 사회현실에 대한 비판의식으로 참여의식이 강함 • 동아리 활동을 통해 참여함 • 자원봉사과목이 필수이수과목이 되어 참여하기도 함
여성	• 전통적으로 여성이 남성보다 높은 참여율을 보임 • 유휴인력활용, 사회활동의 적극적 참여로 증가추세임 • 시설에서 클라이언트 돌봄 활동 참여가 많음
노인	• 자원봉사 대상이면서 주체가 됨 • 사회적 활동 능력이 있는 노인들의 참여가 증가함 • 개인적으로 자아실현의 기회로 삼음
종교계	• 종교인의 참여가 비종교인보다 훨씬 활성화됨 • 종교적 가치나 사상에 기반을 두고 있음 • 종교적 자원봉사는 헌신적이고 지속적인 특징이 있음
기업	• 1990년대 이후 두드러지게 증가함 • 기업의 홍보와 사회적 책임완수를 목적으로 함 • 오늘날 기업의 자원봉사활동 참여는 보편화됨
기타	• 지역공동체 실현을 위한 지역사회단위 • 가족자원봉사활동의 활성화 • 각종 시민단체의 자원봉사활동

자원봉사활동의 영역은 분류기준의 차이에 따라 다양하게 구분할 수 있다. 자원봉사활동의 장이 어디냐에 따라 국제영역, 지역사회영역, 사회복지시설영역, 학교·병원영역 등으로 구분할 수 있고, 활동 대상이 누구냐에 따라 아동, 청소년, 노인, 장애인 등으로 구분할 수 있으며 과업의 성격에 따라 직접적 원조, 예방적 활동, 전문적 활동, 일반적 활동 등으로 구분할 수 있다. 자원봉사의 영역을 활동분야에 따라 구분하여 표로 나타내면 다음과 같다.

〈표 11-3〉 자원봉사활동의 영역에 따른 봉사 대상

활동영역	활동 유형	봉사 대상
사회복지분야	• 사회복지시설활동 • 재가복지활동	• 노인, 장애인, 아동 등
환경분야	• 사전예방활동 • 사후치료적활동	• 환경캠프, 계몽활동, 환경교실, 쓰레기 줍기 등
문화예술분야	• 문화활동 • 예술활동	• 문화시설의 조언, 공연지도, 공연활동 등
보건의료 서비스 분야	• 의료사회사업 보조 활동 • 기금조성활동	• 보건소 보조자, 보건소 접수안내자, 의약품 보조자, 기금조성자 등
정치·행정·경제분야	• 정치활동 • 행정활동 • 경제활동	• 공명선거, 계몽, 홍보, 부정선거 감시활동, 선거관리업무지원, 사무보조 • 민원안내, 상담보조, 행사보조, 도서 정리 및 안내, 직업소개활동, 실업자교육 안내 등
범죄예방 및 교정분야	• 범죄예방활동 • 교정활동	• 방범순찰활동, 유해환경 퇴치 및 계몽활동, 자경단활동, 보호관찰위원, 교도소 자원교사, 교화방송, 가석방자의 지도요원 등
교통분야	• 교통정리활동 • 교육 및 스포츠 활동	• 교통정리, 교통여건 개선활동, 스포츠 행사 지원, 난민구호지원 등

반성적 사고활동 11-1

정직성 측정하기

※ 다음은 여러분의 정직성을 알아보기 위한 것이다. 질문에 대한 정답이 정해져 있는 것이 아니므로 여러분의 생각을 솔직하게 한 문장도 빠짐없이 응답해야 한다. 질문을 읽고 자신에게 해당된다고 생각되는 점수에 ○표 하여라.

번호	질문내용	매우 아니다	아니다	보통 이다	그렇다	매우 그렇다
1	다른 사람과 한 약속을 잘 지킨다.	1	2	3	4	5
2	관행적으로 이루어지고 있는 부정직에 대해 적극적으로 확인하고 고친다.	1	2	3	4	5
3	정직하지 않은 유익을 얻었을 때 적극적으로 사실을 밝힌다.	1	2	3	4	5
4	신분이나 경력을 과장하거나 허위로 말하지 않는다.	1	2	3	4	5
5	자신이나 타인이 행한 일을 유익을 위해 과장 또는 축소하지 않는다.	1	2	3	4	5
6	악보, 소프트웨어 등의 불법 복제물을 사용하지 않는다.	1	2	3	4	5
7	가족들에게 편의를 위해 거짓말을 하지 않는다.	1	2	3	4	5
8	주변 사람에게 편의를 위해 거짓말을 하도록 시키지 않는다.	1	2	3	4	5
9	논문, 리포트, 보고서 등 지적 재산을 표절, 도용하지 않는다.	1	2	3	4	5
10	추천서, 연말정산 증명서, 이력서, 보고서 등의 공적 문서를 허위로 작성하지 않는다.	1	2	3	4	5
11	거짓으로 일 처리를 하도록 요구받을 때 거절한다.	1	2	3	4	5

12	세금을 정직하게 납부한다.	1	2	3	4	5
13	자신의 유익과 편의를 위해 촌지, 뇌물, 급행료 등의 금품을 주거나 받지 않는다.	1	2	3	4	5
14	내부 정보를 이용해 부당한 이득을 취하지 않는다.	1	2	3	4	5
15	내가 속한 조직에 부정직한 일에 대해 사정을 요구한다.	1	2	3	4	5
16	다른 사람이 보지 않을 때도 교통신호를 지킨다.	1	2	3	4	5
17	공금이나 공적 물건을 허용범위를 넘어서서 개인적 용도로 사용하지 않는다.	1	2	3	4	5
18	다른 사람을 거짓으로 비방하거나 험담하지 않는다.	1	2	3	4	5
19	자신에게 불리하더라도 다른 사람을 부정직하게 평가하지 않는다.	1	2	3	4	5
20	확실하지 않은 소문이나 정보를 사실인 것처럼 말하지 않는다.	1	2	3	4	5

출처: 조용태 외(2016). 인성의 이해와 실제, pp. 73-75.

[인성지수 산출법]

- ▫ 전체 문항에 대한 점수를 계산하여 총점을 산출한다.

[결과 해석]

- ▫ 총점 80점 이상: 대단히 정직한 사람이다. 주변에서 다소 고지식하고 원칙주의자라는 비판을 받더라도 흔들리지 말고 지금의 삶을 유지하는 것이 중요하다.
- ▫ 총점 70~79점: 정직한 사람이다. 3점 이하 점수에 해당하는 항목들에 더욱 관심을 갖고 실천하면서 정직지수를 높이도록 노력해야 한다.
- ▫ 총점 60~69점: 때에 따라 정직하기도 하고 부정직하기도 한 일반적인 사람이다. 3점 이하 점수에 해당하는 항목을 실천하기 위해 더욱 노력해야 한다.
- ▫ 총점 50~59점: 부정직한 성향이 더 강한 사람이다. 때로 이익과 입장 때문에 양심을 속이지만, 결국 부정직한 사람이 손해 본다는 것을 기억해야 한다.
- ▫ 총점 50점 미만: 부정직한 사람이다. 정직은 자기 자신과 사회 전체를 건강하게 하고 더불어 평화로운 세상을 이룬다는 것을 기억해야 한다. 나만 잘되면 그만이라고 생각하기 쉽지만 결국 피해는 자신과 사회로 돌아온다.

반성적 사고활동 11-2

분노지수 검사(Anger Inventory)

※ 이 검사는 당신의 분노와 분노를 일으키는 배경에 비추어서 당신이 어디에 있는가를 평가하는 설문지이다. 각 문항을 읽고 그 내용이 당신에게 얼마나 적용되는지 0(아주 낮은)에서 10(아주 높은)의 점수 중에서 해당하는 점수에 ∨표 하여라.

(낮음) 0 1 2 3 4 5 6 7 8 9 10 (높음) 1. 나에게는 자주 생기는 사소한 건강문제가 있다.

(낮음) 0 1 2 3 4 5 6 7 8 9 10 (높음) 2. 나는 사람들과 가까이하는 데 어려움을 겪는 성향이 있다. 나를 보고 '차갑다' 라고 말한 사람도 있다.

(낮음) 0 1 2 3 4 5 6 7 8 9 10 (높음) 3. 나는 사업상 거래를 하는 데 함정을 보지 못하는 실수를 계속한다.

(낮음) 0 1 2 3 4 5 6 7 8 9 10 (높음) 4. 나는 종교적인 일에는 별로 관심이 없다.

(낮음) 0 1 2 3 4 5 6 7 8 9 10 (높음) 5. 나에게는 하나님의 존재에 대하여 많은 의문이 있다.

(낮음) 0 1 2 3 4 5 6 7 8 9 10 (높음) 6. 나는 종교적인 사람들을 '일당의 위선자들' 로 보는 성향이 있다.

(낮음) 0 1 2 3 4 5 6 7 8 9 10 (높음) 7. 나는 사람들을 판단하고 지나치게 비판하는 성향이 있다.

(낮음) 0 1 2 3 4 5 6 7 8 9 10 (높음) 8. 나는 일반적으로 나 자신의 약점을 보지 못하는 경향이 있다.

(낮음) 0 1 2 3 4 5 6 7 8 9 10 (높음) 9. 나의 이미지는 나에게 매우 중요하다. 무엇을 입고 무슨 차를 운전하는지에 많은 신경을 쓴다.

(낮음) 0 1 2 3 4 5 6 7 8 9 10 (높음) 10. 나는 종종 낮은 자존감(열등감) 때문에 고민한다.

(낮음) 0 1 2 3 4 5 6 7 8 9 10 (높음) 11. 나는 종종 나의 말과 행동이 다른 사람들의 감정에 상처를 준다는 것을 알지 못한다.

(낮음) 0 1 2 3 4 5 6 7 8 9 10 (높음) 12. 내가 18세가 되기 전에 나의 부모는 이혼했다.

(낮음) 0 1 2 3 4 5 6 7 8 9 10 (높음) 13. 나의 부모 중 하나 또는 둘 다 술을 많이 마셨다고 생각한다.

(낮음) 0 1 2 3 4 5 6 7 8 9 10 (높음) 14. 나의 부모는 마약이나 다른 약물에 중독된 것처럼 보였다.

(낮음) 0 1 2 3 4 5 6 7 8 9 10 (높음) 15. 나의 부모는 나를 (성적, 언어적, 또는 정서적으로) 학대했다.

(낮음) 0 1 2 3 4 5 6 7 8 9 10 (높음) 16. 나의 부모는 나에게 멀게 느껴졌고 나에게 무관심해 보였다.

(낮음) 0 1 2 3 4 5 6 7 8 9 10 (높음) 17. 나는 부모가 나를 너무 통제한다고 느꼈다.

(낮음) 0 1 2 3 4 5 6 7 8 9 10 (높음) 18. 나는 종종 절망감이나 우울증세로 고생할 때가 있다.

(낮음) 0 1 2 3 4 5 6 7 8 9 10 (높음) 19. 나는 오랜 기간 동안 몇몇 사람들과 사이가 안 좋게 보낼 때가 있다.

(낮음) 0 1 2 3 4 5 6 7 8 9 10 (높음) 20. 나는 나의 배우자와 자녀, 또는 친구들을 지나치게 통제하는 성향이 있다.

(낮음) 0 1 2 3 4 5 6 7 8 9 10 (높음) 21. 나는 막연한 불안을 느끼는데 무엇에 대하여 불안한지 잡히지가 않는다.

(낮음) 0 1 2 3 4 5 6 7 8 9 10 (높음) 22. 나는 자살에 대하여 생각해 본 적이 있다.

(낮음) 0 1 2 3 4 5 6 7 8 9 10 (높음) 23. 나는 다른 사람이 나에게 상처를 주거나 좌절시킬 때 그들을 용서하기가 어렵다.

(낮음) 0 1 2 3 4 5 6 7 8 9 10 (높음) 24. 나는 다른 이들이 나에게 상처를 입힐 때 직면하기가 어렵다. 그리고 나는 분노를 표출하는데 미숙하다는 것을 알고 있다.

(낮음) 0 1 2 3 4 5 6 7 8 9 10 (높음) 25. 나는 대부분의 시간을 너무 바쁘게 보낸다.

(낮음) 0 1 2 3 4 5 6 7 8 9 10 (높음) 26. 나의 잘못에 대해 책임을 지는 것보다는 다른 사람을 탓하기가 쉽다.

(낮음) 0 1 2 3 4 5 6 7 8 9 10 (높음) 27. 나는 종종 다른 사람들이 나에게 하는 행동이나 말에 너무 민감하게 반응하다.

(낮음) 0 1 2 3 4 5 6 7 8 9 10 (높음) 28. 나는 실패하는 것에 대한 두려움이 동기가 되어서 행동할 때가 너무 많다.

(낮음) 0 1 2 3 4 5 6 7 8 9 10 (높음) 29. 나는 나에게 상처를 준 사람들이 어떻게든 처벌을 받았으면 하고 바랄 때가 있다.

(낮음) 0 1 2 3 4 5 6 7 8 9 10 (높음) 30. 나는 인생의 중요한 영역에서 사기를 당했다고 느낄 때가 종종 있다.

(낮음) 0 1 2 3 4 5 6 7 8 9 10 (높음) 31. 나는 다른 사람과 싸우다가 물건을 던진다든가, 따귀를 때린다든가, 치는 등 신체적 공격을 가할 때가 있다.

(낮음) 0 1 2 3 4 5 6 7 8 9 10 (높음) 32. 나는 나 자신 이외에는 사실 다른 사람을 믿지 못하겠다.

합계: __________점(32개 문항 전체의 총점)

[해석]

- 총점 100점 미만: 자신의 분노조절이 가능하고 정상적인 생활에 문제가 없음
- 총점 100점 이상: 결혼 예비교육이나 부부역할 교육을 받을 필요가 있음
- 총점 200점 이상: 분노의 원인을 드러내어 원한 감정을 해소할 수 있도록 도와주는 상담이 필요함

출처: 도형분석상담연구소(2015.1.15). http://cafe.daum.net/doulos12

Chapter 12

죽음을 기억하는 생활

1. 죽음에 대한 이해

죽음의 의미

사람들은 죽음을 삶에 대한 정반대의 개념으로 이해한다. 하지만 죽음과 삶을 반드시 정반대의 개념으로만 볼 수는 없다. 인간은 누구나 출생과 동시에 죽음을 향해 달려가고 있다. 살아가면 살아갈수록 죽음을 향해 더 가깝게 접근해 가는 것이다. 따라서 삶과 죽음은 마치 동전의 앞뒤와 같아서 출생이 있으면 죽음이 있기 마련이고 출생이 없으면 죽음도 없다.

죽음을 의미하는 글자로 우리는 흔히 '죽을 사(死)' 자를 연상한다. 한자 '죽을 사(死)' 자의 글자를 분석해 보면 '一(한 일)'과 '夕(저녁 석)'이라는 글자에 '匕(비수 비)' 자를 합한 것이 '죽을 사(死)' 자이다. 분석된 이 낱말의 의미를 종합해 보면 '어느 날 저녁에 느닷없이 다가오는 것이 죽음'이라는 뜻이다. 그런 의미를 담고 있는 것이 '죽음'임에도 불구하고 우리는 죽음을 남의 일로만 생각할 뿐 자신과는 상관이 없는 일처럼 착각하면서 살아간다.

죽음의 의미는 의학적인 죽음과 사회적 측면에서의 죽음, 그리고 법적인 측면에서의 죽음으로 구분할 수 있다. 의학적인 측면에서의 죽음은 신체 내 세포의 기능이 정지되어 세포가 원래의 모습으로 돌아갈 수 없는 상태를 말한다. 이러한 상태에서는 뇌 기능이나 심폐기능이 정지되어 죽음을 맞이하게 된다. 이때 어느 장기에 중점을 두느냐에 따라 심폐기능설과 뇌사설로 나뉘는데 우리나라에서는 심폐기능설을 택하고 있다.

사회적인 측면에서의 죽음은 주변의 자극에 대해서 무의식, 무반응을 보이는 상태를 죽음으로 보는 정의이다. 사람의 내적인 측면에서 뇌파활동이나 생명과 관련된 반사반응은 존재하지만, 사회적으로 다른 사람과의 관계를 유지하거나 맺을 수 없는 식물인간과 같은 상태를 말하는데 이런 경우 의학적으로는 죽음이 아니지만, 사회적으로는 죽었다고 판단한다.

법적인 측면에서의 죽음은 의사가 사망진단서를 통해서 죽음을 명명하는 경우이다. 우리나라에서는 사망진단서가 작성되어야만 죽음을 인정하고 장례의식을 치를 수 있도록 하고 있다.

출생과 죽음 사이에는 늙음이라고 하는 노화과정(老化過程)이 존재한다. 성장기를 마친 모든 사람들은 지금 늙음이라고 하는 노화과정을 거치고 있다. 어쩌면 죽음보다 더 두려운 것이 늙음인지도 모른다. 왜냐면 죽음은 그리 오래되지 않은 시간 동안 바라보지만, 늙음은 긴 시간 동안 두고두고 바라보아야 하기 때문이다. 사람마다 발달에 개인차가 있지만 일반적으로 생물학자들에 의하면, 인간은 25세에서 28세 사이에 최절정의 젊음을 유지하다가 그 이후부터 서서히 늙어가기 시작한다고 한다. 즉, 노화(老化)가 시작되는 것이다. 이러한 생물학적인 변화는 인간의 힘으로 이겨내는 데는 한계가 있다. 다만, 그 사람이 삶을 어떻게 살아가느냐에 따라 노화과정의 속도에 차이가 있을 뿐이다.

늙음을 싫어하는 것은 모든 인간의 공통점이다. 그 누구도 늙음을 빨리 맞이하고 싶어 하는 사람은 없다. 다만, 성격이 낙천적이거나 비교적 교양수준이 높은 사람들의 경우에서 종종 늙음을 비교적 태연하게 받아들이는 사람들을 볼 수 있다. 늙음의 문제는 삶의 문제 가운데 가장 어려운 문제이다. 그동안 늙음은 모두 개인적인 문제로 인식하고 대비해 왔다. 그러나 사람들의 수명이 연장되면서 최근에 와서는 사회문제가 되고 있다. 고령 사회니, 초고령 사회니 하는 말이 등장하게 된 것도 최근의 일이다. 그렇게 보면 늙음의 문제는 각자에게는 모두 자신의 문제이면서 집단에게는 사회적인 문제를 야기한다. 이렇게 중대한 늙음의 문제가 더욱 심각한 것은 많은 사람들이 늙음이 자신의 문제임에도 불구하고 자신의 문제라고 인식하지 않고 다른 사람의 문제인 것처럼 착각하고 있다는 점이다.

죽음은 누구나 당하기 마련이다. 또 누구나 자신의 문제이다. 그럼에도 불구하고 마치 남의 문제인 것처럼 외면하고, 관심을 두지 않는 데 문제가 있다. 죽음이 자신의 발등에 떨어지는 순간까지도 마치 자신은 절대로 죽지 않을 것처럼 행동한다는 점이다. 사람은 누구나 조만간 죽기 마련이라는 사실을 잊은 채 영원히 살 것처럼 어리석은 행동을 자행하고 있다.

인간의 이러한 어리석음은 대부분 지나친 욕심이 발단이다. 지나친 욕심은 우리를 죽음이라는 사실에서 잊게 한다. '시한부 인생'을 사는 사람들에게서 욕심이라는 어리석음은 찾아볼 수 없다. 그래서 톨스토이(Tolstoy)는 '죽음을 기억하는 삶'을 살기를 권고했다. 아무리 욕망이 많다고 해도 인간은 죽음 앞에서는 인간의 순수한 본질로 돌아간다는 것이다. 즉, 순수해지고 진실해지며 지극히 관용적인 사람으로 돌아간다는 것이다. 그래서 톨스토이는 인간의 윤리적인 삶을 위해서는 '죽음을 기억하는 삶'이 있어야 한다고 강조하고 있다. 사실 누구나 사람은 시한부 인생을 살고 있는 데도 불구하고 이와 같이 사람마다 욕망의 차이가 있는 것은 왜일까? 아마 시한부의 명확한 시한을 인지하지 못했기 때문일 것이다. 하지만 그 오차는 100년을 넘지 못하는 찰나에 불구하다.

죽음이 주는 이미지

죽은 사람이 다른 사람들에게 죽은 경험을 얘기할 수 없지만 죽음을 맞이하는 순간까지는 자신의 죽음을 체험할 수 있을 것이다. 종종 죽음을 경험했다고 말하는 사람들이 있지만 대부분 모두 임사(臨死)체험이지 죽음을 체험한 것은 아니다. 죽음은 절대적으로 미지의 사건이다. 죽음은 우리가 예측할 수 없을 때 어두운 힘으로 우리가 어떻게도 하지 못하도록 해 놓고 아무런 규칙도 없이 찾아온다. 이러한 죽음을 사람들은 옛날부터 두렵고 나쁜 일로 여겨왔다. 하지만 최근 들어 사람들은 죽음을 삶의 한 부분으로 받아들이기 시작했다. 프랑스의 철학자 몽테뉴(Montaigne)는 죽음은 삶이 끝나는 것이 아니라 삶의 한 과정이라고 하였고, 로마의 키케로(Cicero)는 철학자들도 전 생애 동안 죽음을 생각한다고 하였다.

반면에 죽음을 아무런 의미도 없는 무의미한 일로 보는 이들도 있다. 쇼펜하우어(Schopenhauer)는 인간의 죽음을 어찌할 수 없는 것이라고 말하고 "죽을 때는 아무도 모른다."라고 하였다.

죽음은 사회적 관계에서도 다양하게 표현되고 있다. 먼저 죽음은 삶의 과정에서 성별이나 연령, 재산이나 외모, 사회적 업적, 선행에 관계없이 누구에게나 찾아오는 두려운 존재라는 것이다. 누구에게나 찾아오는 이 죽음을 인간은 어쩔 수 없는, 죽음 앞에서만큼은 무능한 존재일 수밖에 없다고 보았다.

죽어 가는 순간이나 타인의 죽음을 볼 때가 바로 '진실한 순간(moments of truth)'이라는 사실은 불변의 진리이다. 그래서 톨스토이는 일찍이 '죽음을 기억하는 삶'을 살라고 하였다. 죽음 자체는 자연적인 현상이고 삶으로부터 해방되는 순간이다. 하지만 사람들이 죽음을 자연스러운 현상으로 받아들이지 못하고 충격적인 죽음을 맞이하는 것은 죽음에 대한 대비가 없기 때문이다. 대비하지 않은 채 죽음을 당하기보다는 대비한 자세로 죽음을 맞이할 때 충격적인 죽음은 우리에게서 사라질 것이다.

죽음의 특성

사람들은 누구나 죽음을 맞이한다. 죽음이란 생명활동이 정지되어 다시 살아 있던 상태로 돌아오지 않는 생물의 상태를 의미하는 것으로 한 번 맞이한 죽음은 다시 되돌릴 수 없다. 따라서 죽은 이후의 모습에 대해서도 그 누구도 확신하지 못한다. 일반적으로 죽음은 다음과 같은 특성을 지니고 있다(정민승 외, 2016).

첫째, 죽음은 불가역성을 지니고 있다. 인간은 죽게 되면 삶의 영역으로 다시 돌아올 수 없다. '의학적 죽음'에서 내린 정의처럼 인간의 신체기능은 죽음으로 인해 멈추면 다시 회복될 수 없다. 죽음을 경험한 후에 살아나는 '임사(臨死, near-death)' 체험 경험자도 엄밀히 말해 뇌사상태에서 신체의 모든 기능이 멈추었다고 볼 수 없으므로 의학적으로 죽음을 경험했다가 다시 삶의 세계로 돌아왔다고 할 수 없다. 죽음의 불가역성으로 인해 죽음이 발생하기 전 현재 삶의 중요성이 더욱 부각된다고 볼 수 있으며, 따라서 죽음이 발생하기 전 이에 대한 준비가 필요하다.

둘째, 죽음은 인간에게 누구에게나 평등하게 나타난다. 한번 태어난 인간은 예외 없이 모두 죽음을 경험할 수밖에 없다. 경제적 수준, 학력 수준, 건강 수준 등과 관계없이 모든 인간은 평등하게 죽게 되어 있다. 이러한 평등성으로 인해 모든 인간은 자신이 죽을 수밖에 없는 존재임을 인정하게 된다.

셋째, 죽음은 죽은 후의 세계에 대한 불가지성(不可知性)을 지니고 있다. 인간은 죽음의 불가역성으로 인해 죽음 이후에 어떠한 세계가 존재하는지 알 수 없고, 사후세계에 대해 서로 다른 개념을 갖고 있다. 크게는 사후세계의 존재를 믿는 사람과 믿지 않는 사람으로 구분하고, 사후세계를 믿는 사람은 신념과 종교에 따라 다양한 사후세계관을 갖고 있다. 죽음에 대한 불가지성은 때로는 인간에게 죽음에 대한 공포를 불러일으킬 수도 있으므로 이를 극복하기 위한 죽음의 준비가 필요하다.

넷째, 죽음이 닥쳐오는 때와 장소는 누구도 알지 못한다. 인간이라면 누구나 그 사람의 지위, 명예, 권력, 부와 상관없이 모두 죽는다. 인간이 태어남에 있어서는 순서가 있지만 죽음에는 순서가 없으며, 죽음에는 일정한 장소나 시간이 정해져 있지 않다.

다섯째, 대부분의 사람들은 죽음이 자신에게 닥쳐오지 않을 것이라는 착각을 한다. 많은 사람들은 죽음이 자신에게 곧 닥쳐올 것이라는 가정을 하지 않는다. 아니 먼 훗날에 일어날 일이고, 자신이 아닌 다른 사람에게 발생하는 일이라는 착각을 하면서 살아간다.

죽음은 누구에게나 오는 것이지만 우리는 죽음을 준비하고 맞이할 필요가 있다. 어느 날 갑자기 준비되지 않은 상태에서 죽음을 당하기보다는 미리미리 준비한 상태에서 죽음을 기꺼이 받아들일 수 있는 준비가 필요하다. "지혜로운 자는 초상집을 가고 어리석은 자는 잔칫집을 간다"라는 말처럼 '죽음을 깨닫는 자', '죽음을 넘어서서 영원을 바라보는 자', '오늘에 최선을 다하는 자'가 곧 죽음을 준비하는 자이다. 오늘은 또 하루가 가는 것이 아니라, 또 다른 하루가 오는 것이다. 미래를 준비하는 마음으로 또 하루를 맞이하자.

죽음에 대한 태도

오늘을 살아가는 많은 이들은 자신에게 어떠한 위기상황이 닥치기 전까지 죽음이란 존재하지 않는 것처럼 생각하고 살아간다. 비록 타인의 죽음을 말하고, 먼 죽음은 생각하지만 자신의 죽음에 대해서는 관심이 없다. 즉, 진정한 개인적 성찰을 하는 경우를 제외하고는 자신의 죽음에 대해 무관심이다. 이러한 이들이 어느 날 갑자기 닥쳐오는 자신의 죽음을 맞이하게 되면 죽음앞에서 무한한 무지와 무기력에 빠져든다. 이러한 죽음을 대하는 태도와 관련하여 이제는 우리도 대안을 찾아 나서야 한다. 죽음 또한 평안함을 찾는 일이고 행복을 찾아 나서는 일이라는 것을 알아야 한다. 죽음이 인간 성장의 자연스러운 변화과정의 하나로 우리가 자연스럽게 받아들이고 홀연히 그 변화를 찾아 떠난 이들에 대해 너무 슬퍼하지도 놀라지도 말아야 함을 인식하고 수용할 수 있어야 한다.

죽음에 대한 태도는 삶에 대한 태도와 다르지 않다. 누구나 태어난 후에는 죽음을 맞이하게 되며 이러한 사실은 이미 누구나 다 아는 사실이다. 하지만 우리의 삶을 성찰해 보면 대부분의 사람들은 자신이 마치 천 년을 살 것처럼, 아니 죽지 않을 것처럼 생각하고 살아간다. 그렇게 생각했던 삶에 어느 날 갑자기 죽음이 다가오면 그것을 어떻게 수용할 것이며, 죽은 후에 일어날 일에 대해서는 어떻게 감당해 나갈 것인가? 준비되지 않은 죽음에는 두려움이 따르게 마련이다. 그것은 죽은 후에 무엇이 일어날지 모르기 때문에 죽음을 두려워하는 것이다. 죽음은 삶의 한 과정인 동시에 성장의 한 과정으로 삶이 그러하듯 시간의 흐름에 따라 인간이 태어나고 죽게 된다.

죽음에 대한 인간의 태도는 크게 두 가지로 나누어진다. 하나는 언제 올지 모르는 죽음을 우리 삶 밖으로 밀어내어 완전히 망각하고 살아가는 방식이다. 이러한 사람들은 주로 지금의 삶에, 현실에, 여기의 삶에 충실한 사람들이다. 고대 쾌락주의 철학자 에피쿠로스(Epikuros)는 "우리가 존재하는 한 죽음은 존재하지 않고 죽음이 찾아왔을 때는 우리도 더는 존재하지 않는다"라고 주장하면서 쾌락주의적 삶을 강조했다.

또 다른 하나는 죽음이라는 것을 삶 안으로 끌어들여 매 순간 죽음을 잊지 않고 기억하며 사는 방식이다. 죽음은 누구에게나 언젠가는 반드시 다가올 것이므로 차라리 지금 앞당겨서 죽음의 가치를 지급하겠다는 것이다. 즉, 일상의 삶에서 죽음을 매 순간 기억함으로써 자기를 상실하고 자기중심적 삶이 아닌 타인중심적 삶으로 삶을 쇄신해 살아야 한다는 방식이다. 이러한 가치를 추구하는 사람들은 내세를 평화롭고 자유로우며 질병 없이 무한한 복을 누리는 삶으로 인식한다. 독일의 철학자 마르틴 하이데거(Martin Heidegger)는 『존재의 시간』에서 "죽음을 향해 미리 달려가는 것은 비본래적 존재에서처럼 죽음을 넘어설 수 없음을 은폐하는 것이 아니라 오히려 그로부터 자유로워지려는 것이다. 자신의 죽음을 향해 미리 달려가면서 그것으로부터 자유로워질 때에만 우연히 들이닥치는 여러 가능성에서 자기를 상실하는 것으로부터 벗어날 수 있다. 따라서 넘어설 수 없는 최후의 가능성 앞에 있는 여러 현실적 가능성을 이해하고 선택해야 한다. 앞질러 달려감이 실존의 극단적 가능성으로서의 자신의 과제를 열어 보이며, 그때그때에 이미 실현된 실존으로 굳어버린 모든 태도를 부숴버릴 수 있다"라고 하였다. 죽음을 미리 준비하여 상실감으로부터 대비해야 함을 역설한 말로 죽음은 우리에게 언제든지 닥쳐올 수 있다는 것을 기억함으로써 우리는 보다 현재의 순간에 있을 수 있음을 강조한 말이다. 죽음을 인식하고 대비하는 삶에서 탐욕과 성냄, 분노, 불쾌감, 악함 등을 수용할 수 있고 죽음을 통해 보내줄 줄 아는 것이 가능하게 된다.

죽음을 기억하고 준비하는 사람들은 대부분 본래적 가치를 추구한다. 죽음을 통해 그들의 삶 안에서 진정으로 필요한 소망이 무엇인지를 찾아낸다. 만약 누군가에게 머지않아 죽게 된다는 사실이 알려진다면 그 사람은 자신이 진정으로 소망하는 것이 무엇인지를 찾아내게 된다. 하지만 욕망을 자신의 진정한 소망으로 착각해서는 안 된다. 욕망은 부질없는 일이다. 평소에 간절히 원하던 그것이 의사로부터 불치병에 걸려 죽게 된다는 사실을 듣게 되는 순간 사라진다면 그것은 진정으로 소망한 것이 아니다. 그것은 틀림없이 부질없는 욕망이었던 것이다. 진정한 소망은 이와는 반대로 죽음 앞에서 더욱 간절해진다.

인간의 죽음에 대한 연구로 일생을 바친 미국의 퀴블러 로스(Elizabeth Kubler Ross) 박사는 죽음을 맞이한 사람들의 심리적 변화에 대해 5단계의 타협과정을 제시하였는데 그 내용은 다음과 같다.

첫째, 부정의 단계이다. 자신이 죽음에 임박해 있다는 사실을 안 대부분의 사람들은 사실을 알고 충격에 휩싸이지만, 첫 번째 단계로 그 사실을 부정하려고 한다. 많은 사람들은 자신이 죽지 않고 불멸할 것이라는 사실을 무의식적으로 믿기 때문에 죽음을 부정하게 된다. 죽음을 앞둔 대부분의 사람들은 초기의 불안에 비교적 잘 대처하여 비교적 건강한 생활을 한다.

둘째, 분노의 단계이다. 상황이 악화되어 이제는 더 이상 죽음을 부정할 수 없음을 깨닫고 분노, 격분, 원한의 감정을 주변 사람들에게 표현한다. 질병으로 인한 고통을 의사나 간호사에게 하소연하기도 하고, 가족이나 친구, 신(神)에게 화를 내기도 하며 무엇보다도 젊고 건강한 사람들을 부러워한다. 이 단계에서는 많은 사람들이 자신의 분노를 아무에게나 투사, 전이하려고 해 사람을 다루기가 힘들어지는 시기이다.

셋째, 흥정의 단계이다. 죽음을 눈앞에 둔 사람은 어떻게 해서든지 죽음을 연기, 지연하고자 노력하는 단계이다. 자신이 그동안 해왔던 착한 행동으로 보상을 받으려 하거나, 자신의 간절한 소원이 이루어진다는 사실을 경험으로부터 알고 시간을 좀 더 벌기 위해 무작위 대상들과 흥정을 시도한다. 이 시기에 나타나는 흥정의 말은 대부분 '제발 ~할 때까지만 허락해 주십시오', '~할 때까지만 허락해 주신다면 ~하겠습니다'와 같은 기도를 통해 타협하고자 한다.

넷째, 우울의 단계이다. 질병의 정도가 심해지고 자신의 체력이 고갈되어 감을 인식하고 우울한 과정으로 빠져드는 단계이다. 이 단계에 이르면 말이 없어지고 면회를 사절한다거나 혼자서 울며 슬퍼한다. 이 단계에서는 자신의 죽음이 임박해 왔기 때문에 슬퍼할 시간이 필요하다. 충분히 슬퍼할 수 있도록 주변 사람들이 슬퍼하는 상황이나 모습을 이해하고 수용할 수 있는 분위기 조성이 필요하다.

다섯째, 인정의 단계이다. 죽음의 시간이 왔음을 인정하고 수용하는 단계이다. 따라서 이 단계에서는 슬픔을 충분히 나누었기 때문에 죽음이 갑작스러운 것이 아니며, 자신의 운명에 대해 우울해하거나 분노하지 않는다. 자기 자신과 세상에 대해 평화로운 마음으로 인정하고 수용하는 단계이다.

이러한 다섯 단계의 과정은 절대적인 것은 아니다. 경우에 따라서는 개인의 특성에 맞춰 각 단계의 순서가 바뀌기도 하고 한두 단계를 건너뛰기도 하며, 어느 한 단계에서 지나치게 오랫동안 머무르거나 중복되는 경우가 발생하는 등 개인차가 있다.

2. 고종명과 자발적 죽음

오복으로서의 고종명(考終命)

중국 『서경(書經)』의 주서(周書) 홍범편(洪範篇)에서는 인간이 가질 수 있는 최고의 복으로 다섯 가지를 제시하고 있다. 이것을 오복(五福)이라고 하는데 오복 중 가장 먼저 등장하는 제일복(第一福)은 장수이다. 장수(長壽)로 오래 사는 것은 제일복이니 이것은 모든 사람들의 공통된 염원이다. 제이복(第二福)은 부(富)로 부자로 산다는 것은 살아가는 데 불편하지 않을 만큼의 재산을 갖는 것이다. 제삼복(第三福)은 강녕(康寧)으로 강(康)은 육체적 건강을 뜻하고 영(寧)은 정신적 건강을 의미한다. 즉, 몸도 마음도 모두 편안하고 건강한 것이 제 삼복이라는 뜻이다. 제사복(第四福)은 유호덕(攸好德)이니, 이는 남에게 선행을 베풀어 덕을 쌓는 것이다. 제오복(第五福)은 고종명(考終命)이니, 편안하게 천수를 다하는 것으로 죽음의 복을 잘 타고나는 것이다.

고종명을 오복 중 가장 큰 복으로 여겼으니 고통 없이 편안하게 일생을 마치고 죽음을 맞이하는 것을 그만큼 소중하게 생각했다. 죽음 앞에는 누구나 다 고통이 따른다. 그중에서도 죽음에 앞서 육체적 고통은 대비할 수 없어서 운명에 맡길 수밖에 없지만, 생각해 보면 정신적인 고통은 본인이 책임져야 할 부분이다. 자신의 정신적 준비를 통해서 죽음의 고통을 최소할 수 있는 것은 본인이 삶을 정리하는 마지막 책무일 것이다.

우리말 속담에 "끝이 좋으면 모든 것이 좋다"라는 말이 있다. 이처럼 죽음을 앞둔 마지막 찰나가 좋아야 인생 전체가 좋을 수 있다. 끝을 좋게 하기 위해서는 죽음에 앞서 삶을 되돌아보고 화해의 손을 잡을 수 있는 준비도 필요하다. 늙음을 지내오는 과정에서 당당하게 남을 도와가며 늙음을 맞이할 수 있는 자세와 태도가 있어야 하고, 편안한 마음으로 죽음을 맞이할 수 있는 준비의 자세도 필요하며, 많은 사람들에게 관용을 베풀 수 있는 마지막의 지혜도 필요하다. 그런 준비가 된 사람에게 죽음은 두렵지 않다. 죽음도 삶의 한 과정이기 때문이다.

소크라테스(Socrates)는 "죽음은 인간이 받을 수 있는 축복 중 최고의 축복이다"라고 했으며, 퍼블릴리어스 사이러스(Publilius Syrus)는 "죽음보다 무서워해야 하는 것은 죽음에 대한 두려움이다"라고 하였으며, 레오나르도 다 빈치(Leonardo da Vinci)는 "잘 보낸 하루 끝에 행복한 잠을 청할 수 있듯이 한 생을 잘 산 후에는 행복한 죽음을 맞을 수 있다"라고 하였다. 죽음의 의미와 더불어 오복으로서의 죽음에 대해 되뇌어 봐야 할 말이다.

자발적 죽음의 의미와 유형

최근 통계자료에 의하면, 우리나라 자살률은 점차 증가하는 추세에 있다. 특히 청소년 자살증가율은 세계 1위를 차지하고 있다. 통계적 수치로 보면 우리나라는 하루 평균 40명이 자발적 죽음을 선택하고 있는 실정으로 자발적 죽음은 이제 '국민병'이라고 해도 지나친 말이 아닐 정도이다. 경제협력개발기구 38개 회원국 중 10년째 자살률 1위를 차지하고 있다. 특히 청소년기의 자발적 죽음은 사회적으로 심각한 문제가 된다. 청소년의 자발적 죽음은 그 발생 건수와 방법의 잔혹성 여부와 관계없이 판단력이 부족한 청소년 자신이 스스로 자신의 귀중한 삶을 포기하는 자해적 행위라는 점에서 사회적 충격이 크다.

자발적 죽음이란 흔히 말하는 '자살'을 말하며 '자의로 자신의 생명을 끊는 것'을 뜻한다. 흔히 '자살'이라는 용어로 사용한다. 일반적으로 자발적 죽음은 병적 자살과 사회문화적 자살로 구분하는데, 병적 자살은 우울증, 정신분열증, 성격장애와 같은 정신질환의 한 증상으로 스스로 자발적 죽음을 선택하는 경우를 말한다. 사회문화적 자살은 사회적 환경이나 문화적인 배경과 관련되어 스스로 자발적 죽음을 선택하는 경우이다. 우리나라에서 발생하는 자발적 죽음 중에서 전체의 약 60% 정도가 병적 자살에 해당되고, 분신이나 자폭테러에 의한 자발적 죽음에 해당하는 사회문화적 자살은 전체의 약 40%가

해당된다. 청소년기의 자발적 죽음은 이러한 통계에서 나타나는 특성과 다른 측면이 있다. 슈나이드만(E. Shneidman, 1987)은 청소년들의 자발적 죽음은 정신질환의 표현으로 볼 수 없다고 주장하였고, 글레이저(Glaser, 1981)는 청소년의 자발적 죽음에서 임상적으로 진단될 수 있는 우울증이 관여된 경우는 10% 미만에 불과하다고 주장하였다. 청소년기의 자발적 죽음은 일반적으로 충동에 의한 것이거나, 남을 조종하려는 의도에서 시작되거나, 자신에게 부당하게 대했다고 생각되는 가족이나 친구들에 대한 보복 등이 자발적 죽음의 중요한 요인이라고 주장하고 있다.

자발적 죽음에 대한 태도

우리나라 사람들은 자발적 죽음에 대해 비교적 너그러운 편이다. 주변에서 자발적 죽음을 시도했다는 소식에도 그리 심각하게 생각하지 않는 경향이 있다. 이러한 사회적 분위기가 자신이 어떠한 문제에 직면하게 될 경우 쉽게 자발적 죽음을 생각하는 경향으로 나타나고 있다. 뿐만 아니라 화가 나거나 실망하게 되었을 때 쉽게 자발적 죽음을 생각하고 실행하는 경향이 있다. 특히 동반자살이 다른 나라에 비해 우리나라에서 많이 발생하는 것도 자발적 죽음에 대한 사회적 분위기와 무관하지 않다.

현대사회의 변화는 과거의 청소년보다 오늘날의 청소년들에게 보다 많은 기대와 요구를 하고 있다. 이러한 변화와 기대는 균형적인 발달을 이루지 못한 청소년들에게 많은 스트레스로 다가온다. 청소년기에 발생하는 자발적 죽음의 직접적인 동기가 부모나 교사와의 언쟁이나 친구와의 다툼과 같이 대부분 사소한 사건에서 시작되는 것도 평상시에 받은 많은 스트레스와 심리적인 문제가 충동적으로 작용하여 행동화되는 경향이 있다.

청소년기의 자발적 죽음은 현실 도피적이고 충동적인 문제 해결 방식으로 반영될 가능성이 높다. 청소년기는 자아에 대한 인식과 자기자각이 급증하는 시기인 데 비해 이 시기의 청소년들이 자기자각을 견디어 내는 자아강도를 높여주기 위한 활동이나 환경이 매우 부족한 실정이다. 따라서 청소년들이 부정적인 심리상태에서 벗어날 수 있도록 자기자각에 대한 인식을 강화시켜 자발적 죽음에 대한 부정적 태도에서 벗어날 수 있도록 해야 한다.

가정의 기능과 부모의 역할 또한 청소년의 자발적 죽음과 직접적인 영향이 있다. 자발적 죽음을 시도하는 청소년들의 경우를 보면 대부분 부모와 자녀의 극단적인 갈등상황에 놓여 있거나 긴장상태, 폐쇄적인 가정 분위기 등이다. 특히 가정이 평화롭지 못하고 이혼을 한 가정의 청소년이거나 자기가 부모로부터 버림받았다고 생각하는 청소년일수록 자발적 죽음을 선택할 가능성이 높다는 점에 유의해야 한다. 한 부모가 알코올 중독자이거나 우울 등으로 인해 자발적 죽음을 시도한 경력이 있는 가정의 청소년은 그렇지 않은 청소년보다 4~5배 높은 자살률을 보인다. 청소년의 자발적 죽음과 밀접한 관련성을 보이는 요인으로 학교 성적이 있다. 학교 성적에 대한 지나친 강박감이나 과도한 기대 등도 자발적 죽음의 선택과 무관하지 않다. 이 밖에도 경제적 어려움, 신체적 또는 성적인 학대나 폭력피해, 약물중독, 언론매체를 통해 알게 되는 자살에 대한 보도 등도 청소년의 자발적 죽음과 관련이 있다.

특히 언론매체에서 자발적 죽음에 대한 내용을 중요하게 다루거나 자발적 죽음에 대해 지나칠 정도로 상세한 보도는 자발적 죽음에 대해 생각하던 청소년들에게 동기적인 역할이 될 수도 있다는 점에서 자발적 죽음에 대한 바른 인식과 올바른 태도를 지닐 수 있도록 해야 한다. 자발적 죽음에 대한 사회와 언론의 태도는 청소년의 자발적 죽음에 민감한 영향을 미친다. 언론이 대중매체의 상업성이라는 특성을 지니고 있기 때문에 자발적 죽음이라는 사회적인 사건을 다루지 않을 수 없다는 것을 이해하지만, 언론은 가능하면 청소년의 자발적 죽음을 다루지 않는 것이 가장 좋은 방법이다. 만약 그것이 어렵다고 한다면 최소한 자발적 죽음에 대한 사건을 보도함에 있어서 그 자발적 죽음이 마치 사회적인 요인에 의해서 어쩔 수 없이 이루어진 필수불가결한 것이라는 것, 즉 자발적 죽음을 선택한 사람이 희생자라는 태도나 동정적인 태도를 보이는 것은 철저히 배제되어야 한다. 즉, 자발적 죽음에 대해 인간 생명의 존엄성을 포기하는 가치의 측면에서, 그리고 자발적 죽음이라는 자기 생명에 대해 자신을 스스로 포기하고 책임을 회피하는 것이라는 측면에서 비판적으로 다루어져야 한다. 심각하리만큼 높은 청소년의 자발적 죽음에 대한 대책은 매우 시급한 실정이다. 본인의 노력과 더불어 주변인들의 도움이 필요하다. 병적인 자살일 경우에는 그 원인이 되는 정신질환을 철저히 치료해야 하고, 사회문화적 자살일 경우에는 그 원인을 찾아 해결해 주거나 자발적 죽음을 선택하지 않도록 예방하는 일이 중요하다.

베르테르 효과(Werther effect)

베르테르 효과는 한마디로 모방자살을 말한다. 베르테르 효과는 독일의 소설가 괴테(Goethe, 1749~1832)가 1774년에 쓴 『젊은 베르테르의 슬픔』에서 유래한 말로 유명한 사람이나 자신이 모델로 삼고 있던 사람이 자발적 죽음을 선택할 경우 그 사람과 자신을 동일시해서 자발적 죽음을 시도하는 현상, 즉 동조자살을 '베르테르 효과'라고 한다.

'베르테르 효과'라는 용어는 미국 캘리포니아대학교 사회학자 데이비드 필립스(David P. Phillips)가 명명한 말이다. 1970년 「사회적 행위로서의 죽음(Dying as a Form of Social Behavior)」이라는 논문에서 그는 1947~1968년의 기간에 미국에서 발생한 자살 통계를 분석한 결과, 자살이 신문의 전면 기사로 다루어진 후 2개월 이내에 평균 58명의 자살 사건이 다른 때보다 증가되어 나타나는 현상을 발견하게 된다. 이러한 자살 건수의 증가는 특히 미디어가 요란하게 다루었던 지역에 국한되어 나타났다는 점을 찾아내고, 그 이전에 비해 이후에 각종 사고(비행기 사고, 자동차 사고 등)가 급증했다는 사실을 발견해 냈다. 특히 이러한 사고에는 인명 치사율이 보통 때보다 3~4배 높게 나타났다는 사실을 찾아냈는데, 이 가운데에는 상당 부분이 사고를 가장한 자살로 추정되었던 것이다. 그는 이러한 모방 자살(copycat suicide)을 괴테가 쓴 『젊은 베르테르의 슬픔』에서 주인공 베르테르가 로테를 사랑했지만 그녀에게 약혼자가 있다는 사실에 괴로워하다 권총 자살로 생을 마감하게 되는 내용을 모방한 자살이 전 유럽으로 확산된 것에 비유해 '베르테르 효과(Werther effect)'라고 불렀다. 당시 이 소설에 심취해 있던 유럽의 젊은이들은 주인공 베르테르가 입었던 파란색 연미복에 노란색 조끼를 즐겨 입고 다녔고, 실연이나 우울증에 빠진 상태에서 베르테르를 모방하여 자발적 죽음을 선택한 사람이 전 세계에 2,000여 명으로 추정될 정도로 권총 사건이 연이어 발생하였다. 이러한 모방자살로 인해 유럽에서 한때는 이 소설 발간이 중단되는 사건이 발생하기도 하였다. 베르테르 효과는 똑같이 고민에 빠진 다른 사람의 행동을 근거로 자신의 행동을 결정하는 경우로, 사회적 증거의 원칙을 부정적인 방향으로 적용한 사례라고 할 수 있다.

심리학자 로버트 치알디니(Robert Cialdini)는 '베르테르 효과'가 나타나는 이유를 사람들이 처해 있는 상황에서 적절한 행위가 무엇인지를 판단하기 위해 자기와 유사한 처지에 있는 비슷한 사람들이 어떻게 행동하는지를 관찰하고 그것을 단서로 삼기 때문에 나타나는 현상이라고 말하였다. 이러한 유사행위를 방지하기 위해서는 무엇보다도 소통이 중요하다. 마음을 같이 나눌 친구, 동료, 선후배 등이 필요하다. 스스로 마음의 문을 열기 힘든 사람에게, 어깨가 축 처져 있는 젊은이에게 다가가 소통할 수 있는 시간과 기회가 주어져야 한다. 특히 인터넷이 발달한 우리나라는 언론보도를 듣고 많은 사람들이 기사를 실어 나르기 때문에 베르테르 효과가 더욱 커질 수 있다는 점에 유념해야 한다.

베르테르 효과를 이야기한다면 언론의 문제를 지적하지 않을 수 없다. 베르테르 효과에 따른 문제는 언론도 공범일 수밖에 없다. 언론은 자발적 죽음에 대해 '이대로는 안 된다'라고 주장하지만, 베르테르 효과에 대해 충분한 주의를 기울이지 않는 많은 언론들이 문제의 공범자가 되고 있다.

3. 사후세계에 관하여

사후(死後)의 네 가지 가능성

모든 생명은 죽음 앞에 평등하다고 하지만, 죽음 이후의 세계에 대해서는 아무도 모른다. 다만, 인간은 미지의 사후세계에 대해 다양하게 추측하고 상상해 나갈 뿐이다. 인간의 사후세계에 대해서는 다음과 같은 네 가지의 견해가 있다.

첫째, 단멸론(斷滅論)이다. 단멸론은 인간은 죽음으로서 모든 것이 끝난다는 견해이다. 단멸론의 주장은 대부분 무신론자들이 취하고 있는 입장으로 인간의 생명과 정신을 일회성으로 본다. 즉, 죽은 후의 영혼 따위는 존재하지 않으며 우리가 상상하는 내세도 존재하지 않는다고 믿는다. 이러한 죽음에 대한 단멸론의 주장은 자신의 삶을 자칫 극단적인 이기주의나 쾌락주의로 몰고 갈 가능성이 있다는 점에서 삶에 대한 성찰이 필요한 견해이다.

둘째, 심판론(審判論)이다. 심판론은 인간이 죽은 이후에는 신(神)을 중심으로 한 종교의 내세관이 존재한다고 보는 견해이다. 모든 종교에는 내세의 신비와 관련된 사후세계가 존재한다. 기독교의 천국과 지옥이라는 말이 그렇고, 천주교의 천국과 연옥이라는 말이 그렇고, 불교의 극락과 지옥이라는 말에서 사후세계의 존재를 인식할 수 있다. 인간과 만물은 신의 뜻에 따라 만들어졌고 신의 뜻에 따라 인간은 살아가야 하며, 신을 믿고 복종하는 사람에게는 천국을, 신을 부정하고 거역하는 사람에게는 지옥이라는 내세를 준비해 왔다고 보는 입장이다. 따라서 인간의 영혼은 죽은 후에도 끝나지 않고 신의 명령에 따라 천국이나 지옥에 다시 태어나 영원히 행복을 누리며 살거나 고통을 받아야 한다고 보는 견해이다.

셋째, 윤회론(輪迴論)[1]이다. 윤회론은 불교와 힌두교 같은 종교에서 주장하

1) 윤회설은 본래 불교가 생기기 이전부터 인도에 있었던 사상이다. 인도인들은 우주와 생명을 끊임없이 순환하는 존재로 보아왔다. 즉, 시작도 없는 무한한 과거로부터 우주와 생명은 생성

는 내용이다. 윤회론에 의하면, 모든 생명은 과거에도 무한히 생사를 거듭해 왔고, 지금의 육체가 소멸된 후에도 영혼은 여러 가지 생명체 중의 하나로 다시 태어나 살아가게 된다는 입장이다. 윤회(輪廻)는 '나고 죽음을 끊임없이 반복한다'라는 의미로 죽음과 탄생의 연속된 반복을 말한다. 특히 불교에서는 내세의 삶을 육도윤회(六道輪廻)[2]를 통해 선악을 응보로 육도(六道)의 고락을 받으면서 죽음과 삶을 끝없이 되풀이하는 것으로 인식하고 있다.

넷째, 영원회귀(永遠回歸)[3]론이다. 영원회귀는 똑같은 것이 그대로의 형태로 반복되는 것, 즉 윤회하는 것을 삶의 실상으로 보고 삶은 무한한 회귀로 이어진다고 보는 견해이다. 영원회귀에 따르면, 인간의 삶의 흐름은 '물질은 유한하지만 시간은 무한하다'라고 보며, 무한의 시간 중에서 유한의 물질을

소멸을 반복해 왔고 진리를 알지 못하는 한 앞으로도 영원히 이와 같은 과정은 되풀이된다고 보는 것이다. 이러한 인도의 전통적인 세계관과 생명관이 불교에 전승되어 핵심사상으로 자리 잡게 되었다.

2) 불교에서 한 생명체가 탄생하기 전까지 여섯 가지의 세상에서 나고 죽기를 반복한다고 보고 있는데 이를 육도윤회라고 한다. 육도윤회는 물레방아 쳇바퀴 돌듯 인생도 그렇게 윤회한다고 보는 견해로 윤회가 있기에 환생이 있고 환생이 있기에 전생이 있다고 본다. 환생할 때는 자신의 업도에 따라 또 다른 생명체의 몸을 받고 태어나게 되는데 그 사람이 생전에 쌓은 선과 악의 업적과 공덕으로 환생의 운명이 정해진다고 보고 있다. 육도로는 지옥도(地獄道, narakagati: 욕계의 지하세계에 속하며, 무거운 악업을 저지른 자가 가는 곳), 아귀도(餓鬼道, pretagati: 욕계의 지표세계에 속하며, 재물에 인색하거나 음식에 욕심이 많거나 남을 시기·질투하는 자가 가는 곳 또는 항상 밥을 구하는 귀신들이 거주하는 곳이며, 인간세계와 장소가 겹치기는 하지만 인간의 눈에는 보이지 않는 곳), 축생도(畜生道, tiryagyonigati: 욕계의 지표세계에 속하며, 온갖 동물들이 사는 곳이며, 인간세계와 장소가 겹치는 곳), 아수라도(阿修羅道, asura-gati: 욕계의 지표세계에 속하며, 아수라가 사는 곳이며, 인간세계와 장소가 겹친다. 구체적인 거주처에 대해서는 심산유곡이라고 하는 의견도 있고, 바닷속이라는 의견도 있으며, 수미산과 지쌍산 사이의 바다 밑이라는 의견도 있음), 인간도(人間道, manusya-gati: 욕계의 지표세계에 속하며, 인간들이 사는 곳, 즉 인간세계), 천상도(天上道, deva-gati: 욕계의 천상세계와 색계와 무색계의 모든 하늘(天)들을 통칭하는 말로 이 세계의 중생(유정)들, 즉 이 세계의 사람들과 존재들을 천인(天人)·비천(飛天)·낙천(樂天)·천신(天神)·천(天)·신(神) 또는 데바(deva)라고 함) 등이 있다.

3) 영원회귀(永遠回歸, Ewig Wiederkehren)는 니체 철학에서 볼 수 있는 근본 사상의 하나로 '똑같은 것이 그대로의 형태로 영원에 돌아가는 것(回歸)이 삶의 실상(實相)이다'라는 생각이다. 모든 생성(生成)을 한 원환(円環) 안에서의 되풀이로 보는 이 사상에서는 모든 점이 바로 중심점(中心點)이 되기 때문에 현재의 이 순간이 영원한 과거와 미래를 응축(凝縮)시킨 영원적 의미를 지니는 것이 되며, 이리하여 현재의 모든 순간, 현실의 이 대지(大地) 위의 삶 자체가 그대로 영원한 가치로 이어져 힘차게 긍정되어 간다는 것이다.

조합한 것을 세계라고 한다면, 현재의 세계가 과거에도 존재해 있었고, 앞으로의 미래에도 완전히 같은 조합으로부터 구성될 가능성이 있다고 보는 견해이다.

회귀(回歸)는 우리들의 마음에서 끊임없이 존재한다. 일상에서 이루어지는 일들의 회귀는 한 시간, 아니 일 분, 일 초 가운데에서도 회귀는 쉬지 않고 반복된다. 시간의 반복된 흐름이나 자신의 내면적 회귀는 반복적으로 발생한다. 따라서 나 자신은 바로 이 순간 어떤 곳에 태어나고 있으며 어떤 회귀를 하고 있는 것일까? 우리가 만약 살아 있는 다른 이들의 마음속으로 회귀를 한다면 미래에 닥쳐올 또 다른 회귀를 면할 수 있을까?라는 관점에서 바라보는 것이다.

영원회귀는 니체(Friedrich Wilhelm Nietzsche)의 사상이다. 영원회귀는 삶에의 강한 긍정의 사상인 것과 동시에, '1회성의 연속'이라는 개념을 염두에 두고 이해해야 한다. 즉, '무(無)'라고 부르면, 인간은 실재를 요구하고, 자신이 '무(無)'에 영원히 회귀할 수밖에 없다고 보는데, 이를 니체는 '영원회귀'라고 설명하고 있다. 그것이 죽음이라는 무와 관계되는 것으로 인간에게서의 실재의 모습이라는 것이다.

니체가 제시한 사후관은 우리에게 영원회귀의 개념에서 우리가 인생을 어떻게 살아야 하는지를 돌아보게 한다. 영원회귀에서 중요한 것은 인생의 목표가 인생 전체가 아니라 지금 이 순간이라는 것이다. 만약 지금 이 순간이 힘겹고 고통스럽다면 그 고통은 영원할 것이고 즐겁고 행복하다면 그 행복은 영원할 것이라고 보는 것이다. 내가 지금 소모해 버리고 있는 이 순간은 내가 영원히 반복해야 하는 시간이 된다.

윤회설과 무아설

불교에서는 생명체가 자신이 지은 행위(업보, 業報)의 결과로 삼계(三界)[4]와

4) 인도사람들이 생각했던 윤회의 세계로 수직으로 배치된 3세계를 말한다. 아래로 내려가 만나는

육도(六道)5)를 윤회전생(輪廻轉生)한다고 보고 있는데 이를 윤회설(輪廻說, re-incarnation)이라고 한다. 윤회라는 말 자체에는 중생이 미혹의 세계에서 삶과 죽음을 반복하기를 마치 수레바퀴가 돌아가는 것처럼 멈추지 않고 유전(遺傳)한다는 것을 의미한다. 불교에 의하면, 존재란 재생과 사망의 끝없는 순환이며, 현생에서의 각 사람의 신분은 전생에서 한 그의 행위들에 의해 결정된다고 보고 있다. 따라서 윤회설에 의하면, 윤회는 인간의 행위를 의미하는 업(業, karma)과 필연적으로 결부되어 있다.

불교의 윤회설을 이야기할 때 많은 사람들은 윤회의 주체를 '영혼'이라고 생각하고 영혼은 불멸하며 영원하다고 생각한다. 영원하다는 것은 대개 종교에서 내세적 삶을 이야기할 때 많이 사용한다. 그러나 영원은 시간과 상대적인 의미이지 윤회나 환생의 개념은 아니다. 즉, 영원이라는 개념은 숫자로 봤을 때 '0'이라는 의미의 개념이지 다시 시간 속으로 되돌아온다는 개념은 아니다. 영원 속에서는 시간이 존재하지는 않지만 시간과 전혀 무관한 것도 아니다.

불교에서 말하는 윤회의 개념은 기백이 모여 내가 형성된 것이 아니고, 끝없는 자아의 내가 윤회전생한다는 개념이다. 조개가 달빛을 머금어서 진주가 생겨나고 매미가 죽어서 새가 되는 이치와 같다. 윤회는 자아라는 관점에서의 윤회이다. 미즈노 코오겐(水野弘元)은 "윤회의 주체로서 영혼을 인정하지 않으며, 업 자체가 윤회한다"는 것이 불교의 일관된 입장이라고 주장하고 있다(동 봉 역, 1988).

윤회설과는 달리 자아를 무아(無我)라는 관점에서 보고 마음이란 것도 생각에서 나온 관념의 조각이고, 몸이란 것도 모두 먼지와 같은 미세한 물질로 잠시 인연에 의해서 이뤄진 것이라고 보는 주장이 있는데 이를 무아설이라고 한다. 무아라고 하는 관점에서 보면, 나라는 것이 없지만 자아라는 관점

무한한 지옥의 세계, 위로 올라가 만나는 무한한 천계인 극락의 세계, 현존하는 인간의 세계를 지칭한다. 인간 위의 천계는 당연히 좋은 세계로 이 천계는 수행의 결과로 도달할 수 있는 세계이다.

5) 육도는 천상(신들의 세계), 인간의 세계, 마신(魔神)의 세계, 축생의 생류들의 세계, 죽은 자들의 아귀의 세계, 땅속에 있는 지옥과 같은 고통의 세계 등을 말한다.

에서 보면 내가 존재하는 것이다. 따라서 자아는 내가 있다는 존재의식이고 모든 사물의 실체를 인정하는 것이지만, 무아는 나의 실체를 근본에서 깨닫고 보니 아무것도 없다는 것이다. 이와 같은 무아의 관점에서 보면 윤회도 세울 것이 없으며 그곳이 바로 깨달음의 세계라는 것이다.

하지만 그렇게 생각하기에는 적지 않은 어려움이 있다. 불교의 '무아설(無我說)'에서는 '육체와 정신을 상일(常一) 주재(主宰)하는 영구불변한 것', 곧 '아(我)'의 존재를 부정한다. '처음부터 끝까지 한결같다'는 상일성(常一性)과 '자신의 마음대로 할 수 있다'는 주재성(主宰性)을 가진 '나'라는 실체는 없다는 것이다. 이 무아설의 관점에서 볼 때 윤회전생의 과정에 불멸하는 주체적 존재는 인정되지 않는다. 따라서 윤회사상과 무아사상은 양립하기 어려운 측면이 있다. 윤회사상이 본래 전생(轉生)의 과정에서 자기 동일을 유지시키는 '자아' 혹은 '영혼' 신앙에 기초하고 있는 데 비하여, 무아사상은 이러한 '자아' 혹은 '영혼'의 철저한 배제를 주장하고 있기 때문이다(안승준 역, 1993).

반복되는 재생의 의미를 지닌 불교의 윤회설은 신체의 기능이 정지하는 죽음이 곧 중단을 의미한다고 보지 않는다. 죽음은 또 다른 형태로 계속 나타나며, 이른바 재생이라고 하는 재(再) 존재를 산출하게 된다고 보고 있다. 죽음이 곧 어떤 개인의 영혼의 존재라는 의미로 규정하지 않는다.

윤회와 도덕성

불교의 윤회설에 따른다면, 과연 나는 전생에 무엇이었을까? 누구나 한 번쯤 궁금증을 가져볼 수 있는 것이다. 자신의 윤회를 확실하게 알고 싶다면 죽어서 다시 태어나는 제 육신을 보려 하지 말고 오늘 이곳에서 살아서 숨을 쉬는 자신을 성찰하라고 하였다. 목전에 번연한 실상을 놔두고 왜 먼 곳을 찾아 헤매고 있는지에 대해 통탄해야 한다는 것이다. 불교에서는 윤회를 통해 도덕성을 강조하였다. 즉, 현존하는 삶에서의 도덕적이고 윤리적인 삶을 강조했다. 그래서 자신이 스스로를 부단히 살펴 바로 쓰고자 하면 안팎(자타)

으로 하나가 되어 널리 이롭게 하고자 할 것이라고 하였다.

> 하루는 부처님께서 라자가하의 죽림정사에서 제자들에게 말씀하셨다.
>
> "수행승들이여, 어떻게 생각하는가? 그대들이 오랜 세월을 거쳐서 유전하고 윤회하면서 목이 잘려 흘리고 흘린 피와 사대양(四大洋)에 있는 물 가운데 어느 쪽이 더 많겠는가?"
>
> 그러자 제자들이 답하기를 "세존이시여, 세존께서 설하신 가르침으로 미루어 보건대, 저희들이 오랜 세월을 거쳐서 유전하고 윤회하면서 목이 잘려 흘리고 흘린 피가 훨씬 더 많아 사대양에 있는 물에 비할 바가 아닙니다"라고 하였다.
>
> 역사적인 부처님의 제자들은 그 제자들답게 은폐된 참혹한 윤회의 실상에 관하여 잘 인지하고 있었다. 그래서 부처님은 "수행승들이여 훌륭하다. 그대들은 내가 설한 가르침을 제대로 잘 알고 있다"라고 칭찬하였다. 그러나 그 대답은 부처님에게 만족스러운 것은 아니었다. 그래서 부처님은 더욱 충격적인 발언으로 제자들의 심금을 울렸다.
>
> "수행승들이여 그대들이 오랜 세월 동안 소로 태어나 소가 되어 목이 잘려 흘리고 흘린 피가 훨씬 더 많아 사대양에 있는 물에 비할 바가 아니다. 수행승들이여 그대들이 오랜 세월 동안 물소로 태어나 물소가 되어 목이 잘려 흘리고 흘린 피가 훨씬 더 많아 사대양에 있는 물에 비할 바가 아니다. 수행승들이여 그대들이 오랜 세월 동안 양으로 태어나 양이 되어 목이 잘려 흘리고 흘린 피가 훨씬 더 많아 사대양에 있는 물에 비할 바가 아니다. 수행승들이여 그대들이 오랜 세월 동안 돼지로 태어나 돼지가 되어 목이 잘려 흘리고 흘린 피가 훨씬 더 많아 사대양에 있는 물에 비할 바가 아니다. 수행승들이여 그대들이 오랜 세월 동안 도둑으로 살면서 길섶에서 약탈하다 사로잡혀 목이 잘려 흘리고 흘린 피가 훨씬 더 많아 사대양에 있는 물에 비할 바가 아니다. 수행승들이여 그대들이 오랜 세월 동안 도둑으로 살면서 부녀자를 약탈하다가 사로잡혀 목이 잘려 흘리고 흘린 피가 훨씬 더 많아 사대양에 있는 물에 비할 바가 아니다."

사람들은 윤리적인 삶이 형성되기까지 많은 시행착오를 겪는다. 따라서 누구도 오랜 시간 동안에 걸쳐 이루어진 윤회의 세계에서 저질러진 온갖 죄악에서 자유롭지 못할 것이다. 핏물이 된 바다와 같은 윤회의 고통에서 벗어나기 위해서는 윤리적인 삶으로 도덕성이 갖추어진 삶이어야 한다.

죽음에 대한 성찰이 필요한 때

우리 사회는 산업화의 영향으로 급격한 경제적 성장을 이루었지만 역사적 격랑과 사회변동을 겪어오면서 국민의 인성과 영혼이 황폐해졌다. 황폐해진 인성이 사회 곳곳에서 범죄와 타락으로 표출되고 있는 현실을 보면 안타깝기 그지없다. 그렇다면 심각하게 훼손된 우리 국민의 인성을 순화시킬 수 있는 방법은 없을까? 그것은 바로 '죽음에 대한 성찰'이라고 말하고 싶다. 사람은 죽어 가는 순간이나 타인의 죽음을 볼 때가 바로 가장 진실한 순간이 된다는 사실 때문이다. 죽음에 대한 성찰을 통해서 가장 진실한 순간을 맞이함으로써 인간의 본연의 모습으로 돌아올 수 있는 기회가 만들어지기를 바랄 뿐이다.

죽음에 대한 성찰이 필요한 시대

일반적으로 죽음에 대해 많이 생각하면 우울해지고 염세적이 되지 않을까 우려하는 사람들이 많은데 실상은 그렇지 않다. 죽음을 묵상할 때 사람들은 비로소 '자신이 누구인가?' 질문하기 시작한다. 그리고 진실하지 못했던 삶을 반성하고 앞으로 남은 날들을 진실하게 살려고 노력하게 된다. 죽음 앞에 서게 되면 그동안 이기적으로 살아왔거나 무책임하게 저지른 행동을 사죄하고 싶어지고, 모든 가식을 벗고 진실해지고 싶은 욕구를 느끼는 게 인지상정이다. 또한 일상에서 죽음을 숙고하는 경험은 인생의 우선순위를 다시 설정하게 만듦으로써, 이를 통해 인생 전반이 차츰차츰 변화되고 모든 것이 제자리를 찾아가며 훼손된 인성도 서서히 회복된다.

죽음을 숙고하면서 인생 자체가 변화되었다는 이야기를 주변에서도 종종 들을 수 있다. 죽음을 묵상하면서 생명이 있음에 감사하는 마음이 생기고 심리적 건강도 향상되어서, 심한 자살 충동을 느꼈던 사람들이 치유되었다는 사례가 상당수 보고된다. 한 줌의 재로 변해버린 사랑하는 이들의 모습을 바라보고 자신도 언젠가 그 자리에 서게 될 것을 깨달으면서, 부질없이 남에게 해를 끼치려는 행동을 삼가게 되었다는 이야기도 들을 수 있다. 삶의 마지막 순간에 해야 할 사랑의 말이나 용서·감사·축복의 말들을 일상에서 실천하면서, 오랜 세월 가족 간에 맺혀 있던 응어리들이 풀어지고 주변 사람과의 인간관계 자체가 변화되었다는 증언도 잇따르고 있다.

죽음에 대한 묵상이 주는 변화는 개인 간의 관계에만 국한되지 않는다. 죽음의 성찰은 낯선 타인을 돕고 싶은 연민과 배려, 인내심이나 이타심을 갖게 할 뿐만 아니라, 사람들로 하여금 좀 더 정의롭고 평화로운 세상을 만들도록 동기를 부여한다. 그러므로 죽음의 성찰은 사람들에게 따뜻한 인간애(人間愛)를 가진 인성을 갖게 만들 뿐만 아니라, 비정한 사회를 인간적인 사회로 변화시킬 수 있다.

우리는 천만년이라도 살 것처럼 세상 것을 다 가지려고 아귀다툼을 하지만, 죽음 앞에서는 이 세상의 모든 것이 영원한 것이 아닌 일시적인 것이요, 본질적인 것이 아닌 비본질적인 것임을 깨닫는다. 죽음은 우리가 광대한 영원의 바닷속에서 표류하는 보잘것없는 존재임을 알게 하며, 이 세상에 한번 왔다가 가는 우리 인생이 영겁의 세월 속에서 점 하나의 흔적도 남기지 못하는 미미한 것임을 인식하게 한다. 결국 모든 사람은 시신이 누울 한 평 정도의 땅만 필요할 뿐이다. 우리 삶은 바람처럼 흘러서 잠시 왔다 돌아가는 삶인 것이다.

이처럼 매순간 자신의 삶을 반추하고 죽음을 묵상하는 영적·정신적 풍토가 조성되면, 개인의 인성은 물론 사회 분위기도 변화될 수 있다. 삶의 마지막을 깊이 사유하면서 살아가는 개인과 사회는 절대로 경거망동하지 않는다. 오직 단 한 번뿐인 우리의 인생, 수고와 소망과 두려움으로 엮어진 우리의 나날이 속히 지나가고 어느 날 홀연히 죽음을 맞이하여 가야 할 그 길을 우리가 항상 기억한다면, 우리 안의 추하고 더러운 것을 다 털어버리고 아름답고 깨끗한 영혼으로 죽음을 맞이할 준비를 하면서 살아가게 될 것이다.

출처: 김병언(2019). 죽음에 대한 성찰이 필요한 시대.
(https://blog.naver.com/visionkbo/221669277314)

4. 인생을 꿰뚫는 삶

중독의 특성

중독이라는 말이 있다. 알코올 중독, 컴퓨터 중독, 마약중독, 일중독 등이 그런 예이다. 중독의 개념은 '독으로 지칭되는 유해물질이나 비상식적인 멈출 수 없는 강박을 동반한 행동에 의한 신체적 중독과 알코올, 마약과 같은 약물 남용에 의한 정신적이고 의존적인 중독을 일컫는 말'이다. 보통 중독으로 진행되는 과정은 하루하루의 일상이 지루하고 재미가 없어서 일어나는 일종의 습관성 질병이다. 생물학적 기제로는 도파민(dopamine)[6]이라고 하는 호르몬과 관련이 있다. 도파민은 인간의 동기, 보상, 즐거움, 기쁨, 흥분 등에 관여하는 물질로 일상에서 매일매일 생성되고 분비되며 흡수된다. 도파민의 수용체가 상당히 늘어난 상태가 되면 일상적으로 생성되고 분비되는 도파민으로는 하루하루가 즐겁지 않고 지루하며 행복하지 않게 된다. 이렇게 늘어난 상태가 바로 중독 현상을 지니고 있는 상태이다. 중독 상태에 빠져들게 되면 모든 것은 다 뒷전으로 밀리고, 오로지 단기적으로 쾌락을 얻을 수 있는 일에만 집중하게 된다. 그래서 중독을 '사회적 관계 부족'에서 오는 것이라고 말하기도 한다.

중독된 사람의 행동은 일반적인 사람의 행동과 달리 다음과 같은 네 가지의 특성을 지니고 있다.

첫째, 중독은 내성으로 인하여 점점 더 강한 자극을 요구한다. 중독된 자가 당장은 내성을 감수하는 데 있어서 하나로 충분히 감당해 낼 수 있지만, 시간이 흐름에 따라 하나로는 만족되지 않고 둘, 또는 셋 이상의 자극을 요구하게 된다.

둘째, 중독된 사람은 중독물질을 제거하면 금단현상이 온다. 중독 물질을

6) 신경 전달물질의 하나로 노르에피네프린과 에피네프린 합성체의 전구물질(前驅物質)이다. 동식물에 존재하는 아미노산의 하나이며 뇌신경 세포의 흥분 전달 역할을 한다.

제거하게 되면 뇌에서 기존에 형성되었던 수용체가 욕구를 충족시키지 못해 금단현상과 함께 우울감과 무력감에 빠져들게 된다.

셋째, 중독은 경제적·사회적으로 큰 손실을 가져온다. 경제적으로나 사회적으로 큰 능력을 지니고 있는 사람이 중독이라는 질병으로 인하여 경제활동과 사회활동에 전혀 참여를 하지 못함으로써 경제적·사회적으로 큰 손실을 입게 된다.

넷째, 중독은 그것을 얻기 위해서라면 어떠한 어려움도 감수한다는 특성이 있다. 중독자들은 중독물질을 얻을 수 있는 일이라면 그것이 어떠한 어려움이나 고통이 따른다고 하더라도 그것을 감수하면서 중독물질을 얻기 위해 도전한다.

전체를 꿰뚫는 삶

성공적으로 멋있는 삶을 영위하기 위해서는 무엇보다도 편안하고 안정적인 삶을 살아야 한다. 불안과 초조함 속에서 이루어지는 삶은 성공적이라고 할 수 없다. 물론 안정적인 삶을 위해서는 경제적인 뒷받침이 있어야 하겠지만 정신적인 안정도 선행조건이다. 매사에 사람이 조급해하고 불안해하면 전체를 꿰뚫어 보지 못한다. 그래서 불안과 초조는 삶의 과정에서 전체를 보지 못하고 부분만 보게 만드는 원인이 된다.

안정적인 삶을 위해서는 자신을 위한 시간을 자주 갖는 것이 필요하다. 자신을 위한 시간을 갖지 않으면 주체적으로 삶을 엮어갈 수 없다. 그러다 보면 타인에 의한 수동적인 삶에 끌려가게 되고, 그러한 삶에서는 주도적인 성공적 삶을 영위하기가 어렵다. 나를 위한 나의 인생을 살아갈 수 있도록 준비할 필요가 있다.

삶에 있어서 관용을 베푸는 일도 게을리해서는 안 된다. 인간은 본래 부족한 존재이기 때문에 실수를 하기 마련이다. 이런 실수에 대해 너그러운 마음으로 수용하는 자세는 아름다운 삶을 위해 지녀야 할 마음가짐이다. 가급적이면 대인관계에 있어서도 '분노'보다는 '배려'로 전환할 필요가 있다. 사회생활을 통해 성공하기 위해서는 나 혼자 빨리 가는 것이 성공이 아니다. 정보화 사회에서의 성공은 빨리 가는 것이 아니라 멀리 가는 것이다. 그래서 인생은 속도가 아니라 방향이라고 했다. 진정한 성공을 위해서는 나 혼자 빨리 가려고 할 것이 아니라, 다 함께 멀리 가는 방법을 선택해야 한다.

이제 삶에서도 중독자로 변신할 필요가 있다. 알코올이나 일과 같은 중독이 아니라 행복에 젖은 중독자로의 변신이다. 그리하여 행복에 중독이 되면 앞에서 살펴본 중독자들이 지니는 특성처럼 행복을 얻기 위해서라면 어떠한 어려움도 감수하고 행복이 없으면 금단현상으로 살아가기 힘들며 행복을 위해 더 강한 행복을 찾아 요구하는 그런 삶을 통해 멋있는 인생을 살아가도록 노력할 것이다. 인생 전체가 하나의 행복으로 꿰가 뚫리는 삶, 그것이야말로 의미 있는 삶이라 할 수 있을 것이다.

반성적 사고활동 12-1

자발적 죽음에 대한 척도 검사

※ 당신의 삶에 대한 태도에 대한 질문입니다. 현재 혹은 지난 한 달간의 기준에 의거하여 평가하여 주십시오. 다음 사항을 읽으신 후 현재 자신의 생각과 일치하는 곳에 "V" 표를 해 주십시오.

번호	질문내용	응답		
		전혀 그렇지 않다	별로 그렇지 않다	정말 그렇다
1	나는 이 세상에서 사는 것이 즐겁고 보람되게 느껴진다.	3	2	1
2	나는 사는 것이 지겹고 정말 죽어버리고 싶다.	1	2	3
3	당신은 실제로 자발적 죽음(자살)을 기도하려는 욕구가 있습니까?	1	2	3
4	당신은 자발적 죽음(자살)에 대한 생각을 얼마나 자주 합니까?	1	2	3
5	당신에게 일단 자발적 죽음(자살)에 대한 생각이 떠오르면 생각이 얼마나 지속됩니까?	1	2	3
6	당신은 자발적 죽음(자살)을 선택하고 싶은 충동을 스스로 억제하거나 통제할 수 없습니까?	3	2	1
7	당신이 실제 자발적 죽음(자살)을 기도하려고 할 때 당신의 주변 환경이 얼마나 도움을 줄 것 같습니까?	1	2	3
8	자발적 죽음(자살)을 시도하는 것에 대해 구체적으로 계획해 보았습니까?	1	2	3
9	당신은 "정말로 내가 자발적 죽음(자살)을 기도했으면" 하고 생각하십니까?	1	2	3
10	당신은 자발적 죽음에 대한 시도에 대해 생각을 실행하기 위해 어떤 사전 준비 행동을 한 적이 있습니까?	1	2	3
11	당신은 단지 생각이 아니라 실제로 자발적 죽음(자살)을 실행할 수 있다고 생각합니까?	1	2	3

12	자발적 죽음(자살)의 방법을 생각해 보았다면 그 방법을 사용하는 것이 현실적으로 가능하며 또 사용할 기회가 있다고 생각합니까?	1	2	3
13	당신은 “당신이 왜 자발적 죽음(자살)을 하려고 하는지 주변 사람들에게 알리는 글”이나 이와 비슷한 글을 써본 적이 있습니까?	1	2	3
14	당신은 죽음에 대한 준비로 어떤 행동을 해본 적이 있습니까?	1	2	3
15	당신은 “당신이 자발적 죽음(자살)에 대해 생각해 봤다”고 다른 사람에게 이야기를 합니까?	1	2	3
총점		(		) 점

출처: 한국상담교육센터(http://cafe.daum.net/K.C.A.C.)

[결과 해석]

※ 15문항의 체크한 숫자를 더하여 총점을 구한다.

- ㅁ 20점 이하: 정신적으로 정상이며 건강함
- ㅁ 21~30점: 자발적 죽음(자살) 생각이 있는 편임. 주의하여 살펴볼 필요가 있음
- ㅁ 30점 이상: 자발적 죽음(자살)에 대한 생각이 위험한 정도이고 실제 자발적 죽음(자살)에 대한 계획이 있을 수 있음. 심도 있는 상담이 요망됨

반성적 사고활동 12-2

게임중독 검사

※ 당신의 게임중독에 대한 검사를 위한 질문입니다. 다음의 문항 내용을 읽으신 후 현재 자신의 생각과 일치하는 곳에 "V" 표를 해 주십시오.

번호	문항내용	전혀 그렇지 않다 (1)	때때로 그렇다 (2)	자주 그렇다 (3)	항상 그렇다 (4)
1	게임을 하는 것이 친한 친구들과 어울리는 것보다 더 좋다.				
2	게임공간에서의 생활이 실제생활보다 더 좋다.				
3	게임 속의 내가 실제의 나보다 더 좋다.				
4	게임에서 사귄 친구들이 실제 친구들보다 나를 더 알아준다.				
5	게임에서 사람을 사귀는 것이 더 편하고 자신 있다.				
6	밤늦게까지 게임을 하느라 시간 가는 줄 모른다.				
7	게임을 하느라 해야 할 일을 못 한다.				
8	갈수록 게임을 하는 시간이 길어진다.				
9	점점 더 오랜 시간 게임을 해야 만족하게 된다.				
10	게임을 그만둬야 하는 경우에도 게임을 그만두는 것이 어렵다.				
11	게임하는 시간을 줄이려고 노력하지만 실패한다.				
12	게임을 안 하려고 마음먹고도 다시 게임을 한다.				
13	게임 생각 때문에 공부에 집중하기 어렵다.				

14	게임을 못 한다는 것은 견디기 힘든 일이다.				
15	게임을 하지 않을 때에도 게임 생각을 하게 된다.				
16	게임으로 인해 생활에 문제가 생기더라도 게임을 해야 한다.				
17	게임을 하지 못하면 불안하고 초조하다.				
18	다른 일 때문에 게임을 못 하게 될까 봐 걱정된다.				
19	누가 게임을 못 하게 하면 신경질이 난다.				
20	게임을 못 하게 되면 화가 난다.				
총점		( )점			

[결과 해석]

□ 49점 이상: 고위험 사용자 (전문적 치료 지원 및 상담요망)

현실세계보다는 가상의 세계에 몰입하여 게임공간과 현실생활을 혼돈하거나 게임으로 인하여 현실세계의 대인관계나 일상생활에 부적응 문제를 보이며, 부정적 정서를 나타낸다. 하루 2시간 30분 이상 매일 게임을 하는 경우가 많으며, 게임을 하느라 친구들과 어울리지 못하는 등 게임행동을 적절하게 조절할 수 없는 상태이다. 일반적으로 자기통제력이 낮아 일시적인 충동이나 즉각적인 만족을 추구하며 인내력과 효율적인 문제해결능력이 부족한 경향을 보인다. 또한 공격적 성향이 높으며 자신에 대해 부정적으로 생각하는 경향이 강하다.

□ 38~48점: 잠재적 위험 사용자 (게임중독 행동 주의 및 예방 프로그램 요망)

고위험 사용자에 비해 낮은 수준이나 가상 세계에 대해 더 많은 관심을 보이며 게임에 몰입하여 게임과 현실생활을 혼돈하거나 게임으로 인하여 현실세계의 대인관계, 일상생활에 문제를 나타내기도 한다. 하루 2시간 이상, 주 5~6회 정도 게임을 한다. 공격적 성향을 보이며 자기통제력이 낮고 충동적이며 자기 위주로 생각하고 말보다는 행동이 앞서는 경향이 있다. 자신에 대해 부정적으로 생각하는 경향이 보인다.

□ 37점 이하: 일반사용자 (양호하나 적절한 욕구 조절이 필요)

게임 습관을 스스로 조절할 수 있으며, 게임과 현실세계에 대한 구분이 명확하고 게임으로 인한 정서적인 변화를 경험하지 않는다. 하루 1시간 30분 이하, 주 1~2회 이하 게임을 하는 등 인터넷 게임사용을 적절하게 조절할 수 있다. 자신의 욕구를 적절히 조절할 수 있으며 효율적으로 문제를 해결하는 경향을 보인다. 일시적인 충동에 의하거나 즉각적인 만족을 주는 문제행동을 회피하고 인내할 수 있는 능력이 높다. 자신에 대해 긍정적으로 생각하는 경향이 강하다.

출처: 대전광역시교육청(http://blog.naver.com/can82a/221548217455)

참고문헌

강경화(2005). 인격교육을 통한 효과적인 도덕교육 방법에 관한 연구. 한국외국어대학교 교육대학원 석사학위논문.

강나경(2014). 품격 있는 삶을 위한 생활예절과 이미지 메이킹. 경기: 공동체.

강문희 · 이광자 · 박경(2008). 인간관계의 이해. 서울: 학지사.

강선보 · 박의수 · 김귀성 · 송순재 · 정윤경 · 김영래 · 고미숙(2008). 인성교육. 경기: 양서원.

강영삼 · 이성흠 · 김진영 · 조상철(2008). 새로운 교직과정을 위한 교육학 개론. 서울: 교육과학사.

강영안 · 최진덕(1999). 수양으로서의 학문과 체계로서의 학문. 철학연구 47.

강준만(2015). 생각의 문법. 서울: 인물과 사상사.

고영인(1994). 대학생의 분노표현 양식과 우울 및 공격성과의 관계. 부산대학교 대학원 박사학위논문.

곽소정(2012). 부모 이미지와 배우자 선택 및 부부관계 경험에 대한 현상학적 연구. 단국대학교 대학원 석사학위논문.

구인회(2015). 죽음에 관한 철학적 고찰. 서울: 한길사.

권정숙 · 김청자 · 서재복 · 이석열 · 이정원 · 장선철(2008). 신교육학 개론. 서울: 태영출판사.

권혁환(2011). 초등 도덕과 교육목표의 본질 실현을 위한 도덕과 평가방안 연구. 공주교육대학교.

김경숙 역(2007). 화성에서 온 남자 금성에서 온 여자. 경기: 동녘라이프.

김낙구(1997). 한국 전통윤리사상의 재인식. 대구대학교 논문집, 32, 1-18.

김동일 외(2015). 인성교육포럼: 인성교육 종합 5개년 계획 수립. 교육부.

김만행 역(1990). 성공적인 삶을 위하여. 서울: 서림문화사.

김부조(2014). 행복지수와 행복의 기준. 경남: 제일일보.

김상규(2018). 속담 먹고 경제 잡고. 경기: 공동체.

김상우 역(2012). 행복한 사람의 DNA는 어떻게 다른가?. 서울: 와이즈 북.

김상우 역(2019). 행복의 심리학. 서울: 와이즈 북.

김수동(2005). 배려의 교육. 서울: 장서원.

김수혜(2000). 3세 아동의 만족지연행동에 영향을 미치는 요인들: 아동의 성, 기질, 어머니의 양육행동을 중심으로. 이화여자대학교 대학원 석사학위논문.

김영로 역(2014). 죽음 수업. 서울: 민족사.

김영옥(2015). 유아 인성교육의 이론과 실제. 경기: 공동체.

김옥순 · 조아미 · 신인순(2013). 청소년 활동 윤리. 서울: 양서원.

김은영 · 이규은(2012). 인간관계론. 서울: 동문사.

김정기(2003). 현대사회의 인간관계론. 서울: 학문사.

김정희 · 강혜자 · 이상빈 · 박세영 · 권혁철 역(2010). 생활과 심리학. 서울: 시그마프레스.
김종재(2010). 지식사회의 인간관계. 서울: 박영사.
김종철(1994). 최신 교사론. 서울: 교육과학사.
김종표 · 이복희 · 이영희 · 홍성욱(2017). 자기개발능력. 서울: 양성원.
김지은(2016). 거짓말하는 어른. 서울: 문학동네.
김창걸 · 이규영 · 이규은(2009). 교육학개론. 서울: 형설출판사.
김청자(2018). 생활속에서 얻은 지혜. 서울: 동문사.
김충기 외(2002). 교육학 개론. 서울: 동문사.
김태길(1986). 인간의 존엄성과 성실. 서울: 삼육출판사.
______(2010). 삶이란 무엇인가? 삶과 그 보람. 서울: 철학과 현실사.
김태길 · 이삼열 · 임희섭 · 황경식(1993). 현대인의 직업윤리 삶과 일. 서울: 고려원.
김형재 외 9인(2015). 유아교사를 위한 창의 · 인성교육의 이론과 실제. 서울: 학지사.
김형재 · 구성수 · 김형숙 · 김병만 · 이종길 · 김경숙 · 심민서 · 허수윤 · 김경은 · 홍순옥 (2015). 유아교사를 위한 창의 · 인성교육의 이론과 실제. 경기: 공동체.
김형재 · 김형숙 · 구성수 · 박지현 · 강현미 · 박진희(2016). 유아창의 · 인성교육. 경기: 공동체.
김혜숙 · 박선환 · 박숙희(2008). 인간관계론. 경기: 양서원.
김혜온 · 김수정(2008). 대학생을 위한 자기주도학습 기술. 서울: 학지사.
동 봉 역(1988). 미즈노 코오겐(水野弘元)의 원시불교. 서울: 관음출판사.
류청산(2011). 인류의 미래와 교육. 서울: 강현출판사.
류형택 · 정수경(2015). 눈에 확 띄는 인성교육. 경기: 공동체.
민경환(2002). 성격심리학. 서울: 법문사.
박경자 · 김송이 · 신나리 · 권연희 · 김지현(2017). 영유아의 사회정서발달과 교육. 서울: 교문사.
박성미 · 허승희(2012). 청소년용 통합적 인성 척도 개발. 아동교육, 21(3), 35-47.
박완순 · 이정근(2012). 인성공부. 서울: 빛나래.
박장호(1998). 미국 인격교육의 변화와 계속성. 국민윤리연구, 40, 167-211.
박재영(2016). 더불어 산다는 것의 의미. 여주 희망 농부 일기.
박혜숙 편역(2008). 다산의 마음. 서울: 돌베개.
반신환 · 유 옥(2011). 결혼과 가족. 서울: 동문사.
송석훈(2010). 인간관계와 커뮤니케이션. 경북: 문창사.
송정아(2006). 행복한 결혼 위기의 결혼. 서울: 태영출판사.
신재한 · 송휘석(2013). 창의 · 인성교육을 위한 자기주도적 학습 전략. 경기: 교육과학사.
안범휘(2010). 대인관계론. 서울: 태영출판사.
안선모(2005). 토마토 친구. 변함없는 친구 사귀기 비법. 서울: 계림닷컴.
안승준 역(1993). 와쓰지 데쓰로우의 원시불교의 실천철학. 서울: 불교시대사.
양승실 · 이규은 · 오재길(2011). 창의적 체험활동을 통한 인성교육 활성화 방안 연구. 한국교육과정평가원 연구보고 RRC 2011-7-2.

양애경・장원동・최희양(2016). 창의 인성론. 서울: 동문사.
양해림(2002). 행복이라 부르는 것들의 의미. 서울: 철학과 현실사.
오만록(2005). 교육학개론. 서울: 형설출판사.
우영효(2015). 인성교육과 직업윤리. 서울: 동문사.
유기천・송병선・권용만(2008). 인간관계론. 서울: 무역경영사.
유윤한 역(2006). 코끼리를 들어올린 개미. 경기: 21세기북스.
유종열(2014). 교육은 잘 하는 걸 더욱 잘하게 하는 것. 중부일보.
윤건호・김봉석(2005). 실기교육방법론. 서울: 창지사.
윤현진 역(2007). 정의와 배려. 서울: 인간사랑.
이관춘(2013). 직업은 직업이고 윤리는 윤리인가(3판). 서울: 학지사.
이규은(2010). 학교교육과 인격교육 방법. 동서울대학교 논문집, 32(1), 11-34.
______(2016). 삶, 깨달음 그리고 행복. 경기: 공동체.
______(2019). 행복해지고 싶은 날에는. 서울: 동문사.
이 양(2004). 과학으로 본 마음: 의식의 문제. 서울: 교육과학사.
______(2006). 심리학으로 본 기. 서울: 교육과학사.
이규은・이영선(2014). 직업기초능력의 이해와 개발. 서울: 동문사.
이규은・장상필(2018). 인성과 삶. 경기: 공동체.
이규은・장상필(2020). 인성과 대학생활. 경기: 어우리.
이명선・송창백・이인철(2018). 인성과 자기계발. 서울: 동문사.
이명준・진의남・서민철・김정우・이주연・김병준・박혜정(2011). 교고교육과 창의적 체험활동을 통한 인성교육 활성화 방안 연구. 한국교육과정평가원 연구보고 RRC 2011-7-1.
이명준・진의남・서민철・김정우・이주연・김병준・박혜정(2011). 교과교육과 창의적 체험활동을 통한 인성교육 활성화 방안. 한국교육과정평가원.
이문연(2016). 인성교육학 개론. 서울: 교육과학사.
이민규(2014). 끌리는 사람은 1%가 다르다. 서울: 더난출판사.
이병승・우영효・배제현(2008). 쉽게 풀어 쓴 교육학. 서울: 학지사.
이상오(2014). 상상력과 교육. 서울: 강현출판사.
이상익(2016). 인간의 존엄성과 사람다운 삶. 신아세아연구소. 신아세아, 23(2), 33-58.
이시형(2004). 자녀를 크게 멀리 보고 키워라. 서울: 풀잎.
이십 일(21)세기 가족문화연구소(2002). 행복한 결혼 건강한 가족. 서울: 양서원.
이위환・김용주(2009). 현대사회와 인간관계론. 경기: 공동체.
이주희・권재환・박은민・박희현・안효자・오명자・이숙자・임현선(2010). 심리학의 이해. 서울: 공동체.
이주희・최은정・최명선・박희현・진혜경(2008). 인간관계론. 경기: 공동체.
이지원・오연주・윤미숙(2014). 여성과 사회. 경기: 공동체.
이태연・이인수・정기수・최명구(2009). 인간관계의 이해. 서울: 신정.

이한검(2001). 인간행동론. 서울: 형설출판사.
이해경 · 방기연(2011). 청소년 성교육과 상담. 경기: 양서원.
이현정 역(2003). 성공한 사람들의 이야기. 서울: 문진출판사.
이화승 역(2010). 알랭의 행복론. 서울: 빅북.
인성교육진흥법(2015). 인성교육진흥법 제2조(정의) 제1호.
임광명(2008). 교양교육학개론. 서울: 형설출판사.
임동호 · 류동수 · 성시한 · 정정란 · 차승준 · 최용희(2019). 청소년육성제도론. 서울: 지식공동체.
장민승 · 유현옥(2019). 여성 교육론. 서울: 한국방송통신대학교출판문화원.
장선철 · 정찬주 · 이영자 · 설재풍(2009). 교육학 개론. 서울: 태영출판사.
장수한(2016). 청소년 활동론. 서울: 양서원.
장현갑(2012). 이타적 인간의 뇌: 지구의 미래를 상상하는 사람들을 위한 뇌과학. 서울: 불광출판사.
장희선(2015). 정직에 대한 개념 인식과 발달적 경향 연구. 인간발달연구, 22(2), 49-73.
전도근 · 김영옥 · 김정일 · 이민수(2016). 청소년들을 위한 인성교육지도방법론. 서울: 교육과학사.
정문성 · 최상희 · 심옥령 · 권영부(2015). 신문으로 하는 인성교육. 서울: 교육과학사.
정민승 · 김염빈 · 김영석(2016). 노인 교육론. 서울: 한국방송통신대학교 출판문화원.
정석용 · 이규은(2013). 자기계발과 직업. 서울: 동문사.
____________(2013). 인간과 사회윤리. 서울: 동문사.
정지영 · 도현심 · 최미경(2005). 유아의 기질 및 부모의 언어적 통제유형과 유아의 자기통제력 간의 관계. 아동학회지, 26(6), 305-319.
정진선 · 문미란(2008). 인간관계의 심리 이론과 실제. 서울: 시그마프레스.
정창우(2016). 인성교육의 이해와 실천. 서울: 교육과학사.
정창우 · 김 란 · 이경은 · 황광원(2016). 교사, 인성교육을 생각하다. 서울: 교육과학사.
정채봉(2006). 처음의 마음으로 돌아가라. 서울: 샘터사.
정현주(2006). 사랑에 물들다. 서울: 책 만드는 집.
조계화 · 이윤주 · 이현지(2014). 죽음학 서설. 서울: 학지사.
조규락 · 김선연(2011). 교육방법 및 교육공학: 교육공학의 3차원적 이해. 서울: 학지사.
조난심(2016). 인성교육 정책의 목적과 방향. 2016년 제1차 인성교육 포럼 자료집. 한국교육개발원.
조남두(2007). 인간관계론. 서울: 동문사.
조연순 · 김아영 · 임현식 · 신동주 · 조아미 · 김인정(1998). 정의교육과 인성교육 구현을 위한 기초연구 1. 교육과학연구, 28(1), 131-152.
조용태 · 김창현 · 유경미 · 이기용(2016). 인성의 이해와 실제. 경기: 공동체.
조용하 · 안상헌(2004). 평생교육의 이해. 서울: 동문사.
조정옥(2009). 행복하려거든 생각을 바꿔라. 서울: 철학과 현실사.

조정호(2017). 현대사회와 철학. 서울: 교육과학사.
조주연(1994). 뇌가소성에 관한 연구가 교육에 주는 시사점. 교육학연구, 32(3), 23-38.
지은림 · 도승이 · 이윤선(2013). 인성지수 개발연구. 서울: 진한엠앤비.
천세영 · 김진숙 · 계보경 · 정순원 · 정광훈(2012). 스마트 교육혁명 : 2015, 새로운 학교가 온다!. 경기: 21세기 북스.
최 산(2016). 고등학생의 시선으로 본 우리가 만들어 가는 인성교육의 모습. 2016년 제2차 인성교육 포럼. 81-86.
최원호(2016). 인성교육 개론. 서울: 학지사.
최인철(2018). 굿 라이프. 서울: 21세기북스.
추병완(1995). 미국의 도덕교육. 한국도덕윤리과교육학회. 도덕윤리과교육연구, 6, 159-202.
통합인성교재개발위원회(2014). 통합인성. 경성대학교출판부.
투게더 인성교육연구회(2016). 대학생을 위한 인성 함양(Ⅰ). 경기: 공동체.
하정연 · 오정희(2016). NCS 기반 직업기초능력 향상을 위한 인성과 진로. 서울: 동문사.
하혜숙 · 정환욱(2016). 청소년 성교육과 성상담. 서울: 한국방송통신대학교 출판문화원.
한국교육과정평가원(2011). 교과교육과 창의적 체험활동을 통한 인성교육 활성화 방안 세미나 자료.
한국교육학회(2001). 인성교육. 서울: 문음사.
한국기업교육학회(2010). HRD 용어 사전. 서울: 중앙경제.
한국인성개발연구원(2016). 인성교육 체험 프로그램. 서울: 시그마프레스.
한만우(2010). 성공을 부르는 뇌 행복론: 뇌를 알면 행복이 보인다. 서울: 청동거울.
한순미(2004). 평생학습사회에서의 자기주도적 학습전략. 경기: 양서원.
허재복(2016). 도덕과 교육의 참모습 찾기. 초등교육연구논총. 32(1), 13-37.
허혜경 · 박인숙(2010). 사회변동과 성역할. 서울: 문음사.
황종국(2005). 의사가 못 고치는 환자는 어떻게 하나. 서울: 우리문화.
홍경자(2007). 자기주장과 멋진 대화. 서울: 학지사.
______(2010). 청소년의 인성교육. 서울: 학지사.
______(2011). 자기주장의 심리학 : 리더가 되는 대화의 기술. 서울: 이너북스.
홍길회 · 황정해(2012). 결혼과 가족관계. 서울: 동문사.
홍순정 · 강경희 · 박정자 · 오윤례 · 이숙희 · 전방실 · 정미자(2013). 전생애 인성교육. 경기: 양서원.

Ackrill, J. L. (1981). *Aristotle the philosopher*. New York: Oxford University Press.
Aristotle, (1951). In D. A. Rees(ed.), *The Nicomachean Ethics*. Oxford: The Clarendon Press.
Baehr, J. (2012). *The Inquiring Mind: On Intellectual Virtues and Virtue Epistemology*. Paperback.
Banmen, J., & Maki-Banmen. (2002). The Satir Model: Yesterday and Today, Contemporary. *Family Therapy*, *24*(1), 7-22.

Baumeister, R. F., & Heatherton, T. F. (1996). Self-regulation failure: An overview. *Psychological Inquiry, 7*(1), 1-15.

Baumrind, D. (1966). Effects of authoritative parental control on child behavior. *Child Development, 37*(4), 887-907.

Blyth, D. A., Saito, R., & Berkas, T. (1997). A quantitative study of the impact of service-learning programs, In A. S. Waterman(ed.), *Service-learning: Applications from the research*(pp.39-56). NJ: Lawrence Erlbaum.

Buss, A. H., & Durkee, A. (1957). An inventory for assessing different kinds of hostility. *Journal of Consulting & Clinical Psychology, 52*, 343-349.

Davidson, Sara. (2015). *The December Project: An Extraordinary Rabbi and Skeptical Seeker Confront Life's Greatest Mystery*. New York: Harper One.

Davis, K. E., & Todd, M. J. (1982). Friendship and love relationships. In K. E. Davis, *Advances in Descriptive Psychology*. Greenwich, CT: JAI Press.

Gazzaniga, M. S. (1998). The split brain revisited. *Scientific American-American Edition, 279*(1).

Goleman, D. (1995). *Emotional Intelligence*. 황태호 역(1996). 감성지능. 서울: 비전코리아.

Gottman, J. M., & Parker, J. G.(Eds.). (1987). *Conversations of Friends: Speculations on Affective Development*. New York: Cambridge University Press.

Gray, J. (1992). *Men are from Mars, Women are from Venus*. Harper Paper Backs.

Lamanna, M. A., & Riedmann, A. (2011). *Marriages, Families, and Relationships: Making Choices in a Diverse Society*. New York: Book Deals.

Layard, R. (2005). *Happiness: Lessons from a New Science*. 정은아 역(2011). 행복의 함정: 가질수록 행복은 왜 줄어드는가. 서울: 북하이브.

Lickona, T. (1991). *Education for Character: How our Schools can Teach Respect and Responsibility*. Bantam Books.

McIntyre, A. (2007). *After Virtue: A Study in Moraltheory*(3rd ed.). Notre Dame, IN: U. of Notre Dame Press.

Miller, L. C., Berg, J. H., & Archer, R. L. (1983). Peners: Individuals who elicit intimate self-disclosure. *Journal of Personality and Social Psychology, 44*(6). 1234-1244.

Og Mandino. (1990). *A Better Way to Live*. NY: New York Times.

Peplau, L. A., & Gordon, S. L. (1985). Women and men in love: Gender differences in close heterosexual relationshops. In V. E. O'Leary, R. K. Unger, & B. S. Wallston(eds.), *Women, Gender, and Social Psychology*(pp. 257-291). Hillsdale, NJ: Erlbaum.

Peplau, L. A., Hill, C. T., & Rubin, Z. (1993). Sex role attitudes in dating and marriage: A 15-year follow-up of the Boston couples study. *Journal of Social Issues*, *49*, 31-52.

Peters, R. (1966). *Ethics and Education*. London, England: Allen & Unwin.

Rubinin, Z., Peplau, L. A., & Hill, C. T. (1981). Loving and leaving: Sex differences in romantic attachments. *Sex Roles*, *7*, 821-825.

Simmons, R., & Blyth, D. (1987). *Moving into Adolescence: The Impact of Pubertal Change and School Context.* Hawthorne, NY: Aldine de Gruyter.

Tinsley, H. E., & Tinsley, D. J. (2014). *A Theory of the Attributes, Benefits and Cause of Leisure Experience*. Leisure Sciences.

Vitz, P. C. (1972). Preference for tones as a function of frequency and intensity. *Perception and Psychophysics 11*.

Wong, C. S., & Law, K. S. (2002). The effects of leader and follower emotion intelligence on performance and attitude. *An Exploratory Study: Leadership Quarterly*, *13*, 243-274.

Wood, R., & Payne, T. (1998). *Competency Based Recruitment and Selection: A Practical Guide*. New York: John Wiley.

저자소개

장상필

서울교육대학교 졸업
한양대학교 교육대학원 교육학 석사(교육공학 전공)
한양대학교 대학원 교육학 박사(교육공학 전공)
한림대학교 연구교수
한국학교보건학회 이사
현) 동서울대학교 교양교육센터 교수

이규은

공주교육대학교 졸업
고려대학교 교육대학원(교육학 석사)
인하대학교 대학원(교육학 박사)
경기도 율곡교육연수원 교육연구사
중국연변대학교 객원교수
한국학교보건학회 회장
현) 동서울대학교 사회복지학과 교수

대학생의 실천인성을 위한

인성과 대학생활

초판 1쇄 인쇄 / 2023년 8월 18일
초판 1쇄 발행 / 2023년 8월 25일

•

공저자 / 장상필 · 이규은
발행인 / 이 중 수
발행처 / **동 문 사**

•

서울특별시 서대문구 홍제원 1길 12
(홍제동 137-8)
Tel: 02)736-3718(대), 736-3710, 3720
Fax: 02)736-3719
등록번호: 1974.04.27. 제9-17호
가격: 25,000원

•

ISBN: 979-11-6328-524-3(93370)
E-mail: dong736@naver.com
www.dongmunsa.com